Klaus von Stosch, Tuba Işik (Hg.)

Prophetie in Islam und Christentum

Beiträge zur Komparativen Theologie

hrsg. von

Klaus von Stosch

Bd. 8

Klaus von Stosch, Tuba Işik (Hg.)

Prophetie in Islam und Christentum

FERDINAND SCHÖNINGH
Paderborn · München · Wien · Zürich

Umschlagabbildung:
Anna Heiny, *Die Propheten*

Bibliografische Information der Deutschen Nationalbibliothek

Die Deutsche Nationalbibliothek verzeichnet diese Publikation in der Deutschen Nationalbibliografie; detaillierte bibliografische Daten sind im Internet über http://dnb.d-nb.de abrufbar.

(Verlag Ferdinand Schöningh GmbH & Co. KG, Jühenplatz 1, D-33098 Paderborn)

Internet: www.schoeningh.de

Einbandgestaltung: Evelyn Ziegler, München
Printed in Germany.
Herstellung: Ferdinand Schöningh, Paderborn

ISBN 978-3-506-77644-0

INHALTSVERZEICHNIS

EINLEITUNG 7

I. Religionsgeschichtliche und theologische Grundlagen zum Thema der Prophetie

STEFAN SCHREINER
„Der Vater aller Propheten" – Mose als Prophet und die Prophetie des Mosein jüdischer, christlicher und islamischer Tradition 13

BERNHARD LANG
Der Prophet – Die Geschichte eines Intellektuellentyps von der Bibel bis heute 35

MICHA BRUMLIK
Propheten und Prophetie im Judentum 69

GÜNTER RÖHSER
Biblische Perspektive: Jesus als Prophet 85

UFUK TOPKARA
Der Prophet Muḥammad im Spannungsfeld der muslimischen und nicht-muslimischen Wahrnehmung 103

MUSTAFA KÖYLÜ
Prophetie im Islam aus traditionellem Blickwinkel 119

KLAUS VON STOSCH
Muḥammad als Prophet? Versuch einer christlichen Annäherung 145

II. Religionspädagogische Konkretisierungen in Islam und Christentum

TUBA IŞIK
Prophetische Beheimatungsdidaktik – Ein Prophet im deutschen Religionsunterricht ... 165

MONIKA TAUTZ
Prophetie und ethisches Lernen – Eine Replik zu Tuba Işık: Prophetische Beheimatungsdidaktik – Ein Prophet im deutschen Religionsunterricht ... 183

DUNJA EL MISSIRI
Propheten im islamischen Religionsunterricht: Ein Spannungsfeld zwischen theologischer Wahrheit und religionspädagogischer Wirklichkeit ... 197

RITA BURRICHTER
Jesus als Prophet – (k)ein Thema des christlichen Religionsunterrichts – Eine fundamentaldidaktische Durchsicht ausgewählter Unterrichtswerke .. 211

NACIYE KAMÇILI-YILDIZ
Jesus/ ʿIsā (a.s.) im islamischen Religionsunterricht ... 227

GEORG LANGENHORST
Amos, Jesaja, Jesus … Muḥammad? – Prophetie als interreligiöses Problem aus Sicht der Korrelationsdidaktik ... 235

CHRISTINE FREITAG
Propheten in die Schule? Einige Anmerkungen aus erziehungswissenschaftlicher Perspektive ... 259

Verwendete Literatur in Auswahl ... 263

Autorenverzeichnis ... 265

Personenregister ... 271

Einleitung

Das Thema der Prophetie ist von höchster Brisanz für das Gespräch der großen monotheistischen Religionen. Propheten Gottes spielen in allen diesen Religionen eine wichtige Rolle und der Glaube an sie gehört in unterschiedlicher Weise zu den jeweiligen Glaubensgrundlagen. Juden und Christen teilen das Alte und Erste Testament als Heilige Schrift und damit wichtige gemeinsame prophetische Überlieferungen, so dass beide Religionen von gemeinsamen Voraussetzungen ausgehen können, wenn sie von Propheten sprechen. Doch auch der Qur'ān kennt die biblischen Propheten und knüpft an die biblisch überlieferten Geschichten an, schreibt sie dabei aber auch in charakteristischer Weise um. Islamisch betrachtet bildet der Glaube an die namentlich im Qur'ān genannten Propheten eine Glaubensgrundlage.

Dennoch verbergen sich hinter dem gemeinsamen Erbe und der gemeinsamen Anerkennung derselben Propheten auch wichtige Differenzen – gerade zwischen Islam und Christentum. Wenn Muslime beispielsweise Jesus als Propheten würdigen, wirkt dies für Christen schnell wie eine aus christlicher Sicht unzulässige Relativierung der Besonderheit Jesu. Denn für Christen ist es so geläufig geworden, darauf zu beharren, dass Jesus mehr ist als ein Prophet, dass man fast vergessen hat, dass er dennoch *auch* ein Prophet ist und in dieser Perspektive auch von Christen neu entdeckt werden kann. Doch nicht nur die Bezeichnung von Jesus als Prophet ist im Christentum ungewohnt. Auch die Frage, ob nach Jesus noch von Propheten gesprochen werden kann und wie der Anspruch Jesu sich genau zum Anspruch der Propheten des Alten und Ersten Testaments verhält, ist innerchristlich umstritten – gerade angesichts der im 20. Jahrhundert erwachten neuen Sensibilität für die Wichtigkeit eines neuen, wertschätzenden Umgangs mit dem Judentum, der es verbietet, die alttestamentlichen Propheten nur in ihrer Rolle als Vorläufer Jesu zu sehen.

Ob es Muslimen möglich ist, einen ähnlich wertschätzenden Umgang mit der Bibel zu entwickeln und ob es also auch ihre Aufgabe ist, das in der Bibel entwickelte Prophetenbild in die eigene Prophetologie produktiv einzubauen, ist eine der spannenden Streitfragen der islamischen Theologie der Gegenwart. Unaufgebbar ist es aus muslimischer Sicht jedenfalls, Muḥammad als den abschließenden Propheten zu betrachten und ihm eine für das muslimische Leben entscheidende Rolle zuzuweisen. Doch genau an dieser Stelle beginnt wieder der muslimisch-christliche Streit, insofern Christen nicht bereit sind, Muḥammad diese Rolle zuzubilligen. In der Regel weigern sie sich sogar, Muḥammad überhaupt als Propheten anzuerkennen – eine Ablehnung, die in der gegenwärtigen christlichen Theologie aber ins Wanken gerät und eine immer noch nicht abgeschlossene Debatte nach sich zieht.

Auch wenn das Erkenntnisinteresse des vorliegenden Bandes in der religionspädagogischen Vermittlung der Rede von Propheten im islamischen und christlichen Religionsunterricht liegt, braucht es also zunächst einmal theologische und religionsgeschichtliche Grundsatzüberlegungen, die das Feld für die religionspädagogische Analyse bereiten und die die oben angedeuteten Fragen diskutieren. Dabei soll es nicht nur um muslimische und christliche Perspektiven auf die Prophetologie gehen, sondern es soll auch die jüdische Perspektive eingebunden und fruchtbar gemacht werden. Denn gerade in ihrem Prophetenbild verdanken sich die beiden jüngeren abrahamischen Religionen so stark dem Judentum, dass es ihnen schaden muss, wenn sie die jüdische Perspektive in ihrer je eigenen Prophetologie ausblenden.

Aus diesen Überlegungen ergeben sich bereits die Themen für den ersten Teil des vorliegenden Sammelbandes, der unter der Überschrift *Religionsgeschichtliche und theologische Grundlagen zum Thema der Prophetie* steht. Den Auftakt macht der Judaist und Religionswissenschaftler *Stefan Schreiner* mit dem Propheten Mose, in dem er diese große Gestalt aus der Rezeptionstradition der drei abrahamischen Religionen heraus vorstellt und damit die Verwobenheit aller drei theologischen Traditionen kenntlich macht. Im Anschluss gibt *Bernhard Lang* einen religionsgeschichtlich orientierten Abriss über traditionelle und gegenwärtige Vorstellungen von Propheten und ihren theologischen Interpretationen. Nach diesen beiden ersten mehr aus der religionswissenschaftlichen Perspektive geschriebenen Erkundungsgängen zur Prophetologie folgen nun Einzelstudien aus der Perspektive der drei abrahamischen Religionen. Zunächst wendet sich der jüdische Pädagoge und Publizist *Micha Brumlik* dem Thema Propheten und Prophetie im Judentum zu und bringt dabei einen stark politisch geprägten und historisch informierten Blickwinkel zur Geltung. Der evangelische Theologe *Günter Röhser* widmet sich einer der eingangs erwähnten zentralen Fragen für die christliche Perspektive, indem er aus einer gesamtbiblischen Warte heraus überlegt, was für ihn das „Prophetische" in Jesu Leben und seiner Verkündung zu sein scheint. Komplementär zu diesem auf den Propheten Jesus bezogenen Aufsatz kon-zentriert sich der muslimische Theologe *Ufuk Topkara* auf den Propheten Muḥammad und gibt der Leserin und dem Leser mit seinen kritischen Ausführungen über die islamwissenschaftliche und traditionelle islamische Muḥammad-Rezeption zu denken. Der islamische Religionspädagoge aus der Türkei *Mustafa Köylü* führt mit seinem programmatischen Beitrag in das klassische Verständnis von Prophetie in islamischer Perspektive ein. Nach einer kurzen Replik auf Köylü geht der katholische Theologe *Klaus von Stosch* der grundsätzlichen Frage nach, ob und inwiefern Muḥammad auch christlicherseits als Prophet anerkannt werden kann.

Das zentrale Anliegen dieses ersten Teils des Bandes besteht darin, fundamentaltheologische, religionsgeschichtliche und exegetische Abhandlungen über Prophetie aus jüdischer, christlicher und islamischer Perspektive vorzustellen und ins Gespräch zu bringen, um auf diese Weise die Problemstellung zu entfalten, an die eine gegenwärtige Religionspädagogik anknüpfen kann. Der zweite Teil dieses Bandes bemüht sich dann, den so entwickelten

Diskussionsstand religionspädagogisch zu verarbeiten und für den christlichen und islamischen Religionsunterricht fruchtbar zu machen.

Eröffnet wird der zweite Teil von der muslimischen Religionspädagogin *Tuba Işık*, die in einer grundsätzlich-konzeptionellen Überlegung die Bedeutung des Propheten Muḥammad für den Islamischen Religionsunterricht darlegt. Diese Überlegungen nimmt die katholische Religionspädagogin *Monika Tautz* in einer engagierten Replik auf, in der sie die religionspädagogischen Aspekte Işıks in christlicher Perspektive aufnimmt, vertieft und kritisch würdigt. Die muslimische Religionspädagogin *Dunja el Missiri* fragt, wie in der Schule mit Prophetinnen und Propheten umgegangen werden kann und bemüht sich dabei um eine grundsätzliche Problematisierung des Verhältnisses zwischen theologischen Inhalten und ihrer praktischen Vermittlung in der Gegenwart. Das bereits exegetisch von Röhser bearbeitete Thema Jesus als Prophet nimmt die katholische Religionspädagogin *Rita Burrichter* aus religionspädagogischer Perspektive auf und macht deutlich, weshalb Jesus für den katholischen Religionsunterricht als Prophet kaum eine Rolle spielt. Daran anknüpfend führt die muslimische Religionspädagogin *Naciye Kamçılı-Yıldız* auf, welche Bedeutung Jesus im Islamischen Religionsunterricht zukommen kann. Der katholische Religionspädagoge *Georg Langenhorst* rundet diesen religionspädagogischen Teil ab, indem er aus einer trialogisch orientierten Warte heraus, Prophetologie-Vorstellungen der unterschiedlichen religiösen Traditionen erneut zur Diskussion stellt und für den Religionsunterricht fruchtbar zu machen sucht. Die Erziehungswissenschaftlerin *Christine Freitag* schließlich reagiert zum Abschluss dieses Bandes aus pädagogischer Perspektive auf alle Beiträge des Bandes und fragt, ob Propheten in der Schule auch eine Bedeutung aus erziehungswissenschaftlicher Sicht haben.

Die verschiedenen Beiträge des vorliegenden Bandes sind ausgesprochen vielfältig und machen etwas von der anregenden und offenen Diskussionsatmosphäre spürbar, die gerade in einem durch die Methodik Komparativer Theologie vermittelten Gespräch von islamischen und christlichen Theologinnen und Theologen möglich werden. Dabei werden durchaus auch Kontroversen und Meinungsverschiedenheiten innerhalb der jeweiligen Religionen fruchtbar, und es zeigt sich, wie hilfreich es ist, wenn Theologien und religionspädagogische Entwürfe in ihrer ganzen Mannigfaltigkeit miteinander und mit nichttheologischen Außenpositionen ins Gespräch kommen. Beide Herausgeber dieses Bandes vereint die Ansicht, dass das Gespräch von und die Auseinandersetzung um unterschiedliche Prophetieverständnisse ein großes Potenzial besitzt, Prophetie sowohl im Islam als auch im Christentum neu zu denken. Dabei sind sie der Überzeugung, dass gerade das Gespräch der drei abrahamischen Theologien ausgesprochen fruchtbar ist und helfen kann, sich von Argumentationssträngen zu befreien, die die eigene Identität nur in Abwertung anderer Positionen zu definieren vermag. Sie wünschen sich, dass eben diese Einübung in die Wertschätzung einer Vielfalt von Zugängen zum

Thema der Propheten und der Prophetie diesem wichtigen Thema auch neue Wege in die Schulen öffnen kann.

Dem vorliegenden Sammelband liegt eine Tagung zugrunde, die mit Hilfe der Stiftung Mercator vom 28.-30. Januar 2011 in der Katholischen Akademie in Schwerte stattgefunden hat. Der Stiftung Mercator sei für ihre großzügige Förderung ebenso herzlich gedankt wie der Katholischen Akademie Schwerte, die uns bei Planung und Durchführung der Tagung wie immer freundlich unterstützt hat. Danken möchten wir auch Herrn Dr. Jacobs für die freundliche Unterstützung des Publikationsprojekts durch den Verlag Ferdinand Schöningh. Ein besonderer Dank gilt schließlich Lena Wenke und Julia Wolff, die sich in großer Geduld und Zuverlässigkeit um das Korrekturlesen der Beiträge verdient gemacht haben. Julia Wolff hat außerdem die Erstellung der Druckvorlage und des Personenregisters übernommen. Emanuel Rasche gebührt Dank für die Übersetzung des Textes von Mustafa Köylü aus dem Englischen. Für die Erstellung des tollen Titelbildes danken wir schließlich unserer Kollegin Anna Heiny.

Paderborn, im Februar 2013 Tuba Işık und Klaus von Stosch

I. Religionsgeschichtliche und theologische Grundlagen zum Thema der Prophetie

STEFAN SCHREINER

„Der Vater aller Propheten“

Mose als Prophet und die Prophetie des Mose in jüdischer, christlicher und islamischer Tradition

Mose – מֹשֶׁה (Mošeh), Μωυσῆς oder Μωσῆς (Mōysēs oder Mōsēs), مُوسَى (Mūsā) – gehört ohne Zweifel zu den Gestalten der Religionsgeschichte, die eine unvergleichlich breite, weit über den ursprünglichen religionsgeschichtlichen Kontext und Traditionszusammenhang hinausgehende Rezeption erlebt haben und bis heute geschichtswirksam in Erinnerung geblieben sind. Dabei ist er von Frühzeit an in der Überlieferung eine durchaus schillernde Gestalt. Mit Recht nannte Robert Martin-Achard bereits den Mose der hebräischen Bibel eine *figure polysémique*, wie die zahlreichen, ihm beigelegten Attribute belegen.[1]

Gleichsam von Geburt ein Wunderkind, das unter dem besonderen Schutz Gottes aufwächst (Ex 2,1-10), wird Mose in der Bibel als *Gottesknecht* (Num 12,7-8; Dtn 34,5; Jos 1,1), und *Gottesmann* (Dtn 33,1; Jos 14,6; Ps 90,1; Ezra 3,2; I Chr 23,14; II Chr 30,16), als *Priester* (Ps 99,6; I Chr 23,14) und *Prophet* (Dtn 18,18; 34,10) tituliert, der als der *Erwählte Gottes* (Ps 106,23) sowohl als *Sein Gesandter an Sein Volk* als auch als *Fürsprecher seines Volkes gegenüber Ihm* (Ex 3,13f; 5,22f; 33,13.19; 14,15; 15,25; 16,1ff; 17,4.11; Num 14,1ff; 21,4ff; Ez 22,30; Ps 103,7 u. o.), als *charismatischer Führer* ebenso wie als *Wundertäter* und *Befreier aus der Not*, als amtierender *Priester* (Ex 23,14ff; 34,18ff), *Gesetzgeber* (Ex 20,18-21; 24,12; 32,15f; Dtn 5,20-28; 9,9ff; 10,1ff; 31,9. 24ff) und *prophetischer Richter* (Num 12), ja als *Stellvertreter Gottes* (Ex 7,1) auftritt. Zudem ist er ein Mensch, der nicht nur seine Schwächen, sondern auch seine Schattenseiten hat, der sich nicht nur mit einer Ausrede seiner Aufgabe entziehen will, indem er behauptet, eine „schwere Zunge“ zu haben und deswegen einen anderen an seiner Stelle tätig werden sehen will (Ex 24,10-13), sondern der, um Rache für einen ermordeten Stammesangehörigen zu nehmen, nicht vor Mord zurückschreckt und selber

---

1 ROBERT MARTIN-ACHARD, Remarques en guise de conclusion. In: DERS. u.a., *La figure de Moïse. Ecriture et relectures*, Genf-Paris 1978, 157-162, hier 157. – Zum ganzen siehe: JONATHAN GORSKY, Moses from a Jewish Perspective. In: NORMAN SOLOMON/ RICHARD HARRIES/ TIM WINTER (Hg.), Abraham's Children: Jews, Christians, and Muslims in Conversation, London-New York 2005, 40-48; BEATE EGO, Mose im Judentum. In: CHRISTFRIED BÖTTRICH/ BEATE EGO/ FRIEDMANN EISSLER, Mose in Judentum, Christentum und Islam, Göttingen 2010, 11-66.

zum Mörder wird, seine Tat aber zu verheimlichen versucht und, nachdem ihm dies nicht gelungen ist, aus Angst vor der Strafe die Flucht ergreift (Ex 2,11-15).

1. Mose als Prophet und Lehrer

Bei alledem ist und bleibt es eine offene und letztlich auch unbeantwortbare Frage, ob hinter dieser *figure polysémique* ein „historischer Mose" steht, oder ob *Mose* von allem Anfang an als eine fiktive Gestalt zu betrachten ist. Um diese Frage soll es indessen hier nicht gehen. Hier geht es nicht um Moses mögliche Lebensgeschichte oder dergleichen. Hier interessiert allein, was dieser „vielgestaltige Mose" der Nachwelt bedeutet hat, oder anders formuliert: wie ihn das kollektive Gedächtnis der jüdischen, christlichen und islamischen Tradition in jener oben erwähnten geschichtswirksamen Erinnerung behalten hat. Danach ist Mose zuerst und vor allem *Prophet* und *Lehrer*. Höchst eindrücklich zeigen dies bereits zwei Texte, die gleichsam „Nachrufe auf Mose" enthalten und zum einen in Dtn 34,10-12 und zum anderen in Sir 44,23-45,5 überliefert sind und die beiden Weisen der Erinnerung an Mose reflektieren.

Dtn 34,10-12

(10) Und es stand fernerhin kein Prophet auf in Israel wie Mose (וְלֹא-קָם נָבִיא עוֹד בְּיִשְׂרָאֵל כְּמֹשֶׁה), mit dem der Ewige verkehrt hatte Angesicht zu Angesicht: (11) [gemessen] an all den Zeichen und Wundern, die der Ewige ihn gesandt hatte zu tun im Lande Ägypten an Pharao und allen seinen Dienern und seinem ganzem Lande; (12) und [gemessen] an all der starken Hand und all der großen Furcht, die Mose getan hatte vor den Augen des ganzen Israel.

Sir 44,23-45,5

(23) Er ließ von ihm [Jakob] einen edlen Mann abstammen, der in den Augen aller Menschen Gnade gefunden hatte: (1) Geliebt von Gott und den Menschen, Mose, sein Andenken zum Segen. (2) Er machte ihn den Engeln[2] an Herrlichkeit gleich (vgl. Ps 8,6) und stärkte ihn durch furchterregende Taten. (3) Durch seine Worte ließ Er schnell Zeichen geschehen und verlieh ihm Macht vor den Augen des Königs. Er sandte ihn zu seinem Volk und zeigte ihm Seine Herrlichkeit. (4) Wegen der Treue und Bescheidenheit heiligte Er ihn und erwählte ihn aus allen Menschen (vgl. Ps 106,23). (5) Er ließ ihn seine Stimme hören und zur dunklen Wolke herantreten. In seine Hand legte Er ihm Gebote, das Gesetz des Lebens und der Weisheit (ἐντολάς, νόμον ζωῆς καὶ ἐπιστήμης), um Jakob Tora zu lehren und Seine Satzungen Israel (διδάξαι τὸν 'Ιακὼβ διαθήκην

---

[2] Das *[א]להים* des hebräischen Textes von Sir 45,2 wird in der griechischen Version durch „Heilige" (ὡμοίωσεν αὐτὸν δόξῃ ἁγίων) wiedergegeben, ebenso in der Vetus Latina (*similem illum fecit in gloria sanctorum*).

καὶ κρίματα αὐτοῦ τὸν ᾿Ισραήλ; vgl. Dtn 33,10: יוֹרוּ מִשְׁפָּטֶיךָ לְיַעֲקֹב וְתוֹרָתְךָ לְיִשְׂרָאֵל, und Ps 147,19: (מַגִּיד דְּבָרוֹ [דְּבָרָיו] לְיַעֲקֹב חֻקָּיו וּמִשְׁפָּטָיו לְיִשְׂרָאֵל).

Wenn auch für eine ins einzelne gehende Analyse der beiden Perikopen hier nicht der Ort ist, sei dennoch ein zumindest flüchtiger Blick auf die in den beiden Nachrufen Mose zuteil gewordene Würdigung geworfen. In Dtn 34,10-12 ist Mose *der unvergleichliche Prophet*, der Erinnerung und Würdigung erfährt. Dabei mag es hier eine offene Frage bleiben, ob die Unvergleichlichkeit des Mose nur in Bezug auf die Propheten Israels gilt, also das *in Israel* in Dtn 34,10 von allem Anfang an zum Text gehört hat oder als eine spätere, die Bedeutung des Mose und seine Unvergleichlichkeit gleichsam einschränkende Hinzufügung zum Text anzusehen ist. Wichtig und festzuhalten ist zunächst einmal, dass Mose diesem Nachruf zufolge, wenn auch nicht *der einzige*, so doch der *in Israel* zumindest *unvergleichliche Prophet* und damit mehr als alle anderen (biblischen) Propheten ist.

Begründet wird die Unvergleichlichkeit des Propheten Mose zum einen mit der Unmittelbarkeit der Kommunikation zwischen Gott und Mose und zum anderen mit den von ihm gewirkten *Zeichen und Wundern*.[3]

Wie die in Dtn 34,10 erwähnte Unmittelbarkeit der Kommunikation zwischen Gott und Mose zu verstehen ist, wird in Num 12,6-8 (vgl. Q 7:144) mit folgenden Worten erklärt:

> Er sprach: Hört Meine Worte. Ist ein Prophet des Ewigen bei euch, durch Vision verkehre Ich mit ihm; durch Traum rede Ich mit ihm. Nicht so [mit] meinem Diener Mose […]; von Mund zu Mund rede Ich mit ihm.

Und nicht nur das; im weiteren Verlauf heißt es, dass Mose sogar die *Gestalt des Ewigen* sehen darf (Num 12,8: „und die Gestalt des Ewigen sieht er“). Das ist mehr als bemerkenswert; denn dies scheint, auf den ersten Blick zumindest, im Widerspruch zu der in manchem rätselhaften Perikope Ex 33,18-23 (vgl. dazu Q 7:143a) zu stehen. Danach ist für einen Menschen nämlich, und Mose ist auch nur ein Mensch, die Schauung Gottes tödlich (Ex 33,20: „nicht kann ein Mensch Mich [Gott] sehen und am Leben bleiben“).[4] Der Text beschränkt deswegen die Schauung Gottes durch Mose denn auch sogleich ausdrücklich auf den Anblick der Rückseite Gottes: „Sehen kannst du Meine Rückseite, Meine Vorderseite aber wird dir nicht sichtbar gemacht“ (Ex 33,23; vgl. Q 7,143b). Darum konnte der spätere Midrasch (SifDev § 357 Ende) auch keinen Widerspruch zwischen Num 12,8 und Ex 33,20.23 entdecken.

---

[3] Bei diesen *Zeichen und Wundern* handelt es sich um die in der biblisch-nachbiblischen, jüdischen und christlichen ebenso wie in der qur'ānisch-islamischen Prophetologie üblichen „Beglaubigungswunder“ der Propheten, die nach *Fiqh Akbar* II Art. 16 eine Realität darstellen; vgl. dazu ARENT J. WENSINCK, The Muslim Creed – its Genesis and Historical Development, Cambridge 1932 (repr. New Delhi ²1979), 192. 224-229.

[4] Vgl. Q 2:55-56 und 4:153, und dazu HEINRICH SPEYER, Die biblischen Erzählungen im Qoran, Gräfenhainichen 1931 (repr. Hildesheim ³1988), 298-299.

Als Folge dieser einzigartigen Unmittelbarkeit der Kommunikation mit Gott erhält Mose, anders als alle Propheten, Anteil am göttlichen Glanz; denn als Mose mit den beiden Tafeln vom Berg Sinai zurückkehrt, sah das Volk, so heißt es Ex 34,29-30, „dass die Haut seines Gesichtes strahlte" (כִּי קָרַן עוֹר פָּנָיו),[5] weswegen Mose, da allein schon der von ihm übertragene Glanz der göttlichen Herrlichkeit für Menschen unerträglich ist, eine Decke über sein Gesicht legte, wenn er mit den Israeliten redete, sie aber wegnahm, wenn er mit Gott redete (Ex 34,33-35) – ein Bild übrigens, aus dem Paulus eine Metapher machte, die zum Grundbestand christlich-jüdischer Polemik werden sollte (s. u.).

2. Moses prophetischen Aufgaben

Als diesem mit Gott unmittelbar kommunizierenden, *Zeichen und Wunder* wirkenden Propheten hat Mose nach Dtn 34,11-12 – zunächst – eine große „prophetische" Aufgabe erfüllt: Die Herausführung Israels aus dem Sklavenhause Ägypten (vgl. Jos 24,5; Hos 12,14; Mi 6,4). Während die Beauftragung dazu dem Bibeltext nach ein Akt freier göttlicher Wahl und Entscheidung war, erfolgte sie nach späterer rabbinischer Tradition durchaus nicht ohne Moses vorbereitendes Zutun. So erzählt der rabbinische Midrasch mit Bezug auf Ex 3,1ff: Einst suchte „der treue Hirte" Mose ein verlorenes Lamm. Als er es schließlich an einem Teich gefunden hatte, sagte er zu ihm: „Ich wusste nicht, dass du vor Durst weggelaufen bist." Dann trug er das Lamm auf seinen Schultern zur Herde zurück. Da habe der Heilige, gepriesen sei Er, gesagt: „Du hast Erbarmen, Schafe und Ziegen aus Fleisch und Blut zu hüten. Bei deinem Leben, du sollst meine Herde Israel weiden". Darauf habe ihn Gott berufen und gesandt, Israel aus Ägypten herauszuführen (ShemR XI,2). Dennoch wird die Herausführung aus Ägypten nirgends als ein Werk des Mose (v)erklärt, sondern stets als eine Befreiungstat Gottes verherrlicht (vgl. Ex 15,1-21), der durch Mose gewirkt hat. Trotz seiner „prophetischen" Tat wird Mose daher nirgends als Befreier Israels aus Ägypten oder ähnlich tituliert. Ja, im an die Herausführung aus Ägypten erinnernden sog. „kleinen geschichtlichen Credo" (Dtn 26,5-9) wird nicht einmal sein Name genannt (ebenso auch nicht in Ex 15,1-21). Dennoch war beides, die Unmittelbarkeit der Kommunikation mit Gott, die Mose mit „strahlendem Gesicht" hat vom Berg Sinai zurückkehren lassen (vgl. Ex 34,29), und die Herausführung des

---

[5] Was die Vulgata fälschlicherweise mit *quod cornuta esset facies sua* (nicht jedoch mit dem hier zu erwarten gewesenen *quod coronata esset facies sua*) übersetzt hat (das hebräische Wort קרן *qeren* kann ebenso „Strahl, Lichtstrahl" wie „Horn" bedeuten, das Verb קרן dem entsprechend „strahlen" oder „Hörner haben, gehörnt sein"), woraus im lateinischen Mittelalter dann das bekannte Bild vom „gehörnten Mose" geworden ist. – Siehe dazu RUTH MELLINKOFF, The Horned Moses in Medieval Art and Thought, Berkeley-Los Angeles-London 1970 (California Studies in the History of Art; Bd. 14).

Volkes aus Ägypten, Anlass genug – für Jesus Sirach (um 190 v.) ebenso wie später für die beiden Talmudweisen Abba Arikha, genannt Rav (gest. 247 n.), und Mar Samuel (gest. 254 n.) –, in Mose jenen *Menschen* zu sehen, von dem es in Ps 8,6 heißt: „Du hast ihn wenig geringer gemacht als Gott“ (vgl. Sir 45,2; und dazu bNed 38a).[6]

Die in Dtn 34,10-12 bereits doppelt begründete Unvergleichlichkeit des Propheten Mose erfährt in Sir 44,23-45,5 eine gewichtige Ergänzung. Hier nämlich ist Mose nicht mehr „nur“ der Zeichen und Wunder wirkende Prophet; hier ist er darüber hinaus auch noch der tugendhafte griechische Weise und Lehrer seines Volkes, dem aufgetragen war, die göttliche Weisung (*Tora*) dem Volk zu übermitteln und als Prophet, Gesetzgeber und König in einem damit gleichsam die Rolle eines jüdischen Solon zu übernehmen, als der er dann u. a. bei Philon von Alexandria (um 15/10 v. – um 40 n.) (*De Vita Mosis*), Josephus Flavius (37– um 105) (*Antiquitates* II,9,1-11,1) und Strabon (um 63 v. – um 23 n.) (*Geographica* XVI,2,34-36) erscheint.[7]

Dabei sind *Prophet* und *Lehrer* hier zwar voneinander zu unterscheidende, nicht jedoch voneinander verschiedene oder gar zu trennende Funktionen, die Mose wahrzunehmen hatte. Vielmehr verhalten sie sich zueinander wie die beiden Seiten einer Medaille. Der dem Volk die göttliche Weisung (*Tora*) übermittelnde Prophet ist *ipso facto* zugleich dessen Lehrer: Denn nach rabbinischer Auffassung hat Mose dem Volk nicht nur die *schriftliche Weisung Gottes* (*תורה שבכתב*) übermittelt, sondern mit den auf den zwei Tafeln enthaltenen Zehn Worten[8] zugleich auch die *mündliche Weisung Gottes* (*תורה שבעל-פה*) übergeben, wie es heißt:

> Rabbi Lewi b. Hama sagte im Namen des R. Schim'on b. Laqisch: Was bedeutet dies, dass geschrieben steht: Ich will dir die Tafeln aus Stein geben, die Tora und die Gebote, die ich aufgeschrieben habe, dass man sie lehre (Ex 24,12)? Die Tafeln – das sind die Zehn Worte; die Tora – das ist die Schrift; und die Gebote –

---

6 Vgl. Josephus Flavius, *BellJud* II,8,9: „Nächst Gott verehren sie den Namen ihres Gesetzgebers [Mose], und wer immer ihn lästert, wird mit dem Tod bestraft.“

7 Louis H. Feldman, Philo's Portrayal of Moses in the Context of Ancient Judaism, Notre Dame, Indiana 2007; Wayne A. Meeks, The Prophet-King: Moses Traditions and the Johannine Christology, Leiden 1967 (Supplements to Novum Testamentum; 14), 100-146; Louis H. Feldman, Josephus' Portrait of Moses. In: The Jewish Quarterly Review 82 (1992) 285-328; 83 (1993) 7-50, 301-330.

8 Die jüdische Überlieferung spricht nie von „zehn Geboten“ (*מצוות*), sondern grundsätzlich nur von „zehn Worten“ (Ex 34,28; Dtn 4,13; 10,4: *עשרת הדברים*), was in der Septuaginta mit δέκα λόγοι und in der Vulgata entsprechend mit *verba decem* übersetzt und im nachbiblischen rabbinischen Sprachgebrauch hebräisch mit *עשרת הדיברות* und aramäisch mit *עסרתי דיבר״א* (so in den palästinischen Targumim) bzw. *עשרא פתגמין* (so im Targum Onqelos) wiedergegeben ist. Siehe dazu Moshe Greenberg, The Decalogue Tradition Critically Examined. In: Ben-Tzion Segal (Hg.), The Ten Commandments in History and Tradition, Jerusalem 1990, 83-119, hier 83f; Stefan Schreiner, Das Zehnwort vom Sinai nach Rashīd ad-Dīn. In: Ders., Die jüdische Bibel in islamischer Überlieferung, Tübingen 2012 (Texts and Studies in Medieval and Early Modern Judaism ; 27), 93-157, hier 105-106.

> das ist die Mischna; die ich aufgeschrieben habe – das sind die Propheten und die Schriften; dass man sie lehre – das ist die Gemara [Talmud]. Das lehrt, dass dies alles dem Mose am Sinai gegeben wurde (bBer 5a).

Dass Mose nicht nur die Zehn Worte, sondern „die ganze Tora" von Gott erhalten hat, findet sich übrigens auch in der patristischen Literatur[9] und im Qur'ān (Q 7:142.144-145 und 6:154; vgl. dazu Ps 19,8-9).[10]

Wörtlich genommen ist dieses Dictum natürlich mehr als nur ein Anachronismus. Nur die Zehn Worte hat Mose am Sinai auf und mit den beiden Tafeln erhalten. Nicht mehr, aber eben auch nicht weniger. Denn nach rabbinischer Auffassung und Überlieferung enthalten die beiden Tafeln mehr als nur die Zehn Worte. Die Zehn Worte sind nur die κεφάλαια νόμων, die „Grundprinzipien" der göttlichen Weisung, wie Philon von Alexandria sie nannte,[11] dessen Interpretation in der jüdischen Tradition Allgemeingut geworden ist. So sprach Jehuda b. Shemuel ha-Lewi (1075-1141/44) zum Beispiel von *ummahāt aš-šarā'i' wa-uṣūluhā*, von den „Müttern der Einzelgebote und ihrer Quellen", und Mose b. Maimon / Maimonides (1138-1204) von *aṣl al-tašrī'*, von der „Quelle der Gesetzgebung": Zwischen den einzelnen Buchstaben der Zehn Worte indessen steht die Tora insgesamt geschrieben. Mit den auf die beiden Tafeln geschriebenen Zehn Worten hat Mose die „ganze Tora" empfangen, wie Targum Jerushalmi I zu Ex 19,24 bestätigt: „Tretet herzu und empfangt die Tora mit den Zehn Worten" (*אורייתא עם עסרתי דיבריי״א*) (vgl. dazu Dtn 4,13f).[12]

Die dem Mose übergebene *mündliche Weisung Gottes* (*תורה שבעל-פה*) indessen ist ein nach vorne hin offener Begriff und schließt deren durch die Jahrhunderte hindurch immer wieder neu aktualisierte Auslegung ein. So sagte R. Jehoschua b. Lewi mit Bezug auf Dtn 9,10:

> Die (Zehn) Worte meinen: die Schrift, Mischna, Talmud und Aggada,[13] ja selbst das, was ein kundiger Schüler dermaleinst vor seinem Lehrer vertreten wird – all das wurde bereits dem Mose am Sinai gesagt (yPea II,6/17a).

---

9 CARL UMHAU WOLF, Moses in Christian and Islamic Tradition. In: Journal of Bible and Religion 27 (1959) 102a-108b, hier 105a; GUSTAVE EDMUND VON GRUNEBAUM, Islam. Essays in the Nature and Growth of a Cultural Tradition, Menaska, Wisc. 1955 (zahlreiche Nachdrucke, zuletzt Whitefish, MT 2010) (Memoir / American Anthropological Association; 81 = Comparative Studies of Cultures and Civilizations; 4), 85, 93 u. ö.

10 SPEYER, Die biblischen Erzählungen im Qoran, 296-297.

11 PHILO JUDAEUS, *De decalogo*. In: LEOPOLD COHN/ PAUL WENDLAND (Hg.), *Philonis Alexandrini Opera quae supersunt*, Bd. 4, Berlin 1902 (repr. 1962), 269-307.

12 SCHREINER, Das Zehnwort vom Sinai nach Rashīd ad-Dīn, 152-157; STEFAN SCHREINER, Der Dekalog in Ibn Kaṯīrs Qiṣaṣ al-Anbiyā'. In: DERS., Die jüdische Bibel in islamischer Überlieferung, Tübingen 2012 (Texts and Studies in Medieval and Early Modern Judaism, 27), 158-172, hier 169-171.

13 Diese vier Begriffe bezeichnen das gesamte Corpus der schriftlichen und der mündlichen jüdischen Tradition(sliteratur). Vgl. dazu STEFAN SCHREINER, Der Dekalog in der jüdischen Tradition und im Koran. In: STEFAN SCHREINER, Die jüdische Bibel in islamischer Überliefe-

Zwar dient eine solche Aussage unmissverständlich zunächst apologetischen Zwecken: Indem nicht nur die Gabe der *schriftlichen Weisung Gottes* (תורה שבכתב), sondern ebenso auch deren gesamte spätere Auslegung auf das Ereignis am Sinai und die Vermittlung des Mose zurückgeführt wird, wird *eo ipso* ausgeschlossen, dass es außerhalb, weder neben noch nach dem Ereignis am Sinai eine neue, andere Offenbarung gegeben hat. Zugleich wird damit die Besonderheit, das heißt Einzigartigkeit und Unvergleichbarkeit „unseres Lehrers Mose“ unüberbietbar deutlich unterstrichen: Alle *Weisung* und akzeptierte Lehre ist *halakha le-Mošeh mi-Sinai*, ist „Lehre, die dem Mose am Sinai gegeben und durch ihn vermittelt und von ihm überliefert worden ist“ (vgl. mAvot I,1ff; vgl. bShab 30a).

3. Moses Vermittlung der Tora

Bei alledem ist Mose jedoch niemals als Urheber oder Autor der Tora angesehen oder als ein solcher verehrt worden. Selbst dort, wo von *Torat Mošeh*, der *Weisung des Mose* oder *Sefer Torat Mošeh*, dem *Buch der Weisung des Mose* (Dtn 28,61; 29,30; Esra 3,7; 7,6; Neh 8,1.6 etc.) oder ähnlich gesprochen wird, oder die rabbinische Überlieferung Mose die *Fünf Bücher Mose* zuschreibt (bBB 15a-b), ist nie gemeint, dass Mose deren Urheber oder Autor gewesen sei.[14] Stets ist er „nur“ deren Überbringer und Vermittler, eben der *Prophet* und *Lehrer* (vgl. bBeza 38b): Wie Mose den Israeliten, die er aus Ägypten herausgeführt hat, keinen neuen Glauben verkündet hat – allein um ihrem Gott dienen zu können, sollte er sie aus Ägypten herausführen (Ex 3,12. 18) –, so ist die *Tora des Mose* immer „nur“ die *Tora*, die ihm Gott zum Zweck der Übermittlung übergeben hat (Neh 1,7; I Chr 22,13; vgl. Sir 24,3. 8. 23). Diese Tora übermittelt zu haben, ist denn auch *die* prophetische Aufgabe und Leistung des Mose gewesen, die ihn zum Propheten und Lehrer *par excellence* werden ließ: Hat Mose doch nicht irgendein göttliches Wort übermittelt; vielmehr war und ist es *die Weisung Gottes*, die er dem Volk Israel überbracht und vermittelt hat (yPea II,6/17a). Eben dies ist mit Prophet und Prophetie gemeint.

Anschaulich beschrieben werden Vorgang und Bedeutung dieser Übermittlung bereits in der Bibel: Mose, der Prophet, bei der Vergabe der Tora am Berg Sinai stand er *zwischen* Gott und Volk, wie es in Dtn 5,5 ausdrücklich heißt; denn nur er besaß die dazu notwendige Fähigkeit und war daher befähigt, die *Weisung Gottes* dem Volk zu übermitteln, wie der bereits erwähnte

---

rung, Tübingen 2012 (Texts and Studies in Medieval and Early Modern Judaism; 27), 75-92, bes. 80ff.

14 Philons diesbezügliche Ansichten haben sich nicht durchsetzen können; vgl. YEHOSCHUA AMIR, Mose als Verfasser der Tora bei Philon. In: DERS., Die hellenistische Gestalt des Judentums bei Philon von Alexandrien, Neukirchen-Vluyn 1983 (Forschungen zum jüdisch-christlichen Dialog; 5), 77-106.

Jehuda ha-Lewi geschrieben hat (*Kusari* I,87).[15] Und diese „Prophetie“, die von Mose geleistete Vermittlung brauchten beide, das am Fuß des Berges Sinai stehende Volk ebenso wie Gott. Das Volk brauchte die Vermittlung des Mose sogar aus doppeltem Grund:

– zum einen, weil es um sein Leben fürchtete, wenn Gott mit ihm unmittelbar reden würde. Wie für einen „normalen“ Menschen das Schauen Gottes tödlich ist, so ist es auch das Hören Gottes. So wenig ein Mensch Gott sehen kann und am Leben bleibt (Ex 33,20), so wenig kann er die Rede Gottes hören und am Leben bleiben, wie es in Ex 20,16(19) heißt: „Und [das Volk] sprach zu Mose: Rede du mit uns, damit wir hören können. Gott aber soll nicht mit uns reden, damit wir nicht sterben.“ Und ähnlich in Dtn 5,22(25)-23(26):

> Jetzt aber, warum sollen wir sterben, weil uns dieses große Feuer verzehrt? Wenn wir noch weiter die Stimme des Ewigen, unseres Gottes, hören, dann werden wir sterben. Denn wer ist solch ein Mensch, dass er die Stimme des lebendigen Gottes mitten aus dem Feuer reden hört und am Leben bleibt?

– zum anderen, weil es die Rede Gottes gar nicht verstehen konnte. Das Volk, das unterhalb des Berges stand, hörte wohl, *dass* Gott mit Mose redete (Ex 19,9: „Und Gott sprach zu Mose: Siehe, Ich komme zu dir in einer dunklen Wolke, damit das Volk hört, wenn Ich mit dir rede und dir dann auch immer glaubt [...]“), aber es hörte bzw. verstand nicht, *was* Gott mit Mose redete; denn es hörte keine unterscheidbaren *Worte*, sondern nur *die Stimme von Worten* (Dtn 4,12: „Und der Ewige redete zu euch mitten aus dem Feuer, während ihr die Stimme von Worten hörtet, aber eine Gestalt habt ihr nicht gesehen, außer einer Stimme“). Es gewahrte eine *Stimme* (Ex 19,19: „Die Stimme des Schofar wurde immer lauter, während Mose redete, und Gott ihm in einer Stimme antwortete“), *in* der Gott Mose antwortete, aber diese Stimme war nicht zu hören, sondern zu sehen; denn die Stimme Gottes wird nicht *gehört* (Dtn 4,33; 5,24f), sie wird *gesehen*, wie die antike griechische Übersetzung der hebräischen Bibel Ex 20,18 übersetzte: „Das ganze Volk sah die Stimme“ etc. (vgl. Dtn 4,12b).[16]

Doch auch Gott brauchte einen Propheten wie Mose bzw. dessen Vermittlung. Auch Er hört nur, *dass* das Volk mit Mose redet, aber Er hört nicht, *was* es mit Mose redet; denn auch Gott hört nur *die Stimme von Worten*, in diesem Falle des Volkes (so Dtn 5,25 [28]: „Und Gott hörte die Stimme eurer Worte, als ihr mit mir redetet; und Gott sprach zu mir: Ich habe die Stimme der Worte dieses Volkes gehört, die sie zu dir geredet haben“), und Mose ist

---

15 JEHUDA HA-LEWI, *Kitāb ar-radd wad-dalīl fī d-dīn aḏ-ḏalīl (al-kitāb al-Ḫazarī)*, Jerusalem 1977, 24-25; DERS., *Sefer ha-Kuzari – maqor we-tirgum*, Qiryat Ono 1997, 24-25 (dt.: *Das Buch al-Chazarī aus dem Arabischen des Abu-l-Hasan Yehuda Hallewi*, übers. HARTWIG HIRSCHFELD, Breslau 1885, 27f).

16 Die Wahrnehmung der göttlichen Stimme als ein solches wunderhaftes Ereignis, das gleichsam auf einer Sinnenvermischung bzw. Sinnenverknüpfung beruht, haben bereits Josephus Flavius (*Antiquitates* I,12,1) und der jüdische Dramatiker Ezechielos (2./1. Jh. v.) in seiner Tragödie *Exagoge* (v. 99) beschrieben.

es, der Ihm den Inhalt dieser Worte vermittelt, also berichtet, *was* das Volk gesagt hat (Ex 19,9: „Und Mose berichtete die Wortes des Volkes dem Ewigen").

Die bei der Gabe der Tora am Berge Sinai wohl *sichtbar*, aber dem menschlichen Ohr *nicht verstehbar* gewesene *Stimme Gottes* in eine dem menschlichen Ohr *verstehbare* menschliche Sprache übersetzt und ebenso die menschliche Rede Gott überbracht und Ihm verstehbar gemacht zu haben – das ist *die* alles entscheidende prophetische Aufgabe, die Mose zu bewältigen hatte und bewältigt hat. Indem Mose eben dies geleistet hat, erwies und bewährte er sich als *der* Prophet, wie es nach ihm – zumindest *in Israel* – keinen anderen Propheten mehr gab, wie Philon von Alexandria in seiner *Vita Mosis* (II,189-191) bereits erörtert hat. *Vater aller Propheten* (אב כל הנביאים: WayR I,3; EstR I; ShemR XXI,4; BerR LXXVI,1), und *unser Lehrer* (רבינו, vgl. bMeg 13a; WayR I,15) sind daher die beiden Attribute bzw. Ehrentitel (geworden), mit denen die spätere jüdische Tradition Mose bedacht und in ihm nicht nur einen, sondern den größten der Propheten, *in Israel* wohlgemerkt, gesehen hat, größer als alle seine Vorgänger und Nachfolger, wie es mit Verweis auf Hos 12,11 im Babylonischen Talmud heißt: „Alle Propheten haben durch ein undurchsichtiges Glas geschaut; Mose, unser Lehrer, aber hat durch ein durchsichtiges Glas geschaut" (bYev 49b; WayR I,14; zum Bildwort vgl. auch 1. Kor 13,12).[17]

4. Die Prophetie des Mose nach Mose b. Maimon

Wie diese beiden Attribute bzw. Ehrentitel des Mose im Sinne der jüdischen Tradition zu verstehen sind, hat auf treffende Weise Mose b. Maimon / Maimonides (1138-1204) in der sechsten und siebenten (der umfangreichsten!) seiner *Dreizehn Glaubensgrundsätze* dargelegt, die ihrer Bedeutung wegen hier ganz zitiert seien:[18]

---

[17] Zum Thema Prophetie in der jüdischen Religionsphilosophie des Mittelalters siehe das noch immer lesenswerte Buch von NEWMANN SANDLER, Das Problem der Prophetie in der jüdischen Religionsphilosophie von Saadia bis Maimuni, Breslau 1891, und jetzt ausführlich HOWARD KREISEL, Prophecy – the History of an Idea in Medieval Jewish Philosophy, Dordrecht [u. a.] 2001 (Amsterdam Studies in Jewish Thought; 8).

[18] Arabischer Text mit hebräischer Übersetzung des Shelomo ibn Yaʿqūb aus Saragossa in: JOSUA HOLZER, Zur Geschichte der Dogmenlehre in der jüdischen Religionsphilosophie des Mittelalters: Mose Maimûni's Einleitung zu Chelek im arabischen Urtext und in der hebräischen Übersetzung, Berlin 1901, 1-30, hier 22-26; hebräische Übersetzung auch in MOSE B. MAIMON, *Haqdamot le-feruš ha*-mišna, Jerusalem 81980 (Mose b. Maimon, Mišneh Tora huʾ ha-yad ha-ḥazaqa, XVIII), 109-150, hier 139-144. Hier zitiert nach der Übersetzung von Johann Maier, Geschichte der jüdischen Religion, Freiburg i. Br.-Basel-Wien ²1992 (Herder Spektrum 4116), 399-405, hier 400-402. – Zur Sache s. Marc B. Shapiro, The Limits of Orthodox Theology. Maimonides' Thirteen Principles Reappraised, Oxford-Portland-Oregon 2004, 87-90.

Die sechste Grundlehre lautet: Die Prophetie, das heißt, der Mensch muss wissen, dass innerhalb der Gattung Mensch Träger von sehr hohen Eigenschaften und großer Vollkommenheit sind. Die Seele ist so gerichtet, dass sie die Form des Geistes annimmt. Dieser menschliche Geist verbindet sich mit dem wirkenden Geiste und empfängt von ihm gewichtigen Einfluss.[19] Das sind die Propheten, das ist Prophetie und das ist ihr Wesen. Eine hinreichende Erklärung dieses Grundsatzes müsste sehr ausführlich sein und es ist hier nicht beabsichtigt, jeden einzelnen Grundsatz zu beweisen und die Arten ihrer Erfassung zu erklären, weil das ja gleichbedeutend mit dem Gesamtinhalt der Wissenschaften wäre! Ich wollte nur andeutungsweise davon sprechen. – Das Wort der Tora bezeugt das Künden vieler Propheten.

Die siebente Grundlehre betrifft die Prophetie des Mose, unseres Lehrers. Sie besagt, dass man glauben soll, dass er der Vater aller der Propheten ist, die vor ihm gewesen waren und die nach ihm aufgetreten sind. Sie alle stehen im Rang unter ihm und er war der Auserwählte Gottes aus dem ganzen Menschengeschlecht, der von Seiner - erhoben sei Er! - Erkenntnis mehr erlangt hat als alle Menschen, die früher existierten oder noch existieren werden, und dass er - Friede über ihn! - in seiner Erhebung über die menschliche Stufe hinaus bis zur engelhaften Stufe gelangt ist und er in den Rang der Engel einbezogen wurde. Kein Vorhang blieb, den er nicht durchdrungen hätte, kein körperliches Hindernis behinderte ihn, keinerlei Mängel stellten sich an ihm ein, ob gering oder groß, und die imaginativen und sinnlichen Kräfte wurden bei ihm aufgehoben in seinen Erkenntnisakten und seine appetitive und begehrende Kraft ausgeschaltet, so dass der Intellekt allein für sich blieb. In bezug darauf wurde gesagt, dass er mit Gott ohne Vermittlung von Engeln sprach. Ich wollte zwar diesen wunderbaren Sachverhalt hier erläutern und die verschlüsselten (Aussagen) der Tora aufschließen und die Bedeutung *von Mund zu Mund* (Num 12,8) und jenes ganzen Verses erklären, habe aber eingesehen, dass diese Dinge zu subtil sind und sehr vieler Beweisführungen bedürfen. [...] Doch würden für dies allein selbst bei kürzester Fassung hundert Seiten nicht genügen, daher lasse ich es beiseite für eine Behandlung an seinem Ort in der Erklärung der *Deraschot*, die zu verfassen ich beschlossen habe, oder in dem Buch, das ich zur Erklärung dieser Grundlehren schreiben will.

Somit komme ich zur Absicht dieser siebenten Grundlehre zurück und sage, dass die Prophetie des Mose in vier Punkten von der Prophetie aller (übrigen) Propheten unterschieden ist:

Für die Besonderheit, die die Prophetie des Mose auszeichnet und ihre und Unvergleichlichkeit ausmacht, bringt Maimonides sodann die folgenden vier, durchgängig auf biblische Texte gegründete Argumente vor:

Der **erste Punkt** ist, dass mit jedem Prophet, der einmal war, Gott nur durch ein Medium gesprochen hat, mit Mose aber ohne Medium, wie es heißt (Num 12,8): *Von Mund zu Mund rede Ich mit ihm.*

---

[19] Vgl. dazu Mose b. Maimon, Moreh Nevukhim (II,12): Alles, was ist, ist beeinflusst von jenem Ausströmen Gottes. Dieses Ausströmen ergießt sich auf die Propheten, wenn ihre Seele (Geist) bereit ist zum Empfangen, wie es heißt: Er lässt seine Weisheit auf die Propheten ausströmen.

Der **zweite Punkt** ist, dass auf jeden (anderen) Propheten die Prophetie nur mit dem Schlaf kommt, wie es heißt an mancherlei Stellen: Im Traum der Nacht (vgl. Gen 20,3; 31,24; 41,11; 1 Kön 3,5) und *er träumte, im Traum des Nachtgesichts* (vgl. Ijob 33,15) und noch vielmehr von dieser Art. Oder dass der Prophet des Tages einem Tiefschlaf verfällt und ein Zustand eintritt, in dem alle seine Sinne ausgeschaltet werden und sein Denken davon frei wird wie im Fall des Schlafes. Dieser Zustand wird „Vision“ und „Gesicht“ genannt, und in bezug darauf wird gesagt in *Schauungen Gottes* (vgl. Ez 1,1; 8,3). Über Mose jedoch kam die (göttliche) Rede am Tage, da er zwischen den beiden Keruben stand, wie es ihm Gott bestimmt hatte (Ex 25,22): *Und Ich will daselbst mit dir zusammenkommen.* Und Er –erhoben werde Er! – sprach (Num 12,6-8): *Wenn ein Prophet des Herrn unter euch ist, offenbare Ich mich ihm in Gesichten, im Traume rede Ich mit ihm. Nicht so mit meinem Knecht Mose; von Mund zu Mund rede Ich mit ihm.*

Der **dritte Punkt** ist, dass dem Propheten, wenn die Prophetie über ihn kommt, obgleich es im Gesicht geschieht und durch einen Engel, die Kräfte schwinden und er seine Haltung verliert, da ihn eine gewaltige Furcht überkommt, so dass er beinahe stirbt, wie es an Daniel gezeigt wird. Davon, als Gabriel mit ihm in der Vision sprach, sagte er (Dan 10,8): *Da blieb keine Kraft in mir, mein Aussehen entstellte sich wie zum Verderben und ich vermochte mich nicht mehr zu halten.* Und er sagte (Dan 10,9): *Und ich sank im Tiefschlaf auf mein Angesicht nieder, mit dem Gesicht zur Erde*; und er sagte (Dan 10,16): *Im Gesicht haben meine Schmerzen mich überfallen.* Doch Mose sagte nichts dergleichen; wenn über ihn die (göttliche) Rede kam, ergriff ihn vielmehr keinerlei Zittern und Beben, wie es heißt (Ex 33,11): *Der Herr aber redete mit Mose von Angesicht zu Angesicht wie einer mit seinem Freunde redet*; das heißt, wie einem Menschen im Gespräch mit seinem Freund keine Furcht widerfährt, so hat er (Mose) - Friede über ihn! - sich nicht gefürchtet wegen der (göttlichen) Rede, obschon Er ihm von Angesicht zu Angesicht gegenübertrat. Dies bezieht sich auf die Stärke seiner Verbindung mit dem Intellekt, wie wir schon gezeigt haben.

Der **vierte Punkt** besteht darin, dass über alle (anderen) Propheten die Prophetie nicht nach ihrem Willen kam, sondern nach dem Willen Gottes. Denn siehe, es konnte geschehen, dass der Prophet tage- oder jahrelang ohne Prophetie blieb und wenn man darum bat, er möge etwas durch Prophetie mitteilen, musste er tagelang oder monatelang warten, bevor er als Prophet sprechen konnte, oder er erreichte überhaupt nichts. Es gab unter ihnen auch solche, die sich stimmungsmäßig vorbereiteten und die ihre Gedanken läuterten, wie Elisa es getan hat, da es heißt (2 Kön 3,15): Und nun holt mir einen Spielmann, und dass dann die Prophetie über ihn kam. Doch war es nicht notwendigerweise, dass er zu der Zeit, auf die er sich vorbereitet hatte, auch prophezeite. Unser Lehrer Mose hingegen sagte zu jeder Zeit, da er wollte (Num 9,8): Wartet ich will hören, was euch der Herr gebietet! Und da es heißt (Lev 16,2): Rede zu Aaron, deinem Bruder, dass er nicht zu jeder Zeit in das Heiligtum eintrete [...].

Zu diesen vier Argumenten für die Besonderheit und Unvergleichlichkeit der Prophetie des Mose fügt Maimonides in den Hilchot Jesode ha-Tora, den „die Grundlagen der Tora“ betreffenden Kapitel im ersten Teil seines religionsgesetzlichen Kompendiums Mischne Tora, die in mancherlei Hinsicht einen

Kommentar zu den Glaubenslehren enthalten, noch einen **fünften Punkt**, diesmal ethisches Argument hinzu. Mit bezug auf den Schriftvers Dtn 5,27f („*Geh, sage zu ihnen: Kehrt zurück zu euren Zelten, du aber bleibe bei mir*“) erklärt er in den Hilchot Jesode ha-Tora VII,6 nämlich darüber hinaus:

> Daraus lernst du, dass alle Propheten, wenn die Prophetie von ihnen gewichen war, zu ihren Zelten, das meint zu den leiblichen Bedürfnissen, zurückzukehren pflegten, sie alle wie der Rest des Volkes, und sie sich folglich nicht ihrer Frauen enthalten haben. Mose, unser Lehrer, hingegen kehrte nicht zu seinem früheren Zelt zurück, enthielt sich folglich seiner Frau für immer und von allem, was ihr ähnlich war. Sein Geist war ganz mit dem Ewigen Fels verbunden, und der Glanz wich niemals von ihm, die Haut seines Angesichtes strahlte, und er war wie die Engel geheiligt.

5. Mose, der Prophet in Israel und die Propheten der Völker

Ist Mose nach jüdischer Tradition auch der alles überragende, unvergleichliche Prophet gewesen, so galt und gilt dies jedoch, wie sogleich hinzuzufügen ist, mit einer Einschränkung. Galt und gilt dies doch nur in dem Sinne – darauf hat die jüdische Tradition mit Verweis auf Dtn 34,10 allenthalben großen Wert gelegt –, dass in Israel kein Prophet mehr aufstand wie Mose. Ausgeschlossen ist damit nicht, dass es unter den Völkern der Welt Propheten wie Mose geben kann und auch gegeben hat, wie der rabbinische Midrasch bereits am Beispiel des Sehers Bil‘am ben Be‘or verdeutlicht, der in diesem Zusammenhang stets erwähnt wird:

> Nicht stand auf fernerhin ein Prophet in Israel wie Mose – in Israel stand keiner auf, unter den Völkern der Welt aber stand einer auf. Wer ist es? Es ist Bil‘am ben Be‘or (SifDev § 357 Ende; Yalq II § 966).

Dazu ergänzt der spätere Midrasch:

> Nicht stand auf fernerhin ein Prophet in Israel wie Mose – in Israel stand keiner auf, unter den Völkern der Welt aber stand einer auf, damit die Völker der Welt keinen Vorwand haben zu sagen: Wenn wir einen Propheten gehabt hätten wie Mose, dann würden wir den Heiligen, gepriesen sei Er, verehrt haben. Welchen Propheten aber hatten sie wie Mose? Bil‘am ben Be‘or (BemR XIV,20).

Im Babylonischen Talmud ist sogar von sieben Propheten der Völker die Rede:

> Sieben Propheten traten als Propheten [wie Mose] für die Völker der Welt auf, und diese sind es: Bil‘am ben Be‘or und sein Vater, Ijov (Hiob), Elifaz von Teman (Jemen), Bildad von Shuach, Ṣofar von Na’ama und Elihu ben Barakh’el von Buz (bBB 15b Anfang).

Wenn der rabbinische Midrasch auch keinen Zweifel daran lässt, dass es zwischen dem Prophetentum des Mose und dem Prophetentum Bil‘ams, und damit dem/ den Propheten der Völker der Welt fundamentale qualitative Unterschiede gibt (vgl. WayR I,1 und XIV,20; SifDev § 357 Ende mit Bezug auf Num 24,4 und 16),[20] ist die Möglichkeit eines Propheten wie Mose aus dem Kreis der Völker der Welt selbst über die eben genannten sieben Propheten hinaus dennoch nie ausgeschlossen worden, so eben auch nicht die Möglichkeit eines arabischen Propheten Muḥammad, wie Netan'el al-Fajjumi[21] meinte (vgl. auch MHG zu Dtn 34,10, ed. Fisch, 790),[22] von dem es in den vermutlich gegen Ende des 7. Jahrhunderts entstandenen und in mehreren voneinander abweichenden Versionen überlieferten „Geheimnissen des Rabbi Shimʿon bar Yoḥai (Nistarot de-R. Shimʿon bar Yoḥai) sogar heißt: „Der Heilige, gepriesen sei Er, setzt über sie [die Söhne Ismaels, d.h. die Muslime] einen Propheten Seinem Wohlgefallen entsprechend" (*הקדוש ברוך הוא מעמיד עליהם נביא כרצונו*).[23]

6. Der Prophet Mose in christlicher Perspektive

Wenn Mose im Neuen Testament auch öfter erwähnt wird als alle anderen Gestalten der hebräischen Bibel, und er in manchen christlichen Heiligenkalendern sogar bis heute seinen Platz behalten hat, wie im Kalender der Armenischen Kirche, in dem er unter „die Heiligen Vorväter (…) und anderen heiligen Patriarchen" eingereiht ist,[24] oder im Orthodoxen Fest- und Heiligenkalender, in dem am 4. September an ihn als „Hl. Prophet und Gottesschauer Moses" erinnert wird,[25] kann all das doch nicht darüber hinwegsehen lassen, dass sein Prophetentum in der christlichen Überlieferung von allem Anfang an dennoch von anderer Bedeutung war und ist als im Judentum. Zudem wird Mose hier mehr als der „Gesetzgeber" und damit gleichsam als Symbolfigur des „Gesetzes" denn als die *Weisung Gottes* ver-

---

20 Siehe dazu auch MOSE B. MAIMON, *Moreh Nevukhim*, II,32.

21 NETAN'EL AL-FAJJUMI, *Bustan al-'uqūl*, hg. YOSEF D. QAFIḥ, Jerusalem 1984, 103-110; engl.: The Bustan al-Ukul by Nathanael ibn al-Fayyumi, übers. DAVID LEVINE, New York 1908 (repr. 1966) (Columbia University Oriental Studies 6), 103-108.

22 Ähnlich auch SECHARJA B. SHLOMOH HA-ROFE', *Midrasch ha-Ḥefeṣ*, hg. MEIR HAVATZELET, 2 Bde., Jerusalem 1990-1992, II, 482.

23 YEHUDA EVEN SHEMUEL, *מדרשי גאולה: פרקי האפוקליפסה היהודית מחתימת התלמוד הבבלי ועד ראשית האלף הששי*, Jerusalem 1953 (²2000), 161-198, hier 188.

24 So dazu http://www.heiligenlexikon.de/Literatur/ArmenischerKalender.html: „Donnerstag nach dem zweiten Sonntag nach Verklärung: die Heiligen Vorväter: Adam und Abel und Seth und Enosch und Henoch und Noach (alle 26.12.) und Melchisedek (25.03. / 26.12.) und Abraham und Isaak und Jakob und Joseph (alle 17.01. und 26.12.) und Moses (17.01. / 18.09. / 26.12.) und Aaron (17.01. / 01.07. / 18.09.) und Eleazar (02.09.) und Josua (17.01. / 01.09. / 26.12.) und Samuel (17.01. / 200.8.) und Samson und Jephta und Barak (alle 26.12.) und Gideon (01.09.) und andere heilige Patriarchen (26.12.)."

25 So unter http://www.orthodoxe-kirche.de/Sonstiges/heiligenkalender/heiligen kalender06.html, und „Großer Synaxaristes der Orthodoxen Kirche" zum 4. September (Μέγας Συναξαριστής 4 Σεπτεμβρίου: Ὁ Προφήτης Μωϋσῆς).

mittelnder Prophet gesehen, Justinus der Märtyrer (gest. um 165) nennt ihn zwar den „ersten der Propheten“ (Apologie I,32; 54; 59), und 1. Clemens 48 spricht davon, dass alle anderen Propheten „nur Nachfolger“ des Mose sind; dennoch wird er aber auch hier wesentlich als der „Gesetzgeber“ wahrgenommen,[26] als der Geber eines Gesetzes zumal, das obsolet geworden ist.

Als normsetzend für die Rezeption des Mose und seines Prophetentums in christlicher Überlieferung darf gewiss die Auslegung der Perikope Ex 34,29-35 angesehen werden, die Paulus in 2. Kor 3,3-18 vorgetragen und damit zur Formulierung der Antithese von „altem“ und „neuen“ Bund/ Testament (2. Kor 3,14) beigetragen hat, die in der Folge, seit den Zeiten der frühen patristischen Schriftauslegung, durch die Jahrhunderte hindurch den christlichen Umgang mit der Schrift nachhaltig geprägt und das Prophetentum des Mose dabei in sein Gegenteil verkehrt hat.[27] Zudem hat Paulus mit dem Bildwort vom verhüllten Gesicht des Mose eine Metapher geschaffen, die – wie Riemer Roukema gezeigt hat – von enormer Tragweite war und eine ebenso lange wie verhängnisvolle Rezeptionsgeschichte gehabt hat und hat. Nicht nur, dass dem klarsehenden, durch ein durchsichtiges Glas schauenden Mose (s. o.) hier ein blinder, im wahrsten Sinne des Wortes verblendeter Mose gegenüber- bzw. entgegengestellt wird, auch sein prophetisches Werk, das ihn zum Propheten *par excellence* macht, die Vermittlung der Tora, wird in ihr Gegenteil verkehrt: Die *göttliche Weisung*, die Licht ist und Leben ermöglicht dem, der sie befolgt (vgl. Dtn 30,15-20), wird hier in einen „Dienst, der zum Tod führt“, pervertiert, dem ein „Dienst des Geistes“ gegenüber- bzw. entgegengestellt wird, der als „Dienst, der zur Gerechtigkeit führt“, beschrieben wird (2. Kor 3,7-8).

Dass unter dieser Voraussetzung das Prophetentum des Mose, so es überhaupt noch von Belang und Bedeutung ist, ganz anders gedeutet werden muss, liegt nachgerade auf der Hand, und es kann daher auch kaum überraschen, dass in Mose hier nicht mehr der Vermittler und Künder der Leben ermöglichenden *Weisung Gottes*, und schon gar nicht der „Vater aller Propheten“

---

26 UMHAU WOLF, Moses in Christian and Islamic Tradition, 105b. – Zum ganzen ferner: JOHN BARTON, Moses from a Christian Perspective. In: NORMAN SOLOMON/ RICHARD HARRIES/ TIM WINTER (Hg.), Abraham's Children: Jews, Christians, and Muslims in Conversation, London-New York 2005, 49-54; CHRISTFRIED BÖTTRICH, Mose im Christentum. In: DERS./ BEATE EGO/ FRIEDMANN EISSLER, Mose in Judentum, Christentum und Islam, Göttingen 2010, 67-111; FRIEDMANN EISSLER, Tora und Evangelium – Mose in der christlichen Überlieferung. In: ANJA MIDDELBECK-VARWICK u.a. (Hg.), Die Boten Gottes: Prophetie in Christentum und Islam, Regensburg 2013 (Theologisches Forum Christentum – Islam), 75-88; THERESIA HEITHER, Biblische Gestalten bei den Kirchenvätern, Bd. 4: Mose, Münster 2010.

27 RIEMER ROUKEMA, The Veil over Moses' Face in Patristic Interpretation. In: DERS. et al. (Hg.), The Interpretation of Exodus. Studies in Honour of Cornelis Houtman, Leuven-Paris-Dudley-MA 2006 (Contributions to Biblical Exegesis and Theology; 44), 237-252; vgl. dazu ferner KARL SUSO FRANK, Der verhüllte Glanz. 2 Kor 3,14-16 bei den Kirchenvätern. In: ALBERT RAFFELT/ BARBARA NICHTWEISS (Hg.), Weg und Weite. Festschrift für Karl Lehmann, Freiburg i. Br. 2001, 147-156.

gesehen werden kann, sondern nicht mehr als der προ-φήτης, dessen prophetische Funktion auf die Rolle eines Vorher-sagers und An-kündigers dessen beschränkt ist, der nach ihm kommen soll, dem gegenüber er nurmehr als dessen matter Abglanz, wenn nicht sogar nur als dessen Gegenbild erscheint.

Am Beginn des Johannesevangeliums wird erzählt, dass „die Juden aus Jerusalem Priester und Leviten [zu Johannes, dem Täufer] sandten, um ihn zu fragen: Wer bist du?“ (1,19). Auf seine Antwort, dass er „nicht der Messias“ sei, „fragten sie ihn: Wer [bist du] dann? Bist du Elija?“ (1,20-21). Nachdem er ein weiteres Mal verneint hatte, fragten sie ihn: „Bist du der Prophet?“, worauf er wiederum mit einem Nein antwortete (1,21). Während die zweite Frage, ob er, Johannes, Elija sei, auf Mal 3,23 Bezug nimmt und auf Elijas Rolle als Vorläufer und Wegbereiter des Messias anspielt, verweist die Frage nach dem Propheten unverkennbar auf Dtn 18,15-19, also jenen Teil der „Abschiedsrede“ des Mose, in dem Mose ankündigt: „Einen Propheten aus deiner Mitte, aus [dem Kreis] deiner Brüder, wie ich einer bin, wird dir der Ewige, dein Gott, erstehen lassen; auf ihn sollt ihr hören“ (Dtn 18,15: נָבִיא מִקִּרְבְּךָ מֵאַחֶיךָ כָּמֹנִי יָקִים לְךָ יְהוָה אֱלֹהֶיךָ אֵלָיו תִּשְׁמָעוּן).

Dass Mose mit dieser Ankündigung Jesus als den von Gott Gesandten angekündigt hat, wird nicht nur im Johannesevangelium, sondern auch an anderen Stellen im Neuen Testament bestätigt. Um nur einige Beispiele zu zitieren:

So lässt Johannes Philippus aus Betsaida Natanaël gegenüber sagen: „Wir haben den gefunden, von dem Mose im Gesetz und die Propheten geschrieben haben: Jesus aus Nazaret, den Sohn Josefs“ (Joh 1,45). Ebenso heißt es an anderer Stelle: „Als die Menschen das Zeichen sahen, das er getan hatte, sagten sie: Das ist wirklich der Prophet, der in die Welt kommen soll“ (Joh 6,14). Nach Apg 3,22-23 identifizierte auch Petrus in seiner Verteidigungsrede vor dem Hohen Rat Jesus als den von Mose angekündigten und von Gott gesandten Propheten und zitierte dabei explizite Dtn 18,15: Mose nämlich hat gesagt, dass *einen Propheten wie mich der Herr, euer Gott, euch erstehen lassen wird aus [dem Kreis] eurer Brüder, auf ihn sollt ihr hören* in allem, was er zu euch sagt.

Das Gleiche tat Stephanus in seiner Abschiedsrede:

> Dies ist der Mose, der zu den Söhnen Israels gesagt hat: *Einen Propheten wie mich wird Gott euch aus [dem Kreis] eurer Brüder erwecken.* Dieser ist es, der bei der Versammlung des Volkes in der Wüste zwischen dem Engel stand, der mit ihm auf dem Berg Sinai redete, und unseren Vätern. Er hat Worte des Lebens empfangen, um sie uns zu geben (Apg 7,37-38).

Jesus ist der „Prophet, wie Mose einer war“. Entsprechend ähnlich ist die Reihe der Attribute und Ehrentitel, die Jesus gleich Mose erhalten hat. Ganz im Sinne dieser Ähnlichkeit bzw. Analogie von Mose und Jesus werden bereits in den Evangelien, sofern sie eine „Lebensgeschichte“ Jesu erzählen, immer wieder Parallelen zwischen Moses „Lebensgeschichte“ und der

„Lebensgeschichte" Jesu aufgezeigt,[28] eine Form von Parallelisierung, die, wie C. Umhau Wolf schrieb, „reaches its height in Archelaeus' disputation with Manes", einer freilich fiktiven Debatte zwischen – eher einer Karrikatur von – Mani und dem Bischof Archaelaos von Karchar (= Carrhae in Osrhoene ?) in Mesopotamien.[29]

Doch damit nicht genug; denn bereits das Neue Testament und die patristische Literatur begnügen sich nicht mit dem Aufzeigen von Analogien zwischen Mose und Jesus und ihren „Lebensgeschichten" bzw. Schicksalen. Wichtiger bei alledem ist: Auch wenn Jesus auf diese Weise als ein „neuer Mose" dargestellt werden kann und wird, ist er dennoch nicht nur ein „Prophet wie Mose", sondern mehr als Mose. Die durch Mose vermittelte Tora, auch wenn sie denen, die ihr folgen, ein „Licht zum Leben" war und ist, zeigt doch nur auf, was Sünde ist (Röm 3,19-20). Demgegenüber ist die in Jesus, mit seiner Person gegebene neue Tora das „Gesetz des Christus" (1. Kor 9,21; Gal 6,2: νόμος τοῦ Χριστοῦ), das „wahre, ewige Licht", das den Weg nicht nur zum Leben, sondern zum ewigen Leben weist (Joh 8,12). Selbst als Prophet ist Jesus ein größerer Prophet, als Mose es war; denn in ihm, mit ihm und durch ihn ist all das erfüllt, was von Mose und den Propheten nach ihm angekündigt worden war (vgl. Mk 9,2ff; Hebr 3,3).[30]

Dass es hier um weit mehr als bloße Analogie geht, ist der Typologie zu entnehmen, von der der christliche Umgang mit der Schrift seit der Frühzeit christlicher Schriftauslegung lebt, ganz im Gegensatz zum Qur'ān und Islam. Nicht ohne Grund hat das klassische Beispiel typologischer Schriftauslegung, die Deutung der Erhöhung der bronzenen Schlange durch Mose (Num 21,6-9) in Joh 3,14 und Barnabasbrief 12,4 als *typos* der Kreuzigung Jesu, im Qur'ān keine Parallele. Dem weiter nachzugehen, wäre allerdings ein andres Thema.

7. Der Prophet Mose in der Sicht des Islam

Von der Bedeutung, die Mose als Prophet im Islam[31] beigemessen wird, zeugt zunächst der Beiname, der ihm gleich anderen Propheten gegeben worden ist.

---

[28] Eine eindrucksvolle synoptische Gegenüberstellung der entsprechenden Bibeltexte findet sich bei JOHN J. PARSONS, Moses' Prophecy of Messiah. Jesus as the Prophet like unto Moses, unter der URL: http://www.hebrew4christians.com/Articles/Like_Moses/like_moses.html.

[29] UMHAU WOLF, Moses in Christian and Islamic Tradition, 106a mit Bezug auf ARCHELAUS, The Acts of the Disputation with the Heresiarch Manes, translated by S D. F. SALMOND. In: ALEXANDER ROBERTS/ JAMES DONALDSON/ A. CLEVELAND COXE (Hg.), From Ante-Nicene Fathers, Buffalo-NY 1886, VI, 20ff, auch unter URL: http://www.newadvent.org/fathers/0616.htm.

[30] UMHAU WOLF, Moses in Christian and Islamic Tradition, 105b-106a und die dort genannten Belege.

[31] Zum ganzen siehe u. a. ANNABEL KEELER, Moses from a Muslim Perspective. In: NORMAN SOLOMON/ RICHARD HARRIES/ TIM WINTER (Hg.), Abraham's Children: Jews, Christians, and Muslims in Conversation, London-New York 2005, 55-66; FRIEDMANN EISSLER, Mose

Wie Adam „der Lautere Gottes“ (*ṣafīy Allāh*), Noah „der Vertraute Gottes“ (*naǧīy Allāh*; nach Q 19:52 ist dies auch Beiname des Mose), Abraham „der Freund Gottes“ (*ḫalīl Allāh*; Q 4:125), Jesus „Sein [Gottes] Wort und Geist von Ihm“ (*kalimatuhū wa-rūḥ minhu*; Q 4:171) oder Muḥammad „der Gesandte Gottes“ (*rasūl Allāh*)[32] genannt werden, so wird Mose *kalīm Allāh* genannt (aufgrund von Q 4:164).

Die genaue Bedeutung des Wortes *kalīm* ist allerdings umstritten und wird von Qur'ānkommentatoren und Lexikographen entsprechend kontrovers diskutiert; denn *kalīm* kann sowohl jemanden bezeichnen, der mit jemandem spricht (*kalīm* = *mukālim*; vgl. dazu Q 2:253), als auch jemanden, der angesprochen wird.[33] Impliziert ist in beiden Fällen indessen eine Form direkter Kommunikation, hier zwischen Gott und Prophet, Prophet und Gott, wie Q 4:164 (*wa-kallama llāhu Mūsā taklīman*) zu entnehmen ist, was aufgrund des inneren Objekts *taklīman* nach Meinung der Kommentatoren keine metaphorische Redeweise ist, sondern wörtlich genommen werden muss.[34]

Wörtlich genommen ist diese Aussage insofern bemerkenswert, als es nach Q 42:51

> Keinem Menschen zusteht, dass Gott mit ihm spricht, es sei denn durch Eingebung (waḥyan) oder von hinter einem Vorhang her (min warāʾi ḥiǧāb)[35] oder dadurch, dass Er einen Gesandten schickt, und er auf Sein Geheiß hin offenbart, was Er will; Er ist erhaben, weise.

Anders jedoch mit Mose. Zwar legen Verse wie Q 2:37.124.253 nahe, dass Gott auch mit anderen direkt kommuniziert hat, im ersten Falle mit Adam, im zweiten mit Abraham und dann auch noch mit anderen Propheten, dennoch ist es eine mehr als offene Frage, ob an all diesen Stellen gemeint ist, dass er mit ihnen ebenso gesprochen hat, wie er es nach Q 4:164 mit Mose getan hat und Perikopen wie Q 19:51-52; 7:143-144; 20:11-24.83-84; 26:1016; 27:8-11; 28:30-35.46; 79:16-19 nahelegen. Noch al-Baiḍāwī (gest. um 1290) war der

im Islam. In: CHRISTFRIED BÖTTRICH/ BEATE EGO/ FRIEDMANN EISSLER, Mose in Judentum, Christentum und Islam, Göttingen 2010, 112-176; LEJLA DEMIRI, Mose, ein Prophet des Islams. In: ANJA MIDDELBECK-VARWICK u.a. (Hg.), Die Boten Gottes: Prophetie in Christentum und Islam, Regensburg 2013 (Theologisches Forum Christentum – Islam), 89-102; ferner: BRANNON M. WHEELER, Moses in the Quran and Islamic Exegesis, London [u. a.] 2002 (Routledge/ Curzon Studies in the Qur'an); DERS., Prophets in the Qur'an. An Introduction to the Quran and Muslim Exegesis, New York 2002.

32 Als *rasūl Allāh* werden freilich auch andere „Gesandte Gottes“ bezeichnet, so Noah (Q 26:107), Mose (Q 43:46; 7:158), Jesus (Q 4:171) etc.

33 MUḤAMMAD B. MUKARRAM B. ʿALĪ B. AḤMAD IBN MANẒŪR, *Lisān al-ʿArab*, 17 Bde, Beirut ³1419/1999, XII, 148b.

34 Ebd., 148b-149a.

35 Zu diesem Bildwort vgl. WayR I,13, und SPEYER, Die biblischen Erzählungen im Qoran, 300-301.

Meinung, dass in dieser Unmittelbarkeit und Direktheit Gott nur mit Mose und Muḥammad gesprochen hat.[36] Spätere fügten dann noch Adam hinzu.

Wie die christliche Tradition, geht auch der Islam von einer Abfolge der Propheten und der durch sie jeweils neu vermittelten Offenbarung bzw. der sie enthaltenden Offenbarungsschriften aus: „Bereits vor dir entsandten Wir Gesandte; von unter ihnen sind manche, von denen Wir dir berichtet haben, und unter ihnen sind andere, von denen Wir dir nicht berichtet haben (…)“ (Q 40:78). Namentlich genannt werden im Qur'ān biblische Gestalten wie Adam, Nuḥ (Noah), Ibrāhīm (Abraham), Lūṭ (Lot), Ismāʿīl (Ismael), Iṣḥāq (Isaak), Yaʿqūb (Jakob), Yūsuf (Josef), Mūsā (Mose), Hārūn (Aaron), Dāwūd (David), Sulaimān (Salomo), Ilyās (Elija), al-Yašaʿ (Elischa), Yūnus (Jona), Ayyūb (Hiob), ʿUzair (Esra), Zakariyā (Zacharias), Yaḥyā (Johannes) und ʿĪsā b. Maryam (Jesus) sowie Idrīs (Henoch?), Hūd, Ṣāliḥ, Dhū l-Kifl (Ezechiel?), Shuʿaib (Jitro), Luqman, Dhu l- Qarnain (?) und Muḥammad. Mose steht damit in einer Reihe von Propheten, deren „Siegel“ Muḥammad ist (Q 30:40). Mit ihnen teilt er alles, was zum Prophetsein dazu gehört, bis hin zu ihrer Sündlosigkeit.[37]

Jedes Volk hat seinen Propheten (Q 10:47; 16:36; vgl. 40:78), der aus „seiner Mitte“ kommt (Q 7:35), um an seinem Ort, zu seiner Zeit und in seiner Sprache (Q 14:4) die stets gleiche, aber immer wieder neue Botschaft Gottes zu verkünden (Q 7:35; 57:25) bzw. die ihm anvertraute Offenbarung(sschrift) zu übermitteln, Mose also die Tora (*tawrāt, kitāb, furqān* oder *ṣuḥuf* genannt: Q 2:53 u. ö., 21:48; 53:36; 87:19). Wenn auch zwischen all diesen Propheten kein Unterschied ist (Q 2:136.285; 3:84), so bilden sie dennoch nicht nur eine Abfolge, sondern eine Sukzession, der gemäß jeder Prophet seinen Nachfolger explizit ankündigt, und jeder Nachfolger explizit auf seinen Vorgänger Bezug nimmt.

Dem entsprechend geht der Qur'ān davon aus, dass Muḥammad in Tora und Evangelium nicht nur vorgezeichnet (Q 7:157), sondern sowohl von Mose in der Tora (Q 7:157-158 und 2:129 mit Bezug auf Dtn 18,15) als auch von Jesus im Evangelium (Q 61:6 mit Bezug auf Joh 14,26; 16,7) explizit angekündigt worden ist.[38]

---

[36] ʿAbdallāh b. ʿUmar b. Muḥammad b. ʿAlī Abū ʾl-Ḫair Nāṣir ad-Dīn al-Baiḍāwī, *Anwār at-tanzīl wa-asrār at-taʾwīl*, hg. Muhammad Subhī Hasan Hallāq / Mahmūd Ahmad al-Atraš, 3 Bde, Beirut 1421 / 2000, I, 213-214.

[37] So *Fiqh Akbar* II, Art. 8; siehe dazu WENSINCK, The Muslim Creed, 192, 217.

[38] Die spätere Qur'ānexegese hat freilich weitaus mehr Stellen in der Bibel als Ankündigungen Muḥammads aufgefasst. Eindrückliche Beispiele dafür liefern unter anderem bereits ʿALĪ B. RABBAN AṬ-ṬABARĪ, *Kitāb ad-dīn wad-daula fī iṯbāt nubuwwat an-nabīy Muḥammad*, Beirut 1973, bes. 137-189; ABŪ MUHAMMAD 'ABD ALLĀH B. MUSLIM IBN QUTAIBA AD-DĪNAWARĪ (828–885. 889), *Dalā'il al-Nubuwwa* oder *A'lām al-Nubuwwa* (Beweise des Prophetentums); siehe dazu SABINE SCHMIDTKE, The Muslim reception of biblical materials: Ibn Qutayba and his *A'lām al-nubuwwa*. In: Islam and Christian–Muslim Relations 22 (2011) 249-274; DIES., Biblical Predictions of the Prophet Muhammad among the Zaydīs of Iran. In: Arabica 59 (2012) 218-266; und LEJLA DEMIRI, Art. *A'lām al-nubuwwa*. In: DAVID THOMAS (Hg.),

Anders indessen als in der christlichen Tradition, kommt die qur'ānisch-islamische Überlieferung ohne Typologie aus. Zwar entspricht der Parallelität der „Lebensgeschichten" von Mose und Jesus hier die Parallelität der „Lebensgeschichten" von Mose und Muḥammad,[39] doch sieht der Qur'ān in Mose nicht den *typos* bzw. das „Vor-bild des Kommenden" (Röm 3,14: τύπος τοῦ μέλλοντος). Zustimmen kann man daher nur Gustave Edmund von Grunebaum, der vor Jahren schon treffend schrieb:

> Sowohl Christen wie Muslime gehen von dem Grundgedanken aus, daß biblische Angaben das Kommen Christi bzw. Muḥammads (einschließlich von Einzelheiten ihres Auftretens und Begleitumständen ihres Kommens) voraussagen, aber nur das Christentum ließ die *praefiguratio* von Ereignissen, wie sie im Neuen Testament berichtet werden, durch *dicta et gesta* des Alten Testaments gelten. (...) Vom Standpunkt des Historikers ist die *praefiguratio* ein Weg, um das Alte Testament zu vervollständigen oder mit ihm zurechtzukommen. Obwohl die Verwandtschaft zwischen dem Qur'ān und der älteren Bibel nicht so eng ist wie die zwischen Altem und Neuem Testament, wäre doch eine Typologie dienlich gewesen z. B. im Vergleich des Schicksals der früheren Propheten mit dem Muḥammads (während sich die muslimische Auslegung in Wirklichkeit auf das Vermerken von Parallelen beschränkt, um Muḥammads Glaubwürdigkeit durch die Gleichartigkeiten der Vorgegebenheiten und Drangsale seines eigenen Lebens mit denen seiner Vorläufer zu bestätigen) als auch in der Auseinandersetzung zwischen den einzelnen Glaubensgruppen innerhalb des Islams. (...) Aber nicht einmal unter den ‘extremen' Mystikern diente sie (d. h. die Typologie) als ein Werkzeug für die systematische Auslegung der Offenbarung oder der *dicta* der heiligen Überlieferung.[40]

Muḥammad war ein Prophet wie Mose (vgl. Q 53 und Q 17). Nach Sure 2 und anderen gleichen sich ihre Geschichten, und es ist kein Unterschied zwischen

---

Christian-Muslim Relations. A Bibliographical History, Brill Online 2013, unter der URL: http://referenceworks.brillonline.com/entries/christian-muslim-relations/alam-al-nubuwwa-COM_24667; ferner: MUHAMMAD ASAD, The Message of the Qur'ān, Gibraltar-Dublin 1980 (²1992), 861 Anm. 6; RUDI PARET, Der Koran – Kommentar und Konkordanz, Stuttgart-Berlin-Köln-Mainz ²1977 (mehrere Nachdrucke), 476–477. Die spätere muslimische Exegese hat sich intensiv bemüht, dieses – um einen Buchtitel Wilhelm Vischers in abgewandelter Form zu verwenden – „Muhammad-Zeugnis der Bibel" aufzuzeigen: z. B. MUḤAMMAD IZZAT ISMĀ'ĪL AT-TAHTĀRĪ, *Muḥammad – nabīy al-islām fī t-taurāt wal-inǧīl wal-qur'ān*, Kairo o. J.; DAVID BENJAMIN, Muhammad in der Bibel, München 1992. Ebenso haben lange vor dem Islam auch die Manichäer in der Parakletweissagung eine Ankündigung ihres Propheten Mani (216–276/7) gesehen (ALEXANDER BÖHLIG, Die Gnosis – der Manichäismus, Düsseldorf-Zürich 1997, 23–24 u. ö.).

39 Viel ergänzendes Material liefern dazu die mannigfachen „Prophetenerzählungen" (*qiṣaṣ al-anbiyā'*); siehe zum Beispiel AḤMAD IBN MUḤAMMAD THA'LABĪ, Islamische Erzählungen von Propheten und Gottesmännern: *Qiṣaṣ al-anbiyā' oder 'Arā'is al-maǧālis*, übersetzt und kommentiert von HERIBERT BUSSE, Wiesbaden 2006 (Diskurse der Arabistik; 9), 216-317.

40 GUSTAVE EDMUND VON GRUNEBAUM, Studien zum Kulturbild und Selbstverständnis des Islam, Zürich-Stuttgart 1969, 310 (Klammern, abgesehen von den beiden Auslassungen, im Original – Sch.).

ihnen (Q 2:136.285; 3:84), wie Abū Huraira in einem von ihm überlieferten Hadith bestätigt:

> Abu Huraira reported that two persons, one from amongst the Jews and the other from amongst the Muslims, fell into dispute and began to abuse one another. The Muslim said: By Him Who chose Muhammad (may peace be upon him) in the worlds. And the Jew said: By Him Who chose Moses in the worlds. Thereupon the Muslim lifted his hand and slapped at the face of the Jew. The Jew went to God's Messenger (may peace be upon him) and told him about his affair and the affair of the Muslim. Thereupon God's Messenger (may peace be upon him) laid: Don't make me superior to Moses for mankind will swoon and I would be the 'first to recover from it and Moses would be at that time seizing the side of the Throne and I do not know (whether) he would swoon and would recover before me or God would make an exception for him.[41]

8. Die Sukzession der Propheten und Offenbarungsschriften

Die Sukzession der Propheten und Offenbarungsschriften und die damit verbundenen Anschauung von der Einheit der Offenbarung und der Unterschiedslosigkeit der (echten) Offenbarungsschriften (vgl. Q 2:136.285; 3:84) bedeutet nach qur'ānisch-islamischer Prophetologie aber weder deren Gleichwertigkeit noch Gleichrangigkeit. Vielmehr weist das Stichwort Sukzession zugleich darauf hin, dass es zunächst eine zeitliche Abfolge, ein zeitliches Nacheinander, und sodann eine Rangfolge der Propheten wie der durch sie vermittelten Offenbarung(sschrift)en gibt: Die „Blätter Abrahams" gingen der „Tora des Mose", diese dem „Evangelium Jesu" und dieses wiederum dem Qur'ān voraus (vgl. Q 3:65). Wie dieser Sukzession der Propheten gemäß Mose und Jesus – und bei den Manichäern ebenso auch Mani – zu je ihrer Zeit „das Siegel der Propheten" waren,[42] so ist Muḥammad nun allerdings nicht mehr nur „das Siegel der Propheten" zu seiner Zeit, sondern „das Siegel der Propheten" überhaupt (Q 33:40). Ebenso gilt: Wie die *Tora* (*taurāt*) und das *Evangelium* (*inǧīl*) zu je ihrer Zeit „Wegweisung und Licht" (*hudā wa-nūr*) waren (Q 5:44.46), so ist die von Muḥammad vermittelte Offenbarung nicht nur die zeitlich letzte, sondern damit zugleich auch die letztgültige (Q 3:3). Die – zeitliche – Abfolge der Propheten und Offenbarungsschriften ist dabei zugleich Ausdruck ihrer Rangfolge.

---

[41] MUSLIM B. AL-ḤAǦǦĀǦ (817/21–875), *al-ǧāmi' aṣ-ṣaḥīḥ* (engl. Übersetzung: Abdul Hamid Siddiqi), Buch 30: *Kitāb al-Faḍā'il*, Nr. 5854 (andere Zählung: Buch 44, Nr. 6300).

[42] So nennt Ibn Kaṯīr Jesus „das Siegel der Propheten der Kinder Israel" (ABŪ L-FIDĀ' ISMĀ'ĪL B. 'UMAR IBN KAṮĪR, *Muḫtaṣar tafsīr al-Qur'ān*, hg. MUHAMMAD A. AṢ-ṢĀBŪNĪ, 3 Bde, Beirut-Mekka ³1984, III, 493). – Zur Sache siehe ausführlich CARSTEN COLPE, Das Siegel der Propheten. Historische Beziehungen zwischen Judentum, Judenchristentum, Heidentum und frühem Islam, Berlin 1990 (Abhandlungen zur neutestamentlichen Theologie und Zeitgeschichte; 3), bes. 15-37, 227-243.

Die eben erwähnte zeitliche Abfolge der Propheten und die damit einhergehende Rangfolge der Offenbarungsschriften bedeuten nun aber nicht, dass die jeweils voraufgegangenen Offenbarungsschriften deswegen belang- und bedeutungslos geworden und durch die ihnen jeweils nachfolgenden entwertet worden wären. Im Gegenteil; Sukzession heißt zugleich auch „Bestätigung“ (*taṣdīq*) und „Bekräftigung“ (*haimana*) der voraufgegangenen Offenbarungsschriften durch ihre jeweils nachfolgenden und damit „Bestätigung“ und „Bekräftigung“ ihrer – freilich temporären, zeitlich begrenzten – Wahrheit als „Wegweisung und Licht“, wie aus der Perikope Q 5:44-48 hervorgeht.

Die zuvor in Tora und Evangelium ergangene Botschaft wird im Qur'ān indessen nicht nur ohne Neuerung in arabischer Sprache wiederholt (Q 41:43; 46:9), sondern damit zugleich auf die in ihnen enthaltene Wahrheit und Bedeutung als Wegweisung und Licht hin bestätigt und bekräftigt. Wie das Evangelium die Tora bestätigt und bekräftigt, so bestätigt und bekräftigt der Qur'ān das Evangelium: „Und Wir sandten herab zu dir die Schrift mit der Wahrheit, bestätigend (*muṣaddiq*), was ihr von der Schrift vorausging, und sie bekräftigend (*muhaimin ʿalaihī*[43])“ (Q 5:48; vgl. Q 2:91).[44]

Während nach der jüdischen Überlieferung Mose als „Vater aller Propheten“ nicht nur den Anfang der Sukzessionskette bildet (vgl. mAvot I,1ff), sondern damit zugleich auch der größte aller Propheten ist, so dass die Sukzessionskette der Propheten im Sinne einer *climax descendens*, einer absteigenden Linie zu deuten ist, verwendet die islamische Tradition das gleiche Schema, dreht es allerdings um; denn hier bildet der Prophet als „Siegel der Propheten“ den Schluss der Sukzessionskette, versteht sie also im Sinne einer *climax ascendens*, der zufolge jeder voraufgegangene Prophet eine Stufe niedriger steht. So kann Muḥammad in einem Hadīṯ von Mose und der Tora sagen:

> Muḥammad b. al-ʿAlāʾ berichtete uns: erzählt hat uns Ibn Numair von Muǧālid, von ʿĀmir, von Ǧābir, dass ʿUmar b. al-Ḫaṭṭāb dem Gesandten Gottes (Gott segne ihn und schenke ihm Heil) ein Exemplar der Tora brachte und sagte: ‘O Gesandter Gottes, dies ist ein Exemplar der Tora’. Doch er schwieg. Da fing er an zu lesen, und das Gesicht des Gesandten Gottes änderte sich. Abū Bakr unterbrach ihn mit Macht und sagte: ‘Siehst du nicht das Gesicht des Gesandten Gottes (Gott segne ihn und schenke ihm Heil)?’ ʿUmar sah das Gesicht des Gesandten Gottes (Gott segne ihn und schenke ihm Heil) und sagte: ‘Möge Gott mich vor Seinem und Seines Gesandten (Gott segne ihn und schenke ihm Heil) Zorn bewahren! Wir haben Gott als Herrn und den Islam als Religion und Muhammad als Propheten angenommen.’ Da sagte der Gesandte Gottes (Gott segne ihn und schenke ihm Heil): ‘Bei dem, der Muḥammads Seele in Seiner

---

[43] Wörtlich: „Amen darüber sagend“. Das heißt nach Ibn ʿAbbās (bei IBN KAṯĪR, *Muḫtaṣar tafsīr*, I, 523): „Der Koran ist das Amen über jede Schrift vor ihm“ (*al-Qurʾān amīn ʿalā kulli kitāb qablahū*).

[44] Siehe dazu STEFAN SCHREINER, Der Koran als Auslegung der Bibel – die Bibel als Verstehenshilfe des Korans. In: DERS., Die jüdische Bibel in islamischer Überlieferung, Tübingen 2012, 1-18, bes. 11ff.

Hand hält! Wenn Mose euch erschienen wäre und ihr ihm gefolgt wärt und mich verlassen hättet, wärt ihr vom rechten Wege abgeirrt, und wenn er leben würde und mein Prophetentum erlebt hätte, er wäre mir gefolgt'.[45]

[45] Überliefert von ABŪ MUḤAMMAD 'ABD ALLĀH B. 'ABD AR-RAḤMĀN AD-DĀRIMĪ (797–869), *Sunan al-Musnad*, 2 Bde., Beirut 1407/ 1986, I, Bāb 39, Nr. 435.

BERNHARD LANG

Der Prophet

Die Geschichte eines Intellektuellentyps von der Bibel bis heute

Menschensohn, ich gebe dich dem Haus Israel als Wächter.
Gott zum Propheten Ezechiel (Ez 3,17)
L'intellectuel est quelqu'un qui se mêle de ce qui ne le regarde pas.[1]
Jean-Paul Sartre

Zu den markantesten Gestalten der Religionsgeschichte gehören jene Männer und – seltener – Frauen, die wir als Propheten bezeichnen und von anderen Gestalten wie Priestern, Schamanen, Heiligen, Weisen und Mönchen abgrenzen. Im 18. und 19. Jahrhundert stand der Priester im Mittelpunkt des Interesses der Religionshistoriker. Der Priester galt vielfach als machtgierig und auf Privilegien versessen, doch konnte er von Auguste Comte als der große Erzieher der Menschheit gefeiert werden. Im 20. Jahrhundert trat ein bis heute andauernder Wandel ein. Nun rückte der Prophet in den Vordergrund. Während der Priester als Verkörperung der unbeweglichen Tradition betrachtet wird, gilt der Prophet als Träger des Fortschritts und damit der Gegenwart besonders nahe stehend. Er beeindruckt durch die archaische Wucht seines religiösen Sendungsbewusstseins ebenso wie durch seine oft gesellschafts-kritische Botschaft. Kaum jemand kann sich seiner Faszination entziehen. Was genau ist ein Prophet?

1. Das Erscheinungsbild des Propheten

Das Wort „Prophet" ist griechisch. In der griechischen Kultur ist der Prophet „jemand, der stellvertretend für einen Gott spricht". Das kann ein Mann oder eine Frau sein. Die bekannteste und angesehenste Prophetin Griechenlands ist die Pythia, jene Frau, die, im Tempel des Apollon von Delphi auf einem Dreifuß sitzend, die Antwort des Gottes an die ihn befragenden Besucher übermittelt (Abb. 1).[2]

---

1 JEAN-PAUL SARTRE, Situations, VIII, Paris 1972, 377 im Essay „Plaidoyer pour les intellectuels" (1965).

2 Es besteht Anlass, ein in der Fachliteratur verbreitetes Missverständnis zu kommentieren. Man liest oft, die delphische Orakelpriesterin habe unverständliche Laute von sich gegeben, die dann von einem Priester (der den Titel „Prophet" trägt), in verständliche Sprache umgesetzt, an den Befrager weitergegeben worden seien. Die neuere Forschung verwirft diese Deutung: Den der Pythia assistierenden Priestern kommt keine besondere Bedeutung zu; die

Apollon redet nicht unmittelbar mit den ihn Befragenden; er bedient sich einer Frau als Mittlerin. Indem sie eine Schale mit Wasser und den Zweig eines heiligen Baumes hält, konzentriert sie sich auf die Eingebung, die sie von dem Gott erhält. Die delphische Pythia trägt den Titel „Prophetin" (prophêtis). Als griechisch sprechende Juden im 3. Jahrhundert v. Chr. damit begannen, die hebräische Bibel in ihre Sprache zu übersetzen, wählten sie denselben Titel für die Orakelgeberin Debora – gynê prophêtis, „prophetische Frau". [3] Auch Personen wie Elija, Amos und Jesaja werden in der griechischen Bibel mit demselben Wort – prophêtês – als Propheten bezeichnet.

Mit der Mittlerschaft zwischen Gott und Mensch haben wir nur eines der beiden Merkmale des Propheten genannt. Das zweite, ebenso grundlegende Merkmal ist – nach einem Wort von Kurt Goldammer – das von Propheten verkörperte Prinzip der religiösen Unruhe.[4] Nur dann kann im religionswissenschaftlichen Sinn von einem Propheten gesprochen werden, wenn dieser nicht nur Mittler ist, sondern gleichzeitig ein kritisches und schöpferisches Wirken in der Gesellschaft entfaltet – zum Beispiel als Kritiker des priesterlichen Kultbetriebs, als Stifter eines neuen Kults, als Opponent eines Herrschers oder als Anwalt der Entrechteten und Unterdrückten. Die beiden Merkmale des Propheten – Mittlertum und Unruhestiftung – lassen den Träger des prophetischen Berufs zugleich als inspirierte und inspirierende Gestalt erscheinen, unabhängig davon, ob einmal das eine oder das andere Merkmal deutlicher in Erscheinung tritt.

Abb.1: Prophetin und Befrager. Themis, das Amt der Pythia versehend, sitzt auf dem Dreifuß im Heiligtum des Apollon zu Delphi. Vor ihr steht Aigeus, der Befrager des Orakels, in Erwartung auf die Antwort, die ihm der Gott durch die Prophetin geben wird. – Rotfigurige attische Schale des sog. Kodrosmalers, 5. Jahrhundert v. Chr. Antikensammlung, Staatliche Museen zu Berlin. – Eduard Gerhard, Auserlesene griechische Vasenbilder, Berlin 1858, Bd. 4, Nr. 328.

Befrager erhalten das Orakel in verständlicher Sprache von der Prophetin selbst. Vgl. MICHAEL ATTYAH FLOWER, The Seer in Ancient Greece, Berkeley 2008, 217.

3 Debora verdient hier nicht nur Erwähnung als eine der wenigen in der Bibel erwähnten Prophetinnen. Der biblische Bericht könnte sogar eine Anspielung auf Delphi enthalten; die gewöhnlich „Frau des Lappidot" übersetzte rätselhafte Wendung (Ri 4,4) könnte eine dem hebräischen Text eingefügte Glosse der Bedeutung „delphische Frau" sein. Vgl. YAAKOV S. KUPITZ/ KATELL BERTHELOT, Deborah and the Delphic Pythia. In: MARTTI NISSINEN/ CHARLES E. CARTER (Hg.), Images and Prophecy in the Ancient Eastern Mediterranean, Göttingen 2009, 95-124.

4 KURT GOLDAMMER, Die Formenwelt des Religiösen. Grundriss der systematischen Religionswissenschaft, Stuttgart 1960, 33-34.

In der Überlieferung von Jesus hören wir mehr von seinem inspirierenden Wirken als von göttlicher Eingebung; bei Daniel (im gleichnamigen Buch des Alten Testaments) ist dagegen fast nur von göttlicher Offenbarung die Rede; von Muḥammad wird die göttliche Inspiration ebenso hervorgehoben wie sein gesellschaftliches, militärisches und staats-bildendes Wirken.

Die Weltgeschichte der Prophetie lässt sich in drei Zeitabschnitte gliedern: die Epoche der archaischen Prophetie, die Periode der achsenzeitliche Prophetie und die Zeit der modernen Prophetie. Der hier versuchte Überblick gilt in erster Linie der achsenzeitlichen und der modernen Prophetie; daher kann ein knapper Hinweis auf archaische Prophetie genügen. Zwar gehört die biblische Prophetie zu den ältesten gut dokumentierten Überlieferungen über prophetisches Wirken, doch hat die religionsgeschichtliche Forschung ältere, vorisraelitische Prophetie im alten Vorderasien nachgewiesen.[5] Propheten und Prophetinnen sind im akkadischen Briefarchiv der ostysrischen Stadt Mari für das 18. Jahrhundert v. Chr. belegt. Die in den Keilschriftbriefen erwähnten Propheten und Prophetinnen gehören oft dem Kultpersonal von Tempeln, gelegentlich jedoch auch dem Laienstand an. Sie empfangen ihre Offenbarung in einem Tempel, manchmal in Zusammenhang mit Opfern. Formen des Offenbarungsempfangs sind die Vision im Wachzustand, der während des Schlafs im Tempel empfangene Traum oder auch die Ekstase. Des Öfteren ist einfach vom „Sprechen" der Gottheit die Rede. Inhaltlich handelt es sich in vielen Fällen um Heilsprophetie: Dem König wird eine lange, erfolgreiche Regierung und göttlicher Beistand gegen innere und äußere Feinde zugesagt. Dabei können Gottheiten auch konkrete Anweisungen für Feldzüge geben oder bestimmten feindlichen Ländern und deren Herrscher Unheil ankündigen. Negatives wird nicht ganz ausgeklammert. So wird in einem Orakel eine Seuche angekündigt, während ein anderes den Tod einer neugeborenen Tochter des Königs von Mari vorhersagt. Eine Anzahl von Gottesworten enthält auch kultische oder ökonomische Forderungen der Götter, denen der König nachkommen soll. Eher selten geht es um Privatangelegenheiten, was jedoch mit der Herkunft der Quellen aus dem Palastarchiv zusammenhängen mag. Prophetinnen und Propheten stellen eine gesellschaftliche Kraft dar, mit denen Staat und Gesellschaft rechnen. Dennoch sind die Grenzen der Prophetie deutlich, kommt ihr doch lediglich lokale und zeitlich begrenzte Bedeutung zu. Das wird sich in der Epoche der Achsenzeit ändern.

---

5 MANFRED WEIPPERT, Art. Prophetie im Alten Orient. In: MANFRED GÖRG u.a. (Hg.), Neues Bibel-Lexikon, Bd. 3, Zürich 2001, 196-200; TAMMI J. SCHNEIDER, An Introduction to Ancient Mesopotamian Religion, Grand Rapids, Mich. 2011, 85-88.

2. Achsenzeitliche Prophetie

Mit dem Begriff der Achsenzeit greifen wir ein geschichtsphilosophisches Konzept auf, das, von *Karl Jaspers* in seinem Buch Vom Ursprung und Ziel der Geschichte (1949) entwickelt, sich zur Beschreibung jener antiken Epoche eignet, die einen neuen Menschentypus hervorbrachte: den Intellektuellen (Abb. 2). In der Gestalt von griechischen Philosophen, hebräischen Propheten, indischen Asketen und wandernden Lehrern in China treten Intellektuelle erstmals in der Achsenzeit (ca. 800–200 v. Chr.) der Menschheitsgeschichte auf. Ihrem Denken und Wirken ist die Menschheit bis heute verpflichtet: „Von dem, was damals geschah, was damals geschaffen und gedacht wurde, lebt die Menschheit bis heute. In jedem ihrer neuen Aufschwünge kehrt sie erinnernd zu jener Achsenzeit zurück, lässt sich von dorther neu entzünden."[6] Folgende Kennzeichen und Errungenschaften der Achsenzeit sind hervorzuheben:[7]

- die Entstehung kritischen Denkens, das bereit ist, sich von der Tradition abzusetzen;
- der Mut Einzelner, auch an etablierten politischen und anderen gesellschaftlich etablierten Autoritären öffentlich Kritik zu üben;
- das Insistieren Einzelner auf der Geltung universaler moralischer Grundsätze und Werte;
- die Entstehung einer neuen Qualität des Denkens, das auf dem Sinn für Zusammenhänge und Systeme beruht; es lässt sich näher erläutern als der Wille, von einem Erkenntnis nur akkumulierenden und unverbunden lassenden „aspektivischen Denken" zu einem anderen Denktypus überzugehen, der alles einem organisierenden Prinzip, einer Perspektive unterstellt – das „perspektivische Denken";
- das Festhalten und die Weitergabe nicht nur traditionellen, sondern auch neuen Wissens und neuer Erfahrung in Schriftwerken, die kanonische Geltung erlangen; schließlich die Hinwendung zu empirischer Forschung – zur systematischen Erkundung der Welt auch auf Gebieten, die nicht unmittelbar praktischen Nutzen bringen.
- die Entstehung neuer Religionen (Judentum, Buddhismus, Zoroastrismus, philosophischer Gottesglaube in Griechenland) aufgrund einer kritischen Auseinandersetzung mit traditioneller Religion.

---

6 KARL JASPERS, Vom Ursprung und Ziel der Geschichte, München 1949, 26.

7 Diese Liste greift Anregungen aus folgenden Arbeiten auf: ROBERT REDFIELD, Thinker and Intellectual in Primitive Society. In: STANLEY DIAMOND (Hg.), Culture in History. Essays in Honor of Paul Radin, New York 1960, 3-18; EMMA BRUNNER-TRAUT, Frühformen des Erkennens. Aspektive im alten Ägypten, Darmstadt ^{2}1993; JAN ASSMANN, Das kulturelle Gedächtnis. Schrift, Erinnerung und politische Identität in frühen Hochkulturen, München ^{2}1997.

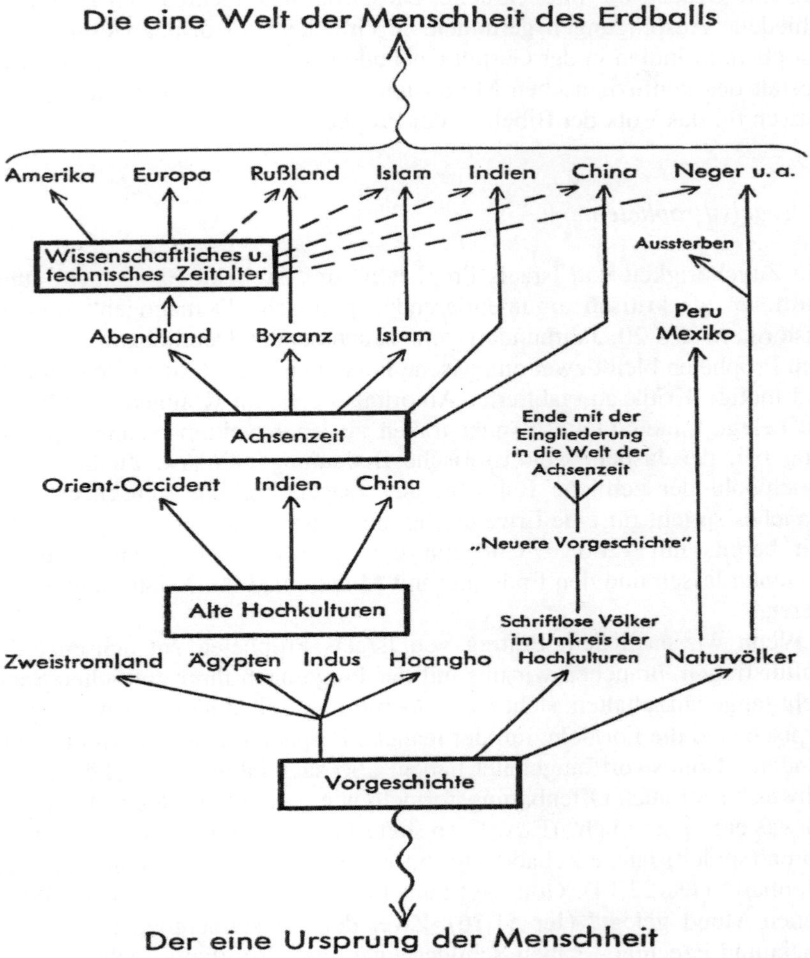

Abb. 2: Die Achsenzeit der Kulturgeschichte. Drei Epochen sind nach Karl Jaspers für die Entwicklung der Menschheit prägend: die alten Hochkulturen (im Zweistromland, in Ägypten, am Indus, am Hoangho), die Achsenzeit (im Mittelmeerraum, in Vorderasien, Indien und China), das wissenschaftlich-technische Zeitalter (mit Schwerpunkt in Europa und Amerika). Im Zentrum des Schemas stehend, bildet die Achsenzeit die Mitte der Menschheitsgeschichte. Die Anordnung von unten nach oben zeigt die Höherentwicklung an. – KARL JASPERS, Vom Ursprung und Ziel der Geschichte, München 1949, 48.

Der Durchbruch zu solchem Neuansatz ist in unterschiedlicher Weise und mit unterschiedlichen Schwerpunkten im 1. Jahrtausend v. Chr. in Vorder-asien, Griechenland, Indien und China erfolgt. Wo immer der geistige und kulturelle Durchbruch erfolgt, entsteht eine neue, diesen Vorgang tragende und weitertragende Gestalt: der Intellektuelle. Dieser hat in verschiedenen Kulturen verschiedene Ausprägungen gefunden: in Griechenland in der Gestalt des Philosophen, in Indien in der Gestalt des buddhistischen Asketen, in China in der Gestalt des konfuzianischen Moralisten. Eine weitere Ausprägung, charakteristisch für das Volk der Bibel, ist der Prophet.

a) Israels Propheten

Die Zugehörigkeit von Israels Propheten zur „Intellektuellenschicht" und ihr Auftreten als kritisch argumentierende „politische Demagogen" stehen den Historikern des 20. Jahrhunderts mit zunehmender Deutlichkeit vor Augen.[8] Den Propheten bleibt zwar empirische Forschung fremd, doch Traditionskritik und mutige Kritik an etablierter Autorität – etwa an Königen – ist bei ihnen gut belegt. Israels Gottesmänner tragen zu jener weltumspannenden Aufklärung bei, der Jaspers welthistorische Bedeutung beimisst. Zu überlegen ist gleichwohl der zeitliche Rahmen, den Jaspers für die Achsenzeit festlegt. Manches spricht für eine Erweiterung dieses Rahmens; man mag die Achsenzeit bereits um 1200 v. Chr. mit dem persischen Propheten Zarathustra beginnen lassen und den Endpunkt mit Muḥammad ins 7. Jahrhundert n. Chr. setzen.

Wenn wir nach dem Beitrag von Israels Propheten zur achsenzeitlichen Kultur fragen, brauchen wir uns mit der Frage nach ihrer göttlichen Sendung nicht lange aufzuhalten, steht diese doch für sie selbst und ihre Anhänger fest. Typisch sind die Formeln, mit der manche Propheten Israels ihr mündlich verkündetes Gotteswort eingeleitet haben: „So sagt Jahwe" und „hört das Wort Jahwes"; aber auch Offenbarungsformeln wie folgende finden sich: „das Wort Jahwes erging an mich" (Ez 6,1 „so sagte Jahwe zu mir" (Jes 8,11); „in meine Ohren (sprach) Jahwe Zebaot" (Jes 5,9), „meinen Ohren hat Jahwe Zebaot geoffenbart" (Jes 22,14). Gott sagt zum Propheten: „Ich habe meine Worte in deinen Mund gelegt" (Jer 51,16). Zwei der alttestamentlichen Propheten – Jesaja und Ezechiel – haben Schilderungen ihres Berufungserlebnisses hinterlassen; selbst wenn diese Schilderungen von späterer Hand überarbeitet sein sollten (was besonders bei Ezechiel der Fall zu sein scheint), ist an der Echtheit von Erlebnis und Bericht nicht zu zweifeln. Die Propheten waren keine Schwindler, die sich auf göttliche Eingebung berufen, um ihr Prestige zu erhöhen; vielmehr waren sie von ihrer Sendung überzeugt; die Religionswissenschaft hat keinen Anlass, dieses Bewusstsein nicht zu respektieren – wenn sie auch Prophetie (nach dem für die Religionswissenschaft charakteristischen modernen Maßstab) für eine natürliche und keine übernatürliche Angelegenheit hält, ist doch der prophetische Beruf wie jeder ande-

---

8 MAX WEBER, Die Wirtschaftsethik der Weltreligionen – Das antike Judentum, Tübingen 2008 (Studienausgabe der Max-Weber-Gesamtausgabe Bd. I/21), 204 und 89.

re lehrbar und erlernbar.[9] Gelegentlich erfahren wir, wie sich Propheten auf den Kontakt zu ihrem Gott vorbereitet haben. So benötigt Elischa einen Saitenspieler, um mit Jahwe in Kontakt zu gelangen: „Nun holt mir einen Harfenspieler! Als der Spieler über die Saiten fuhr, kam die Hand Jahwes über Elischa“ (2 Kön 3,15). Daniel muss mehrere Tage lang fasten; erst dann kann er Visionen empfangen (Dan 10,2–3). Propheten glauben nicht nur an die Echtheit der göttlichen Offenbarung, die sie empfangen, sondern auch an die Wirksamkeit bestimmter Techniken, die den Empfang ermöglichen oder erleichtern.

Um das Neue der achsenzeitlichen Prophetie zu verstehen, sind Form und Inhalt zu unterscheiden. Was die Form betrifft – das Bewusstsein, göttliche Inspiration zu empfangen und zu verkünden – so stehen Israels Propheten in Kontinuität zur archaischen Prophetie. Inhaltlich – in der mitgeteilten Botschaft – sehen wir Altes und Neues.

Zu drängenden Fragen des Tages Stellung nehmend, äußern sich Propheten zu den Entwicklungen, die das Geschick ihres Volkes bestimmen. Ihre großen Themen sind die soziale Entwicklung – der zunehmende Unterschied zwischen reichen und armen, abhängigen Bauern; die politische Entwicklung – die sich verschärfende Unterjochung des Volkes von fremden, militärisch überlegenen und auf Ausbeutung bedachten Mächten (Assyrer, Babylonier); die religiöse Entwicklung – der wachsende Einfluss der die Religion zum Monotheismus führenden Jahwe-allein-Bewegung. Mehrfach prangern Männer wie Amos und Jesaja die Ausbeutung der Kleinbauern an. Oft schleudern die Gottesmänner feindlichen Völkern Zornesworte ihres Gottes entgegen oder warnen vor Kriegs- und Aufstandspolitik gegen überlegene Gegner. Einige Propheten fordern und fördern die alleinige Verehrung des Nationalgottes Jahwe, der ethisches Verhalten anmahnt, auf der Seite der Schwachen steht und sich nicht für Machtzwecke ideologisch vereinnahmen lässt. An der Gestaltwerdung des jüdischen und christlichen Gottesglaubens haben die Propheten einen maßgeblichen Anteil. Außer ihrem religionsgeschichtlich bleibenden Werk, dem Monotheismus, sind die Propheten eindrucksvolle Persönlichkeiten, die, oft unter Einsatz ihres Lebens, als mutige Kritiker der religiösen, sozialen und politischen Zustände ihrer Zeit aufgetreten sind. Gerade als Kritiker erscheinen sie als inspirierende, exemplarische Gestalten – als Beispiele und Vorbilder. Inspirierend geworden sind sie vor allem durch die von ihnen selbst oder (offenbar häufiger) von ihren Anhängern aufgezeichneten Gottesworte. Ohne schriftliche Zeugnisse wären die Propheten kaum in das kollektive Gedächtnis Israels eingegangen.

Worin aber liegt inhaltlich das Neue? In der wiederholten Berufung auf universale, nicht nur Israel betreffende Werte und Maßstäbe. Verwurzelt in einer kleinräumigen, ländlichen Kultur, erreicht die prophetische Ethik zwar

---

9 BERNHARD LANG, Wie wird man Prophet in Israel? In: DERS., Wie wird man Prophet in Israel? Aufsätze zum Alten Testament, Düsseldorf 1980, 31-58.

noch nicht modernes Vernunftrecht, Freiheit, Sozialismus und Demokratie,[10] doch dürfen die Propheten als Vertreter einer universal gültigen, „auf das allgemein Menschliche gehenden Moral“ gelten;[11] daher gehört ihr Denken zu jenem geistigen Zündstoff, zu jenem Ferment universaler Erneuerung, das die Achsenzeit der Menschheit schenkt. Während die Jahwereligion in Nordisrael vor allem die göttliche Erwählung Israels und seine Begünstigung durch seinen Gott feierte, neigten die Vertreter der Jahwereligion in Südisrael (d.h. in Juda und Jerusalem) eher einer universalen Schöpfungsreligion zu. Dieser zufolge ist Jahwe Schöpfer der ganzen Welt, der gerechtes Verhalten unter allen Völkern fordert. Diese Überzeugung von einem alle Menschen verpflichtenden Art „Naturrecht“ kommt in der Verkündigung der Propheten Amos und Jesaja bereits im 8. Jahrhundert v. Chr. zum Tragen.[12] In dieser Tradition steht auch Ezechiel, der einen ethischen Grundkatalog von zwölf Eigenschaften des gerechten Mannes formuliert:

> Ist jemand gerecht, so handelt er nach Recht und Gerechtigkeit: (I, II) Er hält auf den Bergen keine Opfermahlzeiten ab. Er blickt nicht auf zu den Götzen des Hauses Israel. (III, IV) Er schändet nicht die Frau seines Nächsten. Einer Frau tritt er nicht nahe während ihrer Blutung. (V, VI) Er unterdrückt niemand. Er gibt dem Schuldner das Pfand zurück. (VII, VIII) Er begeht keinen Raub. Dem Hungrigen gibt er von seinem Brot und den Nackten bekleidet er. (IX, X) Er leiht nicht gegen Zins und treibt keinen Wucher. (XI, XII) Er hält seine Hand von Unrecht fern. Zwischen Streitenden fällt er ein gerechtes Urteil. Er lebt nach meinen Gesetzen, er achtet auf meine Rechtsvorschriften und befolgt sie treu. Er ist gerecht – und deshalb wird er am Leben bleiben: Spruch des Herrn Jahwe. (Ez 18, 5–9)

Besondere Wirkung entfaltet Israels Prophetie durch ihre Überlieferung in der Form von Orakelsammlungen, die – zumindest teilweise, etwa im Falle des Buches Jeremia – auch die Lebensgeschichte des Propheten überliefern. Offenbar kommt dem 6. Jahrhundert in der Redaktionsgeschichte der prophetischen Literatur große Bedeutung zu: Um 560 v. Chr. ist die Redaktion der Bücher Jeremia und Ezechiel anzusetzen, nur wenig später eine Sammlung der vier Bücher Hosea, Amos, Micha und Zefanja, bald gefolgt von der Endredaktion des Buches Jesaja.[13] Die Redaktion der Prophetenbücher mag die prophetische Botschaft hier und dort mit eigenen Akzenten versehen haben,

---

10 HERMANN GUNKEL, Die Propheten, Göttingen 1917, 80; ERNST TROELTSCH, Aufsätze zur Geistesgeschichte und Religionssoziologie, Tübingen 1925, 53.

11 FRIEDRICH NIEBERGALL, Was ist uns heute die Bibel?, Tübingen 1907, 16.

12 Dieser Zusammenhang ist überzeugend dargestellt bei FRANCOLINO J. GONÇALVES, Fondements du message social des prophètes. In: ANDRÉ LEMAIRE (Hg.), Congress Volume Lubljana 2007, Leiden 2010, 597-620.

13 Zur Redaktionsgeschichte der alttestamentlichen Prophetenbücher vgl. JAKOB WÖHRLE, Die frühen Sammlungen des Zwölfprophetenbuches, Berlin 2006; DAVID N. FREEDMAN, The Canon of the Old Testament. In: KEITH CRIM u.a. (Hg.), The Interpreter's Dictionary of the Bible. Supplementary Volume, Nashville 1976, 130-136.

doch insgesamt ist die prophetische Botschaft zuverlässig überliefert – gerade in jenen Teilen, die zu einem neuen, achsenzeitlichen Ethos beitragen.

b) Zwei Prophetennovellen: Jona und Judith

Das Thema Prophetie hat in der Spätzeit des Alten Testaments – im 3. und 2. Jahrhundert v. Chr. – mehrfach romanhafte Bearbeitung gefunden. In den kleinen Romanen (oder Novellen) „Jona" und „Judith" setzen sich jüdische Erzähler mit der prophetischen Überlieferung auseinander und gewinnen dem Thema auch neue und überraschende Seiten ab – Aspekte, die ohne diese Erzählungen unbeachtet geblieben wären.

Die nach der Art eines Märchens erzählte Jona-Novelle hat folgenden Inhalt: Es war einmal ein Prophet, der hieß Jona. Von Gott berufen, nach der assyrischen Stadt Ninive zu reisen, um ihr Jahwes Strafgericht anzudrohen, befällt ihn Widerwillen. Durch Flucht will er sich dem ungeliebten Auftrag entziehen. Also schifft er sich im Hafen von Jafo ein, um nach Spanien zu gelangen. Doch Jahwe entfesselt einen Sturm, der das Schiff in Gefahr bringt. Das Los soll offenbaren, wer für das Unglück verantwortlich ist. Das Los fällt auf Jona. Er wird über Bord geworfen – und wirklich legen sich Sturm und Wellengang.

Jahwe schickt einen großen Fisch, der Jona verschlingt. Drei Tage und drei Nächte bleibt der Prophet im Bauch des Tieres, um dann unverdaut an Land ausgespien zu werden. Erneut erreicht ihn der göttliche Auftrag, und Jona macht sich auf, um in Ninive zu verkünden: „Noch vierzig Tage, und Ninive ist zerstört." Nach Bekanntgabe seiner Botschaft verlässt der Gottesmann die Stadt, um zu sehen, was geschieht. Der König von Ninive ordnet strenges Fasten an: Alle sollen Bußgewänder anlegen; alle sollen Gott um Barmherzigkeit anflehen und sich von ihren bösen Taten abwenden. Tatsächlich lässt sich Gott umstimmen und führt seine Drohung nicht aus – zum Verdruss Jonas. Lebensmüde bittet der Prophet Gott, ihn sterben zu lassen. Jona legt sich draußen vor Ninive nieder, in der Sonnenhitze des Todes harrend. Doch Jahwe lässt neben dem Propheten einen schattenspendenden Rizinusstrauch aufsprießen, der das Leben des Unglücklichen rettet. Am folgenden Tag verdorrt der Strauch. Jona, verärgert und vom Sonnenstich fast ohnmächtig, wünscht sich wiederum den Tod. Da belehrt ihn Gott: Wie der Prophet seine Seele an eine Rizinusstaude hängt, so hängt der barmherzige Gott auch seine Seele an das Leben der assyrischen Weltstadt.

Jona ist ganz auf Ordnung und Strafe bedacht; ihm fehlt die fürsorgende Liebe, die Gott zu allen Geschöpfen hegt.[14] (Erich Fromm, *Die Kunst des Liebens*, 1980). Vielleicht will der Autor der Jona-Novelle die alten Propheten

---

[14] ERICH FROMM, Die Kunst des Liebens, Frankfurt 1984, 37-38.

kritisieren: Sie sind zu sehr auf das Volk Israel fixiert; Gott aber ist der Gott der ganzen Welt.

Israels Propheten waren fast ausnahmslos Männer, doch wird im Richterbuch von einer Kriegsprophetin namens Debora berichtet. Im Namen ihres Gottes beauftragt sie Barak, ein Heer gegen die kanaanitische Stadt Hazor zu führen. Es kommt zum Sieg der Israeliten. Dem feindlichen Heerführer Sisera gelingt die Flucht, doch im Zelt einer Frau, bei der er sich versteckt, wird er von Jaël – eben dieser Frau – getötet. Die fiktive Gestalt Judiths trägt die Züge zweier Frauen: sie ist Kriegsprophetin wie Debora und männermordende Heldin wie Jaël.

Die Judith-Novelle bietet eine Auseinandersetzung mit Schlüsselereignissen der Geschichte Israels. Der assyrische König Salmanassar hat Samaria im Jahr 722 v. Chr. zerstört, der babylonische König Nebukadnezzar tat Gleiches mit Jerusalem 586. Mit diesen Ereignissen – den Schlüsselereignissen der Geschichte Israels – setzt sich die Judith-Novelle auseinander. Das geschieht in der Gestalt einer Parodie. Unter dem Phantasienamen Betulja verschmelzen Jerusalem und Samaria zu einer einzigen Stadt. Aus den beiden feindlichen Königen wird ein einziger – „der Assyrerkönig Nebukadnezzar". Die Novelle erzählt von der Belagerung der Stadt – aber mit anderem Ausgang. In Betulja lebt Judith. Als sich die Bedrängnis durch den Feind zuspitzt, ergreift Judith die Initiative. Jung, verwitwet und mutig, wagt sie sich ins Lager des Feindes. Ob ihrer Schönheit wird sie freundlich aufgenommen. Sie präsentiert sich als Prophetin – „Gott hat mich gesandt" (Jud 11,16). Der Feldherr Holofernes lädt sie in sein Zelt ein, wo er sie verführen will. Judith tritt in das Zelt ein und beginnt, die ihr zugedachte Rolle als jüdische Mätresse zu spielen – doch nur scheinbar. Den sie begehrenden Feldherrn hindert sie daran, sich ihr zu nähern. Sie bringt ihn zum einschlafen. Als jüdische Jeanne d'Arc greift sie zum Schwert und enthauptet Holofernes. Nun ist Judiths Stadt frei und die Heldin wird gefeiert. Zum Dank schenkt Judith dem Tempel ihres Gottes das golddurchwirkte Mückennetz, das sie aus dem Schlafgemach des Getöteten mitgenommen hatte. Schönheit siegt!

Die biblischen Propheten wirken allein mit dem Wort; in den biblischen Schriften werden sie uns nicht als waffentragende Kämpfer dargestellt. Doch Judith ruft Gott an, der einem ihrer Vorfahren das Schwert gegeben hat „zur Bestrafung der Fremden" (Jud 9,2) – und sie selbst greift zum Schwert. Der Gedanke, eine Prophetin mit einer Waffe auszustatten und zu einer Kriegsheldin zu machen, liegt jedoch im 2. Jahrhundert nahe. Es ist die Zeit des Makkabäeraufstandes, in der sich Juden bewaffnen, um sich von ihrem syrischen Oberherrn loszusagen und die politische Selbständigkeit zu erstreiten. In dieser Zeit hören wir von einem Traum des Judas Makkabäus: Ihm erscheint der Prophet Jeremia und überreicht ihm eine goldene Waffe: „Nimm das heilige Schwert, das Gott dir schenkt. Mit ihm wirst du die Feinde schlagen" (2 Makk 15,16). In der Zeit der nationalen Erhebung erinnert man sich an die

Kriegsprophetin Debora, die das Vorbild Judiths abgibt, und man zögert nicht, sie auch zur tödlichen Waffe greifen zu lassen.

In der Kunst wird Judith als verführerische, oft nackte, männermordende *femme fatale* dargestellt – so in dem bekannten Ölbild *Judith* von Gustav Klimt (Abb. 3). Eine *femme fatale* ist eine Frau, die, intelligent und gefühlskalt ihre Reize nutzend, einen Mann in Abhängigkeit bringt und dadurch zugrunde richtet. Von dieser Art ist auch Judith, nur dass sie nicht zum eigenen, egoistischen Vorteil, sondern zugunsten ihrer Stadt handelt und so zur Heldin wird.

Während die Novellen auf die Prophetie zurückblicken, wird das prophetische Charisma in der Gestalt Jesu noch einmal lebendig.

Abb. 3: Eine gefährliche Prophetin: Judith mit dem Haupt des Holofernes. Maliziös lächelnd tritt die schwarzhaarige Verführerin aus dem Schlafgemach hervor, dessen kostbarer transparenter Vorhang ihre Blöße halb bedeckt. Sie genießt den Sieg über den von ihr enthaupteten Feind. Während Judiths Halsschmuck, das Haupt des feindlichen Feldherrn und der mit Edelsteinen durchwirkte Vorhang der biblischen Erzählung entstammen, verdankt sich Judiths Nacktheit der Tragödie *Judith* von Friedrich Hebbel (1840), der die Heldin zur Verführerin des Getöteten und damit zur *femme fatale* macht. Das Leben des Mannes, der einer solchen Frau verfällt, wird zerstört. Wie das Denken seines Wiener Zeitgenossen Sigmund Freud kreiste auch die Kunst Gustav Klimts um die Themen Frau und Sexualität. – GUSTAV KLIMT, Judith I, 1901, Österreichische Galerie Belvedere, Wien.

c) Jesus – Prophet und Philosoph

Großzügig, gesellig, den Menschen zugewandt, resolut, von gesundem Menschenverstand und frei von Fanatismus und Formalismus – so zeichnen die Evangelien das Bild von Jesus. Wir können die Gestalt Jesu am besten erfassen, wenn wir die beiden Rollen betrachten, die sein Wirken leiten und in denen es sich entfaltet: die Rolle des Propheten und die Rolle des philosophischen Lehrers.

Als Prophet ist Jesus Magier und Wunderheiler. Für die Prophetenrolle bietet der alttestamentliche Erzählzyklus über die Propheten Elija und Elischa das Muster. Nach dem Vorbild dieser Männer wäre der idealtypische Prophet Regenmacher, Krankenheiler, Erwecker von Toten, Vermehrer von Lebensmitteln. Sehen wir von übertreibenden Legenden ab, haben wir mit therapeutischer Magie als Bestandteil prophetischer Praxis zu rechnen, einer Praxis, die – wie der prophetische Beruf überhaupt – in Gruppen erlernt oder von Meister zu Jünger weitergegeben wurde. Seine prophetische Lehre fasst Jesus in einem nahezu abstrakten, allen Einzelheiten übergeordneten Begriff zusammen: Reich Gottes (*basileía toû theoû*). Gottes Reich ist bleibend transzendent, im Himmel, kann und muss sich jedoch auf Erden verwirklichen, zum Beispiel in Heilungen, die Jesus in Anknüpfung an alte prophetische – an Elija erinnernde, vielleicht letztlich schamanische – Praxis durchführt. Bei Jesus ist auch mit visionären Erlebnissen in prophetischer Tradition zu rechnen.[15]

Innerhalb der Achsenzeit kommt den Philosophen Griechenlands eine besondere Bedeutung zu, dabei ist nicht nur an die großen, schulgründenden Männer wie Platon und Aristoteles zu denken, deren schriftliches Werk bis in unsere Gegenwart wirkt. Auch andere Gestalten, die mehr durch ihr persönliches Beispiel und ihren Lebensstil beeindrucken, sind zu nennen, vor allem Sokrates und Diogenes. Sie verkörpern den neu entstehenden Typ des unabhängigen, zumeist in der Stadt und im städtischen Umfeld wirkenden Intellektuellen, der sich um Familie und Erlangen von wirtschaftlicher Prosperität nicht kümmert, um einem freien, dem kritischen Denken verpflichteten Lebensstil zu huldigen. Die kynische Philosophie des Diogenes ist in hellenistisch-römischer Zeit, zwischen etwa 300 v. Chr. und 300 n. Chr., zur einflussreichsten Popularphilosophie der antiken Welt aufgestiegen und hat auch unter griechisch und aramäisch sprechenden Juden Anhänger gefunden. Zu diesen gehört der Weisheitslehrer Kohelet, dessen Schrift in die Bibel Aufnahme ge-

---

15 ULRICH B. MÜLLER, Vision und Botschaft. Erwägungen zur prophetischen Struktur der Verkündigung Jesu, Zeitschrift für Theologie und Kirche 74 (1977) 416-448, mit Hinweis auf die Vision vom Satanssturz (Lk 10,18). Vgl. das Urteil des konservativen Exegeten Craig Evans: „The evidence that Jesus saw himself as a prophet is compelling." CRAIG A. EVANS, Prophet, Sage, Healer, Messiah, and Martyr: Types and Identities of Jesus. In: TOM HOLMÉN/ STANLEY E. PORTER (Hg.), Handbook for the Study of the Historical Jesus, Bd. 2, Leiden 2011, 1217-1243, hier 1219.

funden hat, aber auch Propheten wie Johannes der Täufer und Jesus von Nazareth reihen sich unter die Philosophen.[16]

Johannes orientiert sich an der eher asketischen, auf allen Lebenskomfort verzichtenden strengen Richtung der Kyniker, während sich bei Jesus eine Ausrichtung an jener kynischen Richtung beobachten lässt, die, dem Leben zugewandt, auch Feste zu feiern versteht und Gaumengenüsse nicht verachtet, solange sich dazu Gelegenheit bietet.

Den biblischen Propheten und den Kynikern gemeinsam ist das unerschrockene Auftreten auch vor Mächtigen. So heißt es von Elija: „Solange er lebte, hat er vor niemand gezittert. Kein Sterblicher hatte Macht über seinen Geist" (Sir 48,12). Von jedem kynischen Philosophen wusste man dasselbe zu sagen, galten ihnen doch die parrhêsia, die unerschrockene Freimut und Aufrichtigkeit im Reden vor allen Menschen, auch den Großen und Einflussreichen, als höchster Wert. Gefragt, was das Schönste im menschlichen Leben sei, gab Diogenes zur Antwort: Parrhêsia![17] Zu den charakteristischen Lehren, die Jesus mit den Kynikern teilt, gehören das Eintreten für die Versöhnung unter den Menschen, die auch persönlichen Feinden und Gegnern gewährte Solidarität (Feindesliebe) sowie das Engagement für Arme.

Das Thema „Engagement für Arme" kommt in der jesuanischen Parabel von Dives und Lazarus unübertroffen zum Ausdruck. Der Wortlaut ist einfach und einprägsam:

> Es war einmal ein reicher Mann, der sich in Purpur und feines Leinen kleidete und Tag für Tag prächtige Feste feierte. Vor seiner Tür aber lag ein Armer mit Namen Lazarus, der war über und über bedeckt mit Geschwüren. Und er wäre zufrieden gewesen, sich den Bauch zu füllen mit den Brosamen vom Tisch des Reichen; stattdessen kamen die Hunde und leckten an seinen Geschwüren. Es geschah aber, dass der Arme starb und von den Engeln in Abrahams Schoß getragen wurde. Aber auch der Reiche starb und wurde begraben. Und wie er im Totenreich [Hades], von Qualen gepeinigt, seine Augen aufhebt, sieht er von ferne Abraham und Lazarus in seinem Schoß. Und er schrie: Vater Abraham, hab Erbarmen mit mir und schicke Lazarus, damit er seine Fingerspitze ins Wasser tauche und meine Zunge kühle, denn ich leide Pein in dieser Glut. Aber Abraham sagte: Kind, denk daran, dass du dein Gutes zu deinen Lebzeiten empfangen hast und Lazarus in gleicher Weise das Schlechte. Doch jetzt wird er hier getröstet, du aber leidest Pein. Und zu alledem besteht zwischen uns und euch eine so tiefe Kluft, dass die, die von hier zu euch hinübergehen wollen, es nicht können und dass die von dort nicht zu uns herübergelangen. (Lk 16, 19–26)

Was die Übersetzungen mit „Abrahams Schoß" wiedergeben, ist besser mit „Brust (kolpos) Abrahams" wiederzugeben. Der Ausdruck ist eigenartig, aber nicht unverständlich. Er speist sich aus der Körperposition beim Essen in der

---

[16] BERNHARD LANG, Jesus der Hund. Leben und Lehre eines jüdischen Kynikers, München 2010; F. GERALD DOWNING, Jesus and Cynicism. In: TOM HOLMÉN/ STANLEY E. PORTER (Hg.), Handbook for the Study of the Historical Jesus, Bd. 2, Leiden 2011, 1105-1136.

[17] DIOGENES LAERTIOS, Leben und Lehre der Philosophen VI, 69. Zu finden bei GEORG LUCK, Die Weisheit der Hunde. Texte der antiken Kyniker, Stuttgart 1997 (Nr. 234), 121.

antiken Welt: Der Orientale sitzt auf dem Boden, der Grieche und Römer aber liegt auf einem Gestell. Der Ehrenplatz ist neben dem Gastgeber, in der Nähe der Brust Abrahams – offenbar eine Redensart. Gemeint ist: Der arme Lazarus erhält einen Ehrenplatz bei Abraham, und Abraham gilt aufgrund einer Geneseserzählung als der vorbildliche Gastgeber für fremde Besucher (Gen 18,1–8). Im Haus Abrahams genießt Lazarus die Gastfreundschaft des Hausherrn. Während ihm im Leben sogar die Brosamen vom Tisch des Reichen verweigert werden, hat er nun den Ehrenplatz und kann sich nach Herzenslust gütlich tun – das wird zwar nicht gesagt, ist jedoch impliziert. Die ganze Beispielserzählung handelt ja vom Essen: der Reiche feiert jeden Tag ein Fest, d.h. hält ein üppiges Festmahl; im Jenseits hat er nichts. Beim armen Lazarus ist es genau umgekehrt: Im Leben hatte er nichts, nun wird er bestens bewirtet.

Damit ist diese Beispielerzählung noch nicht vollständig erklärt. Sie enthält nämlich allerlei Anspielungen. Eine solche ist mit der Erwähnung der Hunde gegeben, die an den Geschwüren des Lazarus lecken. Wahrscheinlich ist nicht an streunende Hunde gedacht, die den Armen bedrängen, sondern die Begleithunde eines kynischen Philosophen. Die Hunde sollen den Bettler als Philosophen ausweisen. Um ihren Herrn besorgt, pflegen die Hunde seine Wunden.[18] Jesus hat diese Parabel nicht selbst erfunden, sondern zweifellos bei seinen kynischen Lehrern gehört. Eine außerbiblische griechische Fassung ist aus dem 2. Jahrhundert n. Chr. überliefert. Sie hat folgenden Inhalt: Ein reicher Tyrann lebt in Saus und Braus, während ein armer Schuster darben muss. Nun sterben beide und kommen in die Unterwelt. Sie treffen dort zusammen mit einem kynischen Philosophen ein, der auch gerade gestorben ist. Sie kommen vor den Totenrichter. Dieser schickt den Philosophen zusammen mit dem Schuster zur Insel der Seligen. Beim Tyrannen zögert der Richter. Unbedingt muss er bestraft werden, aber wie? Soll der Tyrann in einen brennenden Feuersee geworfen werden? Oder soll der Unterweltshund Kerberos ihn fressen? Auf den Vorschlag des Philosophen erhält der Tyrann eine andere Strafe: Er muss auf ewig neben Tantalus stehen, wie dieser Durst leiden und sich an sein vergangenes Leben erinnern. Diese Erzählung hilft uns auch, die Topographie der jesuanischen Erzählung zu verstehen: Die Episode spielt im Hades, der Unterwelt. Dort wird Lazarus im besten Gasthaus am Ort fürstlich empfangen, nämlich vom Wirt Abraham; der Reiche dagegen muss als Büßer ewige Tantalusqualen ertragen. Impliziert ist weniger eine Lehre über das Jenseits als eine für das jetzige Leben gedachte Aufforderung: Vergesst die Armen nicht; vergesst nicht die mittellosen kynischen Philosophen.

---

[18] NILS NEUMANN, Armut und Reichtum im Lukasevangelium und in der kynischen Philosophie, Stuttgart 2010, 100.

d) Leiden und Tod des Propheten

Vom Erfolg ihrer Protagonisten handeln eigentlich nur die beiden Prophetennovellen „Jona" und „Judith". In Wirklichkeit konnten die wenigsten Propheten während ihres Lebens den von ihnen selbst gewünschten Einfluss auf Gesellschaft und Staat ausüben. Wir hören mehr von ihrem Misserfolg als von ihrem Erfolg. Die biblische Überlieferung berichtet von der Opposition gegen Propheten, mehrfach vom gewaltsamen Tod prophetischer Gestalten. Zwei sonst kaum bekannte Propheten, Secharja und Urija, sind auf Geheiß des Königs hingerichtet worden (2 Chr 24,20–22; Jer 26,20–23). Der Legende gilt Elija als der einzige Prophet seiner Generation, welcher der Hinrichtung durch das Schwert entkommen konnte (1 Kön 19,10). „Jerusalem, Jerusalem, du tötest die Propheten und steinigst die Boten, die zu dir gesandt sind", lautet ein Jesus zugeschriebenes Wort der Klage und Anklage (Mt 23,37). Johannes der Täufer wurde enthauptet, Jesus gekreuzigt. Alle diese Fakten und Überlieferungen weisen auf die Gefährdung prophetischer Existenz: Prophetisches Sprechen stellt für den Sprecher ein persönliches Risiko dar; wer prophetisch spricht, riskiert sein Leben. Wie das Beispiel des im Athen des Jahres 399 v. Chr. hingerichteten Sokrates zeigt, gilt dies nicht nur für die Gottesmänner des Volkes Israel, sondern auch für griechische Philosophen.

Eine von Ablehnung und Erdulden von Gewalttat bestimmte Idealbiographie des Propheten bieten die sogenannten „Gottesknechts-Lieder" des Jesajabuches. Der Gottesknecht, wer immer er sein mag – Jojachin (der letzte König von Jerusalem), Mose, oder der anonym bleibende Prophet Deuterojesaja, ist das nachzuahmende Vorbild prophetischer Existenz.

> An ihm werden beispielhaft Tugenden erkennbar: Der Verzicht auf äußeres Ansehen, die Bereitschaft, Missverständnisse zu ertragen und nicht Böses mit Bösem zu vergelten, der Verzicht auf Gewalttat und Betrug, das Eintreten für andere bis zur Hingabe des Lebens. Es sind vor allem Tugenden, die an den Herrschern der Zeit vermisst werden – aber nicht nur an ihnen. Dass gerade die Mühsal, die Erfahrung des Leidens, den vor Gott Gerechten ausmacht, ist die überraschende Botschaft für eine Welt, die ihre Heroen mit ganz anderen Tugenden feiert.[19]

3. Exkurs: Gehören auch Jesus und Muḥammad zur „Achsenzeit"? Antwortversuche von Karl Jaspers, Ulrich Mann und Jörg Dittmer

Vorstehend wurde von Jaspers' Begriff der „Achsenzeit" Gebrauch gemacht. Abweichend von Jaspers, der die Achsenzeit auf ca. 800 bis 200 v. Chr. eingrenzt, wurde diese auf die Zeit des frühen Christentums ausgedehnt, so dass Jesus als einer der schöpferischen Geister dieser maßgeblichen Mitte der

---

[19] KLAUS BALTZER, Deutero-Jesaja, Gütersloh 1999, 542.

Menschheitsgeschichte erscheint. Das geschichtsphilosophische Konzept der Achsenzeit birgt manches Problem. Neben der Frage nach der historischen Position Jesu erhebt sich auch die Frage nach Muḥammad: Ist auch Muḥammad – im 7. Jahrhundert n. Chr. – in die Achsenzeit einzubeziehen? Mit dem Problem „Jesus, Muḥammad und die Achsenzeit“ haben sich drei Autoren in bedenkenswerter Weise beschäftigt: Karl Jaspers selbst, Ulrich Mann und Jörg Dittmer.

Beginnen wir mit Jaspers' eigener Position! Im Jahr 1956, nur wenige Jahre nach seiner Prägung des Begriffs der Achsenzeit (1949), spricht Jaspers in seinem Buch Die großen Philosophen nicht mehr von Achsenzeit. An die Stelle der Achsenzeit tritt der Begriff der großen Persönlichkeit, die, in ihrer eigenen Zeit nicht aufgehend und von ihr nicht ableitbar, überzeitliche Bedeutung und Wirkung erlangt. Die großen Persönlichkeiten, die Jaspers porträtiert, gliedert er in drei Gruppen:

- die maßgebenden Menschen: Sokrates, Buddha, Konfuzius, Jesus
- die fortzeugenden Gründer des Philosophierens: Platon, Augustinus, Kant
- aus dem Ursprung denkende Metaphysiker: Anaximander, Heraklit, Parmenides, Plotin, Anselm von Canterbury, Spinoza, Laotse, Nagarjuna.

Nicht jede Zeit hat in gleichem Maße solche großen Persönlichkeiten hervorgebracht. Besonders privilegierte Epochen sind nach Jaspers das 6. bis 4. Jahrhundert v. Chr. in Griechenland, Indien und China (Anaximander, Heraklit, Parmenides, Sokrates, Platon, Buddha, Konfuzius) sowie das 14. bis 18. Jahrhundert in Europa (genannt werden nur Spinoza und Kant).[20] Für unseren Zusammenhang ist der Begriff der „maßgebenden Menschen“ wichtig. Diesen hat Jaspers vielleicht im Anschluss an Ludwig Feuerbach gebildet; „große, exemplarische Menschen – solche Menschen, die uns das Wesen des Menschen offenbaren“, heißt es bei Feuerbach.[21] Ohne eine Stellungnahme zu den maßgebenden Menschen kann es keine wahre philosophische Existenz geben.

Jaspers stellt die Frage nach einem Titel, mit welchem sich das Gemeinsame seiner vier maßgebenden Menschen benennen lässt. Er findet dafür den Titel des „Propheten“, den er dafür eigens definieren muss. Sokrates, Buddha, Konfuzius und Jesus sind nämlich nicht Propheten, deren Erleben „gekennzeichnet ist durch Visionen, Ekstasen, durch das unmittelbare Hören von Gottes Stimme und Erblicken seiner Gestalt, durch Sendung und Auftrag, durch bestimmte Inhalte von Gottes Willen, die ihnen geoffenbart sind, um sie zu verkünden“.[22] Eine solche Auffassung beschreibt alttestamentliche Propheten wie Elija und Jesaja, nicht jedoch die maßgebenden Menschen. Bei diesen entdeckt Jaspers jedoch „eine solchen Propheten analoge Seite“, denn sie

---

20 KARL JASPERS, Die großen Philosophen, München 1995, 68 (Taschenbuchausgabe).
21 LUDWIG FEUERBACH, Das Wesen des Christentums, Bd. 1, Berlin 1956, 39.
22 JASPERS, Die großen Philosophen, 219.

wissen sich im Dienste der Gottheit (Sokrates, Konfuzius, Jesus) oder der Heilsnotwendigkeit (Buddha). Den Inhalt, den sie verkünden, verdanken sie nicht direkter Offenbarung. Sie sind – nach Jaspers – „Propheten in einem größeren Sinne: In ihnen ist etwas aufgerissen. Die Welt ist nicht in Ordnung. Ein radikales Anderswerden wird erfahren und gefordert."[23] Ihre Botschaft zielt auf Erweckung. Wie die Propheten Israels rufen sie zur Umkehr; der Angesprochene soll eine Wiedergeburt oder einen Ruck plötzlicher Erleuchtung erleben.

Jaspers stellt sich – wenn auch ganz beiläufig – die Frage, ob auch Muḥammad in die Reihe der maßgebenden Menschen gestellt werden könne. Tatsächlich sei er „der einzige, der historisch einen vergleichbaren Umfang an Wirkung hatte" wie die großen Vier, doch sei er „an Tiefe des Wesens nicht zu vergleichen".[24] In diesem Urteil spiegelt sich zweifellos keine eigene Auseinandersetzung des Philosophen mit dem Gründer des Islams, sondern die Ablehnung Muḥammads durch die europäische Philosophie der Aufklärung. Heute ist erneut die Frage zu stellen, ob Muḥammad nicht doch zu den maßgebenden Menschen gerechnet werden muss.

Einer der Autoren, der das Jaspers'sche Konzept der Achsenzeit modifizierend aufgreift, ist Ulrich Mann.[25] Als Religionswissenschaftler erweitert er den von Jaspers erwogenen zeitlichen Rahmen der Achsenzeit beträchtlich, indem er zwischen Achsenzeit (ca. 3000 v. Chr. bis 800 n. Chr.) und „achsenzeitlicher Höhe" (ca. 1100 v. Chr. bis 100 n. Chr.) unterscheidet. Die Achsenzeit als solche lässt er mit der Entstehung von Schrift und Staat in Ägypten und im Zweistromland beginnen, die achsenzeitliche Höhe rechnet er von Zarathustra bis Jesus, doch auch Muḥammad will er noch einbeziehen. Mit Muḥammad endet nach seiner Auffassung die Achsenzeit. Auf diese Weise wird Muḥammad einbezogen, wenngleich ihn Mann als eine epigonale Gestalt aufzufassen scheint.

Als weitere Stimme ist die von Jörg Dittmer bemerkenswert.[26] Er will von weltgeschichtlicher Chronologie absehen und den Blick auf die Entwicklung einzelner Kulturen oder Kulturkreise lenken. Kulturen pflegen besonders kreative Epochen zu durchlaufen, die sich ihrer Überlieferung als „Referenzzeiten" einprägen und deren Denken kanonische Geltung erlangt. Mir scheint die Auffassung von Dittmer besonders hilfreich zu sein. Die Chronologie verliert dabei nicht ihren Sinn, haben doch mehrere Kulturen im 1. Jahrtausend v. Chr. eine ausgesprochen kreative Phase erlebt und deren Errungenschaften zu kanonischer Geltung erhoben. Beispiele für zeitlich spätere Referenzzeiten sind das 7. Jahrhundert in der arabischen Kultur (die Zeit des frühen Islam) und das

---

23 Ebd., 220.

24 Ebd., 219.

25 ULRICH MANN, Das Christentum als absolute Religion, Darmstadt 1971, 99-119.

26 JÖRG DITTMER, Jaspers' „Achsenzeit" und das interkulturelle Gespräch. Überlegungen zur Relevanz eines revidierten Theorems. In: DIETER BECKER (Hg.), Globaler Kampf der Kulturen? Analysen und Orientierungen, Stuttgart 1999, 191-214.

16. Jahrhundert in der westeuropäischen Kultur (als Zeit der Reformation). Auch jene Epoche, die Jaspers als weltgeschichtliche Achsenzeit qualifiziert, behält ihren Sinn. Das zeigt nicht zuletzt eine große vergleichende Studie über griechische und chinesische Denker, vorgelegt von dem klassischen Philologen Steven Shankman und dem Sinologen Stephen Durrant.[27] Die Odyssee, die Geschichte des Peloponnesischen Krieges von Thukydides und Platons Symposion werden mit jeweils vergleichbaren Werken chinesischer Autoren wie Laotse konfrontiert. Die behandelten Autoren und Werke fügen sich in den zeitlichen Rahmen vom 8. bis zum 2. Jahrhundert v. Chr. Dieser Zeitraum entspricht der Jaspers'schen Achsenzeit, so dass sich sein Begriff zumindest für die beiden Kulturen zu bewähren scheint.

Als Ergebnis bleibt festzuhalten: So sehr der Jaspers'sche Begriff der Achsenzeit der Modifizierung und Differenzierung bedarf – eine Modifizierung, die im Werk des Philosophen selbst bereits erkennbar ist –, so fruchtbar und vielleicht unverzichtbar will er uns erscheinen. Jaspers selbst hat die in seinem ursprünglichen Entwurf fehlende Gestalt Jesu in seine späteren Überlegungen einbezogen. Heute ist es an der Zeit, auch Muḥammads Platz unter den maßgebenden Menschen der Weltgeschichte zu erörtern.

4. Krise und Ende der Prophetie

Mit dem Ende der Achsenzeit – wie immer wir dieses Ende chronologisch fixieren – ist auch die Weltstunde der Propheten abgelaufen. Auf die Achsenzeit folgt in allen Traditionen, die sich auf Prophetie berufen, eine prophetenlose Zeit, die als Zeit der Bücher erscheint: Die Schriften der Propheten werden gelesen und kommentiert, doch mit lebenden Propheten wird kaum mehr gerechnet. Prophetisches Charisma versiegt und wird selten; und wo es auftaucht, wird ihm mit Misstrauen begegnet. Propheten könnten Betrüger oder Menschen mit psychischer Störung sein.

Als jüngster in der langen Reihe alttestamentlicher Propheten gilt Maleachi, dessen undatierte Schrift, am Ende des Zwölfprophetenbuchs platziert und eine Art Strafpredigt enthaltend, den zweiten, um 500 oder 465 v. Chr. erbauten Jerusalemer Tempel voraussetzt. Um 400 v. Chr. erlischt Israels Prophetie. In dieser Spätzeit des Alten Testaments finden wir eine Absage an lebendige Prophetie. Alle Propheten, die aktuell auftreten, gelten nun als Lügenpropheten. Erwartet wird eine prophetenlose Zeit. Wer sich einmal in prophetischer Rede versucht und den Prophetenmantel getragen hat, werde sich schämen und sagen: „Ich bin kein Prophet! Ich bin einer, der den Ackerboden bebaut,

---

[27] STEVEN SHANKMAN/ STEPHEN DURRANT, The Siren and the Sage: Knowledge and Wisdom in Ancient Greece and China, New York 2000.

denn Ackerboden besitze ich seit meiner Jugend.“[28] Dieses vernichtende Urteil über die prophetische Existenz ist Symptom einer Krise, die zum Ende lebendiger Prophetie führen muss. Sie markiert den Übergang von prophetischer Religion zur Buchreligion, die das Gotteswort nur noch in alten Texten sucht, es aber nicht mehr aus dem Mund lebender Personen vernehmen will. Typisch wird nun die rückblickende Auseinandersetzung mit dem prophetischen Phänomen, wofür die Jonanovelle das beste Beispiel bietet. Gestalten wie Johannes der Täufer und Jesus, in denen noch einmal das alte Charisma aufflackert, sind die Ausnahme. Sie sind nicht mehr die alte Prophetie, sondern deren Echo in einer Zeit der Epigonen.

Das Erlöschen von prophetischem Charisma wiederholt sich im Christentum.[29] In kirchlicher Verkündigung und theologischer Reflexion bildet sich eine ambivalente Haltung zu neuer Prophetie: Einerseits finden wir immer wieder den Anspruch auf besondere göttliche Berufung und Offenbarung, vorgetragen von einzelnen Charismatikern; andererseits werden solche Ansprüche als verdächtig und problematisch abgelehnt, denn, so wird mit zunehmender Deutlichkeit gelehrt, die Zeit der Offenbarung sei längst abgeschlossen.

Tatsächlich fühlten sich zu allen Zeiten der Kirchengeschichte einzelne Gläubige dazu ausersehen, in Gottes Auftrag zu reden. Nach dem Bericht der Apostelgeschichte bedient sich der Christ Agabus der alten prophetischen Botenformel, um sein Wort zu verkünden: „So spricht der heilige Geist“ (und es folgt die Ankündigung eines Ereignisses, das in Jerusalem geschehen soll; Apg 21,11). Im Mittelalter versteht sich die deutsche Äbtissin Hildegard von Bingen (1098–1179) als prophetissa. Birgitta von Schweden (1302–1373) beruft sich in ihrer Kritik am zeitgenössischen Papsttum ebenso auf göttliche Offenbarung wie Jeanne d’Arc (1412–1431) für ihre Mission, Frankreich vor den Engländern zu retten. Martin Luther nannte sich gelegentlich den Propheten der Deutschen; so in der Predigt, dass man Kinder zur Schulen halten solle (1530).[30] In der Leichenpredigt auf Luther fällt im Jahr 1546 das Wort vom „Propheten und von Gott gesandten Reformator“, und diese Bewertung des Vaters der Reformation setzt sich bis in die Gegenwart fort.[31] Mehr als die anderen Reformatoren führt John Knox (1513–1572) sein Wirken in Schottland

---

28 Sach 13,5. Im Hintergrund steht die elijanische Prophetentradition, nach welcher der Prophetenschüler die sesshafte, durch Ackerbau bestimmte Lebensweise aufgibt, um, mit einem Fellmantel bekleidet, fortan dem prophetischen Beruf zu obliegen (1 Kön 19,19-21).

29 Standardliteratur zu diesem Thema: MATTHIAS WÜNSCHE, Der Ausgang der urchristlichen Prophetie in der frühkatholischen Kirche, Stuttgart 1997; GEORG SCHÖLLGEN, Der Niedergang des Prophetentums in der Alten Kirche. In: INGO BALDERMANN u.a. (Hg.), Prophetie und Charisma, Neukirchen-Vluyn 1999, 97-116; FERDINAND HAHN/ HANS KLEIN, Die frühchristliche Prophetie. Ihre Voraussetzungen, ihre Anfänge und ihre Entwicklung bis zum Montanismus, Neukirchen-Vluyn 2011.

30 MARTIN LUTHER, Werke. Kritische Gesamtausgabe, Bd. 30/II, Weimar 1909, 588.

31 ERNST WALTER ZEEDEN, Martin Luther und die Reformatoren im Urteil des deutschen Luthertums, Bd. 2, Freiburg 1952, 15.

auf ihm gewährte göttliche Inspiration zurück. Heute pflegt die weltweit verbreitete Pfingstbewegung die Gabe der Prophetie, wobei Gottesbotschaften kritischer oder tröstender Art von Laien unmittelbar im Gottesdienst geäußert werden. Besondere Bedeutung hat inspirierte Prophetie in Afrika gewonnen, wo die Propheten William Wadé Harris (1865–1929) und Simon Kimbangu (1889–1951) bis in die Gegenwart große Gefolgschaft besitzen.

Das tatsächliche Auftreten inspirierter Propheten aus nachbiblischer Zeit hat von prominenter theologischer Seite Anerkennung gefunden. „In einzelnen Epochen fehlte es nicht an Trägern des prophetischen Geistes" (singulis temporibus non defuerunt aliqui prophetiae spiritum habentes), belehrt uns Thomas von Aquin.[32] Diese Sicht wird von der Theologie beharrlich festgehalten. Als Beispiel lässt sich Calvin anführen: Gott habe Propheten „am Beginn seines Reiches" – nämlich der Kirche – erweckt, „und er erweckt sie auch sonst zuweilen, je nachdem es die Zeitumstände erfordern". Dann zeichnet er einzelne durch „besondere Offenbarung" (singulari revelatione) aus, doch solche Menschen „gibt es gegenwärtig überhaupt nicht, oder sie sind kaum sichtbar".[33] In zurückhaltender Formulierung kann sich P. Pius XII. diese Sicht zu Eigen machen: Charismatiker, die über kein hierarchisches Amt in der Kirche verfügen, „werden, mit wunderbaren Gaben ausgestattet, niemals in der Kirche fehlen" (charismatici ... qui quidem donis prodigialibus instructi nunquam sunt in ecclesia defuturi).[34]

Diesem gut belegten Fortwirken auf Inspiration gegründeter Prophetie steht seit spätbiblischer Zeit eine breite Überlieferung entgegen, die neue Prophetie ablehnt. An die Stelle des Propheten tritt ein anderer, in der Religionsgeschichte breit belegter Typus – der Heilige, der als Gottesmann durch exemplarischen Lebenswandel und besondere Frömmigkeit viele Menschen in seinen Bann zieht und, ihr Leben befruchtend, sie zur Nachahmung bewegt. Der Heilige als inspirierende Persönlichkeit verdrängt und ersetzt den inspirierten Propheten; letzterer wird sogar bekämpft. Dieser Vorgang hat drei ineinander greifende Gründe:

Erstens: Eine Religion, die auf einem großen charismatischen Ereignis – dem Auftreten Jesu – gründet, bedarf des Apostels als Zeugen, Missionars und Organisators, nicht aber des Propheten, der neues göttliches Wort verkündet.

Zweitens: Seit der Spätantike stehen staatliche Autoritäten prophetischen Ansprüchen kritisch gegenüber und suchen sie mehr oder weniger systematisch auszuschalten, um das von ihnen beanspruchte staatliche Wissens- und Herrschaftsmonopol nicht von Menschen in Frage stellen zu lassen, die sich

---

[32] THOMAS VON AQUIN, Summa theologica II 174,6 ad 3.

[33] JOHANNES CALVIN, Institutio Christianae Religionis IV, 3,4.

[34] P. PIUS XII., Enzyklika „Mystici corporis" (1943). In: HEINRICH DENZINGER/ PETER HÜNERMANN (Hg.), Kompendium der Glaubensbekenntnisse und kirchlichen Lehrentscheidungen, Freiburg [40]2005, Nr. 3801.

auf eine höhere Instanz berufen.[35] Auch kirchliche Amtsträger und Theologen wollen ihren Vorrang nicht durch Propheten in Frage stellen lassen. Die sich um Montanus (gest. um 179 n. Chr.) in Kleinasien bildende prophetische Bewegung gilt, innerkirchlich heftig umkämpft, als Modell einer sich auf Inspiration berufenden Sondergruppe, die, von ihrer kirchlichen Opposition verfolgt, bekämpft und unterdrückt, vollständig ausgelöscht wurde. Das 5. Laterankonzil (1512–1517) verbietet Predigern, etwaige Sonderlehren über die Ankunft des Antichristen, den Termin des Weltgerichts oder Kritik an kirchlichen Amtsträgern unter Berufung auf Erleuchtung durch den Heiligen Geist oder göttliche Offenbarung zu verbreiten.[36]

Drittens: Die sich verstärkende Tendenz zur Buchreligion ist allem neuen Prophetentum abhold. Bereits in biblischer Zeit selbst ist die Aufwertung alter, schriftlich festgehaltener Prophetie von der Abwertung lebendiger Prophetie begleitet. An die Stelle lebendiger, immer neue Offenbarung hervorbringender Propheten treten traditionspflegende Schriftgelehrte. Diese schöpfen ihre religiöse Deutung von Welt und Geschichte nicht aus dem lebendigen Kontakt mit der Gottheit, sondern aus frommem Bücherstudium. Dieser Ansatz wird im Christentum durch die Lehre von der Abgeschlossenheit und Nichtwiederholbarkeit des prophetischen Zeitalters fortgeführt. Mit neuzeitlichem Gedankengut über den Fortschritt der Kultur konfrontiert, bekennen sich die Theologen zur Lehre von der prinzipiellen Abgeschlossenheit der göttlichen Offenbarung; nach Christus kann es kein relevantes neues Offenbarungswissen mehr geben. Mit dem Tod des letzten Apostels ist die Zeit der Offenbarung beendet, denn das von der Kirche weiterzugebende und von ihr mit Autorität zu deutende Glaubensgut (depositum fidei) ist erstellt.[37] Eine neuere Formulierung lautet: „In theologischer Hinsicht ist das Prophetentum in der Kirche zu Ende: Wenn ein Prophet seinem Wesen nach der vom Geist Gottes inspirierte Vermittler der ‚amtlichen', ‚öffentlichen' Offenbarung Gottes an die Menschen ist, dann ist mit dem Abschluss dieser Offenbarung auch die eigentlich prophetische Aufgabe zu Ende."[38]

Ganz gleich, ob man die Sache theologisch sehen will und das Prophetentum auf eine in der Vergangenheit liegende heilsgeschichtliche Epoche beschränkt, oder ob man vom religionsgeschichtlichen Standpunkt aus

---

[35] MARIE THERES FÖGEN, Die Enteignung des Wahrsagers, Frankfurt 1993; JAN N. BREMMER, Prophets, Seers, and Politics in Greece, Israel and Early Modern Europe, Numen 40 (1993), 150–183, hier 167-173.

[36] JOSEF WOHLMUTH (Hg.), Dekrete der ökumenischen Konzilien, Bd. 2, Paderborn 2000, 635-637.

[37] JOSEPH SCHUMACHER, Der apostolische Abschluss der Offenbarung Gottes, Freiburg 1979, 121-136. Entsprechende lehramtliche Äußerungen finden sich viele, zum Beispiel P. PIUS X., Dekret „Lamentabili" (1907); ZWEITES VATIKANISCHEN KONZIL, Konstitution „Dei verbum". In: HEINRICH DENZINGER/ PETER HÜNERMANN (Hg.), Kompendium der Glaubensbekenntnisse und kirchlichen Lehrentscheidungen, Freiburg [40]2005, Nr. 3421 und Nr. 4204.

[38] HERBERT VORGRIMLER, Neues theologisches Wörterbuch, Freiburg 2000, 518.

die Zeit der Propheten als abgeschlossenes kulturgeschichtliches Zeitalter begreift, das Ergebnis ist dasselbe: Die Berufung auf unmittelbare göttliche Inspiration gehört einer fremden, vergangenen Kultur an. Die Achsenzeit mit ihrer zu normativem Rang aufgestiegenen Prophetie ist zu Ende. Doch ist damit der prophetische Auftrag als solcher auch erloschen? Diese Frage soll im folgenden Abschnitt behandelt werden. Dieser handelt von der dritten Epoche der Weltgeschichte der Prophetie – der modernen Prophetie.

5. Die Neuentdeckung der Prophetie in der Neuzeit

Heute kann es keine sich auf übernatürliche Inspiration berufenden Propheten mehr geben; darin sind sich neuzeitliche Rationalität und kirchliche Theologie einig. Doch der Untergang der Welt, in der göttlich inspiriertes Reden möglich war, bedeutet nicht das Ende der Prophetie.

a) Das Genie

Der Abschied vom inspirierten Propheten hat im 18. Jahrhundert der Wiederentdeckung der anderen Seite der Prophetie den Weg bereitet: der inspirierenden Prophetie und ihres Trägers, des „Genies", also jenes außergewöhnlichen Menschen, der sich durch überragende Schöpferkraft auszeichnet und besondere geistige Leistungen erbringt. Als der Geniebegriff um die Mitte des 19. Jahrhunderts zu verblassen beginnt, tritt eine neue Gestalt hervor: der kritische Intellektuelle, dessen öffentlich warnende und mahnende Stimme an die biblischen Propheten erinnert. Der Aufstieg des Intellektuellen ist eng verknüpft mit der Entstehung der bürgerlichen Gesellschaft in der frühen Neuzeit: War bisher öffentliche Rede vor allem religiöse Rede von der Kanzel, so wurde durch Buchdruck und Wochen- und Tagespresse eine Öffentlichkeit geschaffen, in welcher eine Vielfalt von gesellschaftlich relevanten Themen zu Gehör gebracht und erörtert werden konnten.

Im 18. Jahrhundert in England von Autoren wie Joseph Addison entwickelt, findet der Geniebegriff rasch seinen Weg nach Frankreich und Deutschland. Nach antiker Vorstellung eignet allen bedeutenden, ihre Mit- und Nachwelt inspirierenden, ein großes, vorbildliches Werk hinterlassenden Menschen – Platon (Menon 99 c–d) nennt Orakelverkünder, Wahrsager, Dichter und Staatsmänner – prophetischer Charakter, wurzelt doch ihre Einsicht und Initiative in einer höheren, göttlichen Welt. Aus diesem Gedankengut schöpfend, entwickelt das 18. Jahrhundert die Gleichung „genialer Geist = Prophet". Man kann die Philosophen Sokrates und Pierre Bayle als Propheten bezeichnen.[39]

---

[39] JOHANN GEORG HAMANN, Sokratische Denkwürdigkeiten [1759]. Erklärt von Fr. Blanke, Gütersloh 1959, 121. 167.

Johann Gottfried Herder gilt als „Prophet der Menschheit“ – gemeint ist: Menschlichkeit als dem Individuum gegenüber tolerante Haltung; überhaupt: wer einem erlesenen Kreis von Salonbesuchern literarische Werke zu erläutern vermag, ist ihr Prophet.[40] Nicht Inspiration durch Gott oder göttliche Kräfte steht bei dieser Betrachtung im Vordergrund, sondern die inspirierende, Fortschritt und Erneuerung oder besseres Verstehen bewirkende Botschaft.

Die einprägsamste, den Geniebegriff nicht mehr ins Zentrum stellende Darstellung gibt der schottische Literat und Philosoph Thomas Carlyle (1795–1881). In seinen 1840 in London gehaltenen Vorlesungen *On Heroes, Hero-Worship, and the Heroic in History* feiert er die Bedeutung großer Männer in der Geschichte der Völker. Heldentum und Heldenverehrung sind ihm das Wichtigste und Tröstlichste bei der Betrachtung der Weltgeschichte. „Die Gewissheit, dass uns Helden gesandt sind; unsere Fähigkeit, unser Bedürfnis, Helden zu verehren, wenn sie gesandt werden, scheint wie ein Polarstern durch Rauch- und Staubwolken und alle Art Einsturz und Brand.“[41] Kühn erweitert, verliert der Begriff des Helden seinen traditionellen kriegerischen Sinn und steht ganz allgemein für den bedeutenden, maßgebenden Menschen. Carlyle setzt „Prophet“ als Austauschwort für „Held“ ein, indem er den Prophetenmantel nicht nur Gestalten wie Muḥammad, Martin Luther und dem schottischen Reformator John Knox überwirft; auch Politiker wie Oliver Cromwell, Dichter wie Dante, Shakespeare und Goethe gehören seiner Meinung nach in diese Reihe. Ihnen allen gemeinsam sind Mut, Aufrichtigkeit und Unabhängigkeit. In Wort und Tat legen sie in unprophetischer Zeit Zeugnis ab für eine von anderen verkannte höhere Wahrheit; daher sind sie würdig, als Sprecher der ewigen Wahrheit, als Propheten ihres jeweiligen Zeitalters angesehen zu werden.

Doch nicht nur große bekannte Gestalten werden im Gefolge Carlyles gerne als Propheten bezeichnet; auch weniger bekannte Persönlichkeiten werden mit dem Titel geschmückt. So lesen wir über den episkopalistischen Bischof Phillips Brooks (1835–1893): „Sein Einfluss als Kanzelredner ging weit über die Grenzen seiner Kirchengemeinschaft hinaus. Unter Betonung furchtlosen Suchens nach der Wahrheit hat er die Liebe Gottes, die Menschwerdung Christi und die Bedeutung einer freien, verantwortlichen, gereiften Persönlichkeit glänzend vertreten und in Wort und Schrift seine Vorliebe für religiöse Geisteskultur, seinen Schönheitssinn, seine poetische und künstlerische Begabung betätigt. Tausenden wurde er der Prophet eines neuen Lebens.“[42] Als Martin Rade im Jahre 1927 den ersten Band von Karl Barths Christliche Dogmatik im Entwurf in die Hand bekommt, ist er überwältigt; an den Autor schreibt er: „Ich rechne Dich mit vollem Ernst unter die Propheten.

40 JOHANN GOTTFRIED HERDER, Italienische Reise, München 1989, 99. 284.

41 THOMAS CARLYLE, Über Helden, Heldenverehrung und das Heldentümliche in der Geschichte. Übersetzt von E. Pfannkuch, Leipzig 1901, 268.

42 HANS HAUPT, Art. Brooks, Phillips. In: HERMANN GUNKEL u.a. (Hg.), Die Religion in Geschichte und Gegenwart, Bd. 1, Tübingen ^{2}1927, 1263.

Wobei wir uns ja das Prophetenamt nicht gleich ins Übermaß hinaus auszudenken brauchen. Aber ich habe keine andere Kategorie für Dich.“[43] Man ist sich einig: Barths Theologie besitzt „einen prophetischen Zug“.[44] So sieht die von Carlyle gewünschte Heldenverehrung aus!

Zweifellos gibt es Menschen, die das gewöhnliche Maß sprengen und sich von ihrer sozialen Umwelt abheben. Ihnen gegenüber Wertschätzung zu äußern, gilt heute, in einer Zeit, welche die Gleichheit aller betont, als unerwünscht. Dennoch hat sich Norbert Bolz jüngst zum ungewöhnlichen Einzelnen bekannt: „Das Wichtige am Leben ist das, was nicht für alle gilt – der Einzelne, die Ausnahme. Alles Wertvolle verdanken wir außergewöhnlichen Individuen.“[45]

b) Der Intellektuelle als weltlicher Prophet

Ohne dass die erste, die „Genie“- Phase der modernen Aneignung des Prophetentitels zu Ende wäre, beginnt schon im 19. Jahrhundert eine zweite Phase. Als neues Leitbild beginnt der Intellektuelle, das Genie abzulösen. Mitglied der geistigen Elite eines Volkes und von Beruf zumeist Philosoph, Schriftsteller, Redakteur, Gelehrter oder Hochschullehrer, wirkt er für ein „Anliegen“. Besonders in Frankreich ist der Intellektuelle eine vertraute, das Geistesleben beherrschende Gestalt; im 20. Jahrhundert ist Jean-Paul Sartre (1905–1980) das bekannteste Beispiel. Aus Deutschland sind Schriftsteller wie Bertolt Brecht, Heinrich Böll und Martin Walser zu nennen.[46]

In ihrem Wirken bedienen sich die Intellektuellen mehrere bekannter Methoden: des Kommentars, des Aufrufs, der Unterstützung einer sozialen Bewegung, der Verbreitung bestimmter Ideen mit Mitteln von Literatur und Kunst:

– *der Kommentar:* Das Zeitgeschehen in Politik und Kultur wird ständig durch analysierende, kritische und bewertende Kommentierung begleitet. In Amerika sind als solche Kommentatoren Noam Chomsky und Susan Sonntag bekannt geworden, in Deutschland Jürgen Habermas. Großen Eindruck machte Hannah Arendts publizistische Begleitung des Prozesses gegen den deutschen Judenverfolger Adolf Eichmann, der in Jerusalem zum Tode verurteilt und 1962 hingerichtet wurde.

– *der punktuelle Aufruf:* In Frankreich gilt der 13. Januar 1898 als Geburtsstunde des Intellektuellen; an diesem Tag hat sich der Schriftsteller Emile Zola in einem Zeitungsbeitrag öffentlich für den zu Unrecht verurteilten Haupt-

---

43 KARL BARTH/ MARTIN RADE, Ein Briefwechsel, Gütersloh 1981, 226.

44 HORST STEPHAN, Geschichte der evangelischen Theologie, Berlin 1938, 292.

45 NORBERT BOLZ, Der Reaktionär und die Konformisten des Andersseins, Merkur 65 (2011) 781-789, hier 785.

46 Vgl. auch HANS-RÜDIGER SCHWAB (Hg.), Eigensinn und Bindung. Katholische deutsche Intellektuelle im 20. Jahrhundert, Kevelaer 2009.

mann Alfred Dreyfus eingesetzt. Seitdem ist der öffentliche Aufruf eine geläufige Form pointierter Stellungnahme, mittels derer sich Einzelne oder Gruppen in kulturelles und vor allem politisches Tagesgeschehen einmischen. Regelmäßig machen sich Intellektuelle die Rolle von Kritikern zu Eigen, die, das Gewissen der Nation bildend, für Gerechtigkeit eintreten und beispielsweise staatlicher Willkür entgegentreten. Deutsche Schriftsteller haben sich in den 1960er Jahren durch wiederholte Aufrufe – schließlich erfolgreich – für die Wahl von Willy Brandt zum Bundeskanzler eingesetzt.[47]

– *die Unterstützung einer sozialen Bewegung:* Das bekannteste Beispiel ist die amerikanische Bürgerrechtsbewegung, der es gelang, in den USA die Gleichstellung der schwarzen Bevölkerung durchzusetzen. Führend in dieser Bewegung war der schwarze Prediger Martin Luther King, dessen Essay über zivilen Ungehorsam – unter dem Titel „Letter from the Birmingham Jail" veröffentlicht in der Zeitschrift *The Christian Century* (12. Juni 1963) – eine jahrelange Debatte auslösen sollte.

– *Kunst und Literatur im Dienst der Kritik:* In der Auseinandersetzung über die Beziehung von Literatur und gesellschaftlichem und politischem Wandel ist nach dem Zweiten Weltkrieg der Ausdruck „engagierte Literatur" aufgekommen. Literatur, so Sartre, sei ihrem Wesen nach „engagiert", wenn sie die Dinge beim Namen nennt und Stellung bezieht – so der Philosoph in seinem Essay *Qu'est-ce que la littérature?* (1948). Auch im Deutschen ist das Wort „Engagement" zum Schlagwort für die gesellschaftliche Verantwortung des Intellektuellen geworden. Nach dem Zweiten Weltkrieg verabschiedete sich eine Reihe deutscher Schriftsteller, darunter Heinrich Böll, von der Meinung, Literatur sei allein ästhetischen und nicht auch ethischen und politischen Maßstäben verpflichtet. Man wollte keine „schöne Literatur" schaffen, sondern als „Gewissen der Nation" wirken.[48] Nur seinem Gewissen verpflichtet, ist der typische Held eines Romans Außenseiter und Nonkonformist – man denke an Siggi Jepsen (Siegfried Lenz, *Deutschstunde*, 1968). Nicht nur Werke der Literatur, sondern auch Filme, Theaterstücke, Lieder und Songs wollen nicht nur unterhalten, sondern auf Probleme aufmerksam machen und Stellung nehmen. Beispiele sind das Lied „Spiel nicht mit den Schmuddelkindern" (1965) von Franz-Josef Degenhardt und der sich gegen die Todesstrafe in den USA aussprechende Film *Dead Man Walking* (1995) des Regisseurs Tim Robbins.

Einen besonderen Hinweis verdient eine von bekannten Autoren gepflegte literarische Gattung, die sich durch ausgesprochen prophetischen Charakter auszeichnet: die negative Utopie. In Romanen wie *Brave New World* (Aldous Huxley, 1932), *Nineteen Eighty-Four* (George Orwell, 1949), *Heliopolis* (Ernst Jünger, 1949) und *Fahrenheit 451* (Ray Bradbury, 1953) und wird eine

---

[47] Die Unterstützung Brandts setzte ein mit MARTIN WALSER (Hg.), Die Alternative oder Brauchen wir eine neue Regierung?, Reinbek 1961.

[48] CHRISTIAN SIEG, Schriftsteller als „Gewissen der Nation". Religiöse und politische Aspekte eines Autorschaftskonzepts der Nachkriegszeit. In: CHRISTEL MEIER/ MARTINA WAGNER-EGELHAAF (Hg.), Autorschaft. Ikonen – Stile – Institutionen, Berlin 2011, 317–330.

Welt geschildert, in der Werte wie Freiheit, Individualität und Toleranz durch ein tyrannisches Staatssystem ausgeschaltet und Dissidenten verfolgt werden. Neuere negative Utopien greifen auch ökologische Themen auf, indem sie einen Planeten schildern, der, von seinen Bewohnern ausgeplündert, unbewohnbar geworden ist. Solchen negativen Utopien stehen positive gegenüber; einflussreich ist der Roman *Ecotopia* (Ernest Callenbach, 1975), der eine neue „grüne" Gesellschaft schildert. Keinem Leser entgeht die zeitkritische Absicht solcher Literatur. Ihr eignet bewusstseinsbildende Kraft.

Als Beispiel eines politischen Theaterstücks, das auf die Bibel zurückgreift, lässt sich das Drama *Judith* (1984) von Rolf Hochhuth nennen: Die Titelheldin, Journalistin in Washington, ist entsetzt, als ihr Bruder Arthur im Rollstuhl aus Vietnam zurückkommt – verkrüppelt und an den Rollstuhl gefesselt, nachdem er von der eigenen Luftwaffe mit einer chemischen Substanz besprüht worden war. Judith wendet sich gegen den Plan der amerikanischen Regierung, die Unterbrochene Herstellung von chemischen Waffen wieder zuzulassen. Um solches zu Verhindern, verübt die Journalistin ein – erfolgreiches – Attentat auf den Präsidenten. Mit Hilfe eines giftigen, in einem Feuerzeug versteckten Gases führt sie seinen Tod herbei, den sie dann aus dem Radio erfährt. In seinen dokumentarischen Theaterstücken übt Hochhuth nicht nur an Politikern Kritik, sondern auch an der Kirche, so besonders in *Der Stellvertreter* (1963), einer Auseinandersetzung mit dem Schweigen der katholischen Kirche zur nationalsozialistischen Judenvernichtung.

In westlichen Ländern bildet die Freiheit der Meinungsäußerung die Grundlage des gesellschaftlichen Handelns Intellektueller. Die Charta der Grundrechte der Europäischen Union (2000) bestimmt in Artikel 11: „Jede Person hat das Recht auf freie Meinungsäußerung. Dieses Recht schließt die Meinungsfreiheit und die Freiheit der Information ein, Informationen und Ideen ohne behördliche Eingriffe und ohne Rücksicht auf Staatsgrenzen zu empfangen und weiterzugeben." Ohne behördliche Eingriffe – das bedeutet: Pressefreiheit, gesichert durch Abschaffung jener staatlichen Zensur, die in totalitären Regimen geübt wird. Besteht Zensur, dann pflegen Intellektuelle ihre Äußerungen zu tarnen; eine Anleitung dazu bietet der Aufsatz „Fünf Schwierigkeiten beim Schreiben der Wahrheit" (1935)[49] von Bertolt Brecht.

In Erinnerung an die von den biblischen Gottesmännern geübte politische und soziale Kritik werden die ihr Wächteramt ausübenden Intellektuellen nicht nur in Frankreich als Propheten bezeichnet.[50] Dabei stehen politische Kritik und sittlicher Appell im Vordergrund; religiöse Themen werden seltener aufgegriffen. Der moderne Prophet braucht kein religiöser Mensch, kein bekennender Christ zu sein, hat sich doch die Prophetie in der Neuzeit von ihrem archaischen Anspruch befreit, mit göttlicher Autorität zu sprechen. Einige Beispiele: Im Schiller-Gedenkjahr 1905 wird der Geehrte aufgrund seiner

---

49 BERTOLT BRECHT, Werke, Bd. 22/1, Berlin 1993, 74–90.
50 MICHEL WINOCK, Le Siècle des intellectuels, Paris ²1999, 537, 760. 773.

Propagierung idealistischer Freiheitsideen in der evangelischen Wochenzeitung Die christliche Welt als „deutscher Prophet“ neben Luther gestellt.[51] Der Schweizer Theologe Walter Nigg schätzt Karl Marx als einen der vorzüglichsten prophetischen Gestalten der Neuzeit.[52] Erich Fromm feiert Bertrand Russell, Albert Einstein und Albert Schweitzer als herausragende Intellektuelle und „Propheten“, die sich von konservativen „Priestern“ nationalistischer Politik nicht haben einschüchtern lassen: „Alle drei haben warnend ihre Stimme erhoben und auf Alternativen hingewiesen. Schweitzer lebte die Idee des Christentums durch seine Arbeit in Lambarene [in Afrika]. Einstein lebte die Idee der Vernunft und des Humanismus, indem er sich weigerte, in das hysterische Geschrei des Nationalismus der deutschen Intelligenz 1914 und später einzustimmen. Bertrand Russell hat seit vielen Jahrzehnten durch Bücher seine Gedanken über Vernunft und Humanismus verkündet.“[53] Solche Zuschreibung des Prophetentitels an andere findet sich oft; „Prophet“ als Selbstbezeichnung dagegen selten, doch immerhin versteht Heinrich Heine seine kritische und auf politische Bewusstseinsbildung angelegte Schriftstellerei – wenn auch zurückhaltend und in ironischer Brechung – als prophetische Aufgabe.[54]

c) Der christliche Intellektuelle als heutiger Prophet

Wie im vorigen Abschnitt dargelegt, lebt im Wächteramt, das Intellektuelle in eigener Verantwortung ausüben, die wesentliche Aufgabe der biblischen Propheten wieder auf. Im nachfolgenden – letzten – Abschnitt gilt es, den prophetischen Auftrag als speziell christlichen Auftrag zu würdigen und auf seine Vielgestaltigkeit hinzuweisen. Unter den großen geistigen Impulsgebern und Denkern der Neuzeit gibt es zwei, die sich einer prophetischen Berufung verpflichtet fühlten: der französische Philosoph und Mathematiker Blaise Pascal (1623–1662) in seiner literarischen Fehde gegen die Jesuiten, und der Literat Søren Kierkegaard (1813–1855) in seiner Auseinandersetzung mit der lutherischen Staatskirche Dänemarks.

In der katholischen Kirche des 20. Jahrhunderts, besonders von etwa 1922 bis in die 1960er Jahre, gab es den Versuch, die Gläubigen vereinsmäßig zu organisieren. Unter der Dachorganisation „Katholische Aktion“ zusammengefasst, sollten die Vereine und ihre Mitglieder im Auftrag von Papst und Bischöfen die Welt verchristlichen. Gegen die Idee der kirchenamtlichen Beauftragung haben Theologen seit Ende der 1950er Jahre die Selbständigkeit der Gläubigen betont und sich gegen die Vorstellung gewandt, die Sendung

---

51 WALTHER NITHACK-STAHN, Schiller als Prophet. In: Die christliche Welt 19 (1905) 410-414.
52 WALTER NIGG, Prophetische Denker, Zürich 1957, 113-121.
53 ERICH FROMM, Gesamtausgabe, Bd. 5, Stuttgart 1981, 297.
54 PAUL KONRAD KURZ, Künstler – Tribun – Apostel. Heinrich Heines Auffassung vom Dichter, München 1967, 129-138.

der Laien gehe von den kirchlichen Amtsträgern aus. Entsprechend äußert sich Karl Rahner: Die Gläubigen sind „nicht bloß die Befehlsempfänger von Seiten des Amtes. Sie haben eine eigenständige, von ihnen allein zu verantwortende Initiative zu entfalten. Sie können dies tun, auch wenn sie vom Amt in der Kirche nicht eigens beauftragt und besonders ermuntert sind. Sie können dies tun, auch wenn das faktische Verhalten der Amtsträger zu solchen Initiativen eher in einem bremsenden Kontrast steht“.[55] Es gebe, so Rahner, „neben dem durch Handauflegung weitergegebenen Amt in der Kirche auch die menschlich unübertragbare Berufung des Propheten“;[56] diese ist „von den amtlichen Organen nicht vorhersehbar und verwaltbar“.[57] Nach Rahner wirken prophetische Gestalten heute als „Urheber religiöser Erneuerung, Kritiker an der Kirche [...] ihrer Zeit, Verkündiger neuer Aufgaben für die Kirche und ihre Glieder“.[58] Folgen wir diesem Gedanken, so kann im Prinzip jeder Gläubige seinen prophetischen Auftrag entdecken. Christliche Laien (verstanden als gewöhnliche Gläubige, im Unterschied zu Theologen und kirchlichen Amtsträgern) finden kraft ihrer Kompetenz ihr bevorzugtes Aufgabengebiet in Politik, Gesellschaft und Kultur,[59] während Theologen (als Sachverständige für Bibel und christliche Lehre) ein weites Betätigungsfeld vor allem innerhalb der Kirche finden.

Zunächst zur innerkirchlichen Prophetie! Sie sieht ihre primäre Aufgabe in der Kritik an kirchlicher Praxis und Lehre. In Deutschland kam die innerkatholische Kirchenkritik unmittelbar nach dem Zweiten Weltkrieg in Gang. Frühe Beispiele sind der „Brief über die Kirche“ von Ida F. Görres (1946)[60] und der utopische Roman Der achte Tag von Friedrich Heer (1950),[61] zwei Werke, die in ganz unterschiedlicher Art die Krankheit der gegenwärtigen Kirche diagnostizieren und den Weg möglicher Gesundung andeuten.

---

55 KARL RAHNER, Schriften zur Theologie, Bd. 9, Einsiedeln 1979, 585 im Essay „Die gesellschaftskritische Funktion der Kirche“.

56 KARL RAHNER, Visionen und Prophezeihungen, Freiburg 1989, 30 (zuerst 1958). Ähnlich HANS KÜNG, Die Kirche, Freiburg 1967, 510-511.

57 KARL RAHNER, Sämtliche Werke, Freiburg 1995, 88 (zuerst 1964).

58 KARL RAHNER, Art. Prophetismus. In: DERS. (Hg.), Sacramentum Mundi, Bd. 3, Freiburg 1969, 1315–1321, hier 1319-1320.

59 RENOLD BLANK, Schafe oder Protagonisten? Kirche und neue Autonomie der “Laien“ im 21. Jahrhundert, Zürich Theologischer Verlag Zürich 2013.

60 JEAN-YVES PARAISO (Hg.), Brief über die Kirche. Die Kontroverse um Ida Friederike Görres’ Aufsatz. Ein Dokumentationsband, Köln 2005.

61 Vgl. DENNIS LEWANDOWSKI, Hermann Gohde *Der achte Tag* (1950). Friedrich Heers *Roman einer Weltstunde* im Kontext zeitgenössischer Literatur, Frankfurt 2011. Die von Heer imaginierte „Untergrundkirche“ hat ihre engste Parallele in der 1946 bis 1989 bestehenden „verborgenen Kirche“ in der von einem sozialistischen Regime beherrschten Tschechoslowakei; vgl. PETR FIALA/ JIRI HANUS, Die verborgene Kirche. Felix M. Davidek und die Gemeinschaft Koinotes, Paderborn 2004; ERWIN KOLLER u. a. (Hg.), Die verratene Prophetie. Die tschechoslowakische Untergrundkirche zwischen Vatikan und Kommunismus, Luzern 2011.

Einen hohen Grad von Dringlichkeit bekam die Kirchenkritik allerdings erst in den 1960er Jahren, jener Zeit, in welcher zumindest in Europa die Kirchen ihre bisherige Vorrangstellung im öffentlichen und privaten Leben der Gesellschaft einbüßten.[62] Besondere Signalwirkung erzielen Bücher wie Ansichten eines Clowns (Roman von Heinrich Böll, 1963), und Kleriker. Psychogramm eines Ideals (Eugen Drewermann 1989), aber auch Publik-Forum, ein seit 1972 bestehendes, alle zwei Wochen erscheinendes publizistisches Organ, das sich die Kirchenkritik zur Aufgabe gemacht hat. Typische Ziele katholischer Kritik bilden die Einschränkung päpstlicher Macht durch die Aufgabe des Anspruchs auf Unfehlbarkeit, die Reform des Episkopats (demokratische Wahl „von unten" statt willkürlicher Einsetzung „von oben") und des Klerus (Abschaffung des Pflichtzölibats, Zulassung von Frauen zum Priesteramt), die Freiheit theologischer Forschung und Lehre, die Einladung von Geschiedenen zu den Sakramenten, die gegenseitige Anerkennung des kirchlichen Amts durch Katholiken und Protestanten, und die gegenseitige Gewährung eucharistischer Gastfreundschaft durch die verschiedenen Konfessionen.[63] Die meisten Vorschläge laufen auf eine gründliche Entklerikalisierung, Demokratisierung und ökumenische Öffnung hinaus. Dazu kommt noch die Forderung nach formeller, rechtsverbindlicher Anerkennung der Europäischen Menschenrechtskonvention (1950) und der Charta der Grundrechte der Europäischen Union (2000) seitens der katholischen Kirche oder zumindest des Vatikanstaats.

Zu den eher auf die Organisation der Kirche bezogenen Reformvorschlägen kommen solche, welche die Erneuerung der christlichen Lehre im Blick haben. Im Jahr 1963 erschien das Buch *Honest to God* (deutsch: *Gott ist anders*, 1963), mit dem der Verfasser, der anglikanische Bischof John A.T. Robinson, eine weltweit geführte Debatte auslöste. Seitdem erscheinen ähnliche Werke, die teils einzelne christliche Lehren neu zu verstehen suchen, teils Gesamtentwürfe eines neuen christlichen Glaubensverständnisses bieten. Typische Titel von der ersten Art sind Abschied vom Teufel (Herbert Haag, 1969) und Unfehlbar? Eine Anfrage (Hans Küng, 1970), während Bücher wie Christ sein (Hans Küng, 1974), Glaube ohne Mythos (Gotthold Hasenhüttl, 2001) und Notwendige Abschiede: Auf dem Weg zu einem glaubwürdigen Christentum (Klaus-Peter Jörns, 2004) der zweiten, umfassenderen Art zugehören. Solche Titel zeugen vom Entstehen einer neuen, kritischen, gegenüber der Tradition alternativen christlichen Theologie. Diese kann sich nur an theologischen Fakultäten und universitären Lehr- und Forschungseinrichtungen entfalten, die

---

[62] Die umfassende historische und soziologische Analyse, die dieser Feststellung zugrunde liegt, findet sich in HUGH MCLEOD, The Religious Crisis of the 1960s, Oxford 2007. Vgl. dazu CALLUM G. BROWN, What Was the Religious Crisis of the 1960s?, Journal of Religious History 34 (2010), 468-479.

[63] Eine Zusammenfassung bietet HANS KÜNG, Ist die Kirche noch zu retten?, München 2011. Vgl. auch SUSANNE PREGLAU-HÄMMERLE (Hg.), Katholische Reformbewegungen weltweit. Ein Handbuch, Innsbruck 2011.

nicht mehr konfessionell ausgerichtet und keiner kirchlichen Kontrolle mehr unterliegen; da es solche Einrichtungen im deutschen Sprachraum bisher nicht gibt, besteht hier ein weiteres Anliegen der Reformer.[64]

Die innerkirchlich notwendige Kritik wird oft mit dem lateinischen Slogan ecclesia semper reformanda angemahnt: die Kirche bedarf ständiger Reform.[65] Im Sinne dieses Schlagworts wäre es Aufgabe der Intellektuellen, das kirchliche Leben nicht nur punktuell, sondern ständig kritisch zu begleiten.

Im selben Maße wie das Christentum die Erinnerung an die biblischen – und damit achsenzeitlichen – Propheten pflegt, erhebt sich innerhalb der Glaubensgemeinschaft die Frage nach einem heute möglichen und sogar geforderten prophetischen Engagement nicht nur in der Kirche, sondern in Staat und Gesellschaft. Tatsächlich hat sich die Überzeugung von Prophetie als gesellschaftlicher Aufgabe von Christen durchgesetzt. So will der protestantische Pfarrer heute „am liebsten als Prophet agieren",[66] und auch im Katholizismus wird der Ruf nach einem „Wiedererstehen des Prophetenamtes der alten Zeit" laut.[67] Ernst Michel (1889–1964), Journalist, Psychotherapeut und katholischer Laie, hält prophetisches Wirken für eine Angelegenheit weniger des Klerus als des seiner Weltverantwortung bewussten Laien.[68] Kein verlängerter Arm des Klerus, kann und soll der Laie eine unabhängige Sendung wahrnehmen. Unabhängigkeit, Bereitschaft zum Einsatz zugunsten anderer sowie Mut, Kritik öffentlich zu äußern und allgemein gültiges Recht einzuklagen, Konflikte auszutragen und notfalls Leiden auf sich zu nehmen, zeichnen den neuen Propheten aus. Oft wird die Äußerung von Kritik als die eigentliche Domäne des Propheten gesehen. Gebrochen wird mit dem traditionellen Ideal des Heiligen, der sich durch Demut und Gehorsam gegenüber den Oberen auszeichnet. Prophetisch handelt, wer sich auf die Herausforderungen seiner Zeit einlässt und, wenn es nötig ist, die Träger weltlicher Macht unerschrocken zur Umkehr ruft. Wenn neben christlichen „Laien" auch Pfarrer wie Friedrich Naumann (1860–1919, evangelischer Pfarrer, Volkswirtschaftler und Sozialpolitiker[69]) und Prediger wie Martin Luther King (1929–1968, schwarzer Baptistenprediger, führend in der amerikanischen Bürgerrechts-

---

[64] ANTON GRABNER-HAIDER (Hg.), Theologie wohin? Plädoyer für eine freie Religionswissenschaft, Paderborn 2012.

[65] Zur Herkunft des Wortes *ecclesia semper reformanda* von Gisbertus Voetius (1589–1676) vgl. HAROLD P. NEBELSICK, Ecclesia reformata semper reformanda, Reformed Liturgy and Music Journal 18 (1984), 59-63.

[66] MANFRED JOSUTTIS, Der Pfarrer ist anders, München 1983, 9.

[67] Ernst Michel, angeführt von JOSEF HEILER, Erscheinungsformen und Wesen der Religion, Stuttgart 1961, 400.

[68] ERNST MICHEL, Von der kirchlichen Sendung der Laien, Berlin 1934; DERS., Lebensverantwortung aus katholischem Glauben, Berlin 1937; DERS., Das christliche Weltamt, Frankfurt 1962.

[69] Naumann hat bei Zeitgenossen Erinnerungen an die Sozialkritik des Amos geweckt; vgl. EMIL FUCHS, Von Naumann zu den religiösen Sozialisten! 1894–1929, Mannheim o.J. [1929], 4. Der erste Abschnitt des Artikels trägt die Überschrift „Der Prophet christlicher Frömmigkeit".

bewegung) zu Stützen, wenn nicht sogar Anführern sozialer Bewegungen werden, dann erhält die Frage nach dem Verhältnis von Glaube und Politik besondere Dringlichkeit.

Gegenwärtig stehen sich zwei Positionen gegenüber: (1) Der einen Position zufolge sollen sich Gläubige – als einzelne oder als Gruppen – in der Öffentlichkeit als Christen profilieren, um den christlichen Standpunkt zur Geltung zu bringen und politisch durchzusetzen; so der amerikanische Theologe Stanley Hauerwas, der eine Politik unter christlicher Flagge empfiehlt.[70] (2) Die andere Auffassung betont einerseits christliche Werte und Tugenden als Voraussetzung und Basis politischen Handelns; andererseits sucht sie im politischen Alltagsgeschäft die Ideologisierung von Entscheidungen zu vermeiden. Reiner Sachlichkeit verpflichtet, gelte es, religiöses Gedankengut auszublenden, wenn es um politische und öffentliche Belange geht. Der Prophet muss ein nüchtern denkender pragmatischer Politiker sein. Er hat sich um Sachfragen zu kümmern, nicht um unfruchtbare weltanschauliche Kontroversen wie solchen zwischen Christen und Sozialisten. Das war die Überzeugung von um 1900 politisch engagierten deutschen evangelischen Theologen wie Friedrich Naumann[71] und Christoph Blumhardt. Pastor Blumhardt (1842–1919), als Abgeordneter aus dem Pfarramt ausgeschieden, äußert sich dazu dezidiert: Wer als „Prophet oder prophetisch arbeitender Mensch" politisch arbeite, beziehe sich auf das die ganze Welt umspannende Reich Gottes; seine Tätigkeit gelte nicht einer Kirche oder Konfession und sei auch nicht von deren Anliegen bestimmt. Seine Arbeit müsse nach rein sachlichen Maßstäben erfolgen.[72] Diese pragmatische Position ist heute wieder aktuell. Ausdrücklich verweisen die vor allem in Lateinamerika aktiven „Christen für den Sozialismus" auf die sozialistische Gesellschaftsanalyse als Grundlage ihres Kampfes für eine klassenlose Gesellschaft; ihr christlicher Glaube dient ihnen nicht als ideologischer Überbau für die politische Entscheidung.[73] In den Vereinigten Staaten votiert Jonathan Malesic gegen die typisch amerikanische Vermischung von Religion und Politik und für die Zurückstellung christlicher Identität im politischen Leben Amerikas. Er beruft sich dafür auf frühchristliche Arkandisziplin, aber auch auf Sören Kierkegaard und Dietrich Bonhoeffer.[74] Vielleicht kann man sich auch auf Karl Rahner berufen für die

---

70 STANLEY HAUERWAS, A Peaceable Kingdom: A Primer of Christian Ethics, Notre Dame, Ind. 1983.

71 Nach dem Urteil Max Webers war Naumanns politische Arbeit von „heiliger Nüchternheit" und Sachlichkeit bestimmt, vgl. MARIANNE WEBER, Max Weber. Ein Lebensbild, Heidelberg 1950, 157.

72 CHRISTOPH BLUMHARDT, Christus in der Welt. Briefe an Richard Wilhelm, Zürich 1958 (Brief aus dem Jahr 1901), 68; dazu das Vorwort von Arthur Rich, 7-8.

73 HILDEGARD ERBEL u.a., Die „Christen für den Sozialismus" in Lateinamerika und Europa. In: DIETRICH SCHIRMER (Hg.), Kirchenkritische Bewegungen, Bd. 2, Stuttgart 1985, 151-166, bes. 163.

74 JONATHAN MALESIC, Secret Faith in the Public Square: An Argument for the Concealment of Christian Identity, Grand Rapids/ Mich. 2009.

Ansicht, Gotteserfahrung werde heute „durch unpathetisch und schweigend ihre Verantwortung tragende Menschen vermittelt".[75] Jüngst hat der niederländische Theologe Gerrit de Kruijf einen ausgewogenen Vorschlag gemacht: In einer demokratischen Gesellschaft kann es nicht die Aufgabe einer Kirche sein, unmittelbar in die politische Debatte einzugreifen; vielmehr soll sie in den Gemeinden für das Heranreifen kritischer Bürger sorgen.[76]

Daraus ergibt sich als Leitgedanke: Der öffentlich agierende Intellektuelle vermag der Bibel Ermutigung sowie inhaltliche Anregung zu prophetischem Sprechen und Wirken entnehmen; er wird sich jedoch weder auf unmittelbare Offenbarung noch auf religiöse Lehren berufen. Prophetisches Engagement bedarf heute keiner besonderen religiösen Legitimation. Der heutige Prophet wirkt und redet nicht mehr als religiös legitimierter und inspirierter, sondern als sachlich arbeitender, inspirierender Intellektueller.

6. Zusammenfassung

Die Weltgeschichte der Prophetie lässt sich in drei Epochen gliedern. In der ersten, weit zurückreichenden Epoche beginnen in vermutlich vielen Gesellschaften Gestalten aufzutreten, die, sich auf göttliche Inspiration berufend, eine Botschaft zu verkünden, die Unruhe stiftet. Solche Botschaften beziehen sich auf lokale Verhältnisse und haben lokal geltende Werte zur Grundlage. In einer zweiten, nunmehr datierbaren Epoche, welche die Zeit von etwa 1200 v. Chr. bis 700 n. Chr. umfasst und nach Karl Jaspers als Achsenzeit der Menschheitsgeschichte bezeichnet werden kann, erfährt die Prophetie ihre Blüte durch Männer wie Amos, Jesaja, Jesus und Muḥammad. Kennzeichnend für die achsenzeitliche Prophetie ist die Berufung auf universale (und nicht nur lokal- und zeitgebundene) Werte. Nach Ende des großen prophetischen Zeitalters konsolidieren sich die prophetisch inspirierten Religionen nicht zuletzt dadurch, dass sie auf neue Prophetie verzichten und solche zurückdrängen. Erst nach einer zeitlichen Verzögerung erfolgt eine schrittweise Wiederentdeckung des prophetischen Charismas in der Neuzeit, besonders seit dem 18. Jahrhundert. Der neue Prophet – oder, besser gesagt: der Erbe der Propheten und ihres Auftrags – ist der Intellektuelle. Seine Kennzeichen sind breite Bildung und fachliche Kompetenz; Interesse an Zeitproblemen, die über die engere Fachkompetenz (z.B. eines Juristen, Hochschullehrers, Schriftstellers oder Publizisten) hinausreichen; Zugang zu Medien wie Tagespresse, Fernsehen und Buchverlage, die ein breites Publikum erreichen; der von den Medien

---

[75] So fasst Waldenfels die Auffassung Karl Rahners zusammen: HANS WALDENFELS, Kontextuelle Fundamentaltheologie, Paderborn 1985, 163.

[76] GERRIT DE KRUIJF, Is Prophetic Witness the Appropriate Mode of Christian Participation in Public Discourse in the Netherlands? In: HEINRICH BEDFORD-STROHM/ ETIENNE DE VILLIERS (Hg.), Prophetic Witness: An Appropriate Contemporary Mode of Public Discourse?, Berlin 2011, 117-122.

unterstützte gute Ruf, zu Zeitproblemen etwas Erhellendes, wenn nicht Wegweisendes sagen zu können. Nur der Prominente findet Gehör. Ohne das von der Gesellschaft und den Medien stets nur wenigen zugedachte Kapital der „Prominenz" kann ein Intellektueller nicht wirken. Fachliche Kompetenz und in den Dienst einer Sache gestellte Prominenz dürfen daher als die wesentlichen Kennzeichen des Intellektuellen gelten. Ohne mit einem öffentlichen Amt betraut zu sein, mischt er sich in öffentliche Belange ein, um jene universalen Werte der Solidarität und der Gerechtigkeit zu unterstützen, denen die achsenzeitlichen Propheten verpflichtet waren. Bekannt geworden ist das diesem Essay vorangestellte Wort von Sartre: Der Intellektuelle ist ein Mensch, der sich in Dinge einmischt, die ihn nichts angehen.

Anders als seine religiösen Vorläufer beruft sich der heutige Intellektuelle nicht mehr auf göttliche Inspiration. Er begnügt sich damit, als inspirierende Persönlichkeit aufzutreten. So ist der Intellektuelle der moderne Nachfolger sowohl des archaischen als auch des achsenzeitlichen Propheten und trägt deren Botschaft in zeitgemäßem Gewand in unsere Zeit. Keine Gesellschaft kann ihn entbehren.

MICHA BRUMLIK

Propheten und Prophetie im Judentum

1. Vorbemerkungen

Sich derzeit unter „trialogischen" Verhältnissen religionspädagogisch verantwortlich[1] mit den Konzepten von „Prophet" und „Prophetie" auseinanderzusetzen, stellt wegen der Asymmetrie der Bewertung von „Prophet" und „Prophetie" in Judentum, Christentum und Islam eine besondere Schwierigkeit dar. Die folgenden Ausführungen folgen daher der Überzeugung, dass eine erfolgreiche Verständigung über die Bedeutung von Prophetie und Prophetentum weniger über einen unmittelbaren Vergleich unterschiedlicher Bekenntnisse zur Prophetie geschehen kann, sondern dadurch, dass man auch im bekenntnisorientierten Unterricht wenigstens für die höheren Klassen einen distanzierten, religionswissenschaftlichen Zugang wählt. Dabei folge ich in diesem Fall der Überzeugung *K.E. Nipkows*, dass eine Stufentheorie des Glaubens eine vielversprechende Möglichkeit ist, Inhalte dem jeweils altersgebundenen Verständnis der SchülerInnen anzupassen.[2]

„In der Alterstufe des 7.-10. Schuljahrs" so *Johannes Lähnemann* „ist vor allem auch die geschichtliche Dimension zu berücksichtigen und Religionen in ihrem gesellschaftlichen Kontext darzustellen. Es ist sinnvoll, Lebensbeispiele aus den Religionen zu geben und neben die traditionell stark beachtete Geschichte der Kriege und Konflikte die Geschichte der kulturellen Befruchtung zu stellen."[3]

Die folgende Ausarbeitung folgt dieser Maßgabe insofern, als dass sie den Versuch unternimmt, das Phänomen der biblischen Prophetie historisch darzustellen – in der Hoffnung, dass Schülerinnen und Schüler dieser Altersstufe in der Lage sind, zwischen Herrschaft und Herrschaftskritik, nach Maßgabe der Theorie moralischer Entwicklung zwischen konventionellen Herrschafts- und postkonventionellen, universalistischen Normen der Moral zu unterscheiden.[4] Nach einer Einleitung (2) wird zunächst die Bedeutung von Propheten und Prophetie im rabbinischen Judentum (3) skizziert, während es dem sehr viel längeren Hauptteil um die in der hebräischen Bibel geschilderten politischen und moralischen Konflikte geht, in denen sich die universalistische Schrift-

---

1 Vgl. JOHANNES LÄHNEMANN, Interreligiöses Lernen I: Islam. In: Neues Handbuch religionspädagogischer Grundbegriffe, München 2009, 283–287.

2 Vgl. KARL ERNST NIPKOW, Stufentheorie der Glaubensentwicklung als eine Herausforderung für Religionspädagogik und praktische Theologie. In: DERS. u.a. (Hg.) Glaubensentwicklung und Erziehung, Gütersloh 1988, 270–289.

3 LÄHNEMANN, Interreligiöses Lernen I, 286.

4 Vgl. GEORG LIND, Moral ist lehrbar. Handbuch zur Theorie und Praxis demokratischer Bildung, München 2009, 33f.

prophetie herausgebildet hat. Die dahinter stehende Intuition folgt dem Philosophen Hermann Cohen, der in den Propheten die Begründer einer universalistischen Moral sah.

2. Einleitung

Unter den drei bekanntesten der monotheistischen Religionen, – Judentum, Christentum und Islam – spielen Propheten und Prophetie eine ganz unterschiedliche Rolle. Während im Islam, aufgrund der herausragenden Rolle des Empfängers der letzten Offenbarung, Muḥammads,[5] der Begriff des „Propheten", „*des* Propheten" eine zentrale und damit klärungsbedürftige Rolle spielt. Im Islam gelten bekanntlich Moses und Jesus ebenfalls als Propheten, als Vorläufer Muḥammads. Muḥammad aber gilt als das „Siegel der Propheten", also als letzter Empfänger einer göttlichen Offenbarung.[6] Im Unterschied dazu haben Propheten im Christentum allenfalls in der späten Antike und dann wieder in der täuferischen Reformation eine größere Rolle gespielt. Ansonsten galten die in den biblischen Prophetenbüchern überlieferten Schriften, vor allem „Jesaja" als Voraussagen für die Ankunft des Messias, Jesus von Nazareth. Die ebenfalls in den biblischen Büchern erwähnten Propheten und Prophetinnen, etwa Miriam, Elija, Elischa oder auch Hulda scheinen demgegenüber nur eine marginale Rolle zu spielen.

Im Judentum wiederum gilt der vom Islam als „Prophet" verehrte Moses vor allem als Lehrer – volkstümlich wird von „Moses unserem Lehrer" – „Mosche Rabbejnu" gesprochen – nicht aber als Prophet. In einer kleinen, der Antike entstammenden monotheistischen Religion, der Religion der Samaritaner gilt Moses unter Bezug auf Dtn 18,18 als Prophet, ja sogar als möglicher endzeitlicher Messias – Spekulationen, die sich das klassische, das normative Judentum nie zu eigen gemacht hat.

3. Propheten und prophetische Schriften im Talmud, jüdischer Philosophie und synagogaler Liturgie

Im Judentum stellen die zwölf Bücher der Schriftpropheten den zweiten Teil der masoretischen, von den Rabbinen kanonisierten jüdischen Bibel dar. Auf Hebräisch wird die Bibel mit einem Akronym „**Te**n**akh**" genannt – der hebräische Begriff für Prophet lautet „**N**abi", der Plural „Newiim". Die anderen Bücher (die fünf Bücher Mose sowie das Buch Josua) werden als **T**ora

---

5 Vgl. TILMAN NAGEL, Mohammed, München 2008.

6 Vgl. CARSTEN COLPE, Das Siegel der Propheten. Historische Beziehungen zwischen Judentum, Judenchristentum, Heidentum und frühem Islam, Berlin 1990.

bezeichnet, die historischen und weisheitlichen Bücher als „**Kh**etuwim“ (Schriften).

Gleichwohl wurden im klassischen, im normativen, rabbinischen Judentum viele biblische Gestalten als Propheten und Prophetinnen anerkannt.[7] So waren einzelne Rabbinen der Meinung, dass Moses als Empfänger der Offenbarung vom Sinai eine herausragende Gestalt war und eine besondere Rolle spielte, wenn auch nicht alleine: in einem Midrasch, also einer rabbinischen Auslegung aus der späten Antike ist davon die Rede, dass Moses und Jesaja die einzigen Propheten waren, die wussten, was sie prophezeiten.[8] Beide gelten demnach als die größten Propheten. Ansonsten legten die Rabbinen besonderen Wert darauf, dass die Propheten an der Offenbarung vom Sinai grundsätzlich nichts änderten. Unter Bezug auf Leviticus 27,34, in denen die Weisungen vom Sinai noch einmal in Anspruch und Geltung wiederholt und beglaubigt werden, heißt es im talmudischen Traktat Shabbat 14 a, dass ein Prophet seither keine Neuerungen einführen darf. Und im Traktat Megilla, 14a, in dem es um die gottesdienstliche Ordnung des Purimfestes geht, heißt es: „Die Propheten nahmen von der Tora nichts weg und fügten auch nichts hinzu – mit Ausnahme der Weisung, die Megilla (d.h. das Buch Ester) zu lesen.“

Die jüdische Philosophie des Mittelalters, die sich wesentlich als eine rationale Rekonstruktion des rabbinischen Denkens verstand – vor allem Maimonides (1135-1204) – sah in der Prophetie den Einfluss des aktiven, göttlichen Geistes durch die einigen Menschen besonders gegebene moralische, vernünftige und imaginative Kraft.[9] Eine rationale Rekonstruktion des Begriffs der Prophetie entwarf Jahrhunderte später, im siebzehnten Jahrhundert, Baruch de Spinoza (1632-1677) in seinem „Tractatus Politicus-Theologicus:“ „Prophetie oder Offenbarung ist die von Gott den Menschen offenbarte sichere Erkenntnis einer Sache.“[10] Moses Mendelsohn wiederum sprach der Prophetie die Aufgabe der Verdeutlichung praktischer religiöser Lebensregeln zu, während Hermann Cohen im frühen 20. Jahrhundert die biblischen Schriftpropheten als Männer ansah, die den frühen jüdischen Glauben aus seinen partikularen Beschränkungen in Richtung auf eine universalistische Menschheitsreligion befreiten.[11]

In der synagogalen Liturgie jedoch galt die rabbinische Deutung. Dort wird an jedem Sabbat nach der Lesung aus dem entsprechenden Abschnitt der Tora eine „Haftara“, also eine den prophetischen Schriften entnommene Passage als Deutung und Erläuterung des jeweils vorgelesenen Abschnitts aus den fünf

---

7 Prophets and Prophecy In the Talmud In: Encyclopedia Judaica 13, Jerusalem o.J., 1175f.

8 Vgl. FRED SKOLNIK/ MICHAEL BERENBAUM, Encyclopedia Judaica 13, Detroit-Mich. ^{2}2007, 1175.

9 Vgl. ebd., 1178.

10 BARUCH DE SPINOZA, Theologisch-politischer Traktat, Hamburg 1984, 14.

11 Vgl. HERMANN COHEN, Religion der Vernunft aus den Quellen des Judentums, Wiesbaden 2008, 53-58.

Büchern Mose gelesen.[12] Ansonsten spielt vor allem in der Volksfrömmigkeit der Prophet Elija eine besondere Rolle. Er, der auch gemäß der Bibel zu Gott entrückt wurde und gemäß talmudischen Erzählungen als Verbindungsmann zwischen der göttlichen Sphäre und der Sphäre der Menschen, der Juden hin und her wandert, gilt als Vorbote des Messias und wird als solcher vor allem beim Ritual der Beschneidung und während des Passahmahles als unsichtbarer Gast begrüßt, als Gast, für den die Türen geöffnet werden und dem auch ein Becher Wein kredenzt wird.[13] Tatsächlich wird dieser Prophet auch im Qur'ān, Q 6:85 und Q 37:123-130 ausdrücklich erwähnt.

4.Universalistische Prophetie und weltliches Königtum

a) Ein politischer Mord

Das zweite Buch der Könige erzählt in drastischen Worten von einem äußerst grausamen Ereignis, vom Tod der israelitischen Königin Isebel, der Witwe König Ahabs, die den Gott Israels vernachlässigte und an ihrem Hof erst in Samaria, dann in Jisreel die Baalspriester förderte und die Propheten YHWHs verfolgte. Am Ende ihres Lebens fällt sie dem revolutionären König Jehu, vom Propheten YHWHs Elischa eingesetzt, zum Opfer. Der Mord an der Königin hatte eine lange Vorgeschichte:

Die dauernden erfolglosen Kriege gegen die Aramäer und die immer wieder auftretende Gottlosigkeit des Königshaus der Omriden brachte den Propheten YHWHs Elischa schließlich dazu, einen jungen, unbekannten Mann, Jehu, durch einen unbekannten Prophetenjünger zum König zu salben und ihm dabei folgende Einsetzungsworte auf den Weg zu geben: „Also spricht YHWH, Israels Gott: Ich salbe dich zum König über das Volk YHWHs über Israel. Du sollst das Haus Ahabs, deines Herrn schlagen. So will ich das Blut meiner Knechte, der Propheten, und das Blut aller meiner YHWHs rächen an Isebel und dem ganzen Hause Ahabs. Ich will von Ahab alles ausrotten, was gegen die Wand pisst, den Freien wie den Hörigen... Isebel aber sollen die Hunde auf der Flur von Jisreel fressen und niemand soll sie begraben." (2 Kön 9, 6–10)

Heimlich zum König gesalbt, putschte Jehu mitten im Krieg gegen die Aramäer wider den rechtmäßigen König Joram, den Sohn Isebels, der durchaus kein Baalsanhänger war, sondern schon einmal eine Baalsstatue aus dem Tempel YHWHs entfernen ließ und ermordete ihn. Nach dem Einzug in Jorams Hauptstadt Samaria ließ Jehu alle Angehörigen Ahabs umbringen und lockte die Baalspriester unter einem Vorwand in den Tempel, um sie alle umbringen zu lassen und den Baalstempel zur Kloake zu entweihen. Einen

12 Vgl. SKOLNIK/ BERENBAUM, Encyclopedia Judaica Bd. 16, 1342.
13 JOSHUA GUTMANN/ S. DAVID SPERLING, Art. Elijah. In: Encyclopedia Judaica Bd. 6 (^{2}2007), 632–643.

besonders grausamen Tod fand die schon seit langem von den Anhängern der Prophetenschule Elijas und Elischas gehasste Isebel. Als Jehu nach Jisreel einzog, schminkte und schmückte sie sich und rief Jehu als „Simri, Mörder seines Herrn" an (2 Kön 9,31). Darauf forderte Jehu die Isebel zugeordneten Hofeunuchen auf, ihre Herrin aus dem Fenster zu werfen, was diese auch taten. „Sie warfen sie hinunter" schildert die Bibel in äußerster Drastik diese Szene, „so dass ihr Blut die Mauer und die Pferde bespritzte und diese sie zerstampften. Er zog dann ein. Nachdem er gegessen und getrunken hatte, befahl er: „Schaut doch nach dieser Verfluchten und begrabt sie; denn sie ist eine Königstochter". Wie man hinging, sie zu begraben fand man von ihr nichts als den Schädel, die Füße und die Hände. Die anderen kamen zurück und meldeten es ihm. Er aber sagte: „Auf der Flur von Jisreel sollen die Hunde das Fleisch Isebels fressen und es soll Isebels Leiche wie Mist auf dem Feld liegen, so dass man nicht wird sagen können: das ist Isebel." (2 Kön 9,30–36)

Wirft man einen genaueren Blick auf die grausame Episode, so fällt auf, dass Isebel, die verwitwete Königsmutter sich schön macht und den usurpatorischen Thronaspiranten, der ja Jehu hieß, mit dem Namen „Simri" begrüßt. Simri (1 Kön 16, 8–14) war der Befehlshaber über die Streitwagen des israelitischen Königs Ela und tötete dessen ganzes Haus Bascha seiner Sünden wegen und wurde schließlich von Omri, dem Befehlshaber des Heeres, umgebracht, der dann König von Israel wurde. Die Sekundärliteratur weist immer wieder darauf hin, dass sowohl Simri als auch Omri keine Israeliten, sondern Kanaanäer gewesen sein könnten[14] – eine Annahme, die sich sowohl auf ihre militärische Funktion als auch vor allem auf ihre Namen stützt, die keine Wurzel, die auf den Gottesnamen hinweist, enthalten. Daran wird deutlich, dass jedenfalls das israelitische Nordreich – und darauf verweist auch die Geschichte Isebels mit ihrem Hang zu den Baalen Kanaans – keine Theokratie mehr war, sondern dass dort unterschiedliche Glaubensweisen zugelassen waren, selbst wenn der jeweilige König dem Gott Israels verpflichtet war. Die Nachfahren Simris und Omris jedenfalls, vor allem Ahab, dienten dem Gott Israels, wenn auch nicht in der exklusiven Weise, wie die Propheten das anstrebten. Ein näherer Blick auf die Episode vom Tod der Isebel zeigt zunächst ein eigentümlich gespaltenes Verhältnis des siegreichen Revolutionärs gegenüber der ermordeten Königin.

Isebel, die Gemahlin von Ahab, des Sohns des historisch verbürgten Omri war keine Israelitin, sondern die Tochter des sidonischen Königs Etbaal, die in Israel den Kult der Aschera einführte, womit – ausweislich der Bibel – auch Menschenopfer vorgenommen wurden. Hier wird zum vorläufig letzten Mal – wenn auch in äußerst minimierter Weise das deutlich, was das Königtum Israels im guten wie im schlechten auszeichnen sollte: das Bestreben nach

---

[14] Vgl. HERBERT DONNER, Geschichte des Volkes Israel und seiner Nachbarn in Grundzügen 2, Göttingen 1986, 259; MANFRED CLAUß, Geschichte Israels, München 1986, 102f.

Ausgleich und Gleichberechtigung mit den anderen Herrscherhäusern der unmittelbaren Nachbarschaft und eine Art sehr schwachen Völkerrechts.

Doch auch Jehu war nicht in der Lage, den reinen Monotheismus durchzusetzen – er verehrte zwar den befreienden Gott Israels, aber eben doch in Gestalt von Kälbern. „Er ließ nicht“, weiß die Bibel, „von den Sünden, zu denen Jerobeam Israel verführt hatte.2 (10 Kö, 31) – was mittelfristig das Ende des Nordstaats Israel zur Folge hatte. Am wird Samaria von den Assyrern zerstört. Ein ironisches Ende insofern, als sich gerade das revolutionäre Haus Jehu – im Unterschied zu den Omriden – eher nach Assyrien orientierte. Zeitgleich mit dem Ende des Nordreichs Israel entsteht dort eine neue Prophetenbewegung, deren erste herausragende Gestalt Hosea ist, dem schon am Beginn seines Wirkens von Gott aufgegegeben wurde, seinen Sohn Jisreel zu nennen. „Denn nur kurze Zeit währt es, und ich werde die Blutschuld von Jisreel am Hause Jehu strafen.“ (Hos 1,4)

Es ist kein Zufall, dass die universalistische Schriftprophetie ebenfalls mit einer Kritik des Hauses Jehu beginnt, der Kritik eines Königs und seiner Dynastie also, die immerhin von einem wesentlichen Vertreter der „YHWH allein“[15] Bewegung eingesetzt wurde. Im moralischen Verdikt des großen Schriftpropheten ist zugleich eine politische Theorie des israelitischen Königtums enthalten.

b) Die Könige Israels

Wer also waren die Propheten, wer die Könige Israels?

In einem Abschnitt seines Hauptwerks, „Wirtschaft und Gesellschaft“, im Kapitel über die Religionssoziologie, skizziert der Soziologe Max Weber eine Typologie politischen Personals und setzt sich dabei näher mit Priestertum und Prophetie auseinander. Soziologisch erscheinen „Propheten“ als rein persönliche Charismaträger, die kraft ihrer Mission eine religiöse Lehre oder einen göttlichen Befehl verkünden und Weber versäumt es nicht, auf den fliessenden Übergang von Propheten zum Gesetzgeber zu verweisen. Der Typus des Propheten steht im Gegensatz zum Typus des Zauberers und des Priesters, der stets an einen Kultus gebunden, göttliches Charisma in legitimatorischer Weise verwaltet. Der gegen den priesterlichen Typus stehende Prophet ist jedoch nach Weber durch Übergangsstufen „mit dem ethischen, speziell dem sozialethischen Lehrer verbunden, „der neuer oder erneuten Verständnisses alter Weisheit voll, Schüler um sich sammelt, Fürsten in öffentlichen Dingen der Welt berät und eventuell zur Schöpfung ethischer

---

15 BERNHARD LANG, Die Jahwe allein Bewegung. In: DERS., Der einzige Gott. Die Geburt des biblischen Monotheismus, München 1981, 47–83; Vgl. GEORG BRAULIK u.a. (Hg.), Gott, der einzige. Zur Entstehung des Monotheismus in Israel, Freiburg 1985.

Ordnungen zu bestimmen sucht.“[16] Sie alle, Priester, Propheten und Weise,[17] stehen in spannungsreicher Beziehungen zu den Königen, die einen „besonders wichtigen Fall charismatischer Legitimierung“ verkörpern. „Der König ist überall primär, so Weber, „Kriegsfürst. Das Königtum wächst aus charismatischem Heldentum heraus.“ Ohne entwicklungsgeschichtlich die älteste Form politischer Herrschaft zu sein, der es vor allem auf erfolgreiches, friedliches Ringen mit der Natur ankomme, gelte das Königtum vor allem „dem gewaltsamen Kampf einer Menschengemeinschaft mit einer anderen leitenden Gewalt.“[18] Der erbliche König verwaltet, auch wenn er über das Charisma seiner Vorfahren nicht mehr verfügt, eine Hoffnung: sind doch die Vorfahren des erblichen Königs „die Träger all derjenigen Charismata, welche die Abhilfe außerordentlicher äußerer und innerer Not oder das Gelingen außerordentlicher Unternehmungen verbürgten.“[19]

Unternimmt man nun den Versuch, die biblischen Schriften nicht – wie bisher üblich – als Quellen zum Entstehen des Monotheismus, einer universalistischen Moral sowie einer sich ausdifferenzierenden Religiosität zu verwenden, sondern als Quellen politischer Theorie in frühhochkulturellen Gesellschaften, wird es darauf ankommen, diese Quellen zunächst auf Momente einer spezifisch politischen Rationalität hin zu untersuchen und sie dann in ihrer Spannung zur universalistischen Moral der Prophetie zu betrachten. Dabei fällt dann ein besonderes Augenmerk auf die Könige Israels, die – bis auf ganz wenige Ausnahmen – weder in den biblischen Schriften selbst noch in der rabbinischen Literatur positiv gesehen werden, weshalb die biblischen Schriften bis heute eher zur Begründung von anarchistischer Herrschaftskritik oder – im Gegenteil – rigider Theokratie herhalten müssen.

Infrage steht also, ob die biblischen Schriften tatsächlich in der Institution des Königtums so etwas wie ein göttlich legitimiertes Zuwiderhandeln gegen die Moral der Propheten bzw. die Lebensregeln der Priester kennen. Ich gehe dieser Frage in drei Schritten nach: Zunächst sei unter Hinweis auf die entsprechenden Passagen vor allem im Buch Samuel die Einsetzungslegitimation des israelitischen Königtums erörtert, um dann die immerwährende Spannung zwischen Prophetie und Königtum vor allem am Konflikt zwischen dem Propheten Elija und seiner Schule und dem Haus Ahab zu untersuchen. Dabei wird sich überraschenderweise zeigen, dass die Autoren der Bibel keineswegs einmütig und ungebrochen Partei für das Prophetentum ergreifen, sondern – zumindest in Teilen – ihre Sympathien einem weisheitlich belehrten Königtum zufliessen lassen. Auffällig ist darüber hinaus, dass – wie bereits angedeutet – die bedeutenden ersten Schriftpropheten die Kritik am fundamentalistischen Rigorismus der reinen Prophetie aufnehmen und vertiefen. Abschließend soll

---

16 LANG, Die Jahwe allein Bewegung, 271.

17 Vgl. MORTON SMITH, Religiöse Parteien bei den Israeliten vor 587. In: BERNHARD LANG, Der einzige Gott, 9-46.

18 Max Weber, Wirtschaft und Gesellschaft, Tübingen 1985, 676.

19 Ebd.

ein kurzer Ausblick auf die letzten Könige Judas auf das letzte politische Modell der Bibel verweisen – ein Modell, das schließlich Jahrhunderte später in die Gelehrtenmeritokratie des rabbinischen Judentums[20] münden sollte.

Zuvor aber sind einige Anmerkungen zum Entstehungskontext der hier verwendeten Quellen, nämlich des Samuelbuchs, der beiden Bücher Könige und Chronik unerlässlich.[21] Die alttestamentliche Wissenschaft geht heute mehrheitlich davon aus, dass zumindest die auf mehreren anderen Quellen beruhenden Königsbücher sowie die Chronik in deuteronomistischer Zeit redigiert worden sind, also entweder in den letzten Jahren des babylonischen Exils bzw. kurz nach der Rückkehr der judäischen Eliten aus dem Exil.[22] Das heißt grundsätzlich, dass die Königsbücher und die Chronik nicht als eine dem Anspruch nach „objektive" Historiographie im Sinne des einhundert Jahre später wirkenden griechischen Autors Thukydides zu lesen sind, sondern als eine von heilsgeschichtlichem Impetus getragene nachträgliche normative Rekonstruktion. Freilich schließt die normative Grundhaltung dieser Konstruktion nicht aus, dass sich – zumindest in Teilaspekten – auch „objektive" Daten finden lassen. Zudem: auch wenn der Fluss der Geschichte insgesamt normativ bestimmt ist, lässt sich gerade aus diesen normativen Aspekten heraus der politische Wille zumindest der Verfasser und Redakteure dieser Schriften ermitteln. Der normative Rückblick – sofern er denn im späten fünften Jahrhundert vor der Zeitrechnung erfolgte, umfasst einen Zeitraum von etwa 450 Jahren sowie einen sehr begrenzten geographischen Raum, in dem zwei Staaten existierten: die im neunten Jahrhundert entstehenden Reiche Israel und Juda, die zu unterschiedlichen Zeitpunkten politisch untergingen: das Nordreich ging Ende des achten Jahrhunderts mit der Eroberung Samarias durch die Assyrer unter, während das sehr viel kleinere Juda sein Ende rund zweihundert Jahre später, zu Beginn des sechsten Jahrhunderts in der Eroberung Jerusalems durch den Babylonierkönig Nebukadnezar fand. Die wenigen außerbiblischen Quellen – assyrische Inschriften und archäologische Funde – verweisen darauf, dass das von den Assyrern zerstörte Nordreich Israel in allen Hinsichten das bedeutendere, wirtschaftlich und militärisch stärkere, auch in seiner Siedlungsstruktur bedeutendere Staatswesen war.[23] Das noch weitere 200 Jahre wesentlich um Jerusalem herum gruppierte Juda war im Vergleich dazu ein ärmlicher Kleinstaat. Das von der Dynastie König Omris regierte Israel war der Inbegriff eines Staates von großer militärischer Stärke, bedeutender Architektur und kluger Verwaltung, dessen politische Führung es sich offensichtlich angelegen sein ließ, durch vorwärts schauende Heirats-

---

20 Vgl. JACOB NEUSNER, Rabbinic Political Theory, Chicago-London 1991.

21 Vgl. ISRAEL FINKELSTEIN/ NEIL ASHER SILBERMAN, The Bible unearthed. Archaeologys New Vision of Ancient Israel and the origin of its sacred texts, New York 2002, 10f.

22 Vgl. MARTIN J. MULDER (Hg.), Mikra, Assen-Maastricht 1988, 39f.; MARTIN NOTH, Gott, König, Volk im Alten Testament. In: HANS-PETER MÜLLER (Hg.), Babylonien und Israel, Darmstadt 1991, 157-201.

23 Vgl. FINKELSTEIN/ SILBERMAN, The Bible unearthed.

politik Israel im Konzert der damaligen Mächte als ebenbürtig zu verankern.[24] Darüber hinaus ist der Gründer dieser Dynastie eine der wenigen Gestalten, die auch aus außerbiblischen, archäologischen Quellen, in diesem Fall durch die sog. „Meschastele" beglaubigt ist.[25] Die normative Perspektive von Königen und Chronik ist damit diejenige der nach dem Untergang Samarias nach Jerusalem geflüchteten kultkritischen Prophetie sowie eines klugheitsgeleiteten judäischen Königtums und einer – vor dem Hintergrund des Untergangs Samarias – zunehmend staatsfeindlichen, königskritischen, theokratisch gesonnenen Priesterschaft.

c)Staat und Staatskritik

Das wird an der Einsetzungsgeschichte des Königtums, wie sie im Buch Samuel erzählt wird, besonders deutlich. Dort wird erzählt, wie sich die Ältesten Israels zum inzwischen alt gewordenen Samuel, dem obersten Richter begaben, um ihm mitzuteilen, dass seine von ihm eingesetzten Söhne ihren Pflichten nicht gerecht würden und ihn baten. „Setze denn einen König über uns ein, damit er uns richte, wie es bei allen Völkern der Brauch ist." (1 Sam 8,5) Dem theokratisch gesonnenen Richter missfiel der Gedanke, an die Stelle des von ihm verwalteten Königtums Gottes einen weltlichen Herrscher zu setzen, erhielt aber von Gott den Hinweis, dass das Volk ja nicht Samuel, sondern ihn verwerfe – eine Verhaltensweise, die seit dem Auszug aus Ägypten üblich gewesen sei. Gleichwohl riet Gott, dem Volk willfährig zu sein, ihm aber die Bedingungen mitzuteilen, unter denen ein König in Israel herrschen werde:

> Eure Söhne wird er nehmen, um sie für sich bei seinen Wagen und seinen Rossen zu verwenden; sie müssen vor seinem Wagen herlaufen. Er wird ferner für sich Oberste über tausende und Oberste über fünfzig setzen; sie werden ihm das Feld pflügen und die Ernte einzubringen, seine Kriegsgeräte und Wagengeschirre herzustellen haben. Eure Töchter aber wird er zum Bereiten der Salben, zum Kochen und Backen heranziehen. Von euren Äckern, Weinbergen und Ölgärten wird er die besten nehmen, um sie seinen Beamten zu geben. Von euren Saatfeldern und Weinbergen wird er den Zehnten erheben, um seine Höflinge und Beamten damit zu besolden. Eure Knechte und Mägde, eure besten Ochsen und Esel wird er nehmen, um sie für seine Wirtschaft zu verwenden. Von eurem Kleinvieh wird er den Zehnten erheben, und ihr selber werdet seine Knechte sein. Wenn ihr dann eines Tages wegen eures Königs, den ihr euch erwählt habt, ein Geschrei erheben wird, so wird euch YHWH an jenem Tag nicht erhören. (1. Sam 8, 11- 18)

---

[24] Vgl. ebd., 194.

[25] RAINER ALBERTZ/ WALTER BEYERLIN (Hg.), Religionsgeschichtliches Textbuch zum Alten Testament, Göttingen 1975, 256: „Omri war König von Israel und er bedrängte Moab lange Zeit..."

Wir finden so im Buch Samuel eine frühe, ausdrückliche und auch klare Form der Staatskritik[26] vor, eine Kritik, die sich sowohl gegen das Aufstellen stehender Heere, das Einrichten eines Steuersystems mit der ihm entsprechenden Bürokratie und der mit beidem einhergehenden Klassen bezogenen Ausdifferenzierung der Gesellschaft wendet.[27] Nach den entsprechenden Warnungen heißt Gott den Richter und Propheten jedoch nachzugeben, womit – aller Kritik zum Trotz – die Institution des Königtums in Israel verankert wurde. Damit ist eine zumindest schwache Legitimitätsgrundlage verbunden – im Wechselspiel dieser Zusage und der ansonsten ebenso drastisch wie realistisch erzählten Königsgeschichten kommt eine Grundhaltung des biblischen Textes zum Ausdruck, die man als Synthese von Rechtfertigung der Institution hier und schonungsloser Kritik der Amtsinhaber dort bezeichnen könnte. Dabei waren sich die biblischen Autoren und die Endredakteure offenbar selbst lange nicht im Klaren darüber, welchen der politischen Akteure ihre Zustimmung und Sympathie gelten sollte und welches der Herrschaftsmodelle – Theokratie oder Monarchie – sie letztlich bevorzugen sollten.

d) Theokratischer Gotteskrieg oder Oberschichtensolidarität

Ein Fall, an dem dieser Konflikt in den Büchern Könige immer wieder ausgetragen wird, ist die Problematik der durch Gottes Offenbarung auf immer vogelfrei gewordenen Feinde Israels, zum Beispiel Amalek. Schon in der ersten größeren Königserzählung, dem Erzählkreis um Saul, den ersten König, spielt dieses Thema eine, wenn nicht die zentrale Rolle. Im 15. Kapitel des ersten Samuelbuches wird davon berichtet, wie Gott durch den Mund YHWHs Saul befiehlt, Amalek, das bei der Wüstenwanderung Israel vernichten wollte, zu schlagen, es zu bannen und all seinen Besitz zu beschlagnahmen. „Schone seiner nicht“, übermittelt Samuel dem König, „sondern töte Mann und Weib, Kind und Säugling, Rind und Schaf, Kamel und Esel.“ (1 Sam 15,3) Nach erfolgreicher Schlacht willfahrte Saul dem richterlichen Gebot und tötete die meisten Amalekiter: ein früher Genozid, an dem hier weniger interessiert, ob er tatsächlich stattfand oder nicht – die archäologische Evidenz spricht eher dagegen[28] – sondern, warum diese Geschichte hier in dieser Ausführlichkeit geschildert wird. Der Grund besteht im Ungehorsam Sauls in einem Fall: „Saul“, so resümiert die Bibel,

> schlug dann Amalek von Hawila bis Schur, das östlich von Ägypten liegt. Den Agag aber, den König von Amalek, nahm er lebendig gefangen, während er am ganzen Volk mit der Schärfe des Schwertes den Bann vollstreckte. Doch

---

26 Vgl. ALBERTZ/ BEYERLIN, Religionsgeschichtliches Textbuch, 172f.

27 Vgl. ROMAN HERZOG, Staaten der Frühzeit. Ursprünge und Herrschaftsformen, München 1988.

28 Vgl. FINKELSTEIN/ SILBERMAN, The Bible unearthed.

> verschonten Saul und das Volk den Agag sowie die besten Stücke des Kleinviehs und der Rinder, die feisten und gemästeten Tiere und alles Wertvolle, ohne daran den Bann zu vollstrecken. Nur an dem, was unter dem Vieh gering und wertlos war, vollstreckten sie den Bann. (1 Sam 15,7-8)

An dieser Passage fällt zunächst die Einmütigkeit auf, die zwischen König und Volk herrscht, sodann, dass das Missachten des Bannfluchs keine unmittelbare Abwendung von YHWH bedeutet, sondern nur eine zeitliche Verschiebung: aus späteren Versen erhellt, dass die besseren Tiere zunächst nur deshalb verschont wurden, um später und an bedeutenderem Ort, auf dem Karmel, anlässlich einer Siegesfeier Sauls und der Errichtung eines Siegesdenkmals getötet werden sollten. Im Disput zwischen Samuel und Saul wird nun zum ersten Mal die später – bei Amos und Hosea – in aller Deutlichkeit artikulierte Kultkritik deutlich: „Hat YHWH", so fragt der empörte Samuel den König, „etwa ein solches Wohlgefallen an Brandopfern und Schlachtopfern wie am Gehorsam gegen den Willen YHWHs?" (1 Sam 15,27) Im Unterschied zu den Schriftpropheten jedoch, die als Wille Gottes Güte und Gerechtigkeit einfordern, besteht der Wille Gottes hier im blinden Vollzug eines mörderischen Gehorsams. Samuel verkündet Saul, dass Gott ihn in seinem Königtum nicht mehr schätze und auch die flehentlichen Bitten des Königs können ihn nicht erweichen, auch nicht des Königs merkwürdige Entschuldigung, dass die Verschonung von Vieh und König Amalek auf Druck der Armee, des Kriegsvolks zustandegekommen seien. Einer weiteren Bitte um Gebet und Umkehr will sich Samuel nicht verschließen. Als Probe auf die Aufrichtigkeit Sauls heißt Samuel ihn nun, ihm den König Amaleks, Agag, vorzuführen, um ihn zu töten. Samuel befahl: „Führt Agag, den König von Amalek, zu mir her. Widerstrebend trat Agag vor ihn hin. Agag sagte: „Fürwahr, der Tod ist bitter." Samuel aber entgegnete: „Wie dein Schwert die Frauen kinderlos gemacht hat, so soll auch deine Mutter kinderlos werden unter den Frauen. Dann hieb Samuel den Agag nieder vor YHWH zu Gilgal." (1 Sam 15,32f.) Samuel und Saul aber sollten sich nie wiedersehen. In Sauls – von der Armee geteiltem Widerstreben, den König einer feindlichen Macht umzubringen, mag eine gewisse Oberschichtensolidarität ebenso eine Rolle gespielt haben wie ein eigensüchtiges Kalkül – in einer vergleichbaren Situation selbst nicht umgebracht zu werden oder ein rudimentäres Rechtsbewusstsein, Vorläufer rechtlich–diplomatischer Gepflogenheiten. Bemerkenswert ist an dieser Passage des Weiteren, dass sie dem Opfer, Agag dem König der Amalekiter, eine Stimme verleiht und ihn die Bitterkeit des Todes beklagen lässt. Das vom Richter und Propheten hier beanspruchte Gottesrecht zielt indes auf absoluten Gehorsam, auf totale Unterwerfungsbereitschaft unter Gottes Wille, unabhängig von allen anderen Rücksichten: „Siehe", so hatte Samuel Saul schon vorher vorgehalten, „Gehorsam ist mehr wert als Opfer, Folgsamkeit ist besser als das Fett von Widdern." In einem anderen Erzählkreis der Königsbücher, dem Erzählkreis über den charismatischen Propheten Elija und seine Schule wird der Widerstreit von – wenn man so will – realpolitischer Vernunft und prophetischem Gottesrecht aufgenommen und vertieft.[29]

Die am Hofe der Omriden[30] in Samaria angesiedelte Geschichte unterrichtet uns zunächst darüber, dass der dort herrschende König Ahab und seine Frau Isebel die Propheten YHWHs auszurotten versuchten und beider Hofmarschall, Obadjahu, ein Mann der gleichwohl YHWH ergeben war, diese Propheten gerettet und versteckt hatte. Anlässlich einer Hungersnot und Dürrekatastrophe in Israel schickte Ahab seinen Marschall aus, um Wasserquellen zu suchen. Er trifft in der Wildnis den Propheten Elija, der ihn heißt, an Achabs Hof zurückzugehen, und dem König Ankunft und Präsenz Elijas zu verkünden. Obadjahu fleht den Propheten an, das nicht tun zu müssen, aus Angst für diese für ihn schlechte Botschaft umgebracht zu werden. Elija heißt ihn gleichwohl gehen und beide begeben sich an den Hof des Königs. „Als Achab den Elija erblickte, sagte Achab zu ihm: „Bist du da, du Verderber Israels." (1 Kön 18,17) Elija erwidert ihm, dass er und sein Haus durch Abgötterei Israel ins Verderben gestürzt hätten. Gleichwohl: in diesem eigentümlichen Wortwechsel beanspruchen zwei Parteien, König und Prophet, das Heil Israels zu bewahren und im Wirken der jeweils anderen Partei das Verderben zu erkennen. Vor diesem Hintergrund wird klar, warum König Ahab und Königin Isebel die Propheten YHWHs verfolgen und umbringen wollten: sie galten ihnen politisch als gefährlich. Im Folgenden fordert Elija Ahab auf, ihm die andere Prophetenpartei, die Partei Baals zu schicken, vierhundertundfünfzig Männer, die der charismatische Prophet schließlich alle abschlachten wird. Nach diesen Geschehnissen endet zwar die Dürreperiode, nicht aber das Unheil. Auf Flucht vor der Rache Königin Isebels, die den Mord an ihren Priestern nicht ungerächt lassen will und ihm den Tod verkündet, hat der Prophet erschöpft in einer Höhle eine Gotteserscheinung. Gott aber befiehlt ihm, den König von Damaskus zum König über Aram und einen Mann namens J ehu gegen Ahab und Isebel zum König über Israel zu salben. Im Zuge eines neu ausbrechenden Krieges zwischen dem Israel Ahabs und dem Aram des bisherigen Königs Benhadad fordert der König von Aram Ahab auf, ihm alles Gold und Silber auszuliefern, während er Frauen und Kinder behalten dürfe. Obwohl Ahab das zusagt, widerruft der militärisch überlegene Aramäer sein erstes Angebot und fordert nun auch Frauen und Kinder, was Ahab nach Beratschlagung mit dem Volk schließlich ablehnt. Schließlich obsiegt Israel mit Gottes Hilfe und der schließlich bedrängte von den Israeliten belagerte aramäische König Benhadad folgt einem Rat seiner Diener, sich zu ergeben: „Sieh", so teilen sie ihm mit, „wir haben gehört, dass die Könige des Hauses Israel barmherzige Könige seien. Wir wollen also Säcke um unsere Hüften und Stricke um unsere Häupter legen und zum König von Israel hinausgehen;

---

[29] Vgl. GEORG HENTSCHEL, Elija und der Kult des Baal. In: BRAULIK, Gott, der einzige, 54-90.
[30] Vgl. ALBERTZ, Religionsgeschichtliches Textbuch, 226f.; CLAUß, Geschichte Israels, 102f; DONNER, Geschichte des Volkes Israel, 260f.

vielleicht lässt er dich am Leben.“ (1 Kön 20,31) Auf die Bitte der schutzflehenden Diener, Benhadad am Leben zu lassen, antwortete Ahab: „Lebt er noch? Er ist ja mein Bruder.“ Worauf die Diener Benhadad holten, der dann Ahab die Grundzüge eines Friedensplanes vortrug: „Die Städte, die mein V ater deinem Vater abgenommen hat, will ich zurückgeben. Auch kannst Du dir Kaufläden in Damaskus anlegen, wie sie mein Vater in Samaria angelegt hat. Mich aber magst du aufgrund dieses Abkommens frei lassen.“ (1 Kön 20,34) Diesem durch und durch vernünftigen, dann tatsächlich von zwei Königen geschlossenen Abkommen, das sowohl auf das Schweigen der Waffen wie die Entwicklung von Handel und Handwerk zielt, widerspricht ein hier namenloser Prophet und ließ Gott durch seinen Mund dem König mitteilen: „Weil du den Mann, der meinem Bann verfallen war, aus der Hand gelassen, so soll dein Leben für sein Leben haften und dein Volk für sein Volk.“ (1 Kön 20,43), womit ein Todesurteil über Ahab und jenen Teil Israels gesprochen war, das ihm folgte. Die Bibel schildert in äußerstem Realismus, wie der realpolitischen, der außenpolitischen Vernunft Ahabs im Inneren Willkür und Raublust an unschuldigen Untertanen entsprechen und beglaubigt all dies durch einen furchtbaren Fluch des nun wieder auftauchenden Elija, der ihm mitteilt, dass alle männlichen Nachkommen und Angehörigen des Hauses Ahab ausgerottet werden. Zudem verkündet er dem Königspaar einen furchtbaren Tod: Die Hunde werden Ahabs Blut auflecken und Isebels Überreste auffressen. „In der Tat“, so resümieren die Autoren dieser Geschichte beifällig, „hat sich nie ein Mensch gefunden, zu tun, was so böse ist in den Augen YHWHs, wie Ahab, weil Isebel, seine Frau ihn verführte. Er handelte nämlich ganz abscheulich, indem er den Götzen nachlief...“ (1 Kön 21,25) Nicht anders als in der Geschichte von Saul und Samuel packt auch hier den Ahab die Reue, weshalb Gott sich seiner zunächst erbarmt und das Unheil nicht zu seinen Lebzeiten hereinbrechen lassen will. Im Fortgang wird von weiteren Kriegen und Wirren erzählt, von der Entrückung Elijas und der Einsetzung seines ebenfalls wundertätigen Jüngers Elischa, auch davon, wie unterschiedliche Propheten dem Königshaus unterschiedliche Ratschläge bezüglich gelingender Kriege geben (besonders ein weiterer Aramäerkrieg, in dem Ahab, der dem richtigen Propheten nicht richtig zuhörte, den Tod finden wird, nach dessen Eintritt die Hunde sein Blut aufleckten. (1 Kön 22, 1-17) Das Schicksal seiner Witwe und seiner Söhne, der Königin Isebel und Jorams wurde anfangs behandelt.

e) Von Elija zu Jehu – die schriftprophetische Kritik am Gotteskriegertum

Die Königsbücher lassen keinen Zweifel an der legitimen Herkunft König Jehus, dessen Revolution nicht nur in ein grauenhaftes Blutbad mündete, sondern der trotz seiner vom Propheten Elischa[31] vorgenommenen Einsetzung die Ziele der „YHWH allein" Bewegung nicht umsetzte. Infrage steht abschließend, ob die vom Propheten Hosea vorgenommene Verdammung Jehus und seines Hauses (Hos 1,4) sich auf diesen beschränkt oder ob diese Kritik auch jene Prophetenschule trifft, die Jehu eingesetzt hatte und die sich in der Zeit Ahabs und Isebels in einem tödlichen Konflikt mit den Baalspriestern und Propheten der Kanaanäer[32] sowie der Ascherenanhänger[33] der sidonischen Königstochter[34] Isebel befand. Die bisherige Exegese hat die einschlägigen Fluchworte Hoseas vor allem als Kritik an einer kultisch versteinerten Priesterschaft[35] verstanden und die deutliche Aussage in Hos 4,4f als eine Kritik an falschen Propheten gedeutet: „Niemand will anklagen und schelten, doch mit dir will ich rechten o Priester. Du wirst straucheln bei Tag und bei Nacht, es wird straucheln der Prophet mit dir, du vernichtest dein Volk." Die Zürcher Bibel übersetzt diese Passage so: „Darum sollst Du bei Tage fallen und der Prophet des Nachts neben Dir", während die jüdische Zunz Übersetzung schreibt: „und es strauchelt der Prophet mit dir nachts". Buber und Rosenzweig aber übersetzen so: „Strauchelst Du bei Tag, strauchelt auch nachts der Künder mit dir."

Der Text selbst spricht nicht von falschen Propheten, sondern von Propheten – „es strauchelt der Prophet mit dir bei Nacht." Für Hosea, der keine Schrift-, sondern nur eine Hofprophetie bzw. die „wilden" Prophetenschulen kannte, scheint es hier um den ganzen Typus des Nabi zu gehen, der in seiner Perspektive zum Priester gehört wie die Nacht zum Tage. Von beiden gilt, dass sie – wie das ganze Volk – durch einen Mangel an Erkenntnis „Daat" ausgezeichnet sind. Im Buch Hosea wird im Sinn einer politisch moralischen Theorie Bilanz gezogen und sowohl Priestertum als auch Prophetie als überwunden dargestellt. Das gilt auch für die Institution des Königtums – in 5,1 wird das Gericht auch über diese Institution verhängt. Die Könige – so Hosea in 6,3–7 – sind korrupt und werden von den „Spöttern" weiter verdorben. Hosea wiederholt in 8,4 die schon von Samuel intonierte Kultkritik, richtet sie jetzt allerdings gegen den israelitischen Stier– und Opferkult. In den Tagen der strafenden Heimsuchung und Vergeltung werden in Israel die Propheten als Narren und die Männer des Geistes als wahnsinnig gelten (Hos 9,7f). Das Buch schließt nach einer auf Umkehr zielenden großartigen Zukunftsvision – die Exegese vermutet hier einen späteren Zusatz – mit folgenden Worten in der Übersetzung von Buber und Rosenzweig:

---

31 Vgl. LANG, Der einzige Gott, 58f.

32 HELMER RINGGREN, Westsemitische Religion. In: DERS., Die Religionen des Alten Orients, Göttingen 1979, 198f.

33 RENATE JOST, Frauen, Männer und die Himmelskönigin, Gütersloh 1995, 39–100.

34 Grabinschrift des Königs Tabnit von Sidon. In: BEYERLIN, Religionsgeschichtliches Textbuch zum Alten Testament, 262.

35 „Denn Liebe will ich, nicht Opfer, Gotteserkenntnis, nicht Brandopfer". Hos 6, 6

„Wer weise ist, unterscheide dies, gescheit, erkenne es: dass gerade sind seine Wege – die Bewährten gehen darauf, die Abtrünnigen straucheln.“ Man kann sich allerdings fragen, ob der Anruf dieses letzten Satzes „Mi chacham“ nicht so sehr einer individuellen Haltung gilt, sondern ein Aufruf an die Weisen, nun nicht mehr in Israel, sondern in Juda ist, ein Aufruf an jene Gruppe Weiser[36], denen Hosea womöglich als einziger zutraut, die Geschicke der Reste Israels und Judas noch in gute Bahnen zu lenken. Auf diese „Weisen“ beziehen sich später die Pharisäer und – nach der Zerstörung des Tempels in Jerusalem – die Rabbinen, die den Schriftpropheten den ihnen gemäßen Ort zuwiesen.

---

[36] Vgl. BERNHARD LANG, Jahwe, der biblische Gott. In: DERS., Der einzige Gott, 30-65; GERHARD VON RAD, Weisheit in Israel, Neukirchen-Vluyn 1985, 28-38.

GÜNTER RÖHSER

Biblische Perspektive: Jesus als Prophet

Das mir gestellte Thema beinhaltet drei Elemente, die ich im Rahmen dieses Beitrags möglichst gleichgewichtig behandeln möchte. Das ist neben der hier uns besonders interessierenden Kategorie des Propheten bzw. von Prophetie als Phänomen die Gestalt Jesu von Nazareth als eines vermuteten Vertreters dieses Phänomens sowie eine über die isolierte Betrachtung Jesu hinausgehende, tendenziell gesamtbiblische Perspektive auf den Propheten Jesus. Anders gesagt: Es soll in übergreifender geschichtlicher Perspektive nach der Rolle und Bedeutung des „Prophetischen" im Auftreten des historischen Jesus gefragt werden (wobei die Frage nach der heutigen Bedeutung dieses Prophetischen immer mit im Hintergrund steht), und ich tue dies in drei Schritten: Zunächst gebe ich eine begriffsgeschichtliche Orientierung, sodann folgen Bemerkungen zur gegenwärtigen Jesusforschung, und schließlich sollen zusammenfassende Merkmale von „Prophetie" bei Jesus (und Johannes dem Täufer, zur Begründung s. u.) formuliert werden.[1]

1. Zum Begriff des „Propheten"

Wenn wir eine allgemeine religionsphänomenologische Beschreibung des Prophetischen versuchen wollen, so lassen sich ungefähr folgende Feststellungen treffen[2]: Der Prophet oder die Prophetin verkünden den Willen einer Gottheit. Dieser Wille kann sich auf die Gegenwart oder auf die Zukunft beziehen. Er kann das geforderte Verhalten von Menschen wie auch das Eintreten von Ereignissen betreffen (z. B. in der Gerichtsansage oder in Weissagungen). Der Empfang der Botschaft kann durch Visionen oder Auditionen (außeralltägliches Schauen und Hören) vermittelt sein, manchmal auch verbunden mit ekstatischen Erfahrungen. Die Gottheit sendet den Propheten, um die empfangene Botschaft an andere Menschen weiterzugeben. Oft werden Propheten aus ihrem normalen Alltagsleben herausgerufen und einer bestimmten Gruppe von Menschen (zumeist politischen und/oder religiösen Führungsfiguren) oder dem ganzen Volk kritisch gegenübergestellt als Repräsentanten der Gottheit, so dass sie in spezifische Konflikte verwickelt werden.

---

1 Für einen Überblick über die Gesamtthematik verweise ich auf: WASSILIOS KLEIN u.a., Art. Propheten/Prophetie. In: TRE 27 (1997), 473-517. Als jüngste Spezialliteratur zum Thema ist zu nennen: JOSEPH VERHEYDEN/ KORINNA ZAMFIR/ TOBIAS NICKLAS (Hg.), Prophets and Prophecy in Jewish and Early Christian Literature, Tübingen 2010 (WUNT II 286).

2 Zum Ganzen vgl. MARKUS ÖHLER, Jesus as Prophet: Remarks on Terminology. In: MICHAEL LABAHN/ ANDREAS SCHMIDT (Hg.), Jesus, Mark and Q. The Teaching of Jesus and its Earliest Records, Sheffield 2001 (JSNT.S 214), 125-142, hier 126-129.

Damit ist eine eminent und direkt politische Rolle und gesellschaftliche Funktion gegeben.

Im Einzelfall ist es allerdings sehr schwierig, genau zu bestimmen, wer in der Antike als Prophet oder Prophetin verstanden werden soll. Man kann unschwer erkennen, dass sich die obige Beschreibung stark am biblischen Bild des *alttestamentlichen* Propheten orientiert. In der Antike konnte sich jedoch fast jeder den Prophetentitel beilegen – in ganz unterschiedlichen, auch nichtreligiösen Kontexten –, und viele verschiedene Figuren wurden als Propheten bezeichnet oder bezeichneten sich selber so. Schon das Wort ist nicht einfach zu erklären. Die Grundbedeutung ist „Sprecher" oder „Künder" (von griech. φημί „sagen", „äußern"), aber die Vorsilbe προ- kann entweder im Sinne des deutlichen Aussprechens („heraussagen") oder zeitlich als „Vorher-sagen" verstanden werden (man nimmt im Allgemeinen an, dass ersteres das Ursprüngliche ist; das Wort kann von daher ins „öffentliche Bekanntmachen" hinüberspielen). Denkbar wäre auch „anstelle von jemandem/ für jemanden (sc. die Gottheit) sprechen" als ältere Bedeutung (v. a. im Blick auf die Pythia des Orakels von Delphi). Die genaue Bedeutung wird erst aus dem Zusammenhang deutlich. So können Propheten die Vermittler von Orakeln sein oder auch nur deren Deuter. Dichter, Philosophen, Priester, Wahrsager (z. B. Astrologen), Ansager bei Spielen (vgl. unsere heutigen „Stadionsprecher") und andere sind als Propheten bezeichnet worden.

Auch im frühen Judentum als der unmittelbaren Lebenswelt des Neuen Testaments findet sich kein einheitlicher Sprachgebrauch. Die Septuaginta verwendet προφήτης zur Wiedergabe von drei verschiedenen hebräischen Wörtern (נביא, ראה, חזה); und bei Josephus kann sogar ein nichtjüdischer Geschichtsschreiber namens Kleodemos Malchas als Prophet erscheinen, weil er die Geschichte der Juden kennt (er weiß z. B. etwas über Abraham und seine Nachkommen zu berichten).[3] Andererseits treten bei Josephus verschiedene politisch-religiöse Gestalten auf, die sich als Propheten bezeichnen[4], die sich offenbar primär gegen die römische Besatzungsmacht richten und die auch vereinzelte Spuren im Neuen Testament hinterlassen haben: die sog. jüdischen Zeichenpropheten (vgl. Apg 5,36: Theudas; 21,38: ein Ägypter).[5] Sie versuchen, biblischen Vorbildern der Mosezeit zu entsprechen, indem sie an die Wüsten- und Exodustradition anknüpfen, Wundertaten versprechen und Gottes Gericht über die römische Fremdherrschaft und die mit ihr verbündeten

---

3 Da die Stelle jedoch aus Alexander Polyhistor zitiert ist, wird der „Prophet" Kleodemos von M. Frenschkowski als für das Prophetenbild des Josephus irrelevant erklärt (MARCO FRENSCHKOWSKI, Offenbarung und Epiphanie 1: Grundlagen des spätantiken und frühchristlichen Offenbarungsglaubens, Tübingen 1995 [WUNT II 79], 160.205).

4 Er selbst enthält ihnen diese Bezeichnung vor – allenfalls: ψευδοπροφήτης (De bello Judaico II 261; für einen Zeloten: bell. VI 285) – und wendet sie nur auf die Schriftpropheten des entstehenden Kanons an (vgl. FRENSCHKOWSKI, Offenbarung, 159f).

5 Zum Begriff s. PAUL W. BARNETT, The Jewish Sign Prophets – A.D. 40-70. Their Intention and Origin. In: NTS 27 (1981) 679-697; zur Sache vgl. auch FRENSCHKOWSKI, Offenbarung, 181f.

eigenen Herren ankündigen. Bei ihnen zeigt sich besonders deutlich, dass Propheten einen politisch bedeutsamen Unruheherd darstellen können, wenn sie bestehende Verhältnisse in Frage stellen und sich dafür allein auf Gott und nicht auf irgendwelche irdischen Autoritäten, Gruppen oder Mehrheiten berufen. Zeitlich befinden wir uns in unmittelbarer Nähe zu Jesus; dieser ist mit den Zeichenpropheten durch die eschatologisch-apokalyptische Grundstimmung und die enge Zusammengehörigkeit von Verkündigung und (bei den Zeichenpropheten allerdings eher erhofften als vollbrachten) Wundertaten bzw. prophetischen Zeichenhandlungen verbunden[6], aber der Unterschied ist auch sofort deutlich: Jesus zeigt keinerlei politisch-militärische Ambitionen, und er richtet sich mit seiner Botschaft, die auch eine Gerichtsankündigung umfasst, nie nur (oder überhaupt nicht primär) an eine fremde Macht, sondern vor allem an das eigene Volk! Und das scheint mir alttestamentlich-prophetisches Erbe bei Jesus zu sein. – Hier hätten wir vielleicht auch einen interessanten Gesichtspunkt für die heutige theologische Diskussion: Das Prophetische – sofern es nicht Heilsverkündigung ist – äußert sich (im Alten Testament wie bei Jesus) eher in der Kritik des Eigenen als in der Verurteilung des Fremden! Und prophetische Heilsverkündigung hat am Ende ebenso wie das Eigene auch das Fremde im Blick (vgl. Jes 2,2-4; Mt 8,11: Einbeziehung von Nichtisraeliten in das Heil des Gottes Israels).

Im Neuen Testament finden sich etliche Prophetengestalten und Prophetennamen, und auch Jesus wird mehrmals als Prophet bezeichnet. Besonders aufschlussreich in unserem Zusammenhang ist die Anführung von Volksmeinungen über Jesus in Mk 8,27-28 par Mt 16,13-14 und Lk 9,18-19. Bei Markus bleibt noch offen, ob an eine Einordnung Jesu in zeitgenössische oder alttestamentliche Propheten gedacht ist[7], während nach Matthäus und Lukas die Leute eindeutig in die letztere Richtung denken (Jeremia; einer der alten Propheten). Zweierlei ist bemerkenswert:

1) Die Volksmeinung kommt gar nicht auf den Gedanken, dass Jesus der Messias (Christus) sein könnte. Das tun erst die Jünger. Die Evangelisten machen aber in der Fortsetzung sofort deutlich, dass diese Bezeichnung für ein hinreichendes Bekenntnis zu Jesus notwendig ist.

2) Jenseits des christlichen Bekenntnisses ist das Prophetische offensichtlich der beherrschende Eindruck, den Jesus bei der Masse der Menschen hinterlassen hat (an allen drei genannten Stellen wird auch Elia als Möglichkeit der Identifizierung Jesu genannt). Dies hat neben seiner wirkungsvollen öffentlichen Verkündigung sicherlich auch mit seinen staunenerregenden

---

6 Auf diesen Zusammenhang zwischen Jesus und den Zeichenpropheten hat besonders SCOT MCKNIGHT hingewiesen (Jesus and Prophetic Actions. In: BBR 10 [2000] 197-232), der zusätzlich eine besondere Nähe Jesu zu den Elementen aus der Mose-und-Josua-Tradition erkennt.

7 Anders FRENSCHKOWSKI, Offenbarung, 168f, der nur eine Bezugnahme auf einen kanonischen Propheten für möglich hält.

Wundertaten zu tun, die von ihm berichtet werden (vgl. Mk 6,14f)[8] und die in alttestamentlicher Tradition eher Gott selbst (man denke an die Mt 11,5 zugrunde liegenden Jesaja-Stellen und die Liste in 4Q521 Frg. 2+4) oder einem „Propheten" (man denke an Mose, Elia und Elisa) denn als dem Messias zugeschrieben werden (wiewohl das Wunder-Tun nicht zwingend zum Prophetentum dazugehört).

Klar ist jedenfalls, dass die Evangelisten den Prophetentitel für Jesus als nicht eindeutig genug und nicht ausreichend betrachten (in der Verklärungsszene Mk 9,2ff par steht Jesus nicht als Prophet, sondern als Gottessohn neben Mose und Elia). Auch in Mt 21,11 ist es zunächst einmal die Meinung der Volksmenge, die mit Jesus auf dem Pilgerweg nach Jerusalem unterwegs ist, wenn es dort heißt (V. 10f): „Und als er in Jerusalem einzog, erregte sich die ganze Stadt und fragte: Wer ist der? Die Menge aber sprach: Das ist Jesus, der Prophet aus Nazareth in Galiläa" (vgl. V. 46).

So etwas wie eine Prophetenchristologie findet sich nur bei Lukas (z. B. 13,33ff; der Text umfasst mit V. 35 auch eine prophetische Weissagung/ Gerichtsankündigung) und Johannes (kritisch rezipiert in 6,14 und 7,40; vgl. Apg 3,22; 7,37: der eschatologische Prophet wie Mose gemäß Dtn 18,15.18), in der neutestamentlichen Briefliteratur überhaupt nicht. Für ein ganzes Jahrhundert verschwindet sodann die Rede vom Propheten aus der christologischen Lehrbildung.

Erst Ende des 2. Jahrhunderts wird der Titel wieder auf Jesus angewendet, aber zugleich auch gesteigert und mit anderen Titeln verbunden. Jesus war so nach Origenes nicht nur Prophet, sondern sein Vorrang lag darin, der Sohn Gottes und Erstgeborene aller Schöpfung zu sein. Augustinus meint, wenn Christus ein Prophet sei, dann sei er es als „Herr der Propheten". Eine besonders hervorgehobene Rolle spielt Jesus als der „wahre Prophet", als die abschließende Inkarnation des uranfänglichen „Propheten" lediglich in den judenchristlichen Pseudoclementinen.[9] In der späteren (spätreformatorischen) Drei-Ämter-Lehre hat man die Gesalbten des Alten Bundes (Propheten, Priester, Könige) im Christustitel wiedererkannt und zusammengefasst.

In unserem Überblick zum Begriff des Propheten müssen schließlich noch die urchristlichen Gemeindepropheten genannt werden. Nach 1Kor 14 erwartet Paulus von ihnen (wie tendenziell von allen Gemeindegliedern) die Erbauung, Ermutigung und Tröstung der Gemeinde sowie die Gewinnung von Außenstehenden in der Gemeindeversammlung. Daneben gab es auch wandernde Propheten (Mt 10,41; 23,34; Apg 11,27; Didache 11,1-6: Wanderapostel und -propheten), die von Ort zu Ort und von Gemeinde zu Gemeinde zogen und wohl in ähnlicher Weise wirkten („Seelsorge" im weitesten Sinne). Da es sich hier nicht um herausgehobene Einzelgestalten, sondern um eines

---

8 Nach Meinung der Jünger in Lk 24,19 ist ein Prophet für „Werk und Wort vor Gott und dem ganzen Volk" zuständig.

9 Zu allen s. ÖHLER, Jesus as Prophet, 129.

der vielen urchristlichen Charismen handelt und sich diese Prophetie vorwiegend auf den binnengemeindlichen Raum zu beziehen und zu beschränken scheint[10], schließen wir sie aus der weiteren Betrachtung aus. Immerhin sollte man festhalten, dass nach Apg 2,17-18 (Joel-Zitat) jetzt alle Jesusgläubigen aufgrund der endzeitlichen Ausgießung des Geistes im Prinzip prophetisch begabt sind und diese Geistesgabe ausüben könnten. – Auch das könnte ein interessanter Beitrag zu unserem Thema sein: Seit Pfingsten sind alle Christen Prophetinnen und Propheten und damit in eine prophetische Funktion – sei es nach außen (vgl. das Pfingstwunder) oder im Binnenraum der Gemeinde – eingewiesen.

Wenn wir die genannten Belege überblicken, so müssen wir feststellen: Bei der Kategorie des „Propheten“ haben wir es mit einem sehr offenen, manchmal unklaren und diffusen Begriff zu tun. Dies wirkt sich auch – damals wie heute! – in der Anwendung auf Jesus aus und führt zu einem eigentümlichen Schwanken zwischen bewusster Verwendung und auffälliger Zurückhaltung. In jedem Fall muss der Begriff erst mit Inhalt gefüllt werden, wenn er sinnvoll gebraucht werden soll. Überspitzt gesagt: Exegetisch und religionsgeschichtlich geurteilt, ist der Begriff „Prophet“ nicht geeignet, etwas Sinnvolles (über Jesus) auszusagen, da er keinen konkreten, präzisen Inhalt hat – abgesehen vielleicht von dem Motiv der göttlichen Beauftragung. Zwischen der „Beschäftigung mit dem Bereich der eschatologischen Geheimnisse“ und der „mit übernatürlicher Erkenntnis einhergehende(n) Buß- und Umkehrpredigt“[11] besteht eben kaum ein Zusammenhang – außer dass beides zum Phänomen der Prophetie gehört und von ein und demselben Propheten wahrgenommen werden kann.

Was Jesus angeht, können und wollen wir dabei aber nicht stehen bleiben. Ich zitiere Martin Karrer und stimme seinem Fazit zu, dass das Attribut „Prophet“ durchaus einen „Zugang zum Verständnis Jesu“ eröffne.

> Wir dürfen es freilich nicht überschätzen und moderne Sprachregelungen nicht mit dem Neuen Testament in eins setzen. Von Jesus als Propheten zu sprechen, erleichtert den historischen Anweg. Es organisiert sinnvoll das Erzählen über ihn. Eine große Chance bietet es offener, narrativer Christologie. Doch müssen wir die Unschärfe, wo es ums Detail geht, beherzigen.[12]

Mit dem Hinweis auf das Narrative hat Karrer selbst den entscheidenden Hinweis gegeben, in welche Richtung voranzuschreiten wäre: Man muss sich von der ausschließlichen Fixierung auf den Begriff „Prophet“ lösen und nach charakteristischen Elementen einer narrativen „Prophetenbiographie“ zur Zeit Jesu fragen. Hierfür können wir für die Zwecke des vorliegenden Beitrags auf die Untersuchungen von Michael Tilly aus dem Jahre 1994 zurückgreifen,

---

[10] Eine Ausnahme ist der Prophet Agabus nach Apg 11,28.

[11] GERHARD DAUTZENBERG, Art. „Propheten/ Prophetie IV Neues Testament und Alte Kirche“. In: TRE 27 (1997), 508.

[12] MARTIN KARRER, Jesus Christus im Neuen Testament, Göttingen 1998 (GNT 11), 220.

denen bislang m. W. nichts Vergleichbares gefolgt ist.[13] Tilly arbeitet auf der Basis des entstehenden hebräischen und griechischen Kanons, der aramäischen Targumim und antiker jüdischer Prophetenlegenden (Martyrium Isaiae, Vitae prophetarum, Paralipomena Jeremiae) Grundzüge einer zeitgenössischen Interpretation der erzählenden biblischen Prophetenüberlieferung heraus, die in formaler Hinsicht beispielsweise die Art und Weise des (öffentlichen) Auftretens des Propheten betreffen und nach den typischen Inhalten der prophetischen Verkündigung – soweit erkennbar – fragen.

Ich werde mich im Folgenden – in bewusster hermeneutischer Zuspitzung – auf die Frage der Positionierung des Propheten Jesus zu den soziopolitischen Verhältnissen seiner Zeit konzentrieren – in der Annahme, damit einen signifikanten Querschnittsbereich zu den von Tilly genannten Merkmalen prophetischer Existenz erfassen zu können, und ohne damit ebenso wichtige andere Aspekte ausblenden zu wollen. Doch bevor zusammenfassende Merkmale von „Prophetie“ bei Jesus formuliert werden können, müssen noch weitere Grundlagen gelegt werden.

2. Zur gegenwärtigen Jesusforschung

Die Frage nach dem Verhältnis Jesu zu den gesellschaftlichen und politischen Fragen seiner Zeit, kurz gesagt: die Frage nach dem „politischen“ Jesus, gehört zu den umstrittenen Themen der neueren und gegenwärtigen Jesusforschung.[14] Es ist eine starke Tendenz, besonders in der amerikanischen Forschung, zu beobachten, „Jesus eine politische Rolle zuzuschreiben bzw. ihn als Katalysator gesellschaftlicher Veränderung zu betrachten“: So wird Jesus als sozialkritischer Prophet und Gesellschaftsreformer (Marcus Borg, Richard A. Horsley) oder als Widerständler vom Lande (John Dominic Crossan) charakterisiert.[15] Dies geht Hand in Hand mit einer Infragestellung des – insbesondere in der deutschen Forschung bis heute vorherrschenden – eschatologisch-apokalyptischen Jesusbildes. Aber auch da, wo man am Bild Jesu als eines eschatologisch-apokalyptischen Propheten festhält, kann eine soziopolitische Funktion und Rolle Jesu ausdrücklich eingeschlossen sein (Gerd Theißen). Die Aufmerksamkeit richtet sich dann nicht mehr (in erster Linie) auf ein zukünftiges die Welt verwandelndes Handeln Gottes, sondern

---

[13] MICHAEL TILLY, Johannes der Täufer und die Biographie der Propheten. Die synoptische Täuferüberlieferung und das jüdische Prophetenbild zur Zeit des Täufers, Stuttgart u. a. 1994 (BWANT 137).

[14] Zum Ganzen vgl. DAVID DU TOIT, Erneut auf der Suche nach Jesus. Eine kritische Bestandsaufnahme der Jesusforschung am Anfang des 21. Jahrhunderts. In: ULRICH H. J. KÖRTNER (Hg.), Jesus im 21. Jahrhundert. Bultmanns Jesusbuch und die heutige Jesusforschung, Neukirchen-Vluyn 2001, 91-134, hier 128-132; ders., Redefining Jesus: Current Trends in Jesus Research. In: LABAHN/ SCHMIDT, Jesus, Mark and Q, 82-124, hier 118-122.

[15] DU TOIT, Erneut auf der Suche, 128f.

auf die hier und jetzt durch Jesus ermöglichten und verwirklichten gesellschaftlichen Veränderungen (in diesem Sinne ist Jesus dann der „Prophet des Reiches Gottes"). Und an dieser Stelle erfolgt nun eine für die Beurteilung des „politischen" Jesus entscheidende Weichenstellung. Man muss nämlich m. E. deutlich unterscheiden, ob man von einer bewusst und direkt politischen Wirksamkeit Jesu auszugehen hat (intentional-final = der Absicht Jesu entsprechend) oder „nur" von einer indirekten oder impliziten (konsekutiv = mit möglichen politischen Folgen oder Wirkungen, die Jesus selbst nicht direkt beabsichtigt, die er aber auch nicht ausgeschlossen oder verhindert hat).[16] Im zweiten Fall wäre hermeneutisch eher von einem Rezeptionsphänomen als von einem Produktionsphänomen bewusster Autorschaft auszugehen. In der Mitte zwischen beiden wäre das anzusiedeln, was Gerd Theißen die Symbolpolitik Jesu genannt hat[17]: Jesus setzt ein deutliches politisches Zeichen, indem er gleichzeitig auf eine direkte (gewaltsame) politische Auseinandersetzung verzichtet. Den Einzug Jesu in Jerusalem kann man beispielsweise als eine solche symbolische politische Aktion (oder als eine prophetische Zeichenhandlung) Jesu verstehen: Er inszeniert sich bewusst so wie der römische Präfekt bei seinem Einzug in Jerusalem zu den drei großen jüdischen Jahresfesten, aber er verzichtet ebenso bewusst auf eine explizite Deutung des Ereignisses in eben diesem Sinne. Diese wird vielmehr in der Darstellung des Evangelisten Markus der begleitenden Menschenmenge zugeschrieben, ist also ein Rezeptionsphänomen – dem Jesus aber nicht widerspricht: „Gelobt sei das Reich unseres Vaters David, das da kommt (gemeint ist: durch dich)" (Mk 11,10). Es ist immerhin eine eigene jüdische Herrschaft, die hier – anstelle der römischen – in Jerusalem aufgerichtet werden soll. Hinzuzufügen ist noch, dass die Äußerung des Volkes im historischen Kontext weitaus „politischer" klingt, als Markus sie im Rahmen seines Evangeliums verstanden hat, der ja von einer politischen Machtergreifung des Messias Jesus nichts wissen will. – Je länger man sich damit beschäftigt, desto mehr wird einem die Doppelbödigkeit und Zweideutigkeit solcher „politischen" Aussagen bewusst. Die Übergänge zwischen einer prophetischen und einer messianischen Existenz Jesu sind hier (wie auch sonst) fließend.

Ein völlig apolitischer Jesus erscheint jedenfalls ziemlich unwahrscheinlich und hätte in der historischen Wirklichkeit kein Zuhause – schon aufgrund der engen Verzahnung von Religion und Politik in antiken Gesellschaften. Es sei hierzu an die Feststellung von Günter Stemberger erinnert:

---

16 Zur Terminologie vgl. im Zusammenhang des „politischen Paulus": WIARD POPKES, Zum Thema „Anti-imperiale Deutung neutestamentlicher Schriften". In: ThLZ 127 (2002) 850-862, hier 851.

17 Vgl. dazu GERD THEIẞEN/ ANNETTE MERZ, Der umstrittene historische Jesus. Oder: Wie historisch ist der historische Jesus? In: SIGURD M. DAECKE/ PETER R. SAHM (Hg.), Jesus von Nazareth und das Christentum. Braucht die pluralistische Gesellschaft ein neues Jesusbild?, Neukirchen-Vluyn 2000, 171-193, hier 183-188.

> Keine der führenden Gruppierungen des Judentums hat sich je mit innerer Religiosität begnügt; jüdisches Religionsverständnis verwirklicht sich immer, wenn auch nach den gegebenen Möglichkeiten unterschiedlich stark, auch im politischen Leben.[18]

Vor allem aber zeigt das Zentralsymbol der Verkündigung Jesu – das Reich Gottes – die politische Brisanz seines Auftretens. Das „Reich Gottes" ist von seiner alttestamentlich-frühjüdischen Begriffsgeschichte her primär eine zukünftige Größe am Ende der Geschichte, welche die vorausgehenden irdischen Reiche und Machtstrukturen ablöst und vernichtet. Für Jesus sind – und hier zeigt sich wieder die eigenartige „Gebrochenheit" und „Indirektheit" seines politisch-prophetischen Redens – die letztinstanzlichen Feinde des Menschen jedoch nicht die fremden Mächte oder die politischen Strukturen, sondern – dahinter stehend – der Satan und seine Dämonen, moderner gesagt: unsichtbare Mächte und Kräfte, die den Menschen in einer unheilvollen Vergangenheit gefangen halten und ihn daran hindern, sich ganz Gott und seinem kommenden Reich zuzuwenden.[19] Wenn Jesus aber die Nähe dieses Reiches verkündigt und mit seinen Dämonenaustreibungen (die man dann unter dieser Rücksicht auch als prophetische Zeichenhandlungen verstehen kann!) schon mit dessen Durchsetzung beginnt, dann bedeutet dies ganz automatisch auch das bevorstehende Ende aller Verhältnisse, die diesem Reich entgegenstehen – nicht nur der individuellen, sondern auch der soziopolitischen. Dies ergibt sich aus der Begriffsverbindung „Reich Gottes" mit logischer Notwendigkeit. Denn der griechische Begriff für Reich (βασιλεία) bedeutet wörtlich „Königsein, Königtum" und ist per se ein politischer Begriff. Durch die Verbindung mit „Gott" wird er zwar in die religiöse Sphäre übertragen, er bleibt dabei aber unvermeidlich auf den politischen Begriff als Bildspender bezogen und deshalb für politische Implikationen und Rezeptionen offen. Das Reich Gottes – wie immer man es sich als gegenwärtige oder zukünftige Größe auch vorstellen mag – ist zwangsläufig eine Alternative zum „Reich der Welt" und muss damit das Misstrauen aller derer erregen, die von den bestehenden ungerechten Verhältnissen profitieren. Es ist also ein Hauptinhalt der prophetischen Verkündigung und Existenz Jesu. Das muss aber nicht bedeuten, dass Jesus schon jetzt eine Veränderung der politischen, sozialen oder kommunalen Strukturen und Machtverhältnisse in Galiläa oder Jerusalem aktiv intendiert hätte.

Warum ist es aber überhaupt so schwierig, die Frage nach Jesu gesellschaftlich-politischer Rolle historisch genau zu beantworten? Antwort: Weil man dazu zwei sehr komplexe Bereiche miteinander in Beziehung setzen muss: die Überlieferung von Jesus in den Evangelien auf der einen und die Rekonstruk-

---

18 GÜNTER STEMBERGER, Pharisäer, Sadduzäer, Essener, Stuttgart 1991 (SBS 144), 114.

19 Ich halte also (mit G. Theißen) an der Charakterisierung Jesu als „eschatologischer" Prophet fest (gegen M. Borg und J. D. Crossan, die in den Reich-Gottes-Aussagen Jesu keine Zukunftserwartung, sondern das „Königtum des Weisen" ausgesprochen finden).

tion des sozialen Umfeldes Jesu auf der anderen Seite.[20] Und gerade letzteres ist nicht einfach. Durch die neueren historischen, sozialgeschichtlichen, kulturanthropologischen und archäologischen Forschungen ist unser Bild des damaligen Palästina bunter und facettenreicher geworden; eine Gesamtbewertung bleibt gleichwohl – oder gerade deshalb – schwierig.

Ich folge in der Darstellung D. du Toit:

> Beinahe alle Versuche, Jesus als Katalysator gesellschaftlicher Veränderung zu verstehen, basieren auf der Identifikation und Rekonstruktion von Unterdrückungsstrukturen bzw. von sozialen Konflikten in Jesu gesellschaftlichem Kontext sowie auf ihrer Verknüpfung mit der Jesusüberlieferung.[21]

In der neueren Jesusforschung haben sich dabei zwei Modelle etabliert, um dieses Verhältnis zu beschreiben:

1) der antike Patriarchalismus: Jesus sei ein scharfer Kritiker der patriarchalen Gesellschaftsstruktur gewesen. Deshalb habe er eine Erneuerungsbewegung gegründet (man könnte sie wieder „prophetisch" nennen), in der an die Stelle der traditionellen patriarchalen Werte ein auf Gleichwertigkeit aller Menschen beruhendes, jegliche autoritäre Hierarchien ablehnendes Ethos tritt, in dem die herkömmlichen Unterschiede keine Rolle mehr spielen (vgl. Paulus in Gal 3,28).

2) Andererseits postuliert man einen Kontext politischer Unterdrückung und ökonomischer Not als Rahmen für die Interpretation der Jesusüberlieferung.

> Demzufolge war das Römische Reich eine hierarchisch strukturierte Agrargesellschaft, die durch ihre höchst ungleiche Verteilung von Macht, Privilegien und Wohlstand gekennzeichnet war. Die galiläische Landbevölkerung – d.h. Jesu primärer Kontext – befand sich ganz unten in der Machtpyramide und war das Opfer massiver sozialer Unterdrückung.[22]

Wie düster und angespannt die Situation allerdings wirklich war, wird von den einzelnen Forschern sehr unterschiedlich eingeschätzt. Man kann sich nämlich fragen, wieweit ein vollständig schwarz in schwarz gemaltes Bild brutaler ausbeuterischer Unterdrückung der Realität der eigenen jüdischen (herodäischen) wie der fremden römischen Herrschaft eigentlich gerecht wird. Anlass und Betätigungsfeld für eine prophetisch-kritische Existenz Jesu wird aber in jedem Falle gegeben gewesen sein.

Das Bild, das man sich von Jesus als einem Katalysator gesellschaftlicher Veränderungen macht, ist jedenfalls davon abhängig, wie die genannten Verhältnisse eingeschätzt werden und wie die Interaktion Jesu mit ihnen gedacht wird. Wiederum lassen sich zwei Muster erkennen:

---

20 Vgl. DU TOIT, Erneut auf der Suche, 129.
21 Ebd. (Kursivierungen aufgehoben).
22 Ebd., 130.

1) Zum einen wird Jesus als Gründer einer (prophetischen!) Erneuerungsbewegung verstanden, die als „alternative Gemeinschaft" und Keimzelle eines erneuerten Gottesvolkes fungierte, d. h. als Gegenentwurf oder Kontrastgesellschaft zur vorhandenen, „mit Unterdrückungsstrukturen durchsetzten Gesellschaft", in der der Einzelne Heilung, Heil und soziale Geborgenheit fand, die aber keinen direkten Veränderungswillen auf die umgebende Gesamtgesellschaft ausübte.

2) Zum anderen wird Jesus als radikaler (prophetischer!) Reformer betrachtet, „der eine Erneuerungsbewegung innerhalb der Gesellschaft gründete, die angesichts der ... vorhandenen strukturellen Unterdrückung darauf zielte, die Gesellschaft selbst bzw. ihre Institutionen zu reformieren."[23]

Ich deutete schon an, dass ich die erste der beiden Alternativen für zutreffender halte. Als soziale Gruppe, die die Lebensverhältnisse ihrer Mitglieder in umfassender Weise verändert und insofern die gesellschaftliche Machtverteilung beeinflusst, ist aber auch die „bloße" alternative Gemeinschaft, die Jesusbewegung, die Kirche ein politischer Akteur (im Sinne Max Webers) – und damit auch der, der an ihrem Anfang steht: Jesus, der Prophet aus Nazaret (Mt 21,11).[24]

An dieser Stelle mag es angezeigt sein, ein Modell des amerikanischen Politologen und Soziologen James C. Scott in die Diskussion einzubeziehen, das von Richard Horsley für die historische Jesusforschung fruchtbar gemacht wurde und das der genaueren Klärung der Verwendung des Begriffs des „Politischen" für die Jesusbewegung im Kontext der damaligen palästinischen Gesellschaft dienen kann. Ausgangspunkt ist die treffende Feststellung, dass es für die von einem herrschenden System Unterdrückten nicht nur die Alternative von Aufstand oder Unterwerfung gibt, sondern dass sie von Gefühlen und Sehnsüchten bestimmt sind, die zu viel differenzierteren, gleichwohl „politischen" Verhaltensweisen führen und die auch über die Bedeutung von Texten bestimmen – sei es in der Produktion oder in der Rezeption. Entscheidend für dieses Modell ist die Unterscheidung von *public* und *hidden transcript*. Bei letzterem handelt es sich um eine bestimmte „verborgene" Intention oder Lesart, die einem Text entgegen seinem offensichtlichen und „für die Öffentlichkeit geeigneten" Sinn und Zweck zukommen kann. Auf der Verhaltensebene entsprechen dem Formen des heimlichen und versteckten Widerstandes gegen die herrschenden soziopolitischen Verhältnisse, „the arts of political disguise", wie Scott das nennt. Wichtig sind die Implikationen für den Politikbegriff:

---

23 Ebd., 132 (Kursivierungen aufgehoben).

24 Thomas Kazen hat die These aufgestellt, die frühen Christen hätten sich in ihrer sozialen, ethischen und religiösen Praxis die narrativ vermittelte Überlieferung von der prophetischen Existenz Jesu zum Vorbild genommen, so dass von daher der „eschatologisch-messianische Prophet" zu einem „root model" für die Entwicklung der frühen Christologie geworden sei (THOMAS KAZEN, The Christology of Early Christian Practice. In: JBL 127 [2008] 591-614).

> So long as we confine our conception of *the political* to activity that is openly declared we are driven to conclude that subordinate groups essentially lack a political life or that what political life they do have is restricted to those exceptional moments of popular explosion. To do so is to miss the immense political terrain that lies between quiescence and revolt and that, for better or worse, is the political environment of subject classes.[25]

Wichtig ist aber v. a., dass mit diesem Konzept die Aufmerksamkeit auf die polyvalenten und doppeldeutigen Elemente in Texten gerichtet wird. Sie ermöglichen „politische" – und in diesem Sinne „prophetische" – Lesarten von Texten, die einen Einblick in den „geschützten Binnenraum" unterdrückter Gemeinschaften und die dort geführten Diskurse eröffnen. Ein Beispiel war mit dem Einzug Jesu in Jerusalem nach Mk 11,1-10 oben schon genannt. Für unseren Zusammenhang sind zwei weitere Aspekte von Bedeutung:

1) R. Horsley sieht die Dorfgemeinschaften Galiläas als die grundlegende Sozialform für die Entwicklung der synoptischen Evangelientradition und den eigentlichen Ort und Gegenstand gesellschaftlicher Revolution bei Jesus.[26] Auch wenn man ihm hierin nicht folgen mag und eher dem Modell der Kontrastgesellschaft und alternativen Gemeinschaft (s. o.) jenseits der kommunalen Strukturen Galiläas zuneigt (angefangen von der wandernden Jesusgruppe bis hin zu den Hausgemeinden der nachösterlichen Jesusbewegung), so ist doch das Modell von *public* und *hidden transcript* ohne Schwierigkeiten auch auf letztere anwendbar – auch wenn man im Blick auf die Brisanz des Politischen größere Zurückhaltung üben muss als im anderen Fall.

2) Die Übergänge zwischen dem *hidden transcript* und dessen öffentlicher Verlautbarung und Umsetzung sind fließend. Das heißt: Eine marginalisierte Gruppe und ihr Anführer können jederzeit – anlassbezogen – von der einen zur anderen Verhaltensweise, vom versteckten zum offenen Aufstand übergehen. Dies zeigt sich nicht zuletzt bei Jesus von Nazaret: Gegen Ende seines Lebens häufen und verschärfen sich die öffentlichen Auseinandersetzungen bis hin zu Jesu Tempelaktion, der sog. „Reinigung des Tempels", bei der Jesus öffentlich und unter Anwendung physischer Gewalt zu den Zuständen im Tempel Stellung nimmt (Mk 11,15-17) bzw. dessen Zerstörung ankündigt (Mk 13,2; vgl. 14,58) – ein eindeutiges Beispiel einer prophetischen Zeichenhandlung, die von vielen Neutestamentlern als der letzte Anstoß und Auslöser für Jesu Verhaftung und Verurteilung angesehen wird. Man darf diese öffentliche Auseinandersetzung aber eben nicht einseitig für die eigentliche „politische" Dimension des Wirkens Jesu ansehen und schon gar nicht mit dem *public transcript* verwechseln – denn mit dieser Bezeichnung sind nur politisch

---

[25] JAMES C. SCOTT, zitiert nach RICHARD A. HORSLEY, Jesus in Context. Power, People, and Performance, Minneapolis 2008, 184. Zum Ganzen s. ebd., 169-204.

[26] Ebd., 180f.

korrekte, öffentlich geeignete und sanktionierte, in Übereinstimmung mit dem herrschenden System stehende Äußerungen von Abhängigen gemeint.

In jedem Fall ermöglicht das soziologische Modell eine differenziertere Wahrnehmung dessen, was ich das prophetisch-politische Potenzial bei Jesus und in der Jesusbewegung nennen möchte.

3. Jesus als Prophet: Zusammenfassende Merkmale von „Prophetie" bei Jesus

Mit dem Gesagten sind einige Voraussetzungen geschaffen, um unsere Eingangsfrage nach der Rolle und Bedeutung der prophetischen Dimension im Auftreten Jesu beantworten zu können. Diese Voraussetzungen betreffen zwei Seiten: Wir haben einerseits eine große Offenheit des Prophetenbegriffs im zeitgenössischen Judentum und seiner Umwelt festgestellt und uns deswegen stärker auf das biographisch-narrative Moment eines frühjüdischen Prophetenbildes bzw. im Leben Jesu hin orientiert; andererseits haben wir uns auf die soziopolitische Seite des „Prophetischen" bei Jesus konzentriert und schließlich das Verständnis des „Politischen" erweitert über direkt politisches öffentliches Handeln hinaus in den Bereich des „versteckt" Politischen und des gruppeninternen Diskurses und Verhaltens. Es gilt jetzt, gewissermaßen die Summe aus alledem zu ziehen.

Ich gehe dazu so vor, dass ich zusammenfassend einige Züge des von M. Tilly erhobenen zeitgenössischen frühjüdischen Prophetenbildes – etwas abgewandelt – benenne und nach diesen Zügen im Auftreten Johannes' des Täufers und Jesu frage. Durch den Vergleich mit dem Täufer wird einerseits das Bild Jesu deutlicher, andererseits soll daran erinnert werden, dass am Anfang des Christentums nach neutestamentlicher Darstellung zwei Propheten stehen, von denen *beiden* gilt, was Jesus nach Lk 7,26 über Johannes gesagt hat: „Wolltet ihr einen Propheten sehen? Ja, ich sage euch: Ihr seht mehr als einen Propheten" – und zwar jeweils einen ganz besonderen Propheten, der nach christlichem Verständnis mit dieser Kategorie nicht hinreichend und abschließend erfasst werden kann und will.[27] – Zugleich kann differenziert nach der soziopolitischen Relevanz der dargestellten prophetischen Züge

---

[27] Nach dem Qur'ān (Übers. A. Th. Khoury) ist Johannes vor den anderen Menschen ausgezeichnet („erwählt") und in eine Reihe mit Zacharias, Jesus und Elia gestellt (Q 6:85.87). Allen ist die Gabe der Prophetie zu eigen (Q 6:89). Johannes wird darüber hinaus von den Engeln als „Herrscher, Asket und Prophet" angekündigt (Q 3:39) und bekommt schon als Kind Urteilskraft von Gott (Q 19:12). – Interessant ist im Blick auf unser Thema sowohl die Kombination der Bezeichnungen als auch die Frage nach dem Vergleich mit Jesus (s. dazu auch einen Hadith in der Sammlung Tirmidhi, nach dem Johannes nicht möchte, dass Jesus ihm mit der Überbringung von fünf Worten Gottes „zuvorkommt"; zit. nach der Übers. von ADEL THEODOR KHOURY, Der Hadith. Urkunde der islamischen Tradition. Bd. IV, Gütersloh 2010, 32f).

gefragt werden. Als „Rahmenmerkmal“ zu allem kann die göttliche Beauftragung gelten (vgl. die Berufungstexte Mk 1,2ff par; 1,9-11 par; Lk 3,2 und vielleicht 10,18; sowie Worte vom Gekommensein wie Lk 7,33f; Mk 2,17b par). Im Übrigen aber ist das persönliche Gottesverhältnis Jesu nicht das, was seine prophetische Existenz ausmacht. Hier kann man sich an den Wortsinn von „Prophet“ halten: Es geht um das, was Jesus „äußert“, womit er nach außen tritt und ggf. kritisch Stellung nimmt bzw. verändernd auf seine Umgebung einzuwirken versucht.

1. Merkmal: Askese

Ich stelle dieses Merkmal wegen seines Ortes in der Prophetenbiographie voran, obwohl von ihm bisher noch nicht die Rede war und von einer soziopolitischen Relevanz desselben auch nur sehr indirekt die Rede sein kann.

Von Johannes dem Täufer wird einfache Kleidung und einfache Nahrung berichtet (Enthaltung von Fleisch und Wein[28]). Dadurch wird einerseits prophetisches Selbstverständnis und andererseits Buße oder Trauer angesichts des bevorstehenden Gerichtes Gottes zum Ausdruck gebracht. Zusammen mit dem Aufenthaltsort des Täufers in der Wüste ruft dieses Verhalten zur Umkehr zu den Ursprüngen der Heilsgeschichte Israels auf und bezieht sich dadurch kritisch auf die Verhältnisse und Zustände in der Gegenwart – wohl v. a. in moralischer Hinsicht. – In beidem folgt Jesus dem Täufer nicht. Er zieht sich nicht in die Wüste zurück, trägt keine besondere Kleidung und fastet auch nicht. Ohne seine persönliche Besitz- und Bedürfnislosigkeit als wandernder Lehrer aufzugeben, trinkt er Wein und feiert Feste, sein erstes Wunder gemäß dem Johannesevangelium ist ausgerechnet ein Weinwunder bei einer Hochzeit. Der Grund ist einfach: Im Unterschied zu Johannes blickt Jesus primär nicht auf die Wüstenzeit zurück, sondern auf die anbrechende Heilszeit voraus, und deren Kennzeichen sind u. a. Nahrungsfülle und eschatologische Festmähler; und sollte Jesus sich auch als Messias verstanden haben, so ist dessen Zeichen der Weinstock. Was Jesus allerdings beibehält – wie Daniel, Johannes der Täufer und andere vor ihm sowie Paulus, Jakobus und unzählige andere nach ihm –, das ist die Ehelosigkeit. Sie ist zweifellos ein prophetisches Element bis heute, indem sie darauf hinweist, dass Ehe und Familie nicht der höchste und letzte Wert im Leben sein können. Jede Form religiöser Askese ist ein radikales Zeichen der Hinwendung zu Gott unter Zurückstellung aller üblichen Wichtigkeiten im Leben und kann insofern Ausdruck einer prophetischen Existenzweise und Lebensform sein (absolute Orientierung an dem persönlich erkannten Willen Gottes). Jesus und alle anderen zölibatär oder anderswie asketisch lebenden Menschen stellen damit ein deutliches Zeichen dafür auf, dass nicht alles immer so weitergehen kann

---

[28] Dazu s. TILLY, Johannes der Täufer, 38.102.

und wird wie bisher, sondern dass Gott mehr und anderes mit uns vorhat als Essen und Trinken, Kinderzeugen und Sterben. Es werden tatsächlich die natürlichen Lebensbedürfnisse in Frage gestellt. Wieweit solches asketische Leben eine soziopolitische Relevanz besitzen oder gewinnen kann (etwa als Gegenentwurf zu gesellschaftlich vorherrschenden Lebensentwürfen), lasse ich hier dahingestellt. Im Falle der bewussten Ehelosigkeit von Frauen kann der Protest gegen patriarchalische Gesellschafts- und Familienverhältnisse durchaus ein Movens dafür sein.

2. Merkmal: Wunder und Zeichenhandlungen

Das eben Gesagte gilt auch für die öffentlichen Zeichenhandlungen der beiden Propheten: Johannes praktiziert eine Bußtaufe im Jordan mit dem Ziel der Sündenvergebung und orientiert sich damit wiederum an den Anfängen der Heilsgeschichte Israels (Durchzug durchs Schilfmeer und den Jordan vor dem Einzug in das Land). Jesus tauft nicht mehr und feiert stattdessen Freudenmähler mit Zöllnern und Sündern als öffentlich demonstrierte Annahme von politisch und sozial ausgegrenzten Menschen und als prophetischer Vorgriff (zeitlich wie sachlich) auf die kommende Heilszeit. – Auch auf die Wunder Jesu – die er im Unterschied zu Johannes dem Täufer als Zeichen *seiner* besonderen prophetischen Sendung vollbringt – sind wir im Zusammenhang unserer Fragestellung schon aufmerksam geworden. Sie besitzen einen mehr oder weniger großen Öffentlichkeitscharakter und eine mehr oder weniger große soziopolitische Brisanz. So ist wiederholt vorgeschlagen worden, die Heilung des Besessenen von Gerasa (Mk 5,1-20) vor dem Hintergrund der römischen Besatzung in Palästina (V. 9: der „unreine Geist" gibt sich als „Legion" zu erkennen) und deren heimlich ersehnter Vertreibung aus dem Land und Vernichtung im Meer (V. 13) – also mit deutlichen Elementen eines *hidden transcript* – zu lesen. Und wenn Jesus die Massen speist und sich ihnen fürsorglich zuwendet, dann beschwört er damit nicht nur die Mosezeit herauf, sondern übernimmt auch in gewissem Sinne eine zeitgenössische herrscherlich-politische Rolle, weil dies eigentlich auch von hellenistisch-römischen Herrschern erwartet – und leider allzu oft nicht erfüllt – wurde (vgl. Joh 6,14f: Nach der Speisung der ca. 5000 erkennen die Menschen Jesus als den verheißenen endzeitlichen Propheten wie Mose und wollen ihn „zum König machen").

3. Merkmal: Ankündigung des kommenden Gerichts

Jesus teilt mit dem Täufer die grundlegende Erwartung eines kommenden Gerichts. Für beide ist die Kritikwürdigkeit und Erneuerungsbedürftigkeit des Volkes so radikal, dass Gott nunmehr ein letztes Angebot macht und sodann mit seinem richtenden Eingreifen jederzeit zu rechnen ist. Während jedoch der Täufer sich auf den Umkehrruf beschränkt, eröffnet Jesus noch einmal eine Zeit der Vorbereitung auf das kommende Gericht und Reich Gottes, in der er selbst die zentrale Rolle spielt („eschatologischer Prophet") und in der er auch (indirekt) politische Zeichen für den Veränderungswillen Gottes setzt (vgl. die Weherufe über die Reichen, die Seligpreisung der Armen, die Heilung der Kranken).

4. Merkmal: Konkrete sozialethische Forderungen

Während Johannes das Volk zu einer ethisch verantwortlichen Lebensführung im Rahmen der bestehenden Gesellschaftsordnung aufruft (Lk 3,10-14; er selbst lebt außerhalb dieser!), stellt Jesus diese durch sein Verhalten und seine Verkündigung indirekt in Frage, wenn er z. B. zu Feindes- und Fremdenliebe aufruft (Lk 6,27ff; 10,25-37), die Unvereinbarkeit von Gott und Geld propagiert (Lk 16,13), das Schwören untersagt (Mt 5,34) oder jegliche irdische Autorität in Frage stellt (Mt 23,8-12; vgl. Mk 3,35; 10,30). Kritisches Reden und abweichendes Verhalten in der Öffentlichkeit, aber auch innerhalb der eigenen Gruppe ist also in jedem Falle ein Kennzeichen des prophetisch-politischen Wirkens und der prophetisch-politischen Identität Jesu. Zu dieser Identität gehört auch, dass Jesus in bestimmten Aspekten seiner Person und seines Wirkens für seine Anhänger als urbildliches Modell gelten muss, dem sie in ihrem eigenen Leben und Verhalten „nachfolgen" sollen. Unbeschadet seiner Einzigartigkeit für die Gläubigen („Sündlosigkeit", Erlöserfunktion) kann er so zum Vorbild für die Umsetzung konkreter sozialethischer Forderungen werden – ja gerade *aufgrund* seiner besonderen Rolle und soteriologischen Funktion ist dies möglich, ohne zu einer moralisch-religiösen Überforderung der Christen zu führen. – Ähnliches gilt für die nächsten Merkmale prophetischer Existenz bei Jesus:

5. Merkmal: Herrschafts- und Kultkritik

Johannes der Täufer hatte seinen Landesfürsten Herodes Antipas wegen dessen Lebenswandel angegriffen und bezahlte dieses mit seinem Leben (Mk 6,17ff). Ein politischer Hintergrund für die Hinrichtung des Täufers ist nicht auszuschließen (vgl. Josephus, Antiquitates Iudaicae XVIII 118: Furcht des Herodes vor einem durch Johannes ausgelösten Aufstand). Jesu *öffentliches* Verhalten gegenüber Herodes und der römischen Kolonialmacht ist eher von Zurückhaltung geprägt; dass seine Haltung aber durch eine alles andere als harmlose Zweideutigkeit gegenüber den Mächtigen bestimmt gewesen sein muss, zeigen sowohl Lk 13,31 (Herodes' Tötungsabsicht; in diesem Zusammenhang fällt auch der Prophetentitel: V. 33) als auch die Perikope von der Kaisersteuer (mit Mk 12,17)[29]. – Jesus stimmt mit dem Täufer auch in einer distanzierten Haltung gegenüber dem Jerusalemer Tempel überein. Bedeutete alleine schon das Angebot einer Taufe im Jordan zur Vergebung der Sünden einen Affront gegenüber den Sühneriten im Tempel, so greift Jesus in der sog. Tempelreinigung – zeichenhaft – direkt in den Kultbetrieb ein und demonstriert damit seine ablehnende Haltung gegenüber diesem in seiner vorfindlichen Form. Damit befindet er sich eindeutig in der Nachfolge der alttestamentlichen Propheten[30], die ebenfalls massive Kritik am Jerusalemer Tempelbetrieb übten und die Zerstörung des Tempels ankündigten. Gemeinsam ist auch, dass diese prophetische Kritik aufgrund des engen Zusammenhangs von Religion und Politik, von Kult, öffentlicher Ordnung und staatlicher Gewalt zugleich als ein Angriff auf die herrschende Oberschicht und deren Machtinteressen verstanden und dementsprechend als eine hochpolitische Angelegenheit betrachtet werden konnte (und wurde) – mit den bekannten Folgen, nämlich:

6. Merkmal: Verfolgung und Tötung durch die Mächtigen

Dieses traditionelle Motiv besagt: So wie die Verhältnisse nun einmal sind, erkennt man den wahren Boten Gottes daran, dass er unvermeidlicherweise von den Mächtigen verfolgt wird und am Ende ein gewaltsames Geschick erleidet. Den zugehörigen Schlüsseltext in Bezug auf Jesus haben wir oben schon genannt (Lk 13,34f: „Jerusalem, Jerusalem, das die Propheten tötet und die zu ihr Gesandten steinigt…“, im Anschluss an die „Regel“ von V. 33b, dass kein Prophet außerhalb Jerusalems umgebracht wird; vgl. auch Mt 5,10-12; Lk 6,22f in Bezug auf die Gemeinde).[31] Die zugrunde liegende Überzeugung lautet: Der Gerechte muss in dieser ungerechten Welt viel leiden, aber Gott wird ihm aus allem heraushelfen (vgl. Ps 34,20). Dieses Schema lässt sich unschwer auf das Prophetengeschick des Täufers ebenso wie Jesu in seiner Passion und Auferstehung anwenden (Propheten sind herausragende „Gerechte“!)[32] wie auf einen jeden Menschen, der um des Glaubens willen leiden muss (Modellcharakter!). Auch Paulus überträgt es auf verfolgte

---

[29] S. dazu die Auslegung dieser Stelle im Sinne des Modells von J. C. Scott durch STEFAN SCHREIBER, Caesar oder Gott (Mk 12,17)? Zur Theoriebildung im Umgang mit politischen Texten des Neuen Testaments. In: BZ 48 (2004) 65-85.

[30] Insbesondere Jeremias (vgl. Mk 11,17b mit Jer 7,11).

[31] Auch im Qur'ān findet sich der Vorwurf der Ablehnung der Propheten und des Prophetenmordes (Q 2:61.87; 15:11; 23:44).

[32] Es trifft auch auf alle in Mt 16,14 namentlich Genannten zu: Johannes der Täufer, Elia und Jeremia. Vgl. MICHAEL KNOWLES, Jeremiah in Matthew's Gospel. The Rejected-Prophet Motif in Matthaean Redaction, Sheffield 1993 (JSNT.S 68), 160: „John the Baptist, Elijah and Jeremiah all represent approximations of Jesus' identity: they are all prophetic and suffering prototypes of the messiah, who is about to announce his own impending fate“ (vgl. 16,21).

Christen (1Thess 2,14f) und macht damit deutlich: *Das letztlich entscheidende Merkmal des Prophetischen ist das Leiden und die Bereitschaft dazu im Widerspruch zur Ungerechtigkeit der Welt.* Dies ist keine Einladung zum Leiden und keine Verherrlichung desselben, wohl aber eine realistische Wahrnehmung der Verhältnisse und der Rolle des Prophetischen in ihnen. Dies zeigt aber auch, dass wir mit einem einseitigen und oberflächlichen Begriff des „Politischen" im Falle von Propheten wie Jesus nicht weiterkommen. Vielmehr ist bei allen biographisch-narrativen Einzelzügen – vom demonstrativen Auftreten zu Beginn bis zum dramatischen Lebensende – eine differenzierte und genaue Betrachtung ihrer potentiell politischen und sozialen Funktion vonnöten, wenn wir dem hermeneutischen Potential, das in solchen Überlieferungen steckt, gerecht werden wollen.

Dasselbe gilt auch für das Leben des Propheten Muḥammad. Der Einzelvergleich mit Jesus gewinnt dadurch seinen besonderen Reiz, dass in Bezug auf das „Politische" üblicherweise einer der Hauptunterschiede, ja -gegensätze zwischen den beiden „Propheten" gesehen wird. In der hier gewählten Betrachtungsweise rückt Jesus näher an Muḥammad heran, wodurch sich neue Gesprächsmöglichkeiten zwischen Christen und Muslimen ergeben. Die differente Christologie im Neuen Testament und Qur'ān wird dabei nicht ausgeblendet, es wird aber deutlich, dass sie ein fruchtbares Gespräch zwischen den unterschiedlichen Traditionen – mit auch religiös-theologischen, nicht nur moralisch-ethischen Anschlussmöglichkeiten – nicht behindern muss. So wird man auch für den islamischen und christlichen Religionsunterricht von der Beschäftigung mit diesem Thema einiges erwarten dürfen.

Ufuk Topkara

Der Prophet Muḥammad im Spannungsfeld der muslimischen und nicht-muslimischen Wahrnehmung

1. Methodologische Zugänge zur Erforschung des Propheten Muḥammad

Über den Propheten Muḥammad[1] wurde in letzter Zeit viel publiziert[2], noch mehr gestritten[3] und gelegentlich auch deutlich geurteilt. Der Prophet Muḥammad wurde und wird immer noch sehr vielschichtig analysiert und wahrgenommen. Die unterschiedlichen Schlussfolgerungen jedoch, zu denen muslimische wie nicht-muslimische Autoren über das Leben und Wirken Muḥammads gelangen, könnten nicht antagonistischer sein. Zwischen der Liebe und Verehrung, die die Muslime für den Propheten Muḥammad empfinden, und den Einschätzungen von Nicht-Muslimen klafft eine unübersehbare Kluft.

Einerseits mag das unmittelbar mit dem methodologischen Zugang zusammenhängen.[4] Die Grundannahmen der Islam- bzw. Religionswissenschaft lassen sich mit der Islamischen Theologie oder dem religiösen Verständnis von Muslimen nicht ohne weiteres harmonisieren. Es geht hierbei nicht nur um die Deutungsperspektive, Innenansicht versus Außenansicht. Gerade mit

---

1 Es ist üblich für die Muslime bei der Erwähnung des Prophetennamens ihn mit der Formel *ṣallallahu ʿalayhi wa sallam* zu ehren. In der islamischen Gelehrsamkeit hat sich die Tradition etabliert, bei der ersten Erwähnung seines Namens im Rahmen einer Abhandlung die Grußformel zu erwähnen und im weiteren Verlauf der Erörterung darauf zu verzichten.

2 Eine aussagekräftige aber beschränkte Auswahl enthält folgende Titel: Jonathan A.C. Brown, Muhammad. A very short introduction, Oxford 2011; Tariq Ramadan, In the Footsteps of the Prophet: Lessons from the life of the Prophet, Oxford 2009; Omid Safi, Memories of Muḥammed, Why the Prophet matters, New York 2009; Martin Lings, Muhammad. His life based on the earliest sources, Rochester 2006; Jonathan E. Brockopp (Hg.), The Cambridge Companion to Muhammad, Cambridge 2010; Annemarie Schimmel, Muhammad, München 2002; Dies., And Muhammad is his Messenger. The Veneration of the Prophet in Islamic Piety, Chapel Hill 1985; Reza Aslan, Kein Gott außer Gott: Der Glaube der Muslime von Muhammad bis zur Gegenwart, München 2008; Hartmut Bobzin, Mohammed, München 2001; Marco Schöller, Mohammed, Frankfurt a.M. 2008.

3 Es sei in diesem Kontext auf die zum Teil gewalttätigen Auseinandersetzungen im Anschluss an die Publikation der Satanischen Verse von Salman Rushdie 1987, die Publikation der sog. Muḥammed-Karikaturen in der dänischen Tageszeitung Jylland Posten 2006, sowie auf die Reaktionen auf den jüngst veröffentlichen Schmähfilm „Unschuld der Muslime“ 2012 hingewiesen.

4 Islamwissenschaftliche Analysen werden von religionswissenschaftlichen Erkenntnissen ergänzt, teilweise nähern sich beide Disziplinen dem Propheten bzw. der Prophetie und dem Islam bzw. der Religion mit ähnlichen methodologischen Zugängen. Zusätzlich hierzu fließen noch Erkenntnisse aus vielen anderen wissenschaftlichen Disziplinen wie der Geschichtswissenschaft, Philosophie, Linguistik, Archäologie und neuerdings auch der Soziologie und Politologie zu.

Blick auf das Leben des Propheten lassen sich die Differenzen deutlich aufzeigen. So ist zum Beispiel bis heute vielen nicht-muslimischen Autoren nicht einmal annähernd klar, wie tief und bedingungslos der Prophet Muḥammad von den Muslimen geliebt und verehrt wird. [5] Hier fehlt gerade den Nicht-Muslimen die Fähigkeit sich in das Innenleben der muslimischen Glaubenswelt hineinzudenken. Andere nicht-muslimische Autoren scheinen sogar offen antagonistische Positionen zum Islam und jedweder Religion per se einzunehmen.[6] Die Unvoreingenommenheit, die teilweise von der Islamwissenschaft als Grundlage für wissenschaftlich-objektive Forschung vorausgesetzt wird, stellt daher für die Muslime in der Erforschung des Islam ein epistemologisches Hindernis dar. Bisweilen unterstellen Muslime der Islamwissenschaft sogar eine epistemologische Blockade, die sich per definitionem nicht aufheben lässt.

Seit den Anschlägen vom 11. September 2001 gibt es einen spürbaren Anstieg der islamwissenschaftlichen Forschung. In den akademischen Zirkeln der westlichen Welt lässt sich beinahe ein Wettstreit, um die Deutungshoheit über den Islam beobachten. Muslimische Autoren stehen in einem direkten Konkurrenzverhältnis mit nichtmuslimischen Autoren.[7] Zweifelsohne hat die islamwissenschaftliche Forschung sich um viele Erkenntnisse verdient gemacht und stellt auch weiterhin einen wichtigen Diskussionspartner dar. Andererseits ist es aber auch nicht von der Hand zu weisen, dass die islamwissenschaftliche Forschung in der Mehrheit von Nicht-Muslimen betrieben wird, was zwar per se kein Ausschließungskriterium sein darf, aber folgerichtig auch keine Werthaltigkeit und normative Aussagekraft für die Glaubenswelt der Muslime für sich in Anspruch nehmen kann.

Die Abhandlung eines Muslimen aus dem Innenverhältnis der Islamischen Theologie, die sowohl die islamisch-intellektuelle Tradition wie die Glaubenspraxis der Muslime im Auge behält, kann die islamwissenschaftliche Forschung folgerichtig nicht ersetzen. Gerade dieser Umstand sorgt weiterhin dafür, dass viele Muslime den islamwissenschaftlichen Erkenntnissen mit Skepsis begegnen. Trotzdem ist es unangebracht, der Islamwissenschaft jedwede Bedeutung abzusprechen. Im Gegenteil, es wird eine Aufgabe der Islamischen Theologie sein, diese Berührungsängste mit der islamwissenschaftlichen Forschung zu hinterfragen, und aufzuzeigen, dass die Islamwissenschaft durchaus wertvolle und bereichernde Erkenntnisse für die Muslime bereit halten kann.

---

5 Vgl. JONATHAN E.BROCKOPP, Introduction. In: DERS. (Hg.), The Cambridge Companion to Muhammad, Cambridge 2010, 1.

6 Vgl. ebd., 13.

7 Im Vergleich zu anderen Weltreligionen wird der Islam an den Universitäten der westlichen Welt größtenteils von Nicht-Muslimen erforscht. Andererseits aber ist die Mehrheit der herausragenden muslimischen Theologen wiederum an amerikanischen oder westlichen Universitäten beheimatet.

Der islamwissenschaftlichen Erforschung des Propheten Muḥammad steht die muslimische Position gegenüber, die sich langsam, aber immer bestimmter von den apologetischen Fesseln der postkolonialen Zeit zu befreien begonnen hat und nun den Versuch unternimmt die Rolle des Propheten im speziellen und die des Islams im generellen, zu akzentuieren und zu artikulieren. Gerade die Entwicklung in Deutschland, wo sich die Islamische Theologie in der universitären Landschaft zu etablieren im Begriff ist, gibt Anlass zu der Hoffnung, dass muslimische Theologen ihre Glaubenswelt rettend übersetzen,[8] und hierdurch für Muslime wie Nicht-Muslime erklärbar machen können. Islamische Theologen müssen sich hierbei doppelt behaupten; einerseits in Abgrenzung von der Methodologie der Islamwissenschaft, andererseits müssen sie sich ihrer Tradition unter den Vorzeichen des modernen Wissens nähern und die Tradition wieder entdecken, wo nötig auch weiterentwickeln.

Es ist eine faszinierende Kuriosität, dass die islamische Tradition weitaus moderner, liberaler und pluralistischer war, als es die zeitgenössische Darstellung, ob muslimisch oder nicht-muslimisch, suggeriert.[9] Dieser Umstand ist eine besondere Herausforderung aber auch Verantwortung zugleich. Gleichzeitig gibt es uns aber auch Hoffnung für die doppelte Übersetzungstätigkeit, die vor uns liegt. Die islamischen Theologen müssen die islamische Tradition in ihrer Entwicklung verorten und sie für den zeitgenössischen Diskurs wieder erschließen. Im Gegensatz zu der populären Vorstellung, dass die islamische Tradition stagniert, müssen wir entgegensetzen, dass uns Muslimen in der Moderne der methodologische Zugang abhanden gekommen ist. Die beliebte, griffige Formel, dass die Tore des *iǧtiḥād* geschlossen seien[10], ist genauso nicht richtig, wie die von manchen Muslimen vertretene Position, dass mit Blick auf die islamische Tradition das Rad von Neuem erfunden werden müsse.[11] Vielmehr trägt der zeitgenössische inner-islamische Diskurs fundamentalistisch-puritanische Züge, der alle anderen Zugänge sprichwörtlich in den Schatten stellt.[12] Dies gilt sowohl für die Wahrnehmung

---

8 Jürgen Habermas spricht der Religion eine funktionale Rolle in der modernen Gesellschaft zu, fordert aber von den Theologen rettende Übersetzungen ein, um die diskursiven Gehalte von Religion für die Gesellschaft fruchtbar zu machen, siehe: JÜRGEN HABERMAS, Religion and Rationality: Essays on Reason, God and Modernity, Cambridge 2002.

9 Vgl. THOMAS BAUER, Die Kultur der Ambiguität. Eine andere Geschichte des Islam, Berlin 2011, 377.

10 Vgl. WAEL HALLAQ, "Was the Gate of Ijtihad Closed?" In: International Journal of Middle East Studies 16 (1984) 3-41.

11 Bisweilen wird in der Diskussion um die Rolle des Islam in der Moderne der Eindruck erweckt, dass man den „Ballast“ der islamischen Tradition hinter sich lassen müsse, um in der Moderne ankommen zu können. Dabei hat die Diskursunfähigkeit vieler zeitgenössischer Muslime damit zu tun, dass sie ihre Tradition nur ungenügend oder gar nicht kennen. Das intellektuell-geistige Erbe des Islam steht der Moderne nicht im Weg. Im Gegenteil, es dürfte eher die Auseinandersetzung bereichern und in vielerlei Hinsicht so einen Diskurs überhaupt erst ermöglichen. Siehe zur Aktualität dieser Frage, AHMAD ATIF AHMAD, The Fatigue of the Shari'a, New York 2012, 153-187.

12 Vgl. BAUER, Die Kultur der Ambiguität, 387.

des Propheten Muḥammad im speziellen, wie die des Islam generell. Die Islamische Theologie wird sich daran messen lassen, ob sie diesen Diskurs erfolgreich überwinden kann.

Unabhängig von dieser Herausforderung, gilt es festzuhalten, dass der muslimische Zugang zum Leben des Propheten, wie wir soeben festgestellt haben, nicht die gleichen Prämissen wie die islam- bzw. religionswissenschaftliche Methodologie teilt. Mit Blick auf die Rolle des Propheten müssen wir weiterhin betonen, dass der Prophet Muḥammad im Zentrum einer Botschaft eines transzendenten Wesens steht, die theologisch rezipiert und ergründet wird. Das Leben und das Wirken des Propheten ist in vielen Zusammenhängen beides, Ausgangs- und Endpunkt der muslimischen Suche nach der göttlichen Botschaft.[13]

Es ist daher unerlässlich die eigene, d.h. muslimische Erzähltradition und die Auseinandersetzung mit dem Leben und Wirken des Propheten kritisch zu betrachten. Das darf weder als eine Kritik an der prophetischen Autorität gedeutet, noch als eine Relativierung derselben verstanden werden. Vielmehr geht es gerade darum die Bedeutung des Propheten Muḥammad für die Muslime und den Islam genau zu erfassen, um das Spektrum des prophetischen Wirkens besser verstehen und einordnen zu können.

Selbst eine oberflächliche Betrachtung des Status quo in der islamischen Welt wird nämlich ohne weiteres zum Vorschein bringen, dass die Wahrnehmung des Propheten Muḥammad aktuell zwischen zwei Polen hin und her schwankt. Dem dogmatischen Reduktionismus der Fundamentalisten, allen voran der Wahhabiten, steht die islamische Frömmigkeit in Gestalt von verschiedenen Narrativen gegenüber. Während die Wahhabiten die religiöse Dimension des prophetischen Wirkens restriktiv und mit einem exklusiven Anspruch auf Authentie und Verbindlichkeit deuten[14], nimmt der Prophet in den Erzählungen der islamischen Frömmigkeit bisweilen eine übernatürliche und teilweise auch reaktionäre Gestalt an.[15] Die Wahhabiten zeichnen ein Bild des Propheten, das einem extremen Textpositivismus frönt, welches gegenüber jeder anderen Form normativer Wertebildung ihrer Ansicht nach, einen absoluten Vorrang genießt.[16] Die Prophetenverehrung in Gestalt der islamischen Frömmigkeit ist zwar diesem Modell eindeutig vorzuziehen. Aber auch in dieser Erzähltradition gibt es Entwicklungen, allen voran die Überladung

---

13 Vgl. CARL W. ERNST, Muhammad as the pole of existence. In: BROCKOPP (Hg.), The Cambridge Companion to Muhammad, 123-24.

14 Zur intensiven Auseinandersetzung mit der wahhabitisch-puritanischen Bewegung, dem von dieser Bewegung propagiertem Prophetenbild und den Folgewirkungen für die Muslime siehe KHALED ABOU EL FADL, The Great Theft. Wrestling Islam from the Extremists, HarperOne 2007.

15 Vgl. BROWN, Muhammad. A very short introduction, 85-93.

16 Vgl. KHALED ABOU EL FADL, And God knows the Soldier. The Authoritative and Authoritarian in Islamic Discourse, Oxford 2001, 138.

des prophetischen Wirkens mit Wundergeschichten,[17] die Sündenlehre[18] oder die Entwicklung einer Geheimlehre, die vor allem in der Sufi-Tradition ihren Niederschlag fand[19], die kritisch thematisiert werden müssen. Hinzu kommt, dass die Verehrung für den Propheten in der islamischen Frömmigkeit im Laufe der Zeit immer stärker von der Heiligenverehrung in der Sufi-Tradition beeinflusst wurde.[20] Gerade hier setzte dann später auch die Kritik der Fundamentalisten ein, die die Verehrungs-Kultur der gläubigen Massen in die Nähe der Götzenverehrung brachten und somit als Abkehr vom Monotheismus einstuften.[21]

Bevor wir uns aber dieser inner-muslimischen Debatte zuwenden, möchte ich mich der nicht-muslimischen Deutungsebene widmen. Um die Diskrepanz zwischen der muslimischen Liebe für Muḥammad und der westlichen Kritik und Polemik an ihm besser verstehen zu können, ist es für diesen Beitrag wichtig sich kurz zu vergegenwärtigen, wie Muḥammad in der westlichen Welt dargestellt wurde (2., 3.). Im Anschluss wird auf die puritanisch-wahhabitische Verklärung des Propheten einzugehen sein (4.). Abgerundet wird dieser Beitrag durch die Betrachtung der Verehrung des Propheten in der islamischen Frömmigkeit (5.).

2. Die Darstellung des Propheten in nicht-muslimischen Quellen und Debatten

Muslime haben einen sehr schweren Stand wenn es darum geht die Darstellung des Propheten in nicht-muslimischen Quellen nachzuvollziehen. Das Phänomen der andauernden Muḥammad-Kritik in der westlichen Welt wird sogar von einem muslimischen Autor als Muḥammad-Problem beschrieben.[22] In der Auseinandersetzung mit dem Islam wird der Prophet vor allem in der westlichen Welt seit jeher als Anknüpfungspunkt für die Abwehr der spirituellen Ansprüche des Islam gesehen. Selbstredend gehen natürlich von der westlichen Welt oder von nicht-muslimischen Kreisen nicht nur ablehnende

---

17 Vgl. ANNEMARIE SCHIMMEL, And Muhammad is his Messenger. The Veneration of the Prophet in Islamic Piety, Chapel Hill 1985, 67-80; BROWN, Muhammad. A very short introduction, 89-91.

18 Die Frage, ob der Prophet imstande war zu sündigen ist umstritten. Wenn die Frage verneint wird, gerät man teilweise in Widerspruch zu Qur'ānischen Darstellung (Q 80:1-4). Überdies wird hierdurch jedem Verhalten des Propheten ein sakraler Charakter verliehen. Bejaht man dagegen die Frage, muss folgerichtig zwischen sakralen und nicht-sakralen Handlungen des Propheten unterschieden werden. Siehe: ROBERT GLEAVE, Personal piety. In: BROCKOPP (Hg.), The Cambridge Companion to Muhammad, 117-120.

19 Vgl. REZA ASLAN, Kein Gott außer Gott: Der Glaube der Muslime von Muhammad bis zur Gegenwart, München 2008, 216-226.

20 Vgl. ANNEMARIE SCHIMMEL, Deciphering the sign of God. A Phenomeological approach to Islam, New York 1994, 245.

21 Vgl. SCHIMMEL, Deciphering the sign of God, 245.

22 Vgl. OMID SAFI, Memories of Muḥammed. Why the Prophet matters, New York 2009, 1.

Haltungen gegenüber den Propheten aus. Die Vehemenz und Hartnäckigkeit jedoch mit der der Prophet über Jahrhunderte lang diffamiert und denunziert wurde, irritiert die Muslime zutiefst.

Für Jahrhunderte nahm der Prophet eine zentrale Stellung in intra-europäischen Diskussionen ein. Die Kontroverse war geprägt von einer ambivalenten Haltung gegenüber dem Propheten.[23] Während die christlich-mittelalterliche Auseinandersetzung mit dem Propheten zutiefst polemische Züge trug[24], löste die Imagination des Propheten in europäischen Kreisen in der Frühen Neuzeit so gegensätzliche Gefühle wie Ängste, Faszination und Bewunderung aus.[25] Bis zu Beginn der kritischen Forschung im 19. Jahrhundert wurde dem Propheten alle nur erdenkliche Demütigung zu Teil, derer die europäischen Autoren fähig waren.[26] Zwar änderte sich dieser Umstand nachhaltig mit Beginn der modernen Forschung zum Leben des Propheten.[27] Trotzdem halten sich bis heute verschiedene Erzählstränge, deren polemischer und bisweilen denunzierender Charakter unverkennbar ist, hartnäckig im Bewusstsein des westlichen Publikums. Wir begegnen in den westlichen Narrativen überwiegend negativen Charakterisierungen mit denen Muḥammad in Verbindung gebracht wird.

Der Prophet sei ein Opportunist, der je nach Lage seine Botschaft zu seinen Gunsten modifizierte. Der Prophet habe von anderen Religionen abgeschrieben, weder sei seine Botschaft innovativ noch neu. Der Prophet sei ein Häretiker und Betrüger.[28]

Der offensichtliche Charakter dieser Polemik darf nicht darüber hinwegtäuschen, dass die Wahrnehmung des Propheten in der westlichen Welt bis heute Züge dieser herablassenden Betrachtung trägt.[29] Die Liste ließe sich problemlos weiterführen.[30] Es ist im Zusammenhang dieses Beitrages nicht angedacht, diesen Darstellungen Punkt für Punkt zu widersprechen. Vielmehr soll auf die Diskrepanz zwischen muslimischer Verehrung und nicht-muslimischer Ablehnung hingewiesen werden. Dabei müssen wir aber auch darauf hinweisen, dass die Reaktionen der Muslime auf die verschiedenen „Muḥammad-Krisen" der letzten Zeit diesen Eindruck noch weiter verschärft und die Kluft zwischen den Kulturen weiter vertieft haben.[31]

---

23 Vgl. JOHN V. TOLAN, European accounts oh Muhammad's life. In: BROCKOPP (Hg.), The Cambridge Companion to Muhammad, 226.

24 Vgl. BROWN, Muhammad. A very short introduction, 83.

25 Vgl. TOLAN, European accounts oh Muhammad's life, 226.

26 Vgl. AHMAD GUNNY, The Prophet Muhammad in French and English Literature, 1650 to the present, Leicestershire 2010, 207.

27 Vgl. HARTMUT BOBZIN, Mohammed, München 2002, 9.

28 Vgl. ebd., 9-12.

29 Diese ablehnende und denunzierende Haltung wird weiterhin kultiviert. Siehe unter anderem die Werke von ROBERT SPENCER, Did Muhammad exist? An inquiry into Islam's obscure origins, Wilmington 2012.

30 Für einen Abriss, siehe: BOBZIN, Mohammed, 9-22.

31 Vgl. BROCKOPP, Introduction, 1; BROWN, Muhammad. A very short introduction, 97-100.

Die Karikaturen in der Jyllands Posten, die Regensburger Rede des Papstes Benedikt XVI., das Schmähvideo aus Kalifornien, französische Karikaturen und vieles andere sind Ausdruck einer anhaltenden Diskussion um den Propheten Muḥammad. Als Folge dieser nur gelegentlich sachlich geführten Diskussion wurden andere Debatten angestoßen, über die Kollision von Meinungsfreiheit auf der einen, die Achtung religiöser Gefühle auf der anderen Seite.

Einerseits wird der Prophet Muḥammad zur erklärten Zielscheibe vieler Mutmaßungen und Abgrenzungsbemühungen gegenüber dem Islam. Je stärker diese konfrontativen Diskurse sich von einer sachlich-thematischen Auseinandersetzung entfernen, umso massiver fällt wiederum die Reaktion der Muslime, auf diese aus ihrer Sicht provokativen und ihre religiösen Gefühle verletzenden Ausführungen, aus.

In ihren „Reaktionen" auf diese Entwicklungen lassen die Muslime jedoch andererseits fast vollkommen außer Betracht, dass die Art und Weise ihrer Entgegnung auf den Westen in der überwiegenden Mehrheit der Fälle, eklatant gegen die Grundsätze eben jenes Propheten verstößt, um dessen Achtung sie sich so sehr sorgen. Der Tod von Menschen, jedwede Gewaltanwendung, teilweise hysterisch anmutende Protestmärsche, Beleidigungen und Drohungen sind nicht mit den Werten des Propheten oder des Islam vereinbar. Dass diese Umstände trotzdem und im Schlepptau einer schier unbegreiflichen Entladung von Emotionen geschehen, sind Ausdruck von ganz anderen Sachlagen. Ohne in erschöpfender Länge auf diese Gemengelage eingehen zu können, lässt sich kurz festhalten, dass sowohl die Geschichte des Kolonialismus als auch das andauernde Gefühl der moralischen, intellektuellen Unterlegenheit der islamischen Welt gegenüber dem Westen tiefe Spuren im Selbstverständnis der Muslime hinterlassen hat. Die Implikationen dieser Erfahrung in der islamischen Welt sind bis heute verheerend.

Angesichts dieser emotional, psychologischen Konstitution nimmt die Verehrung des Propheten eine ganz besondere und prekäre Stellung ein. Für viele Muslime ist der Glaube an und die Verehrung für den Propheten nicht nur der einzig verbliebene moralische Zufluchtsort inmitten einer schweren Lebenswirklichkeit, es ist zugleich Abbild der Sehnsucht nach einer besseren Zukunft. Wenn man sich vor Augen hält, dass große Teile der islamischen Welt bis heute in schreckliche kriegerische Konflikte verwickelt sind, die arabische Region erst kürzlich umwälzende politische Revolutionen erlebt hat und die absolute Mehrheit der Muslime in keinem politisch wie wirtschaftlich stabilen Umfeld lebt, lässt sich vielleicht die obige Feststellung besser einordnen.

Wir dürfen aber trotzdem unsere Augen nicht davor verschließen, dass Verstehen nur in wechselseitiger Abhängigkeit gelingen kann. So sehr die Muslime sich bemühen darzulegen, welche Rolle der Prophet Muḥammad für sie einnimmt, sollten auch die Adressaten die nötige Empathie aufbringen, diese Zusammenhänge besser zu verstehen.

3. Die islam-bzw. religionswissenschaftliche Betrachtung des Propheten Muḥammad

Bernhard Lang stellt im Rahmen seines religionswissenschaftlichen Beitrages in diesem Band die zentrale These auf, dass das moderne, rationale Weltbild der Moderne die Existenz eines mit einer übernatürlichen Gabe ausgestatteten Propheten ablehnt. „Wie alle sozialen Erscheinungen erfordert auch das Prophetentum eine immanente, religions- und kulturgeschichtliche Erklärung.“[32]

Eine islamisch-theologische Position kann wie oben schon erwähnt diesem Zugang nicht ohne weiteres zustimmen. Wie schon zuvor angedeutet, muss auf die methodologischen Unterschiede zwischen einem religionswissenschaftlichen und einem theologischen Zugriff auf das Thema Rücksicht genommen werden. Aus einer religionswissenschaftlichen Betrachtung heraus können keine unmittelbaren, normativen Maßstäbe für eine theologische Einschätzung gewonnen werden. Die Religionswissenschaft bewertet die Prophetie zwar nicht ausschließlich, aber doch schwerpunktmäßig als einen sozialen Vorgang, der wie alle anderen Phänomene menschlicher Erfahrung sozialwissenschaftlich erklärt und verstanden werden soll.[33] Die Islamische Theologie dagegen bewertet die Prophetie in allererster Linie als Einbruchsstelle von Transzendenz und hält an der Faktizität der religiösen Offenbarung fest.[34] Sie setzt sogar eine wechselseitige Abhängigkeit von Prophetie und göttlicher Offenbarung voraus.[35] Wir müssen uns daher vergegenwärtigen, dass sich hier zwei eigentlich ausschließende Methodologien gegenüberstehen. Während die Religionswissenschaft die auf Transzendenz verweisende Dimension der Prophetie als Begleiterscheinung qualifiziert und zumindest nicht den damit gegebenen Geltungsanspruch klären will, rückt die Theologie gerade diesen Zusammenhang in den Vordergrund ihrer Betrachtung und Wertung.

Es bleibt aber zu fragen, ob trotz dieser Unterschiede die Theologie nicht durch eine kritische Auseinandersetzung mit der religionswissenschaftlichen Methodologie Nutzen für ihre eigene Betrachtung ziehen kann. Wie schon erwähnt, erschließt die Theologie die Prophetie nicht ausschließlich als übernatürlichen Vorgang, sondern auch als einen sozialen, gesellschaftlichen und bisweilen auch kulturellen. Diese Kriterien dienen der Unterscheidung von zunächst einmal unabhängigen Phänomenen, so spielt zum Beispiel die Herkunft des Propheten keine Rolle für die göttliche Offenbarung. Die religionswissenschaftliche Methodologie könnte der Islamischen Theologie in

[32] BERNHARD LANG, Prophetie. In: PETER EICHER (Hg.), Neues Handbuch theologischer Grundbegriffe, Bd. 3, München 2005, 417.
[33] Vgl. LANG, Prophetie, 417.
[34] Vgl. NAVID KERMANI, Gott ist schön. Das ästhetische Erleben des Koran, München 2006, 336.
[35] Vgl. FAZLUR RAHMAN, Major themes of the Qur'ān, Chicago 2009, 80-106.

diesem Zusammenhang unter Umständen helfen diese Schnittstellen offen zu legen und stärker zu akzentuieren. Die Botschaft des Propheten Muḥammad hat normativen Charakter, sofern das ausdrücklich intendiert ist und aus der göttlichen Offenbarung, dem Qur'ān und dem prophetischen Handeln, der *Sunna* abgeleitet werden kann. Aspekte seines Lebens, die diesen Kern nicht berühren, dürften daher folgerichtig nicht in den Rang einer verbindlichen Handlungsanweisung oder Maßvorgabe gehoben werden. Wie schon zuvor dargelegt, haben wir ein begründetes Interesse daran, die prophetische Botschaft von diesen Einflüssen zu differenzieren. Die kritische Methodologie der Islam- bzw. Religionswissenschaft könnte der Islamischen Theologie als Instrument dienen, diese Differenzierungen feiner zu artikulieren. Im Zeitalter des puritanischen Reduktionismus sollten wir uns stärker denn je um die Rolle der Prophetie sorgen. Deswegen ist es notwendig, unsere methodologischen Instrumente vollends auszuschöpfen, um den sakralen Charakter der prophetischen Botschaft von dem Profanen trennen zu können.

Diese methodologische Öffnung gegenüber anderen Disziplinen stellt mitnichten ein Novum in der islamischen Theologiegeschichte dar. Der Einfluss griechischer Philosophie zieht sich wie ein Faden durch die Geistesgeschichte des Islam.[36] Er hat mitunter auch zu einer Ausformulierung einer philosophischen Begründung der Prophetie geführt, die von Al-Farābi und Ibn-i Sīnā eingeführt worden ist.[37] Später wurde diese philosophisch begründete Prophetie sogar von dem aš'arītischen Gelehrten Al-Ǧalalī in den Korpus orthodoxer Gelehrsamkeit aufgenommen.[38]

Eine methodologische Abgrenzung könnte wie folgt aussehen: Die Zugehörigkeit des Propheten zu einer bestimmten Familie, Kultur, oder Ethnie hat keine unmittelbaren Auswirkungen auf seine Botschaft. Gleichwohl spielen diese Kategorien eine wichtige Rolle, um den Menschen Muḥammad besser zu verstehen. Es ist auffällig, dass in der zeitgenössischen, inner-muslimischen Debatte um den Propheten diese Grenzen zwischen den einzelnen Feldern nicht immer eindeutig genug gezogen werden, so dass zum Beispiel soziale oder kulturelle Belange, die für die prophetische Botschaft eigentlich nicht von Belang sein dürften, ohne stichhaltige Begründung eine normative Bedeutung zugesprochen bekommen. Gerade puritanisch-wahhabitische Kreise versuchen auf diese Weise immer stärker die Wahrnehmung des Propheten zu prägen.

Dies ist ein mehr als bedenklicher Umstand, da hierdurch nicht nur eine simple Umwertung erfolgt, sondern die Ausrichtung der religiösen Botschaft gravierend verändert wird. Aus dieser Sachlage heraus ergibt sich für die Muslime die Herausforderung die Deutungshoheit über den Propheten und

---

36 Vgl. OLIVER LEAMAN, Islamic Philosophy. An Introduction, Cambridge 2010, 22-24.

37 Vgl. FRANK GRIFFEL, Muslim philosophers' rationalist explanation of Muhammad's prophecy. In: BROCKOPP (Hg.), The Cambridge Companion to Muhammad, 169.

38 Vgl. ebd., 174-177.

seine Botschaft zurückzuerlangen. Dies ist bei weitem kein neues Unterfangen, zumal gerade in der islamischen Tradition diese Auseinandersetzung schon stattgefunden hat und sich in den zahlreichen Werken von Gelehrten niedergeschlagen hat. Hier kann ohne weiteres der intellektuelle Schlagabtausch zwischen den verschiedenen Denkschulen verfolgt und Rückschlüsse für die zeitgenössische Debatte gezogen werden.[39]

4. Der dogmatische Reduktionismus puritanisch-wahhabitischer Prägung

In der Auseinandersetzung mit dem Kolonialismus festigte sich die Ansicht, dass die verlorengegangene muslimische Identität wiederentdeckt werden müsse.[40] Der Zusammenfall der alten Ordnung auf allen erdenklichen Ebenen führte zu einer Fundamentalkritik, die die islamischen Gesellschaften im Nahen und Mittleren Osten grundlegend veränderte. Die islamische Gesellschaft, so lautete der allseits formulierte Anspruch, musste grundlegend und tiefgreifend verändert werden. Als Grundthema schwebte über alle Bemühungen der Anspruch und die Herausforderung zum „wahren“ Islam zurückzukehren, zum Islam der Altvorderen *ṣalaf*, zum Islam des Propheten.[41] Hierdurch wurden mehrere Prozesse initiiert, die tatsächlich die islamische Welt tiefgreifend verändern sollten.

Seit dem 18. Jahrhundert hat in diesem Zusammenhang vor allem der Wahhabismus als streng reaktionäre, anti-moderne und anti-traditionelle Strömung einen beachtlichen Einfluss auf die Selbstwahrnehmung der Muslime auf der ganzen Welt ausgeübt. Die Wahhabiten gingen zu Beginn des 20. Jahrhunderts eine Allianz mit der saudischen Familie Al-Saud ein. Nach der Gründung des Saudi-Arabischen Staates wurde der Wahhabismus zur offiziellen Staatsreligion in dem Wüstenstaat. Die Sach- und Geldmittel, die Saudi-Arabien seit dem Ölboom zur Verfügung stehen, wurden unmittelbar für die Propagierung dieser puritanischen Bewegung eingesetzt. Die hierdurch vorangetriebene Umdeutung islamischer Geschichte und des islami-

---

39 Allen voran geht es hier um die Auseinandersetzung zwischen den Aḫbarī und den Uṣūlī. Letztere haben sich in der muslimischen Gelehrsamkeit gegen den dogmatischen Reduktionismus der Aḫbaris durchgesetzt. Seit dem 18. Jahrhundert beobachten wir aber ein stetiges Erstarken aḫbarischer Dogmatik in der muslimischen Welt. Zur näheren Betrachtung dieser Auseinandersetzung siehe, WAEL HALLAQ, Shari'a. Theory, Practice, Transformations, Cambridge 2009.

40 Vgl. DANIEL NEPP, Colonialism. In: GERHARD BÖWERING (Hg.), The Princeton Encyclopedia of Islamic Political Thought, Princeton 2013, 103-104.

41 Vgl. KHALED ABOU EL FADL, The ugly modern and the modern ugly: reclaiming the beautiful in Islam. In: OMID SAFI (Hg.) Progressive Muslims, On Justice, Gender and Pluralism, Oxford 2003, 43-63.

schen Selbstverständnisses hat verheerende Auswirkungen auf die zeitgenössische muslimische Welt.[42]

Zum einen wurde ein strikter Delegitimierungsprozess eingeleitet, welcher den Ist-Zustand der islamischen Welt, und fast ausnahmslos alle Entwicklungsstufen zu diesem Ist-Zustand, als Abkehr vom „wahren Islam" postulierte. Die Folgen dieser Entwicklung sind katastrophal und wirken bis heute nach.[43] Das geistige und intellektuelle Erbe des Islam wurde mit einem Schlag als Ausdruck einer dialektischen Debattenkultur verunglimpft. Die Tradition war nicht mehr das Zentrum, um die sich herum die islamische Kultur neu-definieren sollte, sondern vielmehr das Hindernis, das aus dem Weg geräumt werden musste.[44] Von diesem geistigen Kahlschlag hat sich die islamische Kultur bis heute nicht erholt.

Zweitens wurde ein strikter dogmatischer Reduktionismus eingeführt, der die Kultur der Pluralität und Ambiguität der islamischen Tradition, die sich über Jahrhunderte entwickelt und gefestigt hatte, verdrängte. Ein selektives und streng positivistisches Verständnis des prophetischen Wirkens hat nicht nur zu einer sich immer weiter verengenden Wahrnehmung geführt, sondern zugleich auch die Universalität der islamischen Botschaft eklatant umgedeutet.

So lässt sich zum Beispiel das Phänomen beobachten, dass vor allem puritanische Bewegungen sehr stark darauf beharren, den Propheten im Hinblick auf alle möglichen Verhaltensweisen zu imitieren. Ganz konkret wird dann der Anspruch erhoben, durch Imitation dieser alltäglichen Verhaltensweisen dem Propheten näher kommen zu können. Im Ergebnis wird hierdurch eine Reihe von mechanischen Abhandlungen als Wege zur religiösen Einsicht gepriesen. Vielen Muslimen dürfte die folgende Aufzählung von Verhaltensnormen in der einen oder anderen Form bekannt sein:

> Verbreitet den Gruß *as-salāmu ʻalaykum* unter Männern, nicht jedoch unter muslimischen oder nicht-muslimischen Frauen. Säubert Eure Zähne mit dem *miswāk*. Trinkt Eure Getränke während ihr sitzt in drei Schlucken. Esst nur von dem Teller, der vor Euch liegt und gebraucht nur die rechte Hand. Wascht Euch vor dem Gebet am Freitag. Meidet die *qibla* wenn Ihr die Waschräume aufsucht und uriniert nicht im Stehen. Lächelt mit Würde, aber lacht nicht lauthals. Lacht nicht ohne Grund. Lasst Eure Bärte wachsen, kürzt aber Euren Schnurrbart. Tragt kein Gold.[45]

Wir müssen erkennen, dass die Einhaltung dieser und ähnlicher Vorgaben keine moralischen oder religiösen Ansprüche erfüllt. Im Fall des Grußes *as-salāmu ʻalaykum* widerspricht es sogar der Aufforderung den Gruß Gottes unter den Menschen zu verbreiten, unabhängig vom Geschlecht, Alter, religiöser Zugehörigkeit oder Ethnie eines Menschen. Konsequent weiter

---

[42] Vgl. KHALED ABOU EL FADL, The Great Theft, Wrestling Islam from the Extremists, HarperOne 2007.
[43] Vgl. ERNST, Muhammad as the pole of existence, 137.
[44] Vgl. EL FADL, The Great Theft, 275-289.
[45] EL FADL, And God knows the Soldier, 140f.

gedacht, lässt es sich beispielsweise nicht ohne weiteres nachvollziehen, wie die kulturelle Tracht der Araber aus dem 7. Jahrhundert helfen kann, die Botschaft des Propheten Muḥammad zu rezipieren. Dieser weder begründbare noch nachvollziehbare Anspruch mag darauf gerichtet sein, Authentie zu reklamieren, muss aber als fundamentalistische Deutung entschieden zurückgewiesen werden. Die Frage, die wir stellen müssen lautet: Kann die Befolgung dieser Vorgaben uns helfen, die religiöse Botschaft des Propheten zu verstehen? Was passiert, wenn die Einhaltung dieser technischen Abhandlungen nicht zu dem gewünschten Ziel führt, ein religiöser Mensch zu werden? Viel wichtiger, wie gehen wir mit jemandem um, der die Einhaltung dieser Maßgaben als Erfüllung seiner religiösen Pflichten betrachtet?[46]

Authentie kann nicht durch die geistlose Einhaltung von mechanischen Verhaltensweisen, sondern ausschließlich durch die Verinnerlichung der prophetischen Botschaft erlangt werden. Der Wunsch eines Gläubigen durch die Imitation des Propheten in allen erdenklichen trivialen Lebenslagen ihm näher zu kommen, um hierdurch auch seine Loyalität und Gefolgschaft zu beweisen, mag als psychologisches Momentum nachvollziehbar sein. Und wenn es jemandem tatsächlich hilft hierdurch seinen Glauben zu festigen, dann spricht auch wohl wenig dagegen diesem Beispiel zu folgen. Andererseits ist aber dieser Versuch zum Scheitern verurteilt, wenn diese Imitation lediglich Ausdruck eines Symbolismus ist und zugleich dieser spezifische Zugang verallgemeinert sowie zur religiösen Obligation erklärt wird. Gerade die fundamentalistischen Bewegungen der Moderne klammern sich an eine Symbolik, die die prophetische Autorität zu imitieren beansprucht, die aber letztlich die Essenz der prophetischen Botschaft weder reflektiert noch ergründet.[47] Die mit Hilfe dieser Symbolik zum Ausdruck gebrachte Religiosität oder religiöse Autorität greift zu kurz und blockiert damit die Rezeption und das Verständnis der göttlichen Offenbarung. Dieser Zugang zum Qur'ān, zum Propheten Muḥammad und seinem Vermächtnis ist autoritär und setzt ein positivistisches Verständnis als absolut, unverrückbar und nicht verhandelbar. Von so einem Zugang kann keine Autorität ausgehen, die uns zur göttlichen Botschaft führen kann.

Um Missverständnissen vorzubeugen, sei noch einmal eindringlich darauf hingewiesen, dass hiermit nicht die *Sunna* des Propheten in ihrer religiösen Dimension gemeint ist[48], sondern lediglich die Verhaltensweisen des Propheten bedingt durch seinen kulturellen, sozialen und ethnischen Hintergrund. Ein

---

46 Vgl. EL FADL, And God knows the Soldier, 141.

47 Vgl. KHALED ABOU EL FADL, Speaking in God's name. Islamic law, Authority and Women, Oxford 2008, 97.

48 Für die religiöse Dimension der prophetischen Sunna können wir unter vielen das Beispiel des Gebets heranziehen. Im Qur'ān werden keine genauen Angaben dazu gemacht, wie die Muslime das alltägliche, rituelle Gebet vollziehen sollen. Hier sind die Muslime vollends auf die Erläuterungen der Sunna des Propheten angewiesen, um der Orthopraxie des rituellen Gebets gerecht werden zu können.

undifferenzierter Positivismus, wie ihn die Wahhabiten predigen, hat in der islamischen Welt dazu geführt, dass die Botschaft des Propheten Muḥammad unter einer schier undurchschaubaren Schicht von mechanischen Handlungen verschwunden ist.

5. Die Verehrung des Propheten Muḥammad in der islamischen Frömmigkeit

Es wurde schon kurz darauf hingewiesen, dass bestimmte Motive in der Verehrung des Propheten in der islamischen Frömmigkeit umstritten sind.[49] Im Folgenden möchte ich mich aber auf die Essenz der islamischen Verehrung für den Propheten konzentrieren.

Muḥammad wird von den Muslimen zutiefst geliebt und verehrt. Es ist eine Liebe, die auf einer Überzeugung, Reflektion und Einsicht in die Schönheit des prophetischen Charakters ruht.[50] Den Anfang für diese Verehrung und Liebe legt der Qur'ān. In ihm wird die Bedeutung des Propheten prägnant beschrieben. Muḥammad ist eine Barmherzigkeit für die Schöpfung (Q 21:107), er hat einen tugendhaften Charakter (Q 68:4), er ist ein schönes Vorbild (Q 33:21). Der Qur'ān spricht davon, dass der Prophet für seine Gemeinde eine besondere Liebe und Barmherzigkeit empfindet (Q 9:128). Die Leiden seiner Gemeinde setzen ihm zu, da er sich ihr uneigennützig und bedingungslos verbunden fühlt. Der Qur'ān hält mit Blick auf die Beziehung zu seiner Gemeinde fest, dass die Muslime sich selbstverständlich von ihm abgewandt hätten, wenn er ihnen gegenüber kaltherzig und abweisend gewesen wäre (Q 3:159). Der Prophet ist in der Wahrnehmung der Muslime jemand, der in

zwischenmenschlichen Beziehungen stets dem Maßstab der Liebe, Zuneigung, und Rücksicht den Vorrang gab, und dies zuerst in seinem eigenen Leben verwirklichte.[51] Er vergab den Menschen, weil er sie liebte. Er betonte die Verantwortlichkeit des Menschen, achtete und schützte aber dessen Würde und verteidigte dessen Freiheit.[52] Dieses Vermächtnis ist es, das es heute noch vermag die Vorbildfunktion des Propheten immer wieder neu zu etablieren.

Die Qur'ānstelle Sure 33 Vers 21 unterstreicht welchem Zweck diese Vorbildfunktion dient. Muḥammad ist ein herausragendes Vorbild für alle, die nach Gott streben. Der Weg zu Gott führt nach muslimischem Verständnis folglich über Muḥammad (Q 3:31). Es ist dieses Verständnis der Nähe

---

49 Zur näheren Problematisierung, siehe: ERNST, Muhammad as the pole of existence, 132f.; BROWN, Muhammad. A very short introduction, 85-93.

50 Vgl. KHALED ABOU EL FADL, The Search for Beauty in Islam. A conference of the books, Maryland 2001, 154.

51 Vgl. TARIQ RAMADAN, In the footsteps of the Prophet. Lessons from the life of Muhammad, Oxford 2007, 212.

52 Vgl. ebd., 212.

Muḥammads zu Gott, die die Muslime selber verwirklichen möchten.[53] Es ist die Verknüpfung von Gefolgschaft, Vertrauen, Zuneigung, Bewunderung, die den Kern der muslimischen Bindung an den Propheten kennzeichnet.[54]

Diese Bindung an den Propheten ist ihrem Wesen nach eine zutiefst emotionale, erfährt aber ihre Rückkopplung in den Grundfesten des muslimischen Glaubens. Genährt wird diese Bindung durch die Vergegenwärtigung der prophetischen Fürsorge für jeden einzelnen Gläubigen.

Die qur'ānische Botschaft ist in ihrer Eindringlichkeit als eine Erinnerung formuliert worden. Muslime werden im Qur'ān immer wieder aufgefordert sich zu erinnern und zu besinnen (Q 69:46; 73:19; 76:29). Die vom Qur'ān vermittelte Kultur des Erinnerns trägt in ihrem Wesen zugleich die Erinnerung an das Prophetentum als wiederkehrendes Motiv, durch die die göttliche Botschaft in ihrer Vielfalt vermittelt wird (Q 2:60; 14:35; 21:83; 38:17). Die Teilhabe an dieser Kultur wird für die Adressaten des Qur'āns durch die Erinnerung an Muḥammad gewährleistet. Beide, der Qur'ān wie der Prophet, sind daher unauflösbar miteinander verbunden.

Wenn es darum geht, die Beziehung zwischen dem Propheten und dem Qur'ān zu verstehen, ist es unabdingbar, das Verhältnis zwischen autoritativem und autoritärem Zugang zu analysieren.[55] Laut Qur'ān ist es die Aufgabe des Propheten gewesen, die göttliche Botschaft den Menschen zu überbringen (Q 88:21). Die göttliche Botschaft und der in ihr enthaltene göttliche Wille werden aber nicht auf autoritäre Weise vermittelt. Betrachten wir den Qur'ān, müsste uns sofort verständlich sein, was damit gemeint ist. Die systemische Offenheit des Qur'ān ist ein eindeutiges Zeichen für die Pluralität der Zugänge zur göttlichen Offenbarung und folgerichtig zu Gott. Unsere Suche nach Gott nimmt, nach muslimischem Verständnis, in Form des Qur'ān seinen Ausgangspunkt. Der Qur'ān ist aber auch zugleich ein Orientierungspunkt in der Suche. Von hier aus brechen die Muslime auf, um sich Gott zu nähern. Dies geschieht aber wiederum unter dem Vorzeichen, dass es keine letztverbindliche, autoritäre Antwort auf unsere Suche gibt. Muslimische Gelehrte wie Ḥamīd al-Ghazālī (gest.1111), Faḫr ad-Dīn ar-Rāzī (gest.1210), oder Ǧalāl ad-Dīn al-Suyūṭī (gest. 1505) haben immer wieder betont, dass wenn Gott von uns eine letztverbindliche Antwort erwartete, hätte er den Qur'ān folgerichtig eindeutig formulieren müssen.[56] Wir müssen vielmehr annehmen, dass der Qur'ān eine autoritative Quelle darstellt, von dem ausgehend der göttliche Wille gesucht und ergründet werden soll.[57]

Die prophetische Botschaft ist konsequenterweise im Qur'ān niedergelegt und wurde vom Propheten in seiner Lebensphase umgesetzt. Sie handelt von

---

53 Vgl. ERNST, Muhammad as the pole of existence, 133.
54 Vgl. ebd., 129.
55 Für eine ausführliche Darlegung dieser Unterscheidung, siehe das Werk von EL FADL, And God knows the Soldiers, v.a. 83-91.
56 Vgl. EL FADL, And God knows the Soldiers, 86-87.
57 Vgl. EL FADL, The Search for Beauty in Islam, 30-33.

Liebe, Gerechtigkeit, Fairness, Barmherzigkeit, Wahrhaftigkeit, Aufrichtigkeit, Mildtätigkeit usw. Uns Muslimen obliegt nun die Aufgabe diese Werte im Lichte des Qur'ān zu ergründen und sie in unserem Leben umzusetzen, genau wie der Prophet dies getan hat.

In der islamischen Tradition hat diese Suche ihren Niederschlag in der Unterscheidung zwischen *ḥusn (die Tugendhaftigkeit, die Schönheit oder das Schöne)* und *qubḥ (das Verwerfliche, das Hässliche)* gefunden.[58] Das prophetische Beispiel lehrt uns der Tugendhaftigkeit, der Schönheit nachzueifern und sich von dem Verwerflichen fern zu halten. Der Begriff des Schönen ist ein Konzept der göttlichen Offenbarung. Der islamischen Tradition zufolge, hat Muḥammad Gott mit der Formel „Gott ist schön und liebt das Schöne" beschrieben.[59] Der Prophet Muḥammad hat diesen Anspruch in seinem Leben verwirklicht. Der Qur'ān spricht von ihm als einem, der der höchsten Tugend teilhaftig ist (Q 68:4). Muḥammad hat selber immer wieder zum Ausdruck gebracht, dass er seine Aufgabe in der Verwirklichung tugendhaften Verhaltens sieht.[60] Hierin liegt dann auch die große Sehnsucht der Muslime begründet. In dem die Muslime dem prophetischen Beispiel folgen, möchten sie wie er der Tugend und dem Schönen teilhaftig werden. Der Prophet bekräftigt in einer Tradition, dass die Menschen mit denjenigen zusammen sein werden, die sie lieben.[61] Einem Mann, der sich nach dem Jenseits zu erkunden versuchte, fragte der Prophet, was er seinerseits für das Jenseits vorbereitet habe. Als der Fragende hierauf antwortete, dass er Gott und seinen Propheten aufrichtig liebe, erwiderte der Prophet, dass er mit denen zusammen sein werde, die er liebt.[62]

Hierin liegt auch die emotionale Nähe zum Propheten begründet. Der Prophet Muḥammad nimmt in der religiösen Wahrnehmung der Muslime eine singuläre Position ein. Nicht weil er schlichtweg nach muslimischen Verständnis der letzte Gesandte Gottes ist, sondern weil sein Leben und sein Wirken ein eindrucksvolles und unnachahmliches Beispiel für das Streben nach dem Schönen, dem Göttlichen ist.

---

[58] Vgl. EL FADL, And God knows the Soldier, 142.
[59] Vgl. ebd., 144.
[60] ANAS BIN MĀLIK, AL-MUWATTA', ediert von Bašar 'Awad Ma'rūf, Beirut 1997, 2:490.
[61] ṢAḤIḤ BUḤARĪ, Kitāb 89, Ḥadīṯ 267.
[62] ṢAḤIḤ MUSLIM, Kitāb 32, Ḥadīṯ 6379.

MUSTAFA KÖYLÜ

Prophetie im Islam aus traditionellem Blickwinkel

1. Einführung

Nach islamischem Glauben wurde der Mensch in physischer und spiritueller Hinsicht in vollendeter Gestalt erschaffen und verfügt von Geburt an über einen reinen Charakter.[1] Ebenso stattete Gott den Menschen mit Willensfreiheit aus, was unausweichlich die Möglichkeit von gutem und schlechtem Tun miteinschließt.[2] Obwohl der Mensch daher seiner Natur gemäß gut und rein ist, kann er dem Qur'ān zufolge bei falscher Verwendung seiner Willensfreiheit zu den „Niedrigsten der Niedrigen" (Q 95:5) fallen, was am offensichtlichsten durch die unzähligen Kriege und Konflikte, die bisher Abermillionen Tote gefordert haben, bestätigt wird. Da der Mensch – mit so unterschiedlichen Möglichkeiten erschaffen – sich in seinen Handlungen oft gegen seine Mitmenschen, Natur und andere Mitgeschöpfe richtet, hat Gott Propheten und Heilige Bücher gesandt, um den Menschen an seine Verantwortung zu erinnern und ihn wieder auf den rechten Weg zu führen.

Auch die Menschen der Moderne haben trotz unbestrittener großer Erfolge in wissenschaftlichen, technologischen, ökonomischen und sozialen Belangen weder wahres Glück in ihrem Dasein erlangt noch haben sie die individuellen, sozialen und globalen Probleme dieser Welt gelöst. Seit der Aufklärung haben manche Wissenschaftler und Philosophen dafür argumentiert, dass Religion und religiöse Lehre jegliche Bedeutung verliere und überflüssig werde. Sie waren davon überzeugt, dass sich die Probleme, der die Menschheit ausgesetzt ist, allein durch Wissenschaft und technologischen Fortschritt lösen ließen. Allerdings zeichnet sich immer mehr ab, dass die Menschheit entgegen diesen Annahmen nicht auf dem richtigen Weg ist.

Die Hauptfrage, die sich in diesem Kontext daher stellt, ist, ob es für Menschen überhaupt möglich ist, ohne die Beachtung religiöser Lehre ein gutes Leben zu führen. Ich halte dies nicht für möglich, weil in meinen Augen das Bedürfnis nach Religion eine natürliche Anlage des Menschen darstellt.[3] So wie der Mensch Essen, Kleidung und frische Luft für sein leibliches Wohlergehen benötigt, bedarf er der Religion und des Glaubens, um seine geistigen Bedürfnisse zu stillen. Wenn wir jedoch heutige Menschen und Gesellschaften beobachten, stellen wir fest, dass ihre zunehmende Säkularisierung dazu geführt hat, dass sie Religion und religiöser Lehre überhaupt keine Bedeutung mehr zumessen. Demgegenüber muss betont werden, dass die Propheten und

---

1 Vgl. Q 82:7-8; 95:4.
2 Vgl. Q 12:53; 90:8-10.
3 Vgl. NEVZAT TARHAN, *İnanç Psikolojisi* (Glaubenspsychologie), Bd. 3, İstanbul 2009, 61-63.

ihre Lehre nicht nur für Menschen der Vergangenheit eine bedeutende Orientierungsquelle darstellten, sondern dies auch für die heutigen Menschen tun, da diese hinsichtlich ihres Wesen und Charakters nahezu gleich geblieben sind.

Der vorliegende Artikel beabsichtigt, angesichts des aufgeworfenen Problemhorizonts Informationen über das Verständnis von Prophetie zu geben, die im muslimischen Glauben einen wichtigen Platz einnimmt. Dabei besteht der Artikel aus vier Teilen. Zuerst sollen allgemeine Informationen über das Prophetieverständnis im Islam gegeben werden (2.). Der zweite Teil beschäftigt sich anschließend mit ihren Charakteristika und Attributen (3.), der dritte mit den Botschaften, die den Menschen durch die Propheten übermittelt wurden (4.) und der vierte und letzte Teil setzt sich schließlich argumentativ mit der Bedeutung des letzten Propheten Muḥammad auseinander (5.).

2. Allgemeine Informationen über das Prophetentum

Der Glaube an die Propheten ist eines der sechs Glaubensprinzipien des Islam (ʻaqīda).[4] Der Qur'ān schreibt jedem Muslim vor, an alle Propheten zu glauben, ohne Unterschiede zwischen diesen zu machen, was er wie folgt ausdrückt: „Der Gesandte glaubt an das, was ihm von seinem Herrn herabgesandt, und auch die Gläubigen: Ein jeder glaubt an Gott und seine Engel, seine Bücher und seine Gesandten – wir unterscheiden zwischen keinem seiner Gesandten!" (Q 2:285) Aus diesem Grund bezeichnet der Qur'ān diejenigen, welche nur einigen Propheten glauben und anderen nicht, als Ungläubige: „Siehe, die an Gott nicht glauben und nicht an seine Ge-sandten glauben und die unterscheiden wollen zwischen Gott und seinen Gesandten und sprechen: ‚Wir glauben an das eine, doch an das andere glauben wir nicht!', und einen Weg dazwischen einschlagen wollen, das sind die wahrhaft Ungläubigen. Für die Ungläubigen halten wir erniedrigende Strafe bereit. (Q 4:150f.)

Im Hinblick auf das muslimische Bekenntnis zur Prophetie, das im Qur'ān gefordert wird, lassen sich jedoch zwei verschiedene Begriffe für Prophetentum, *rasūl* und *nabī*, unterscheiden. Während das Wort rasūl im Qur'ān 350mal gebraucht wird, wird das Wort nabī 75mal gebraucht, sodass der Begriff „Gesandter" insgesamt 425mal im Qur'ān vorkommt.[5] Einige Theologen sind dabei der Meinung, dass ein Unterschied zwischen beiden Begriffen bestehe, wobei das Wort rasūl für diejenigen Propheten verwendet werde,

4 Die sechs Glaubensprinzipien des Islam sind: Der Glaube an Gott, seine Engel, seine Propheten, seine Bücher, das Leben nach dem Tod und das Schicksal (Alles Gute und Schlechte kommt von Gott).

5 Mehmet Okuyan, *Kendisine Kitap Verilen ve Verilmeyen* Peygamberler (Resul-Nebi Ayrımı ve Bunun İstismarı) (Propheten, die Bücher erhalten und nicht erhalten haben – Die Unterscheidung zwischen Rāsul-Nabī und ihre Verwendung), *XI. The Qur'ān Sempozyumu: The Qur'ān ve Risalet*, Ankara 2009, 65-68.

welchen eine neue Religion und ein neues Buch übermittelt worden sei, nabī hingegen diejenigen, welche kein neues Buch empfangen hätten, sondern der alten Religion und ihrem Buch gefolgt seien und die Botschaften dieser Religion weitergegeben hätten, bezeichne.[6] Gemäß dieser Unterscheidung sei jeder rasūl auch ein nabī, während Gleiches nicht umgekehrt gelte. Allerdings wird die oben vorgestellte Unterscheidung von anderen Theologen bestritten, welche vielmehr der Ansicht sind, dass rasūl und nabī die gleichen Propheten bezeichnen würden, weshalb es keinen Unterschied zwischen den Wörtern gebe.[7]

Unabhängig davon jedoch, ob wir die Propheten als rasūl oder nabī bezeichnen, steht fest, dass Gott im Laufe der Geschichte viele Propheten zu unterschiedlichen Gemeinschaften geschickt hat. Allerdings bietet uns der Qur'ān keine genaue Information über die Anzahl der Propheten. Während der Qur'ān manchmal die Namen der Propheten und Gesellschaften, zu denen sie geschickt wurden, benennt,[8] spricht er in andern Fällen lediglich davon, dass Propheten gesendet wurden, ohne nähere Informationen über ihre Namen oder die betreffenden Gemeinschaften, zu denen sie gesandt wurden, zu geben, wie zum Beispiel folgende Textstelle des Qur'ān belegt: „Und Gesandte, von denen wir dir früher schon erzählten, und andere, von denen wir noch nichts erzählten."[9] Allerdings berichtet uns ein Ḥadīṯ davon, dass Gott an verschiedenen Zeiten, zu verschiedenen Orten 124.000 Propheten geschickt habe.[10] Obgleich es wohl keine genaue Information über die Anzahl der Propheten gibt, wird von Muslimen dennoch allgemein bekannt, dass der erste Prophet und gleichzeitig der erste Mensch, Adam und der letzte Prophet Muḥammad war und nach dem Propheten Muḥammad kein weiterer Gesandter mehr geschickt wurde bzw. werden wird. Diese Überzeugung wird sowohl im Qur'ān[11] als auch in den Ḥadīṯen[12] überliefert. Neben beiden bereits Genannten werden von den Muslimen jedoch auch alle anderen Propheten zwischen Adam und Muḥammad gleichermaßen als wahre Propheten anerkannt.

Obwohl daher an alle Propheten hinsichtlich ihres Prophetentums gleichermaßen geglaubt wird, sagt der Qur'ān dennoch graduelle Unterschiede

---

6 ŞERAFETTIN GÖLCÜK/ SÜLEYMAN TOPRAK, *Kelam* (Kalām), Konya 1988, 274.

7 OKUYAN, Propheten, die Bücher erhalten und nicht erhalten haben, 65-86; YUSUF ŞEVKI YAVUZ, *Peygamber* (Der Prophet) mad. *DİA*, İstanbul 2007, Vol. XXXIV, 257-258. *Kur'an'ı-Kerim Meali* (Die Übersetzung des Qur'ān), Diyanet İşleri Başkanlığı, Ankara 2010, 324, Fußnote 10.

8 Die Namen folgender Propheten kommen im Qur'ān vor: Adam, Idris, Noah, Hud, Salih, Lot, Abraham, Ismael, Isaak, Jakob, Josef, Shu'ayb, Aaron, Moses, David, Salomon, Hiob, Ḏū al-Kifl, Jonas, Elija, Elyesa, Zacharias, Johannes, Jesus, und Muḥammad.

9 Q 4:164; vgl. ebenso Q 40:78.

10 AHMED B. HANBEL, Müsned, Vol. 5, 226. MUHITTIN BAHÇECI, *Ayet ve Hadislerde Peygamberlik ve Peygamberler* (Prophetie und Propheten in Versen und Ḥadīṯe), İstanbul 1977, 64.

11 So sagt beispielsweise ein Vers: „Mohammed ist nicht der Vater eines eurer Männer. Er ist vielmehr Gesandter Gottes und Siegel der Propheten", Q 33:40.

12 BUḫARĪ Vol. 5, 144; BAHÇECI, *Ayet ve Hadislerde Peygamberlik ve Peygamberler*, 67-68.

zwischen diesen aus: „Einigen von ihnen gaben wir den Vorrang vor den anderen. Einige sind unter ihnen, zu denen Gott redete. Und einige erhöhte er um Stufen.“[13] Der Qur'ān spricht von diesen Propheten als „den größten Propheten“, „'ulūm aẓīm“ (Q 46:35). Zu diesen, „'ulūm aẓīm” genannten Propheten, zählen: Noah, Abraham, Moses, Jesus und Muḥammad,[14] wobei der Grund dafür, dass sie „die größten Propheten“ genannt werden, darin begründet liegt, dass sie die Botschaft Gottes ohne Angst verkündeten.[15]

3. Propheten zugeschriebene Eigenschaften

Da die Propheten von Gott für einen besonderen Auftrag erwählt wurden, ist es verständlich, dass diesen bestimmte, für ihre Mission notwendige Eigenschaften zugeschrieben werden. So lebten sie – verglichen mit anderen Menschen – ein ausgezeichnetes Leben, bevor sie Propheten wurden und zeigten keinerlei schlechtes Verhalten wie Stehlen, Lügen, Betrügen oder Falschheit. Denn wenn sie falsches Verhalten gezeigt hätten, bevor sie Propheten geworden wären, hätten die Menschen nicht auf sie gehört, sodass sie nicht in der Lage gewesen wären, ihren Auftrag erfolgreich zu erfüllen.[16] Gerade wegen dieses ausgezeichneten Verhaltens werden die Propheten daher auch in vielen Versen des Qur'ān von Gott gepriesen. So wuchsen die Propheten nach dem Qur'ān unter der Aufsicht Gottes heran,[17] hatten die besten Charaktere und zeichneten sich gegenüber anderen Menschen durch ihre In-telligenz, ihr moralisches Veralten und ihre Verantwortlichkeit für die ihnen anvertrauten Aufgaben aus.

Mit Bezug auf den Qur'ān und die Bücher, die von Gelehrten über die Propheten geschrieben wurden, können darüber hinaus folgende Eigenschaften von den Propheten ausgesagt werden:

Erstens lässt sich sagen, dass die Propheten ebenso wie alle anderen Menschen menschliche Wesen waren. Der Qur'ān macht klar, dass sie ebenso wie andere Menschen aßen, tranken, heirateten, ihr alltägliches Leben weiterführten und eines Tages starben.[18] Demgegenüber wird im Qur'ān ersichtlich, dass einige Menschen sie schon zu ihren Lebzeiten nicht als normale Menschen ansahen und sie als Engel oder außergewöhnliche Wesen verehrten.[19] Diese Menschen erklärten die Verehrung, die sie den Propheten entgegen-

---

13 Q 2:253; vgl. ebenso, Q 17:55.

14 Vgl. Q 42:13; 33:7.

15 MUHITTIN AKGÜL, *The Qur'ān'ı Kerim'de Hz. Peygamber* (Der Gesandte Muḥammad im "The Qur'ān"), İstanbul 2002, 35.

16 AKGÜL, Der Gesandte Muḥammad im "The Qur'ān", 39-40.

17 Vgl. Q 20:39; 52:48.

18 Vergleiche folgende Verse, die die Menschlichkeit der Propheten unterstreichen: Q 13:38; 14:10-11; 19:41, 56; 21:7-8; 23:33-36; 25:20; 36:15, 64:6.

19 Vgl. Q 14:9-11; 17:94-95; 23:33-34; 25:21.

brachten, dabei wie folgt: „Hat Gott uns etwa einen Menschen als Gesandten hergeschickt?“ (Q 17:94), oder „Soll denn ein Mensch uns führen?“[20] Der Qur'ān beantwortet diese Fragen dahingehend, dass die Propheten als Menschen auserwählt wurden, da sich ihre Botschaft auch an Menschen richte und die Propheten und ihre Adressaten ansonsten nicht in der Lage gewesen wären, miteinander zu kommunizieren.[21] Ein weiterer Grund dafür, warum der Qur'ān darauf besteht, dass alle Propheten menschlich waren, ist, dass sich bei ihnen keine göttlichen Attribute finden. An dieser Stelle warnt der Qur'ān „die Menschen des Buches“[22] und die Muslime[23] ebenfalls davor, göttliche Attribute bei den Propheten zu suchen.

Allerdings muss an dieser Stelle daran erinnert werden, dass die Propheten keine gewöhnlichen Menschen waren, sondern als Erwählte den anderen überlegen waren, da sie unter der Aufsicht und Fürsorge Gottes standen, die schönsten Eigenschaften hatten und göttliche Botschaften empfingen.

Das zweite Merkmal der Propheten besteht darin, dass ihr Prophetentum ein Ergebnis göttlicher Gnade[24], *wahbī*, war. Sie war somit eine göttliche Gabe und konnte nicht durch Arbeit, Studieren oder Reichtum erlangt werden[25], sodass Gott auswählen konnte, wen immer er wollte.[26] Nach dem Qur'ān gibt es daher ebenfalls kein *Erbprophetentum*. So wird zwar von einigen Propheten bezeugt, dass sie aus Propheten-Familien kamen[27], andere jedoch hatten auch ungläubige Familienmitglieder[28], wie beispielsweise der Vater Abrahams[29] oder der Sohn Noahs[30] Ungläubige waren, was für die Propetenberufung von Abraham und Noah kein Hindernis darstellte.

Das dritte Merkmal der Propheten ist ihre Sündlosigkeit (*'iṣma)*. Das bedeutet, dass die Propheten keinerlei Sünden begingen und von jeder Art von

---

[20] Q 64:6. Vgl. ebenso Q 6:8; 11:27; 21:3; 23:24, 33; 17:94-95; 25:7; 41; 41:14.

[21] Der Qur'ān beantwortet die Anfragen der Ungläubigen dabei wie folgt: “Sprich: 'Wenn auf der Erde Engel sicher wandelten, dann hätten wir zu ihnen einen Engel als Gesandten vom Himmel herabgeschickt.'” Q 17:95.

[22] Der Qur'ān lehnt sowohl die jüdischen als auch die christlichen Absichten über Gesandtschaft ab und betont: „Die Juden sagen: 'Esra ist Gottes Sohn.' Die Christen sagen: 'Christus ist Gottes Sohn.' Das ist es, was sie mit ihrem Munde reden! Sie ahmen die Rede der Ungläubigen vor ihnen nach. Gott verfluche sie! Wie können sie nur so verblendet sein! Sie nahmen sich ihre Schriftgelehrten und Mönche zu Herren an Gottes alleiniger statt – und Christus, Marias Sohn. Doch wurde ihnen befohlen, nur *einem* Gott zu dienen: Kein Gott ist außer ihm! Gepriesen sei er! Erhaben ist er gegenüber dem, was sie beigesellen! “ Q 9:30-31; vgl. ebenso Q 2:116; 4:171; 5:17, 72-73; 10:68.

[23] Vgl. Q 41:6; 18:110.

[24] Vgl. Q 6:124; 19:58; 62:4.

[25] Vgl. Q 43:31-32.

[26] Vgl. Q 62:4; 6:124.

[27] Vgl. Q 2:124; 37:112-113.

[28] So war Lots Frau eine Ungläubige und Abrahams Vater ein Götzendiener, vgl. Q 11:81-83; 66:10-11.

[29] Vgl. Q 6:74; 19:42, 46; 60:4.

[30] Vgl. Q 7:38; 11:42-46; 23:27; 27:57.

Sünde beschützt wurden. Entgegen jüdischem Glauben[31] waren die Propheten nach muslimischem Glauben frei von jeder Art von Sünde, schlechten Ansichten oder unmoralischem Verhalten. Ebenso glaubten sie fern jedes Polytheismus nur an den „Einen Gott“ und zeigten keinerlei ungläubiges Verhalten, weder vor oder nach ihrer Sendung. Vor allem begingen sie keinerlei Sünden absichtlich, nachdem sie als Propheten erwählt worden waren. Gott beschützte sie vielmehr von jeder Art von Sünde und Satans Verführungen.[32] Da sie jedoch Menschen waren, begingen auch sie kleinere Fehler, welche jedoch keine großen Sünden waren und sich meistens vor ihrer Erwählung als Propheten ereigneten.[33] Ebenfalls waren diese Fehler mehrheitlich auf weltliches Fehlverhalten, nicht auf religiöse Verstöße zurückzuführen, denn wenn sie in Versuchung gekommen wären, in religiöser Hinsicht Falsches zu tun, wären sie unmittelbar von Gott gewarnt worden, welcher ihr Verhalten korrigiert hätte.[34] Diese kleinen Fehler, die die Propheten begangen haben, werden in der islamischen Terminologie „Ausrutscher“ (*ḍalla*) genannt. Da die Propheten Vorbilder und Führer der Menschen waren, zu denen sie gesandt wurden, waren sie allerdings weit entfernt von jeder Art von Einstellungen oder Verhaltensweisen, die ihre Mission gefährdet hätte. Obwohl zahlreiche Propheten unzähligen schlechten Einstellungen und schlechten Verhaltensweisen ihrer Umgebung ausgesetzt waren, sie sogar bedroht, einige von ihnen getötet wurden,[35] beteten sie niemanden an als Gott und führten die göttlichen Weisungen weiterhin aus.[36] Weder Menschen noch Satan konnten die Propheten dazu verführen, den falschen Weg einzuschlagen, da sie immer von Gott beschützt wurden[37]. Denn hätten sie Sünden begangen, so hätte das zur Enttäuschung und zu Zweifeln der Glaubenden geführt.[38] So spricht der Qur'ān davon, dass sie völlig rein waren, sich von den anderen Menschen in Fragen der Moralität positiv abhoben, von Gott erwählt waren und nach guten Taten strebten.[39]

Die vierte Eigenschaft der Propheten ist ihre Aufrichtigkeit (*sidq*). Die Propheten waren aufrichtig in ihrem täglichen Leben und ihrer Sendung. Ebenfalls berichtet der Qur'ān davon, dass sie keinerlei Lügen in ihrem Leben

---

31 Vgl. Ex, 32:1-6; Gen 19:30-38.

32 An dieser Stelle überliefert der Qur'ān: „Und vor dir sandten wir keinen Gesandten – und auch keinen Propheten-, dem nicht, wenn er etwas wünschte, der Satan seinem Wunsch etwas hinzugefügt hätte, so dass Gott aufhob, was der Satan hinzugefügt hatte, und Gott dann seine Zeichen richtete – und Gott ist wissend und ist weise (…).“ Q 22:52; vgl. ebenso 12:23-24.

33 AKGÜL, Der Gesandte Muḥammad im “The Qur'ān”, 47. Wir müssen uns vergegenwärtigen, dass Moses einen Mann getötet hatte, bevor er Prophet wurde. Vgl. Q 20:40; 28:15, 33.

34 Vgl. Q 80:1-12.

35 Vgl. Q 2: 87, 91; 3:21, 112.

36 Vgl. Q 7:158; 10:104-106; 11:63; 13:36; 17:39; 21:25; 26:213; 27:1 91; 39: 11-14, 64-65; 40:66; 42:15; 72:20.

37 Vgl. Q 4:113.

38 Vgl. Q 38:47-48; 19:54, 56-57.

39 Vgl. Q 38:47-48; 19:54, 56-57.

erzählten,[40] denn hätten sie Lügen erzählt, hätten sie das Vertrauen ihrer Zuhörer verloren und keiner hätte ihren Botschaften weiterhin Glauben geschenkt. Daher kann im Blick auf die Propheten weder vor noch nach ihrer Prophetenschaft davon ausgegangen werden, dass sie gelogen haben könnten.[41]

Das fünfte Attribut, das den Propheten zugeschrieben wird, ist Verantwortungsübernahme für ihren Auftrag (*amāna*). Es wird bezeugt, dass die Propheten verlässliche und glaubwürdige Personen waren und ihre Verantwortlichkeit nicht vernachlässigten,[42] was der Qur'ān wie folgt ausdrückt: „Es steht einem Propheten nicht an, zu unterschlagen. Wer unterschlägt, muss das, was er unterschlagen hat, am Tag der Auferstehung wiederbringen. Dann wird jeder Seele zurückerstattet, was sie erbracht hat, und niemandem wird Unrecht angetan." (Q 3:161) Vor allem da die Propheten den Menschen die Offenbarung Gottes übermittelt haben, ohne etwas hinzuzufügen oder hinwegzunehmen, spricht der Qur'ān von ihnen als „verlässlich und glaubwürdig"[43], sodass auch verräterisches Tun für die Propheten ausgeschlossen werden muss. Vielmehr vermittelten sie gemäß ihren Eigenschaften alle Vorschriften und Verbote, die ihnen von Gott offenbart worden waren, direkt an ihre Zuhörer. Sie fügten nichts hinzu, ließen nichts aus, oder veränderten irgendetwas an der Offenbarung, die sie von Gott empfangen hatten.[44] Ebenso waren die Propheten frei von jeder Furcht, wenn sie die Botschaft Gottes übermittelten, was der Qur'ān dadurch ausdrückt, dass er von den Propheten aussagt, dass sie, „die Botschaften Gottes ausgerichtet haben, ihn (also Gott; Vf.) dabei fürchteten und keinen sonst." (Q 33:39)

Der sechste Wesenszug der Propheten ist ihre Intelligenz (*fatāna*). *Fatāna* bedeutet, dass die Propheten intelligent, aufmerksam und geistreich waren. So verhielt sich beispielsweise der Prophet Abraham äußerst geschickt im Umgang mit den Polytheisten und dem Pharao,[45] weshalb auch Begriffsstutzigkeit als Wesensmerkmal der Propheten nicht in Frage kommt. Wenn sie nicht intelligent und weise gewesen wären, wären sie nicht in der Lage gewesen ihre Zuhörerschaft zu überzeugen und die Gesellschaft zu verändern. Aus diesem Grund werden die Behauptungen von Ungläubigen, dass die Propheten verrückt oder gar töricht gewesen seien, vom Qur'ān scharf zurückgewiesen.[46] So wie die Propheten intelligent und weise waren, wurden sie ebenso von jeder Art von physischen Mängeln und Krankheiten beschützt, die sie daran gehindert hätten, ihren Auftrag zu erfüllen. Bei einigen Propheten jedoch, von denen entgegen dem oben Gesagten berichtet wird, dass sie einige physische

---

40 Vgl. Q 12:46; 19:41, 54, 56-57.
41 Vgl. Q 69:44-47.
42 Vgl. Q 26:105-108; 26:123-125, 141-143, 160-162, 178-180.
43 Q 7:68, 105; 12:46; 19:41; 26:107, 125, 143, 162, 178; 33:39; 44:18.
44 Vgl. Q 10:15; 38:86; 69:44-47.
45 Vgl. Q 21:58-67; 2:258.
46 Vgl. Q 7: 66-67, 184; 34:46; 51:52-53; 54: 9; 68:2.

Mängel und Krankheiten hatten,[47] stellte Gott ihre Gesundheit wieder her und diese erlangten ihre Gesundheit wieder. Die siebte Eigenschaft der Propheten ist schließlich, dass sie einen Auftrag hatten *(tablīġ)*, was bedeutet, dass die Propheten alle Gebote und Verbote Gottes an die Gemeinschaft der Gläubigen weitergaben, ohne etwas zu verändern, hinzuzufügen oder auszulassen. Jeder Prophet vermittelte so die vollständige Botschaft an seine Gemeinde.[48] So muss ebenfalls ausgeschlossen werden, dass die Propheten Teile der Botschaft verborgen haben könnten: „Gesandter! Übermittle du, was zu dir herabgesandt wurde von deinem Herrn! Wenn du es nicht tust, dann hast du deine Botschaft nicht erfüllt." (Q 5:67).

Ebenfalls gilt es sich an dieser Stelle im Hinblick auf den Auftrag der Propheten zu vergegenwärtigen, dass die Propheten für ihren Auftrag keinerlei weltlichen Lohn erwarteten,[49] sondern nur die Gebote Gottes ausführen und die Menschen zur Gemeinschaft mit Gott einladen wollten.

4. Gottes Absichten Propheten zu senden

Wie bereits weiter oben ausgeführt wurde, erschuf Gott den Menschen als außerordentliches Geschöpf, dem großer Segen und zahlreiche Fähigkeiten zuteil wurden. Allerdings hat der Mensch auch viele Defizite und Schwächen. So berichtet der Qur'ān davon, dass der Mensch hoffnungslos und undankbar ist [50], ruhelos und ungeduldig[51], kraftlos[52] und schwach[53], was darauf verweist, dass der Mensch wahrer Führung bedarf.

Wenn wir uns die Überlieferung des Qur'ān anschauen, stellen wir fest, dass alle Propheten gesendet wurden, um jeweils ein bestimmtes unmoralisches Verhalten und Abweichungen in religiöser Hinsicht innerhalb bestimmter Gesellschaften zu korrigieren. Nach der Überlieferung des Qur'ān können bei Gesellschaften, die im Laufe der Geschichte untergegangen sind, folgende moralische Verwerfungen gefunden werden: Ungerechtigkeit, Grausamkeit und Unterdrückung[54], das Verfälschen der Botschaft der Gesandten und Spott über sie[55], die Leugnung Gottes[56], Undankbarkeit angesichts von

---

47 So hatte Mose Sprachprobleme, Q 20:25-28; 26:12-14; 28:34; Jakobs Auge wurde trüb vor Schmerz, Q 12:84-96, und Hiob wurde sehr krank, Q 21: 83-84.

48 Vgl. Q 7:61-62, 79, 93.

49 Kein Prophet erwartete für seinen Auftrag irgendeine Bezahlung. Vgl. Q 6:90; 10:72; 11:29, 51; 26:110, 127, 145, 164, 180.

50 Vgl. Q 11:9-10; 17:67-69, 83; 22:66; 23:78; 29:65-66; 30:33-36.

51 Vgl. Q 70:19-21; 89:16-20.

52 Vgl. Q 5:30-31; 16:4.

53 Vgl. Q 4:28; 41:49.

54 Vgl. Q 6:44; 14:13-14; 23:27; 27:52; 53:50-54.

55 Vgl. Q 38:12-13; 54:9-10; 26:105, 139, 141; 54:18; 21:41.

56 Vgl. Q 11:60; 40:22.

Wohlstand und Frieden,[57] Hinterlist und Stolz[58], Morden[59], sich den eigenen Bedürfnissen ergeben[60], das Nachahmen der Religion der Vorfahren[61] und das Verursachen von Unordnung und Korruption auf der Erde.[62]

Nach dieser allgemeinen Einleitung können wir die Gründe für die Sendung der Propheten gemäß qur'ānischer Verse daher wie folgt zusammenfassen:

a) Einladung der Menschen zur göttlichen Religion

Obwohl der Mensch von Natur aus auf Glauben angelegt ist,[63] kann er vom Weg abkommen und anderen Kreaturen als Gott glauben, sodass Gott Propheten gesandt hat, um sich bekannt zu machen und anbeten zu lassen. Jeder Gesandte lud seine Gemeinde dazu ein, Gott anzubeten, was vom Qur'ān wie folgt ausgedrückt wird: „Vor dir sandten wir keinen Gesandten, dem wir nicht offenbart hätten: ‚Kein Gott ist außer mir! So dienet mir'."[64] Und an anderer Stelle: „Zu jeder Gemeinschaft schickten wir einen Gesandten: ‚Dient Gott und meidet Götzen'." (Q 16:36), und ferner: „Dass wir keinem dienen außer Gott, dass wir ihm nichts beigesellen." (Q 3:64) Im Lichte dieser Verse kann daher gesagt werden, dass der wesentliche Grund der Sendung der Propheten zu ihren Gemeinschaften darin besteht, diesen *tawḥīd*, den Glauben an die Einheit Gottes zu verkünden, wobei gesagt werden kann, dass *tawḥīd* im Verständnis des Qur'ān die Essenz aller göttlichen Religionen darstellt.[65]

Dabei hat *tawḥīd* im islamischen Verständnis drei wesentliche Dimensionen: den ausschließlichen Glauben an Gott, Gott nichts beizugesellen und Ihn allein anzubeten. Diese drei Dimensionen von *tawḥīd* können ebenfalls als die Kernbotschaft aller Propheten angesehen werden.[66] An dieser Stelle kritisiert der Qur'ān ebenfalls „die Menschen des Buches", indem er sie einlädt an den *tawḥīd* zu glauben und überliefert: „Sprich: ‚Ihr Buchbesitzer! Kommt her zu einem Wort zwischen uns und euch auf gleicher Basis! Dass wir keinem dienen außer Gott, dass wir ihm nichts beigesellen und dass wir

---

57 Vgl. Q 28:58-59.
58 Vgl. Q 29:38; 41:15; 71:7.
59 Vgl. Q 5:27-31.
60 Vgl. Q 5:27-31.
61 Vgl. Q 7:70.
62 Vgl. Q 2:11.
63 BUḫARI, *al-Ġami'uṣ-ṣaḥiḥ* (Die Sammlung authentischer Ḥadīṯe), Ġanāiz, 92.
64 Q 21:25; vgl. ebenso Q 5:72, 117; 7:59, 65, 73, 85; 11:50, 61, 84; 16:36; 23:23, 32; 27:45; 29:16, 36; 71:73.
65 Vgl. Q 7:138-140; 16:2; 21:25; 23:32; 41:14;37:123-126.
66 ŞINASI GÜNDÜZ, *Peygamberler Tarihi Perspektifi ve Kur'an*, (Eine Perspektive auf die Geschichte der Propheten und der Qur'ān) *XI. Kur'an Sempozyumu: Kur'an ve Risalet*, Ankara 2009, 159; ABDULLAH ÖZBEK, *Kur'an'da Tevhid Eğitimi*, Konya 1996. Vgl ebenso Q 7:59, 65, 73, 85, 104-105; 11:25-28, 50, 61, 84; 16:123.

uns nicht untereinander zu Herren nehmen neben Gott.‘ Und wenn sie sich abwenden, sprecht: ‚Bezeugt, dass wir ergeben sind!‘.“[67]

Nach dem Qur'ān ist die einzig gültige und sichere Religion Gottes der Islam, sodass der Qur'ān erklärt, dass die einzige authentische Religion vor Gott der Islam ist (Q 3:19) und zum Ausdruck bringt, dass jede andere Religion von Gott nicht akzeptiert werden wird, ja jene, die den Islam nicht als authentische Religion akzeptieren die Verlierer im Jenseits sein werden (Q 3:85).

b) Das Übermitteln der Botschaften Gottes

Wenn die Propheten nicht gesandt worden wären, wäre den Menschen die Existenz und Einheit Gottes möglicherweise auch mit ihrer eigenen Wahrnehmung zugänglich gewesen.[68] Allerdings hätten sie nichts über die Gebote und Verbote Gottes gewusst und wie Er anzubeten ist. Daher hat Gott den Menschen viele Propheten gesandt, um sie zu lehren, was sie tun und unterlassen sollen und ihnen die richtige Form der Anbetung zu zeigen. All diejenigen, die von Gott erwählt wurden, erfüllten ihren Auftrag dabei in bester Weise und keiner von ihnen verfehlte seinen Auftrag, Menschen zu Gottes Religion einzuladen.[69] Denn in der Tat besteht der Hauptgrund menschlichen Lebens gerade darin, seinen Schöpfer zu kennen und Ihn allein richtig anzubeten.

Dieser Grundwahrheit wird dabei von folgendem Vers des Qur'ān Nachdruck verliehen: „Ich schuf die Dschinne [Engel, Vf.] und die Menschen nur, damit sie mir dienen.“ (Q 51:56) In diesem Sinne besteht das wesentliche Ziel in der Sendung der Propheten zu den Menschen darin, Gott bekannt zu machen und ebenfalls wie Er anzubeten ist. Es muss an dieser Stelle ebenfalls daran erinnert werden, dass zwar alle Propheten die gleichen Glaubensprinzipien übermittelt haben[70], jedoch unterschiedliche Lehren (im Sinne von unterschiedlicher Gesetzgebung, šarī‘a), was Glaubenspraktiken angeht. Dies liegt darin begründet, dass sich die Menschen und ihre Gesellschaften im Laufe der Zeit gewandelt und verändert haben, wie der Qur'ān verdeutlicht: „Für einen jeden von euch haben wir Bahn und Weg gemacht. Hätte Gott gewollt, er hätte euch zu einer einzigen Gemeinde gemacht – doch wollte er euch mit dem prüfen, was er euch gab. Wetteifert darum um das Gute! Euer aller Rückkehr ist zu Gott“.[71] Obwohl daher Unterschiede hinsichtlich der Gebetsformen und -praktiken in den unterschiedlichen Gemeinschaften bestanden, werden einige Arten des Betens vom Qur'ān als *gute Taten* und damit als gültige Gebetsformen für alle Nachfolger von Religionen bezeich-

---

67 Q 3:64; vgl. ebenso Q 4:47.
68 Hier kann beispielsweise Abraham angeführt werden. Vgl. Q 6:76-79.
69 Vgl. Q 33:39; 5:67.
70 Vgl. Q 42:13.
71 Q 5:48; vgl. ebenso Q 22:68.

net.[72] So ist zum Beispiel bekannt, dass auch in alten Religionen das Tagesgebet, Fasten, Pilgern, Almosen geben und aufopferungsvolle Hingabe bestanden.[73] Doch da der Islam die letzte Religion ist und der Prophet Muḥammad zu allen Menschen gesandt wurde,[74] gelten die Vorschriften und Verbote des Qur'ān universal und wurden seitdem nicht mehr verändert.

c) Sicherung einer ausgewogenen Balance zwischen weltlichem und jenseitigem Leben

Der Mensch liebt die Welt und seine Annehmlichkeiten leidenschaftlich, sodass Gott durch seine Boten sicherstellen will, dass der Mensch eine richtige Balance zwischen der Welt und dem Jenseits erhält und weder das Jenseits im Interesse der Hinwendung zur Welt noch die Welt im Interesse der Hinwendung zum Jenseits vernachlässigt. Um eine gute Balance zwischen dem weltlichen Leben und dem Jenseits zu entwickeln, beschreibt der Qur'ān beide und lässt es dem Menschen frei, sich in seiner Lebensführung zu entscheiden. Der Qur'ān beschreibt das weltliche Leben dabei an verschiedenen Stellen wie folgt: „der Genuss des Lebens hier auf Erden ist gering“[75], „das Leben hier im Diesseits ist nur betörender Genuss“[76], „das Leben hier auf der Erde ist nichts als Spiel und Zeitvertreib“[77]. Außerdem wird das Leben auf der Erde beschrieben als „niederes Leben“[78], „dürres Zeug, das die Winde fortwehen“ “[79] und als „Genuss auf Zeit“[80]. Entgegen dem weltlichen Leben spricht der Qur'ān vom Jenseits wie folgt: „Gott aber ist es, bei dem schöne Heimkehr ist“[81], „der Lohn des Jenseits ist besser“[82], „Womit dich dein Herr versorgt, ist besser und beständiger“[83], „Doch was bei Gott liegt, ist besser und für immer bleibend“[84], „Wahrlich, das Jenseits hat noch mehr an Stufen und an Gnadengaben“[85], „Die Strafe dort im Jenseits ist, fürwahr, besonders hart und dauernd“[86]. Außerdem charakterisiert der Qur'ān das Jenseits als „eine schöne Heimkehr“ (Q 38:40), „trefflich letzte Wohnstatt“ (Q 13:24) und „als die bessere Belohnung und die bessere Hoffnung“ (Q 18:46).

---

72 Vgl. Q 2:177.
73 Vgl. Q 2:83, 183; 5:12; 7:156; 17:87; 19:55; 20:14; 21:73; 22:26.
74 Vgl. Q 3:85; 7:158; 21:107; 25:1;34:28;38:87-88.
75 Q 4:77; 9:38; 10:70; 13:26.
76 Q 3:185; 10:23.
77 Q 6:32; 47:36; 57:20.
78 Q 7:169.
79 Q 18:45.
80 Q 40:39; 3:14.
81 Q 3:14.
82 Q 12:57, 109; 16:41; 3:198; 42:36.
83 Q 20:131.
84 Q 28:60; 16:96; 87:17.
85 Q 17:21.
86 Q 20:127; 39:26.

Der Qur'ān will demgemäß, dass der Mensch nicht ausschließlich für das gegenwärtige Leben arbeitet, sondern auch für das Jenseits, so wie er zu Korah sagt: „Trachte mit dem, was dir Gott gegeben hat, nach dem Jenseits, und vergiss nicht deinen Anteil an dieser Welt." (Q 28:77) Daher erinnert der Qur'ān den Menschen daran, ein ausgewogenes Leben zu führen. Gott teilt uns somit mit, was im Diesseits und im Jenseits gut ist,[87] wobei der Qur'ān besonders unterstreicht, was im Jenseits wichtig ist.[88] Die Propheten betonten daher, dass der Mensch einen Mittelweg zwischen Diesseits und Jenseits finden solle, ohne eine Seite zu vernachlässigen.

d) Das Hervorbringen moralisch guter Menschen und Aufrichten einer idealen Gesellschaft

Ein weiterer Grund, warum Gott Propheten geschickt hat, besteht darin, moralisch gute Menschen hervorzubringen und eine ideale Gesellschaft aufzurichten. Denn nach islamischem Glauben ist das letztendliche Ziel allen Betens, moralisch aufrichtige Menschen hervorzubringen und gute Gesellschaften zu etablieren. So soll beispielsweise das tägliche Gebet, das jedem Muslim fünfmal am Tag vorgeschrieben ist und eine Säule des Islam darstellt, dazu führen, dass die Menschen sich von allem abwenden, was unwürdig, schändlich und teuflisch ist.[89] Die gleiche Zielrichtung verfolgen Vorschriften wie Fasten, Opfern und alle Verbote.

Daher versuchten die Propheten nicht nur Lehren für den Glauben und das Gebet an ihre Gemeinschaften zu überbringen, sondern auch moralische Prinzipien und versuchten darin ebenfalls Vorbilder für ihre Gemeinden zu sein. Wenn wir uns das Leben der Propheten, das im Qur'ān übermittelt wird, näher anschauen, stellen wir daher fest, dass sie ihren Gemeinschaften auftrugen, barmherzig zu sein[90], sich zu besinnen und nachzudenken, rational zu handeln, nicht töricht dem Glauben ihrer Vorfahren anzuhängen[91], geduldig[92] und hoffnungsfroh[93] zu sein, dankbar zu sein[94], in Gott zu vertrauen und Hilfe nur von ihm zu erwarten[95], schließlich verantwortlich zu sein[96], gute Kinder aufzuziehen[97], die Eltern zu achten[98], nicht verschwenderisch zu leben[99] und nicht

---

87 Vgl. Q 2:201; 7:156.
88 Vgl. Q 3:14; 4:77; 87:16-17; 28:60.
89 Vgl. Q 29:45.
90 Vgl. Q 11:42; 19:42-45; 20:42-44; 26:86.
91 Vgl. Q 6:76-82; 19:42-45.
92 Vgl. Q 7:12, 128; 12:18, 83-84; 38:41-44.
93 Vgl. Q 12:87; 15:55-56.
94 Vgl. Q 16:121.
95 Vgl. Q 7:89; 12:86.
96 Vgl. Q 2:134.
97 Vgl. Q 2:132-133.
98 Vgl. Q 19:12-14.

niederträchtig über die Erde zu gehen und Unordnung und Korruption zu verursachen.[100]

e) Schließen der Tür des Widerspruchs

Nach dem Qur'ān wurde der Mensch in die Welt geschickt, um sich einer Prüfung zu unterziehen[101] und, wie bereits vorher ausgeführt wurde, allein Gott zu glauben und ihn anzubeten.[102] Um in dieser Prüfung jedoch erfolgreich und in der Lage zu sein, Gott richtig anzubeten, muss der Mensch die Vorschriften und Verbote Gottes wissen und sie auf sein tägliches Leben anwenden. Hätte Gott die Propheten nicht geschickt, hätten die Menschen eingewendet, dass niemand zu ihnen geschickt worden sei, der sie an die Wahrheiten Gottes erinnert habe, sodass sie nicht in der Lage gewesen wären, Gott zu erkennen, und sie schlechte Dinge in der Welt verübt hätten. Um durch diese Behauptungen daher im Jenseits keinen Widerspruch zu ernten[103], hat Gott Gesandte zu jeder Gemeinschaft geschickt[104] und erklärt, dass er keine Gemeinde zerstören werde, ohne vorher einen Gesandten in ihrer Mutterstadt hervorzubringen, der ihnen seine Botschaften überbringen werde.[105] Als Gott Propheten zu den verschiedenen Gemeinden sandte, wählte er dabei keine spezifische Sprache aus. Vielmehr enthüllte er seine Botschaften den Propheten in der Sprache ihrer Adressaten, sodass sie erfolgreicher sein konnten und die Botschaften Gottes einfach und klar übermitteln konnten, was im Qur'ān wie folgt ausgedrückt wird: „Wir sandten keinen Abgesandten, außer in der Sprache seines Volkes, um ihnen Klarheit zu verschaffen." (Q 14:4). Nach dem Qur'ān hätten die Menschen nämlich wiederum eingewendet, dass sie die Botschaft Gottes nicht hätten verstehen können, wenn die Propheten sie in einer anderen Sprache als ihrer Muttersprache überbracht hätten: „Hätten wir es zu einem Vortrag gemacht in fremder Sprache, so hätten sie gesagt: ‚Warum wurden seine Verse denn nicht erläutert? Wie? Fremdsprachig und Arabisch?'" (Q 41:44). Darüber hinaus

[99] Vgl. Q 20:81.
[100] Vgl. Q 2:60; 7:85;26:151-152; 27:48; 29:36.
[101] Vgl. Q 67:2; 11:7; 18:7; 76:2.
[102] Vgl. Q 51:56.
[103] Vgl. Q 4: 165; 5:19; 6:130; 17:15. 20:134; 28:47.
[104] Vgl. Q 4:164; 10:47; 12:109; 13:7, 38; 15:10; 16:36, 43-44, 63; 23:44; 30:47; 35:24. Wenn wir an dieser Stelle von „jeder Gemeinschaft" sprechen, muss berücksichtigt werden, dass dies nicht meint, dass Gott Boten zu jeder Gemeinschaft in der Welt geschickt hat, wie der Qur'ān verdeutlicht: „Hätten wir gewollt, hätten wir in jeder Stadt einen Warner auftreten lassen." Q 25:51. Auf Grundlage dieses Verses sollte daher verstanden werden, dass Gott nicht zu jeder Gemeinschaft einen Boten geschickt hat, sondern dass er denjenigen Gemeinschaften, zu denen ein Bote gesendet wurde, die Verantwortung übertragen hat, die Botschaft ihres Propheten an andere Gemeinschaften weiterzutragen. Letztlich ist es daher die Aufgabe der Muslime die Botschaft Gottes an die ganze Menschheit zu vermitteln. Vgl. ebenso Q 3:110.
[105] Vgl. Q 6:131; vgl. ebenso Q 28:59.

versuchten alle Propheten Gottes Botschaft so zu vermitteln, dass sie den individuellen Unterschieden ihrer Adressaten gerecht wurden. Andernfalls hätten ihre Adressaten erneut bestreiten können, dass sie die Botschaften Gottes, die ihnen von den Propheten überbracht wurden, hätten verstehen können, sodass der folgende Vers erläutert: „Rufe auf zum Wege deines Herrn mit Weisheit und mit schöner Predigt, und streite mit ihnen auf gute Weise! (…).“[106]

Denn Gott wird im Jenseits alle Menschen versammeln und alle Propheten fragen, ob sie ihren Adressanten Seine Botschaft übermittelt haben oder nicht: „Wie wäre es? Brächten wir aus jeglicher Gemeinschaft einen Zeugen, wenn wir dann dich als Zeugen brächten gegen diese da?“[107] Die Menschen würden ihren Unglauben und ihre großen Fehler daher zugeben, bevor sie in die Hölle geworfen würden und gefragt worden wären, was sie in der Welt getan hätten.[108]

5. Der letzte Prophet: Muḥammad

Bisher wurde versucht einen allgemeinen Überblick über das Prophetentum zu geben, ohne Unterschiede zwischen den Propheten zu machen. In diesem Abschnitt werde ich mich nun speziell auf den letzten Propheten konzentrieren, an welchen heute ca. 23% der Weltbevölkerung glauben.

Nach dem Qur'ān endete das Prophetentum mit dem letzen Propheten Muḥammad: „Muhammed ist nicht der Vater eines eurer Männer. Er ist vielmehr Gesandter Gottes und Siegel der Propheten (…).“ (Q 33:40). Der Qur'ān berichtet davon, dass auch Jesus die gute Nachricht brachte, dass der Prophet Muḥammad als letzter Bote kommen werde. „Als Jesus, der Sohn Marias sprach: ‚Ihr Kinder Israels, siehe, ich bin von Gott zu euch entsandt, um zu bestätigen, was vom Gesetz schon vor mir war, und einen Gesandten anzukündigen, der nach mir kommt und dessen Name Ahmad ist!‘ Als er mit den Beweisen dann zu ihnen kam, sprachen sie: ‚Das ist klare Zauberei!‘“ (Q 61:6). Möglicherweise gibt es sogar in der Bibel Hinweise auf das Kommen des Propheten Muḥammad nach Jesus.[109] Nach muslimischen Glauben wird kein weiterer Prophet nach dem Gesandten Muḥammad kommen, dessen Sendung vielmehr bis zum Auferstehungstag dauern wird. Da er der letzte Prophet ist, ist er nach dem Qur'ān der universelle Bote: „Wir sandten dich als Freudenboten und als Warner nur zu den Menschen insgesamt (…)“[110] Der Ausdruck „zu den Menschen insgesamt“ schließt dabei alle Menschen mit ein, auch zukünftige Generationen bis zum Auferstehungstag, weshalb

[106] Q 16:125.
[107] Q 4:41; vgl. ebenso Q 16:89.
[108] Vgl. Q 67:8-11; 40:50.
[109] Vgl. die entsprechenden Hinweise bei ÜNAL, ebd., appendix 1: “The Prophet Muḥammad in the Bible”, 1261-1264.
[110] Q 34:28; vgl. ebenso Q 4:79.

Muḥammads Prophetentum nicht nur in seiner Sendung für eine Gemeinschaft, sondern für die ganze Menschheit, besteht. Im Unterschied zu den Propheten vor ihm, deren Auftrag lediglich eine bestimmte Zeit und einen bestimmten Raum umfasste, umfasst Muḥammads Sendung daher die ganze Zeit und den ganzen Raum, sodass Gott ihn als Gnade für die ganze Menschheit gesandt hat: „Und wir sandten dich nur aus Barmherzigkeit zu den Weltbewohnern." (Q 21:107) Muḥammad hatte hinsichtlich seines Charakters außergewöhnliche moralische Qualitäten und ist somit das beste Vorbild für die Menschheit, was der Qur'ān wie folgt überliefert: „Ihr habt ja im Gesandten Gottes ein schönes Vorbild für den, der Gott und den jüngsten Tag erwartet und der Gottes oft gedenkt."[111]

An dieser Stelle muss ebenfalls darauf hingewiesen werden, dass einige Personen Muḥammad im Laufe der Geschichte als Heiligen verehrt haben und ihm übermenschliche Attribute zugeschrieben haben[112], andere seine Leistungen hingegen abgeschwächt und nur den Qur'ān als wesentliche Quelle des Glaubens akzeptiert haben. Letztere betonen, dass sich alles für den Glauben Notwendige im Qur'ān finden lasse, weshalb es in religiöser Hinsicht keinen Bedarf an den Traditionen gebe, die über den Propheten Muḥammad überliefert werden.[113] Keiner der beiden Zugänge kann jedoch von der Mehrheit der Muslime akzeptiert werden; weder die Verehrung Muḥammads als Heiligen, da auch er ein Mensch war, noch das Abschwächen der Muḥammad-Tradition. Denn einerseits können viele religiöse Inhalte, die im Qur'ān überliefert werden, durch die Tradition erklärt werden, als sich auch andererseits viele religiöse Inhalte direkt aus der Tradition speisen. Auch der Qur'ān bestätigt dies, indem er davon spricht, dass Muḥammad zu gehorchen genauso sei wie Gott selbst und dass der Qur'ān und die Tradition daher nicht voneinander getrennt werden können: „Sprich: ‚Gehorcht Gott und dem Gesandten!' Doch wenn sie sich abwenden dann – siehe, Gott liebt die Ungläubigen nicht." (Q 3:32). Und ferner: „O ihr die glaubt! Gehorcht Gott, und gehorcht dem Gesandten! Und macht eure Werke nicht unwirksam!"[114]

---

[111] Q 33:21; vgl. ebenso Q 68:4.

[112] H. MUSA BAĞCI, *Hz. Peygamberin Beşeri Yönü* (Die menschliche Seite des Gesandten Muḥammad), Ankara (Ankara Üniv. *Sosyal Bilimler Enstitüsü*, Yayınlanmamış Doktora Tezi) 1999.

[113] Vgl. zur weiteren Information, MUSTAFA ERTÜRK, *Kur'an'ın İslam Söylemi ve Nebevi Sünnet'in Gerçekliği* (Der Islam Diskurs im Qur'ān und die Wahrhaftigkeit der prophetischen Sunna); *Hadis Çözümlemeleri*, İstanbul 2007, 17-46.

[114] Q 47:33; vgl. ebenso Q 3:132; 4:59; 5:92; 8:1, 20, 46; 24:54, 56.

6. Abschließende Bemerkungen

Der Mensch wurde weder völlig gut noch völlig schlecht geschaffen und hat vielmehr die Möglichkeit, Gutes und Schlechtes zu tun.[115] Jedoch, ist der Mensch mehr dazu geneigt, böse Taten als gute Taten zu tun; denn so sagt der Qur'ān: „Die Seele lenkt ja hin zum Bösen." (Q 12:53).

Wenn gute und richtige Tugenden den Menschen daher nicht vermittelt und die Menschen nicht an eben diese erinnert werden, können sie vom richtigen Weg abkommen, was von der Menschheitsgeschichte zur Genüge bestätigt wird. In der Tat besteht daher das Hauptziel in der Sendung der Propheten darin, den Menschen den rechten Weg zu einem guten Leben in Übereinstimmung mit dem Willen Gottes zu zeigen.

Die Kernfrage, die sich hinsichtlich des Prophetentums stellt, ist was dieses für die Menschen und die Gesellschaft heutzutage bedeutet. Werden wir die Propheten lediglich als historische Persönlichkeiten akzeptieren oder ihnen auch Vorbildcharakter für unser modernes Zeitalter zuschreiben? Meiner Meinung nach besteht die nützlichste und praktischste Seite im Reden über die Propheten im Aufweis der Beziehung dieser zu unserem alltäglichen Leben und ihrer Bedeutung für dieses. Denn eines der größten Probleme des heutigen Menschen scheint mir darin zu bestehen, dass er kein gutes Vorbild für die Gestaltung seines Lebens findet. Jedes menschliche Wesen hat seine Defizite und so waren die Propheten nicht bloß Vorbilder für die Zeit, in der sie lebten, sondern können es auch noch für uns heute sein. Daher kann gesagt werden, dass die Geschichten der Propheten, die von Gott im Qur'ān berichtet werden, auch heute noch sehr bedeutsam für die Menschen und unsere Gesellschaften sein können. Denn obwohl die Geschichte der Menschen bereits Jahrtausende zurückreicht, verändert sich der Grundcharakter des Menschen nicht. Natürlich kann nicht abgestritten werden, dass heutige Menschen besser und in mehr Wohlstand als die Menschen der Vergangenheit leben, aber die Haltungen und das Verhalten der Menschen, ihre Wahrnehmungen und Gedanken sind weitestgehend dieselben geblieben. Die Beispiele, die dafür am meisten herausstechen, können die vielen Kriege und Konflikte, sozio-ökonomische Ungerechtigkeit und die Verletzung der Menschenrechte in vielen Teilen der Welt sein, die trotz allen nationalen und internationalen Verträgen und Bestrebungen weiterbestehen.

In dieser Hinsicht sind die Botschaften aller Propheten in der Geschichte auch eine Lektion für den heutigen Menschen und die Gesellschaften.[116] Viele Probleme, die die Propheten beschäftigten, beschäftigen uns auch heute noch, wie zum Beispiel das arrogante und herablassende Verhalten der Gemeinde Noahs, die sexuellen Abnormalitäten der Gemeinde Lots, die Neigung zu

---

[115] Q 90:8-10; 12:53.

[116] Vgl. Q 15:75; 23:30; 26:139, 174; 27:52; 29:15; vgl. MURAT KAYACAN, *Kur'an'ın Hz. Peygamber'i Eğitmesi* (Die qur'ānische Erziehung Muḥammads), İstanbul 2007, 120.

weltlicher Herrschaft und Stärke der Gemeinschaft von Ad und dem Ṯamūd; die wirtschaftlichen Betrügereien der Gemeinschaft von Midian, um nur einige Probleme zu benennen, die auch die heutige Gesellschaft beschäftigen.

Es ist hier wichtig von den Botschaften der Propheten zu lernen. Denn die Geschichten über die Propheten und die Beispiele ihrer Handlungen geben uns Hinweise darauf, warum vergangene Gesellschaften zerstört wurden. Der Qur'ān berichtet daher nicht nur über die Merkmale zerstörter Gesellschaften in der Vergangenheit, sondern fordert uns vielmehr auf, dem Vorbild der Propheten und ihren Ermahnungen Gehör zu schenken. Die wichtigste Botschaft der Propheten ist dabei, dass das Leben endlich ist, was der Qur'ān an vielen Stellen in seiner Überlieferung unterstreicht. Die wahre Bleibe ist das Jenseits, an diese Wahrheit erinnerten die Propheten ihre Gemeinschaften die ganze Zeit.[117] In der Tat werden alle Menschen, die diesem Glauben anhängen, automatisch versuchen gutes Verhalten und einen guten Charakter auszubilden. Daher werden auch Menschen, die die Geschichten der Gesandten lesen, daraus schließen, dass wahre Glückseligkeit darin besteht, dem Weg der Propheten zu folgen.[118]

Neben den negativen Einstellungen und Verhaltensweisen von vergangenen Gesellschaften, die der Qur'ān überliefert, indem er uns Beispiele von den Lebensgeschichten der Propheten gibt, zeigt er das Leben der Propheten ebenfalls als positive Beispiele auf, wobei folgende Beispiele als vorbildliches Verhalten einiger Propheten aufgeführt werden sollen.

- Erbarmen und Mitgefühl: Die Josefsgeschichte
- Dankbarkeit und das Wissen um das Geschenk des Segens: Die Geschichte Jonas
- Demütigkeit und Dankbarkeit: Die Geschichte Salomons
- Gerechtigkeit und Mut: Die Geschichte Davids
- Übergabe des Lebens an Gott und das Vertrauen auf ihn: Die Geschichte Abrahams
- Geduld: Die Geschichte Ijobs
- Liebe und Mitgefühl: Die Geschichte Jesu
- Vergebung und Erbarmen: Die Geschichte Muḥammads

Ich denke, das moralische Verhalten, das die oben genannten Beispiele anzeigen, ist mehr als nötig für die heutigen Menschen und Gesellschaften. Der Qur'ān lehrt uns, dass Gott den Menschen niemals die Gnade entzieht, die er den Menschen erwiesen hat, bis die Menschen etwas bei sich selbst (zum Negativen) verändern (beispielsweise ihren Glauben, Lebensstil, ihre Weltsicht oder ihre Hingabe an Gottes Gesetzte, die in der Religion, der

---

[117] Vgl. Q 23:37-38.

[118] HATICE KELPETIN ARPAGUŞ, *Kıssanın Ahlakî Fonksiyonu* (Ethische Bedeutungen von Erzählungen), Diyanet İlmî Dergi, Vol. 160, 4/2004, 26-29.

Schöpfung, dem Leben und Funktionieren des Universums verkörpert sind).[119] Das letztendliche Ziel aller Propheten ist es eine Gemeinschaft auf den Prinzipien des Glaubens und der Moral aufzubauen. Auch die heutigen Menschen können sich das Leben der Propheten als Vorbild nehmen und Lehren aus der Geschichte vorangegangener Gemeinschaften ziehen und ihr Leben gemäß dem Vorbild der Propheten gestalten. Denn wenn wir uns die Propheten im Ganzen anschauen, können wir feststellen, dass diese im Hinblick auf ihre Intelligenz, ihre Haltungen, ihr Verhalten und ihre Moralität ausgezeichnete Personen waren. Der Qur'ān sagt über alle Propheten aus: „Sie alle gehören zu den Frommen." (Q 6:85). Daher berieten die Propheten ihre Adressanten nicht nur, sondern wurden ebenfalls Vorbilder für die Menschen, indem sie lebten, was sie lehrten. Ich denke, was unsere heutigen Menschen tun können, ist einfach, den Fußstapfen der Propheten zu folgen. Denn diejenigen, die von ihnen lesen oder von ihnen hören, können die Bedeutung für ihr eigenes Lebens finden und Lehren für sich selber ziehen.

Aus dem Englischen übersetzt von Emanuel Rasche

[119] Vgl. Q 8:53.

Replik (*von Klaus von Stosch*)

Meine zentrale Frage im Hinblick auf den hochinteressanten Beitrag Mustafa Köylüs bezieht sich auf seine geradezu dogmatische Behauptung, dass alle Propheten sündlos sein müssen. Ist es wirklich notwendig und hilfreich, vorzugeben, dass die Propheten „keinerlei schlechtes Verhalten wie Stehlen, Lügen, Betrügen oder Falschheit" gezeigt haben? Köylü argumentiert: „[W]enn sie falsches Verhalten gezeigt hätten, bevor sie Propheten geworden wären, hätten die Menschen nicht auf sie gehört, sodass sie nicht in der Lage gewesen wären, ihren Auftrag erfolgreich zu erfüllen"[1]. Ist dieses Argument wirklich zwingend, ist es überhaupt überzeugend?

Zunächst einmal widerspricht diese These dem biblischen Befund, die viele Geschichten über die auch im Qur'ān anerkannten Propheten kennt, in der diese sündigen. Auch der qur'ānische Befund ist nur mühsam mit Köylüs Theologumenon harmonisierbar, wie er selbst eher beiläufig in einer Fußnote zugesteht[2]. Hier erwähnt er nämlich, dass zu den Fehlern der Propheten im Fall des für den Qur'ān sehr wichtigen Propheten Mose auch ein Mord fällt. Kann man hier wirklich von einem kleinen Fehler sprechen oder muss man eine solche Tat nicht als schwere Sünde anerkennen? Auch im Blick auf den Qur'ān könnte man noch auf andere Belegstellen verweisen und etwa fragen, wie ein Prophet wie Jona sündlos sein kann, wenn er sich doch zunächst weigert, den Auftrag Gottes zu erfüllen.

Doch viel wichtiger als diese exegetischen Argumente ist mir ein systematisches Gegenargument: Ist Sünde wirklich ein Hindernis einer anderen Person Glauben zu schenken? Wenn ein Wissenschaftler mir beispielsweise eine wissenschaftliche Wahrheit berichtet, vertraue ich seinen Experimenten, nicht seiner Person. Ebenso zählt die Botschaft und nicht die Person, wenn ein Prophet mir eine Wahrheit vermittelt. Ich dachte, dass Muslime daran glauben, dass der Qur'ān als Gottes Wort für sich selbst sprechen kann und dass der Qur'ān nicht die Hilfe Muḥammads braucht, um als Wort Gottes erkannt zu werden. Für mich ist eins der besten Argumente dafür, dass der Qur'ān als Gottes Wort erkannt werden kann, die Kritik des Qur'ān an Muḥammad. Denn wenn die Muḥammad übermittelte Offenbarungsschrift ihn selbst kritisiert und sogar als Sünder erscheinen lässt, dann ist geradezu evident, dass diese Schrift nicht einfachhin das Werk Muḥammads ist, sondern dass sie über ihn und sein Wollen hinausweist. Warum also sollten wir sagen, dass Muḥammad und sämtliche Propheten ohne Sünde waren? Führt das nicht sogar zu einer Schwächung islamischer Theologie, weil man sich auf exegetisch unsicheres Terrain begibt und die Selbstevidenz göttlicher Rede in Abrede stellt?

---

1 Siehe den Beitrag „Prophetie im Islam aus traditionellem Blickwinkel" von Mustafa Köylü in diesem Band, 123.

2 Vgl. ebd., Fußnote 33.

Insbesondere im Hinblick auf das für diesen Band so wichtige Thema religiöser Bildung denke ich, dass es sehr wichtig für Kinder ist, die Propheten wie menschliche Wesen anzusehen, die Fehler und Sünden begingen, die manchmal schwach und nicht immer perfekt waren. Auch Kinder erfahren sich selbst manchmal als schwach und als nicht immer vollkommen. Hier scheint es mir eine bessere Hilfe beim Erwachsenwerden zu sein, wenn sie erfahren, dass Gott Personen auserwählt und stärkt, die wie sie unvollkommen und menschlich sind, als wenn ihnen völlig unerreichbare Märchengestalten vor Augen geführt werden – eben Personen, die sich völlig von ihnen unterscheiden und die eher wie Engel denn wie Menschen erscheinen.

Allein Gott ist vollkommen, und meiner Meinung nach zeigen mir gerade die Kontingenz, Unzulänglichkeit und Verletzlichkeit der Propheten die Gnade und Zuwendung Gottes besonders eindrücklich. Gerade weil ich Köylüs Wahrnehmung der Propheten als Vorbilder für unsere Beziehung zu Gott schätze, zögere ich dabei, ihm hinsichtlich seines idealisierten Bildes der Propheten zuzustimmen. Diese Idealisierung scheint mir eher ein verzichtbarer und letztlich kontraproduktiver apologetischer Schachzug zu sein, der zudem Schatten auf die Rede vom Handeln Gottes in der Welt wirft. Denn natürlich kann man sich immer fragen, warum Gott nur bestimmte Menschen vor der Sünde bewahrt und alle Normalsterblichen weiter in der Verstrickung der Schuld befangen sein lässt. Erscheint ein solcher Gott nicht willkürlich und zynisch, so dass es glaubwürdiger ist, auch die Propheten radikal und in jeder Hinsicht in ihrer ja auch von Köylü so sehr betonten Menschlichkeit zu würdigen?

Darüber hinaus frage ich mich, ob es wirklich Gottes Hauptziel ist, uns Propheten zu senden, um uns seine Einheit und Einsheit (*tawḥīd*) einzuschärfen. Sicherlich stimmen Köylü und ich darin überein, dass Gott einer ist. Aber die Bibel zeigt uns, dass der wichtigste Punkt, der die Propheten beschäftigte, nicht war, dass es nur einen Gott gibt, sondern vielmehr die Frage, *wer* dieser Gott ist. Die Propheten der Bibel sprechen von diesem Gott als jemandem, der den Unterdrückten hilft, der Erbarmen hat und gerecht ist und die Geschichte seines Volkes wachsam und liebevoll begleitet. Daher würde ich gerne die Frage stellen, ob nach dem Qur'ān Gottes oberstes Ziel in der Sendung der Propheten wirklich darin besteht, uns seine Einheit und Einsheit zu verdeutlichen, oder ob es nicht zumindest auch und ebenso wichtig darum gehen muss, uns zu zeigen, *wer* er ist: ein barmherziges Wesen, das den Unterdrückten hilft und das die Menschen ins gute Leben führt.

Bei der Lektüre von Köylüs Text könnte man dagegen den Eindruck bekommen, dass es eines der wichtigsten Anliegen Gottes ist, in der richtigen Weise angebetet zu werden. Dies erweckt in mir das Gottesbild eines eitlen Despoten, der mehr an der richtigen Verehrung seiner selbst als am Wohlergehen seiner Geschöpfe interessiert ist. Sünde wird in diesem Kontext von zwischenmenschlicher Schuld getrennt und es geht nur noch darum, sich Gott gegenüber richtig zu verhalten.[3] Es erscheint mir angesichts der Religionskritik von Philosophen wie Friedrich Nietzsche sehr schwierig zu sein, an einen solchen Gott zu glauben.[4]

Eine weitere Frage, die sich mir bei der Lektüre von Köylüs Ausführungen stellt, ist, warum er glaubt, dass Gott nach Muḥammad keine weiteren Propheten gesandt hat. Wenn es 124.000 Propheten vor ihm gab, ist es sehr erstaunlich, dass Gott diese Form der Kommunikation heutzutage beendet hat. Was ist mit den Menschen, die niemals vom Islam, dem Christentum oder dem Judentum gehört haben? Glaubt Köylü wirklich, dass Gott keine Propheten zu diesen sendet? Wie kann Gott barmherzig sein, wenn er so eine große Anzahl von Menschen von seiner guten Botschaft ausschließt? Wenn ich mich in der Welt von heute umschaue, habe ich tatsächlich den Eindruck, dass Propheten (wie zum Beispiel Martin Luther King) in der Tat existieren, und ich glaube ebenfalls, dass es immer noch ein Bedürfnis für Prophetie, sogar in christlichen und muslimischen Ländern gibt. Warum also glaubt Köylü, dass die Geschichte des Austausches zwischen Gott und den Menschen eines Tages auf einmal enden sollte?

Im Hintergrund dieser Anfragen steht ein noch gravierenderes Problem, das ich mit dem religionstheologischen Exklusivismus Köylüs habe. Köylü versteht in aus meiner Sicht anachronistischer Weise die qur'ānische Rede vom Islam als Religionsbezeichnung, obwohl es zur Zeit der Verkündigung des Qur'ān ja noch gar keinen Islam im Sinne einer verfassten Religion gab. Diese Lesart bringt ihn dazu alle Nichtmuslime eschatologisch in einer gravierend defizitären Situation zu sehen und den Islam als einzige authentische und wahre Religion würdigen zu können. An dieser Stelle gerät er allerdings in Konflikt mit der qur'ānischen Betonung der Barmherzigkeit und Gerechtigkeit Gottes. Denn ein Gott, der einfach alle Nichtmuslime zur Hölle schickt, nur weil sie Nichtmuslime sind, ist in keiner intelligiblen Weise barmherzig und gerecht, sondern ein äußerst fragwürdiges, willkürlich handelndes Monstrum. Denn was können beispielsweise Menschen, die nie vom Islam gehört haben, dafür, dass sie keine Muslime sind und mit welchem Recht würde Gott sie bestrafen?[5]

---

3 Vgl. zur Verdeutlichung des unlösbaren Zusammenhangs von Sünde und Schuld THOMAS PRÖPPER, Theologische Anthropologie Bd.2, Freiburg 2011, 694-720.

4 Vgl. etwa FRIEDRICH NIETZSCHE, Die fröhliche Wissenschaft. In: DERS., Kritische Studienausgabe. Hrsg. v. G. Colli und M. Montinari Bd. 3, München 1999, III, 135: „Ob mit der Sünde sonst Schaden gestiftet wird, ob ein tiefes, wachsendes Unheil mit ihr gepflanzt ist, das einen Menschen nach dem andern wie eine Krankheit fasst und würgt – das lässt diesen ehrsüchtigen Orientalen im Himmel unbekümmert: Sünde ist ein Vergehen an ihm, nicht an der Menschheit!"

5 Vgl. zu dieser Problematik KLAUS VON STOSCH, Komparative Theologie als Wegweiser in der Welt der Religionen, Paderborn u.a. 2012 (Beiträge zur Komparativen Theologie; 6), und insbesondere, die darin auch für Köylü gültige Kritik am religionstheologischen Exklusivismus.

Ich will noch zwei weitere Problemkreise wenigstens kurz anreißen. Wenn Köylü Personen wie Adam, Noah und Abraham aufführt, entsteht der Eindruck, dass diese wirklich lebten und Propheten waren. Ich bin von beidem sehr überrascht, da in unserer westlichen Tradition, sowohl christliche Theologen als auch Islamwissenschaftler nicht daran glauben, dass diese Personen jemals existiert haben. Darüber hinaus werden die genannten Personen in der Bibel nicht als Propheten porträtiert, so dass ihre qur'ānische Zuordnung zu dieser Kategorie aus christlicher Sicht überraschend ist. An dieser Stelle frage ich mich, wie wichtig aus muslimischer Sicht die Historizität von Personen wie dem ersten Menschenpaar ist, weil davon ja etwa auch die eigene Haltung gegenüber einer naturwissenschaftlichen Theorie wie der Evolutionstheorie abhängt. Und ich frage mich, ob eine qur'ānische Sicht die Freiheit lässt, die dort als Propheten bezeichneten Personen auch noch einmal anders zu würdigen und das biblische Zeugnis entsprechend in die eigene Glaubensreflexion einzubringen.

Schließlich frage ich mich, ob es wirklich möglich ist, „allgemeine Informationen über das Prophetentum" im Islam zu geben. Da ich ein eher hermeneutisches Verständnis der Theologie habe, erstaunt und erschreckt es mich ein wenig, in welch positivistischer Weise, Köylü meint einfach nur Informationen zusammenstellen zu können. Er übersieht dabei in meinen Augen die Perspektivität allen Denkens und verweigert sich jeder Form eines transzendentalen Kritzismus, ohne den eine zeitgenössische Theologie kaum überzeugend entwickelt werden kann. Müsste man nicht jede Theologie als kommunikative Praxis verstehen, die immer von einem bestimmten Weltbild beeinflusst ist und daher niemals völlig neutral oder objektiv sein kann, so dass die Rolle des Theologen nie die einer Person ist, die einfach nur Informationen gibt?

Duplik (*von Mustafa Köylü*)

Lassen Sie mich zunächst sagen, dass wir auf zwei wichtige Quellen schauen, wenn wir uns mit theologischen Fragen beschäftigen: den Qur'ān und die Ḥadīṯe. Während einige Ḥadīṯe im Hinblick auf ihre Authentizität hinterfragt werden, können die Verse des Qur'ān nicht kritisiert werden, jedoch in verschiedener Art und Weise interpretiert werden, da Muslime glauben, dass alle Verse des Qur'ān das exakte Wort Gottes sind. Die Verse wurden daher niemals verändert, ihnen wurde nichts hinzugefügt oder etwas von ihnen zurückgenommen. Gott hat vielmehr versprochen, sein Wort für immer zu behüten,[1] weshalb Muslime fest daran glauben, dass alles, was der Qur'ān sagt, wahr und richtig ist.

Ausgehend von dieser apriorischen Wahrheit will ich mich im Folgenden den Fragen von Stoschs zuwenden. Seine Hauptfrage ist, ob die Propheten jemals falsches Verhalten wie Stehlen, Betrug, Täuschung oder Falschheit begingen oder nicht. Lassen Sie mich zunächst sagen, dass Muslime nicht an die Geschichten der Bibel glauben, die von Stosch erwähnt hat. Daher ist es für Muslime nicht möglich, die Überlieferungen der Bibel mit denen des Qur'āns zu vergleichen. Zweitens behaupten wir nicht, dass die Propheten keinerlei falsches Verhalten in ihrem Leben gezeigt hätten. Da die Propheten ebenfalls menschliche Wesen sind, haben auch sie falsches Verhalten in ihrem täglichen Leben gezeigt, was auch einige Beispiele belegen.[2] Obwohl sie jedoch kleinere Fehler in ihrem Leben begangen haben mögen, sind diese Fehler ausschließlich auf ihr Leben bezogen und nicht auf die Offenbarung der Botschaft Gottes. Der Qur'ān spricht von diesem Umstand wie folgt: „Doch hätte er gegen uns Sprüche ersonnen, so hätten wir ihn an der Rechten gegriffen und hätte ihm dann die Schlagader durchschnitten, und kein einziger von euch hätte das verhindern können." (Q 69:44-47) In Kürze können wir daher sagen, dass auch die Propheten kleinere Fehler begingen, jedoch nicht absichtlich und kontinuierlich und diese dann augenblicklich bereuten.

Zu von Stoschs damit zusammenhängender Frage, ob Sünde wirklich ein Hindernis darstellt einer anderen Person zu trauen, möchte ich klarstellen, dass sie natürlich kein Hindernis darstellt einem Wissenschaftler zu glauben. Wohl aber stellt sie ein Hindernis beim Vertrauen in einen Propheten dar. Denn diese sind Vorbilder für ihre Adressaten. So erwartet auch heute noch jeder von Politikern, beispielsweise einem Präsidenten, Ministerpräsidenten oder einer anderen Person, die eine hohe Position innehat, dass sie eine moralisch gute Person sein soll. Daher können wir Propheten auch nicht mit Wissenschaftlern vergleichen. Darüber hinaus behaupteten die Propheten auch nicht,

---

1 Vergleiche hinsichtlich der Behütung des Qur'ān durch Gott beispielsweise, Q 36: 69-70; 39:23; 56:77-80; 81:25-29; 85:21-22.

2 Vgl. zum alltäglichen Fehlverhalten einiger Propheten, Q 7:19-25; 9:43; 15:9; 22:52; 24:11-20; 28:14-21; 37:139-148; 68:48-50; 80:1-12.

dass sie perfekte oder außergewöhnliche Personen waren. Im Gegensatz dazu erklärten sie vielmehr, dass sie ebenfalls menschliche Wesen seien, aber für besondere Aufgaben, nämlich das Übermitteln der göttlichen Botschaft, erwählt wurden. Ich argumentiere daher nach wie vor dafür, dass die Propheten moralisch gute Menschen sein mussten, um in ihrem Auftrag erfolgreich zu sein.

Im Hinblick auf ihre nächste Frage, ob es tatsächlich Gottes oberstes Ziel gewesen sei, uns Propheten zu senden, um uns seine Einsheit und Einheit zu verkünden, kann gesagt werden, dass es natürlich einige weitere Gründe gibt, Propheten zu den Menschen zu senden. Dennoch ist der Glaube an den *tawḥīd* (die Einheit Gottes) sehr bedeutsam im Islam, was viele Verse des Qur'ān unterstreichen, die sich auf die Einheit Gottes fokussieren. In meinem Beitrag habe ich jedoch auch auf die anderen Gründe, warum Gott Propheten sandte, aufmerksam gemacht. Was schließlich die Frage nach der Anbetung Gottes angeht, müssen wir wissen, dass Gott unserer Anbetung nicht im Geringsten bedarf, wir vielmehr ihrer bedürfen. Jede Form des Betens so wie das fünfmalige Gebet am Tag, das Fasten, das Pilgern, das Bezahlen der religiösen Steuer (*zakāt*) und die anderen Gebete haben eine spezielle Bedeutung für das Individuum und die Gesellschaft. Einer der Hauptgründe für das Gebet ist es, die Gläubigen vor falschem Verhalten zu bewahren.[3] Daher können wir nicht davon sprechen, dass Gott ein eitler Despot wäre. Er ist der Schöpfer, wir die Kreaturen. Außerdem lädt Gott keiner Seele mehr auf als sie tragen könnte.[4]

Ich komme nun zu von Stoschs Frage hinsichtlich der Anzahl der Propheten, dem Bedürfnis nach Prophetie heutzutage und Gottes Erbarmen für diejenigen, die noch nie vom Islam und anderen Religionen gehört haben. In der Tat gibt uns der Qur'ān keine genaue Anzahl der Propheten, sondern berichtet, dass Gott einen Botschafter zu jeder Nation und jedem Stamm gesandt habe und überliefert einige Berichte über die Propheten. Allerdings macht der Qur'ān deutlich, dass der Prophet Muḥammad der letzte Gesandte ist und nach ihm keine Botschafter mehr gesendet wurden bzw. werden.[5] Das ist ganz klar und hinsichtlich dieser Frage besteht kein Zweifel. Nach islamischer Theologie ist der Prophet Muḥammad der letzte Prophet und auch der Qur'ān das letzte geoffenbarte Buch. Allerdings wurde der Prophet Muḥammad nicht nur für eine Nation oder einen Stamm gesendet, sondern als Barmherzigkeit für alle Menschen.[6] Von Stosch sagt also ganz zu Recht, dass die Geschichte des Austausches zwischen Gott und Mensch nicht geendet hat, da sie tatsächlich durch den Qur'ān fortbesteht. Hinsichtlich des Erbarmens Gottes ist jeder verantwortlich gemäß seiner oder ihrer Möglichkeiten.[7] Daher sind diejenigen, die niemals vom Islam gehört haben, lediglich dafür verantwortlich

[3] Vgl. Q 29:45.
[4] Vgl. Q 2:286.
[5] Vgl. Q 33:40.
[6] Vgl. Q 4:79; 21.107; 34:28.
[7] Vgl. Q 2:286.

an einen Schöpfer bzw. Gott durch ihre eigene Vernunft zu glauben, und nicht dafür verantwortlich irgendeine Form der Anbetung zu leisten. Ebenso ist es nach dem Qur'ān die Verantwortung der Muslime, die Botschaft Gottes anderen Menschen zu übermitteln.[8]

Kommen wir zur Frage hinsichtlich der Prophetie von Adam, Noah und Abraham. Nach dem Qur'ān haben Adam, Noah und Abraham wirklich gelebt und waren ebenfalls Propheten im Unterschied zum Glauben der westlichen Tradition. Wie ich bereits vorher sagte, glauben wir dem Qur'ān ohne Zögern, wenn er etwas berichtet. Allerdings ist es richtig, dass der Qur'ān weder die genaue Wirkungszeit noch den exakten Wirkungsort der Propheten angibt. Was hier also zentral ist, ist nicht, wann und wo die Propheten lebten, sondern ihre Geschichte, ihr Lebensstil und ihre Botschaften. Entgegen von Stoschs Überlegungen gibt es zu viele Informationen über diese Propheten im Qur'ān als dass die Historizität dieser Personen angezweifelt werden könnte, und wir glauben daher, dass sie historische Personen waren.

Zuletzt will ich noch auf von Stoschs Frage zur theologischen Hermeneutik eingehen. Ich stimme mit von Stosch in diesem Punkt überein. Natürlich gibt der Qur'ān, obwohl er einige Informationen über Gott, die Propheten und andere religiöse Fragen bereitstellt, keine klaren Antworten für jede Frage. Vielmehr stellt er Basiswissen für eigenes Denken, Nachsinnen und das Ausgreifen nach vernünftigen Ergebnissen bereit. Schließlich entstanden im Laufe der Zeit viele religiöse Konfessionen und unterschiedliche Ansichten in der muslimischen Gemeinschaft. Allerdings sollten wir einen Unterschied zwischen Glaubensprinzipien und anderen theologischen Sachverhalten machen. Während die ersten nicht im Hinblick auf bestimmte Zeitumstände geändert werden können, können andere religiöse Inhalte im Hinblick auf die Bedürfnisse der jeweiligen Zeit verändert oder unterschiedlich interpretiert werden. Das größte Problem, das die muslimischen Gemeinschaften meiner Meinung nach heute haben, ist, dass sie keine brillanten, ausgezeichneten und ernstzunehmenden Theologen haben, die die religiösen Fragen, mit den gegenwärtigen Zeitumständen miteinander vermitteln können. Ich hoffe daher, dass, sobald diese Art der Gelehrten wie in der Vergangenheit wieder geweckt werden, viele soziale, ökonomische und politische Probleme in der muslimischen Welt gelöst werden können.

Aus dem Englischen übersetzt von Emanuel Rasche

---

8 Vgl. Q 3:104, 110.

Klaus von Stosch

Muḥammad als Prophet?

Versuch einer christlichen Annäherung

Aus muslimischer Sicht ist die Anerkennung von Muḥammad als Prophet und die Verehrung von ihm als Person ein Kernbestandteil des eigenen Glaubens, so dass es für Muslime oft schmerzhaft ist, wie ablehnend und mitunter abschätzig Muḥammad von christlicher Seite angesehen wird. Immer wieder machen Muslime darauf aufmerksam, mit wie großer Liebe sie selbst Jesus von Nazaret betrachten und zeigen ihre Verletztheit wegen der mangelnden Wertschätzung ihres Propheten durch Christen. Sie machen deutlich, dass sie sich von christlicher Seite mehr Anerkennung für Muḥammad wünschen. Manche fordern sogar, dass Christen Muḥammad als Propheten anerkennen, so wie ja auch Muslime Jesus als Propheten anerkennen.

Von christlicher Seite wird daraufhin in der Regel erwidert, dass eine solche Anerkennung christlicherseits unmöglich sei, weil die Anerkennung Muḥammads als Prophet unweigerlich dazu führen würde, zentrale Glaubensinhalte des Christentums aufzugeben. Dabei wird christlicherseits meist nicht nur der Anspruch Muḥammads zurückgewiesen, das Siegel der Propheten zu sein, sondern ihm wird ganz abgesprochen, ein Prophet Gottes zu sein. Zudem werden von christlichen Autoren auch immer wieder Zweifel an der Vorbildlichkeit des Lebenswandels Muḥammads vorgebracht. Allerdings ist in den letzten Jahren Bewegung in die innerchristliche Debatte gekommen, so dass es sich lohnt, den Diskussionsstand etwas genauer zu betrachten und neu auszuwerten.

Ich möchte deshalb im vorliegenden Beitrag eine solche Auswertung vornehmen und in einem ersten Schritt Argumente sammeln, die für eine christliche Anerkennung Muḥammads als Propheten sprechen. Im zweiten Schritt will ich die Gegenargumente referieren, die gegen eine solche Anerkennung in der Regel ins Feld geführt werden und sie diskutieren. Im dritten Schritt will ich schließlich dafür plädieren, die Möglichkeit einer Anerkennung von Muḥammad als Prophet christlicherseits offenzuhalten, ohne sie bekenntnishaft zu vollziehen.

1. Argumente für eine Anerkennung Muḥammads als Prophet

In der neueren christlichen Theologie gibt es einige Theologen, die bewusst und grundsätzlich mit der Tradition christlicher Diffamierungen Muḥammads brechen und die sich explizit für seine Anerkennung als Prophet aus christlicher Perspektive stark machen. Auf evangelischer Seite ist hier insbesondere *Reinhard Leuze* zu nennen, der immer wieder dazu auffordert, „Mohammed als Propheten anzuerkennen", weil es schlicht „keine zureichenden theologischen Argumente" gebe, die „den Anspruch Mohammeds, Prophet des einen Gottes zu sein, widerlegen können"[1]. Leuze geht dabei von der Diagnose aus, dass es nicht möglich sei, Muḥammads in subjektiver Hinsicht lauteres prophetisches Bewusstsein objektiv zu werten, so dass man sich mit jeder Beurteilung auf unsicheres Terrain bewege.[2] Da Muḥammads Botschaft auf den Monotheismus konzentriert sei und sich von daher in den Bahnen des Judentums und Christentums bewege, „besteht kein Grund, ihm das Prophetsein abzusprechen."[3]

Auf katholischer Seite kommt *Hans Küng* nach einer gründlichen Würdigung des Lebens Muḥammads zu dem Schluss, dass wir Christen Muḥammad „als nachchristlichen Propheten anerkennen … müssen"[4] – ein Urteil, in dem ihm *Karl-Josef Kuschel* folgt.[5] Neuerdings hat sich auch *Gerhard Gäde* diesem Urteil angeschlossen und für eine Anerkennung von Muḥammad als Propheten plädiert.[6] Zugleich hat er allerdings deutlich gemacht, dass Christen Muḥammad nicht als Siegel der Propheten anerkennen können, „weil objektiv nicht zu sehen ist, worin der Qur'ān die christliche Botschaft überböte. Es ist schlechterdings unmöglich, eine ‚größere' Wirklichkeit als Gemeinschaft mit Gott zu bezeugen."[7] Und eben diese größtmögliche Wirklichkeit sei in Christus offenbar geworden, so dass diese Botschaft weder überbietbar sei noch eine Besiegelung durch einen anderen Propheten akzeptieren könne. Nichtsdestotrotz könne Muḥammad als Prophet anerkannt werden, insofern er die Botschaft von der unbedingten Barmherzigkeit Gottes bezeuge, die auch in Christus offenbar werde.

Betrachtet man die von Gäde, Küng, Leuze und anderen christlichen Theologen vorgebrachten Gedanken, so kann man drei Argumente rekonstruieren, die christlicherseits für die Anerkennung Muḥammads als Prophet sprechen. Muḥammad verdient diese Anerkennung (a) aufgrund seiner außerordent-

---

1 Vgl. REINHARD LEUZE, Christentum und Islam, Tübingen 1994, 34 sowie REINHARD LEUZE, Der Prophet Muhammad in christlicher Perspektive. In: Münchener theologische Zeitschrift 52 (2001) 34-42.

2 LEUZE, Christentum und Islam, 23.

3 Ebd., 29.

4 HANS KÜNG, Der Islam, München 2006, 112.

5 Vgl. KARL-JOSEF KUSCHEL, Juden, Christen, Muslime, Düsseldorf 2007, 442ff.

6 GERHARD GÄDE, Islam in christlicher Perspektive, Paderborn 2009, 195.

7 Ebd., 197.

lichen Persönlichkeit, (b) aufgrund der Übereinstimmung seiner Botschaft und seiner Persönlichkeit mit den alttestamentlichen Propheten und (c) weil er eine ähnliche Botschaft von Gott aussagt wie das Christentum. Diese drei Punkte will ich jeweils etwas näher ausführen.

a) Zur Persönlichkeit Muḥammads

Für die muslimische Frömmigkeit spielt die charakterliche Integrität und Vorbildlichkeit Muḥammads eine große Rolle. Sie wird in vielen Erzählungen ausgemalt und macht seine Lebensführung zur Richtschnur in allen Lebenslagen. *Ufuk Topkara* bietet in diesem Band eine eindrucksvolle Schilderung der Bedeutung Muḥammads für die islamische Frömmigkeit und macht deutlich, wie sehr sein Leben und sein Wirken als eindrucksvolles und unnachahmliches Beispiel für das Streben nach dem Schönen, dem Göttlichen angesehen wird. Schon zu seinen Lebzeiten wurde niemand von seinen Freunden und Gefährten so verehrt und geliebt wie Muḥammad [8], so dass man die emotionale Bindung der Muslime an den Propheten und seine Vorzüge gar nicht hoch genug einschätzen kann. Tiefe persönliche Frömmigkeit (wie zum Beispiel das Fasten jeden Montag und Donnerstag) und Aufrichtigkeit paarte sich bei ihm mit einer großen Barmherzigkeit für die ihm Anvertrauten[9] – so sehr, dass der Qur'ān von ihm sagen kann, dass Gott Muḥammad als Barmherzigkeit zu den Menschen geschickt hat (Q 21:107). Allerdings ist es etwas schwer, die begeisterten Darstellungen von Muḥammads tugendhaftem, gütigen, humorvollen und in jeder Hinsicht liebenswerten Wesen aus historisch kritischer Sicht zu validieren, weil die Schilderungen meist aus recht späten Quellen stammen, die noch dazu, als Tendenzschriften zu charakterisieren sind, so dass ihre historische Zuverlässigkeit umstritten ist. Die älteste Quelle für das Leben Muḥammads stellt natürlich der Qur'ān selbst dar, der allerdings recht nüchtern von ihm redet und nicht immer der überschwänglichen Verehrung seiner Person Nahrung gibt. Zugleich bietet er genügend Fakten, um im Verein mit den anderen Überlieferungen eine einigermaßen zuverlässige Rekonstruktion einiger Eckpunkte des Lebens Muḥammads zu erlauben.

Muḥammad beginnt ungefähr im Jahr 613 mit seiner etwa 20 Jahre dauernden öffentlichen Verkündigung. Im Vordergrund stehen dabei die Macht und Güte Gottes und die Ankündigung des Gerichts, die Menschen zu mehr Solidarität und Nächstenliebe motivieren soll. Gerade die soziale und egalitäre Dimension seiner Botschaft ist im vom Karawanenhandel reichen Mekka äußerst unbequem. So heißt es in einer sehr frühen Sure des Qur'ān: „Wehe jedem Stichler, Lästerer, der Reichtum sammelte und zählte! Er denkt,

---

[8] Vgl. JONATHAN BROWN, Muhammad, A very short introduction, Oxford 2011, 38.
[9] Vgl. ebd., 39.

sein Reichtum mache ihn unsterblich. O nein! Hinabgestoßen wird er in den Trümmergrund." (Q 104:1-4) Anhänger findet Muḥammad mit dieser unangenehmen Botschaft zunächst nur bei Sklaven und Fremden und Angehörigen des eigenen Clans, die zusammen die erste kleine muslimische Gemeinde bilden. Seine Gegner sind vor allem die betroffenen Großkaufleute und führenden Mitglieder der mächtigen Clans. Muḥammad tritt in Mekka also erst einmal auf als „ein Unruhestifter, ein Rebell, der die traditionelle Wertordnung in Frage stellte."[10]

Nach einiger Zeit wird mehr und mehr der religiöse Glaube und hierbei der Glaube an den einen Gott Mittelpunkt der Auseinandersetzungen. Dieser Glaube war besonders heikel, weil Mekkas Reichtum davon abhing, alle Götter der Gegend zu beherbergen und an der Kaaba einen toleranten und inklusiven Polytheismus zu leben. Denn Mekka lag abseits der Haupthandelsroute und wurde nur deswegen von den Kaufleuten aufgesucht, weil sie hier ihre wirtschaftlichen Tätigkeiten mit religiösen Riten verbinden konnten.[11] Anfangs erwägt Muḥammad scheinbar noch, Kompromissbereitschaft zu zeigen.[12] Aber im Zuge seiner Verkündigung wird er immer entschiedener und in der mittelmekkanischen Phase seines Wirkens wird die Polemik gegen jede Form von Vielgötterei zum prägenden Zug seiner Verkündigung. Besonders prägnant formuliert etwa Q 4:48: „Siehe, Gott vergibt nicht, dass ihm etwas beigesellt wird. Doch was geringer ist als dies, das vergibt er, wem er will." Mit dieser eindeutigen Ablehnung jedes Polytheismus greift der Qur'ān und mit ihm der ihn verkündigende Muḥammad radikal und kompromisslos die Grundlage des politischen Zusammenlebens in Mekka an. „Muḥammads Eintreten für die Unterordnung unter den *einen und einzigen* Gott bedroht den ganzen Kult und Kommerz rund um die Kaaba, nicht nur die dortige Verehrung anderer Götter oder Göttinnen, sondern auch den Wallfahrtsbetrieb, den Markt und damit Mekkas Finanz- und Wirtschaftssystem, Mekkas Außen- und Handelspolitik, alle bestehenden religiös-sozial-politischen Institutionen, ja, die ehrwürdige Tradition, die innere Einheit und das äußere Prestige des Stammes überhaupt."[13]

---

[10] HARALD MOTZKI, Es gibt keinen Gott außer Gott, und Mohammed ist der Gesandte Gottes. In: GERNOT ROTTER (Hg.), Die Welten des Islam. Neunundzwanzig Vorschläge, das Unvertraute zu verstehen, Frankfurt a.M. 1993, 11-21 hier 17.

[11] Vgl. REZA ASLAN, Kein Gott außer Gott. Glaube der Muslime von Muhammad bis zur Gegenwart, Bonn 2006, 47.

[12] Vgl. die sogenannten satanischen Verse, die später aus dem Qur'ān getilgt wurden und die zeigen, dass Muḥammad anfangs durchaus bereit war, die Verehrung anderer Gottheiten in der Kaaba zuzulassen. Ihr Text setzte an bei Q 53,19f.: „Was haltet ihr denn von al-Lat und von al-Uzza und von Manah, der dritten dazu?" Hierauf folgt nun nach einer sehr alten Überlieferung: „Das sind die erhabenen Kraniche. Auf ihre Fürbitte darf man hoffen." Der Qur'ān erklärt diesen Ausfall Muḥammads durch eine Einflüsterung Satans (vgl. Q 22:52). Im weiteren Verlauf der Sure 53 werden die satanischen Verse dann auch prompt abrogiert: Es gibt keine Zwischeninstanzen oder niederen Götter neben oder unter dem einen Gott.

[13] KÜNG, Der Islam, 143.

Es kann wenig überraschen, dass Muḥammad es sich mit dieser Radikalität mit den herrschenden Eliten in Mekka gründlich verdarb und sein Aufenthalt in Mekka immer riskanter für ihn wurde. Schließlich nach dem Tod seiner Frau und seines Onkels, seines einflussreichsten Fürsprechers innerhalb der Mekkaner Eliten, ist er isoliert und vogelfrei. „Dass er an diesem Tiefpunkt seines Lebens nicht an sich und seiner Mission verzweifelte, zeugt für ein ungebrochenes Gottvertrauen.“[14] Diesem Gottvertrauen gepaart mit seinem politischen Geschick dürfte es zuzuschreiben sein, dass er den Mut zum Exodus fand und mit seinen Getreuen im Jahr 622 ins heutige Medina übersiedelte.

In Medina gelingt es ihm schnell die dort lebenden verfeindeten Stämme auf der Basis der qur'ānischen Verkündigung zu versöhnen; er erweist sich als geschickter Politiker und er wird zu einem erfolgreichen Staatsmann. Muḥammad begreift, dass er als Prophet nicht nur an die Quraiš, sondern an alle Araber, ja an die ganze Welt gesendet wurde (vgl. Q 7:158; 34:28). Seine Prophetie nimmt jetzt auch stark gesetzgeberische Züge an. Zur Rolle Muḥammads als Warner vor dem Jüngsten Gericht und Verkündiger des einen Gottes tritt Muḥammad als Organisator, Gesetzgeber, Schiedsrichter und Feldherr. Dennoch wurde Muḥammad zeit seines Lebens nicht nur als politischer Führer anerkannt, sondern immer auch als religiöses Vorbild.[15] Küng würdigt ihn deshalb völlig zu Recht folgendermaßen:

- Der Prophet hat das *Arabien* der Stämme und Clans *geeint*, das zuvor von ständigen politischen Streitigkeiten und Fehden zerrissen und aufgrund seiner verschiedenen Stammesgötter auch religiös zersplittert war: religiös geeint durch seine Botschaft von der Einzigkeit Gottes und politisch geeint durch seine neuartige Herrschaftsform. Der Islam, der religiöse Vollmacht und politische Macht verbindet, als Grundlage der Einheit Arabiens.

- Der Prophet hat damit die Araber – gemessen am sehr diesseitigen Polytheismus der altarabischen Stammesreligionen – auf ein den benachbarten Großreichen vergleichbares *religiöses Niveau gehoben.* Der Islam als eine monotheistische, ethische Hochreligion.

- Der Prophet hat durch den Qur'ān unzähligen Menschen seines und der folgenden Jahrhunderte unendlich viel *Inspiration, Mut und Kraft zu einem religiösen Neuaufbruch* geschenkt: zum Aufbruch in größere Wahrheit und tiefere Erkenntnis, zum Durchbruch auf Verlebendigung und Erneuerung der überlieferten Religion. Der Islam als die große Lebenshilfe.[16]

---

14 MOTZKI, Es gibt keinen Gott außer Gott, 17.
15 BROWN, Muhammad, 40.
16 KÜNG, Der Islam, 159.

b) Stilisierung Muḥammads als Prophet in der biblischen Tradition

Wichtiger als diese allgemeine Einordnung ist aus christlicher Perspektive die Verhältnisbestimmung Muḥammads zur biblischen Tradition. Schon Muḥammads Genealogie macht deutlich, dass er in die jüdisch-christliche Prophetentradition einzuordnen ist.[17] Zudem sah Muḥammad sich selbst in positiver Anknüpfung an die biblische Tradition. Die Heiligen Schriften der Juden und Christen werden als von Gott gesandte Schriften gewürdigt. Auch in den Berichten über Muḥammads Leben gibt es zahlreiche Anklänge gerade an alttestamentliche Prophetenbiografien. Besonders markant ist in diesem Zusammenhang der Bericht über seine Bekehrung, wie er in den Worten eines Neffen von Muḥammads späterer Lieblingsfrau überliefert ist und der deutlich im Sinne eines biblischen Berufungsberichts stilisiert ist. Schon die Zeitangabe im 40. Lebensjahr verweist auf biblische Berichte (Elijas und Jesu 40 Tage in der Wüste). Ähnlich wie Jesus und Elija zog sich Muḥammad diesem Bericht zufolge wiederholt ins nahe Gebirge zurück, um sich dem Gebet hinzugeben. Nach mehreren Tagen und Nächten der Einsamkeit und des Gebets in der Wüste hat er bei seiner Rückkehr eine erste Vision, in der er zum Propheten berufen wird:

> Zuletzt kam unerwartet die Wahrheit zu ihm und sagte: O Mohammed, du bist der Gesandte Gottes.
>
> Der Gesandte Gottes sagte: Ich hatte gestanden, doch ich sank auf meine Knie; dann kroch ich davon, und meine Schultern zitterten; dann betrat ich Ḫadīǧas Zimmer und sagte: Hüllet mich ein, hüllet mich ein, bis die Angst von mir gelassen hat. Dann kam er zu mir und sagte: O Mohammed, du bist der Gesandte Gottes.
>
> Er (d.h. Mohammed) sagte: Ich hatte daran gedacht, mich von einer Felsenklippe herabzustürzen, aber während ich so dachte, erschien er mir und sagte: O Mohammed, ich bin Gabriel, und du bist der Gesandte Gottes.
>
> Dann sagte er: Trag vor. Ich sagte: Was soll ich vortragen? Er (Mohammed) sagte: Dann nahm er mich und preßte mich dreimal heftig, bis Erschöpfung mich befiel; dann sagte er: Trag vor im Namen deines Herrn, der erschaffen hat. Und ich trug vor.
>
> Und ich kam zu Ḫadīǧa und sagte: Ich bin voller Angst um mich, und ich erzählte ihr mein Erlebnis. Sie sagte: Freue dich! Bei Gott, niemals wird Gott dich in Schande stürzen.[18]

In dieser Berufungsgeschichte gibt es gleich mehrere Anspielungen auf die biblische Tradition. Zunächst einmal fällt auf, dass der Engel Gabriel als Offenbarungsbote zur Geltung kommt – genau wie bei der Ankündigung der

---

[17] Vgl. HARTMUT BOBZIN, Mohammed, München ^{3}2006, 66.

[18] WILLIAM MONTGOMERY WATT, Der Islam. Mohammed und die Frühzeit, Bd. 1, Stuttgart u.a. 1980, 53.

Geburt Jesu. Wie Maria wird Muḥammad von Furcht ergriffen und wie Jeremia und wie zu Beginn Mose und Jona wehrt er sich und will nicht, erfährt sich aber als unter einem Zwang stehend.[19] „Mohammed gehört – das will die Erzählung sagen – in die Reihe der biblischen Propheten, die Gott zu den Menschen sandte, um sie wieder auf den rechten Weg zu bringen, von dem sie abgewichen waren.“[20]

Auch nach seinem Berufungserlebnis hat er immer wieder prophetische Auditionen, in denen ihm der Engel Gabriel den Willen Gottes offenbart.[21] Begleitet von Ängsten und Zweifeln verkündet Muḥammad die ihm offenbarten Einsichten erst nur im Familien- und Freundeskreis. Mit Küng kann man festhalten:

> Wie die *Propheten Israels* wirkte auch Muhammad nicht kraft eines von der Gemeinschaft (oder ihren Autoritäten) verliehenen Amtes, sondern aufgrund einer besonderen persönlichen Beziehung zu Gott.
>
> Wie die Propheten Israels war Muhammad eine willensstarke Persönlichkeit, die sich von ihrer göttlichen Berufung völlig durchdrungen, total beansprucht, exklusiv beauftragt sah.
>
> Wie die Propheten Israels, so hat auch Muhammad in eine religiös-gesellschaftliche Krise hineingesprochen, stand er mit seiner leidenschaftlichen Frömmigkeit und seiner umstürzenden Verkündigung in Opposition zur vermögenden herrschenden Kaste und zu der von ihr gehüteten Tradition.
>
> Wie die Propheten Israels will Muhammad, der sich meist ‚Warner‘ nennt, nichts als Sprachrohr Gottes sein und Gottes Wort, nicht sein eigenes, verkünden.
>
> Wie die Propheten Israels kündet Muhammad unermüdlich den einen Gott, der keine anderen Götter neben sich duldet und der zugleich der gütige Schöpfer und barmherzige Richter ist.
>
> Wie die Propheten Israels, so fordert auch Muhammad gegenüber diesem einen Gott unbedingten Gehorsam, Unterwerfung, ‚Hingabe‘ (‚Islam‘): alles das, was Dankbarkeit gegenüber Gott und Großzügigkeit gegenüber den Mitmenschen einschließt.
>
> Wie die Propheten Israels verbindet auch Muhammad seinen Monotheismus mit einem Humanismus, den Glauben an den einen Gott und sein Gericht mit der Forderung nach sozialer Gerechtigkeit: Drohungen den Ungerechten, die in die Hölle gehen, und Verheißungen den Gerechten, die zu Gottes Paradies versammelt werden.[22]

Vielleicht könnte man noch ergänzen: Wie Elija verhüllt Muḥammad sein Antlitz angesichts des ihm begegnenden Gottes (vgl. 1 Kön 19,13 mit Q 73:1).

---

[19] Vgl. BOBZIN, Mohammed, 76.

[20] MOTZKI, Es gibt keinen Gott außer Gott, 13.

[21] Erstaunlicherweise ist es der Judenchrist Waraqa ibn Naufal, ein Vetter von Muḥammads Frau, der ihn als erster dazu ermutigt seine Offenbarung ernst zu nehmen und sie mit den Erfahrungen des Mose vergleicht (vgl. KÜNG, Der Islam, 137).

[22] KÜNG, Der Islam, 166f.

Wie der alt- und der neutestamentliche Josef (Gen 37,5-8; Mt 2,13) erhält er Gottes Offenbarung gelegentlich im Traum und wie Samuel wird er aus dem Schlaf gerissen (1 Sam 3). Und wie Johannes der Täufer mahnt er zur Umkehr und Buße und droht ein baldiges göttliches Strafgericht an (vgl. Mt 3,2-12 mit Q 92:14-21). Sicher ließe sich diese Liste noch verlängern. Aber schon so sollte deutlich werden, dass der Qur'ān und die nachqur'ānischen Erzählungen über das Leben Muḥammads diesen deutlich als Propheten in der biblischen Tradition kennzeichnen.

c) Monotheismus und Theologie der Barmherzigkeit als Kern der prophetischen Botschaft Muḥammads

Ich habe bereits verschiedentlich auf Elemente der Botschaft Muḥammads und der ihm anvertrauten Botschaft des Qur'ān hingewiesen. Wie bereits erwähnt vertritt der Qur'ān genauso wie das Alte und Erste Testament einen kompromisslosen Monotheismus, für den Muḥammad seine ganze Existenz einsetzt. Hinzu kommt, dass der eine Gott, von dem er Zeugnis ablegt als ein Gott der Barmherzigkeit und Gerechtigkeit charakterisiert wird, so dass sich die qur'ānische Gottesrede eindeutig in die biblische Tradition stellt.

Die auch in der Bibel und der Verkündigung Jesu so sehr betonte Eigenschaft der Barmherzigkeit ist im Qur'ān die einzige Eigenschaft, zu der sich Gott selbst verpflichtet und der er sich rückhaltlos verschreibt (vgl. Q 6:12). Es gibt einige Qur'ānstellen und Überlieferungen, die islamische Theologen wie *Mouhanad Khorchide* zu der Ansicht bringen, dass es sich bei dieser Eigenschaft nicht nur um ein Attribut neben anderen, sondern um die entscheidende Wesenseigenschaft Gottes handelt. So wird beispielsweise in Sure 17 Vers 110 der Name Gottes als ebenso anrufungswürdig dargestellt wie die Bezeichnung als absolut barmherzig. Und in Sure 7 Vers 56 verwendet der Qur'ān ein Adjektiv im Maskulinum, um sich auf die Barmherzigkeit Gottes zu beziehen, die eigentlich im Femininum bezeichnet werden müsste.[23] Da Gott aber im Arabischen oft als „Er" bezeichnet wird, spricht hier viel dafür, dass die Barmherzigkeit Gottes und „Er", also Gott, als austauschbar und damit weitgehend synonym verstanden werden.

Jede Sure des Qur'ān beginnt mit der Anrufung der Barmherzigkeit Gottes und auch viele fromme Muslime beginnen ihre theologischen Wortbeiträge „im Namen des Allbarmherzigen". Keine andere Eigenschaft Gottes wird im Qur'ān so oft erwähnt wie seine Barmherzigkeit. 169mal ist von seiner All-

---

[23] Vgl. zu diesem und ähnlichen Beispielen MOUHANAD KHORCHIDE, Das Jenseits als Ort der Transformation statt des Gerichts – Eine andere Lesart der islamischen Eschatologie. In: JÜRGEN WERBICK/ SVEN KALISCH/ KLAUS VON STOSCH (Hg.), Glaubensgewissheit und Gewalt. Eschatologische Erkundungen in Islam und Christentum, Paderborn u.a. 2011 (Beiträge zur Komparativen Theologie; 3), 37-48, hier 38.

barmherzigkeit die Rede (ar-Rahman) und 226mal von seiner Barmherzigkeit (ar-Rahim).[24] Aber auch zahlreiche weitere Namen Gottes im Qur'ān und in der Tradition drücken seine Barmherzigkeit aus, so dass insgesamt 598mal eine derartige Bezeichnung im Qur'ān auftaucht. So wird beispielsweise Gottes unermessliche, nicht berechenbare Gnade gerühmt (Q 14:34; 16:18) und Gott stellt sich im Qur'ān als *rabb al-'ālamīn* dar. Dieser Begriff wird im Deutschen häufig als „Herr der Welten" übersetzt; das Wort *rabb* bedeutet – wie *Hamideh Mohagheghi* ausführt – im I. Stamm „besitzen, beherrschen" und im II. Stamm „aufziehen, erziehen und versorgen". Gott ist also nicht nur Herr im Sinne von Machthaber, sondern als Herr auch Versorger und fürsorglicher Begleiter – eben eine unterstützende Kraft, die dem Menschen „näher ist als seine Halsschlagader" (Q 50:16).[25]

Die fürsorgliche Barmherzigkeit Gottes zeigt sich auch schon in der Schöpfungsordnung, genauerhin in der Erschaffung der Natur für den Menschen.[26] Gott rüstet den Menschen mit dem aus, was er für ein gutes Leben braucht. In diesem Zusammenhang muss man auch die Barmherzigkeit verstehen, die Gott ausübt, wenn er uns Propheten schickt.[27] Barmherzigkeit zeigt sich insbesondere in Gottes Rechtleitung für den Menschen (vgl. Q 16:64; 44:2-6; 45:20). Von daher kann der Qur'ān insgesamt und mit ihm die Scharia als Ausdruck von Gottes Barmherzigkeit gewertet werden.

In einem Ḥadīṯ des Propheten Muḥammad heißt es: „Gott hat seine Barmherzigkeit in 100 Teile geteilt, auf die Erde hat er nur einen Teil davon geschickt, das ist der Teil, der seinen Ausdruck in der Liebe zwischen Eltern und ihren Kindern sowie in der zwischenmenschlichen Liebe findet, die anderen 99 Teile hat er für den Tag der Wiederauferstehung aufgehoben."[28] Die auf der Erde erfahrbare Barmherzigkeit ist also nur ein Bruchteil dessen, was dem Menschen eschatologisch begegnen wird, so dass man fast versucht sein könnte, von einem Leben und Sterben im Vertrauen auf die bedingungslose Barmherzigkeit Gottes zu sprechen.

Bei einer solchen Qualifizierung muss man allerdings vorsichtig sein. Die Barmherzigkeit Gottes wird im Qur'ān nicht als bedingungslose Zuschreibung verstanden, die alle anderen Eigenschaften Gottes aufhebt. Selbst in Sure 6 Vers 54, einer der zentralen Belegstellen für Gottes Barmherzigkeit im Qur'ān heißt es: „Euer Herr hat sich selber der Barmherzigkeit verschrieben, dass er nämlich dann, wenn jemand von Euch Böses aus Unwissenheit tat, hinterher

---

24 MOHAMMED ALI SHOMALI, God: Existence and attributes, London 2008 (Islamic Reference Series; 1), 19.

25 Vgl. HAMIDEH MOHAGHEGHI, Zum Gottesverständnis in islamischen Gesellschaften. In: SEVERIN J. LEDERHILGER (Hg.), Die Marke „Gott" zwischen Bedeutungslosigkeit und Lebensinhalt. 9. Ökumenische Sommerakademie Kremsmünster 2007, Frankfurt am Main u.a. 2008, 68-83.

26 Vgl. FAZLUR RAHMAN, Major themes of the Qur'an, Chicago 1980, 6.

27 Vgl. ebd., 8f.

28 KHORCHIDE, Das Jenseits als Ort der Transformation statt des Gerichts, 44.

jedoch umkehrte und gedeihlich handelte, dass er dann bereit ist zu vergeben, barmherzig." Offensichtlich will Gott uns nicht mit seiner Barmherzigkeit überschütten, sondern wartet auf unsere Umkehr. Die Barmherzigkeit ist uns versprochen und fest zugesagt. Aber sie gilt uns nicht, wenn wir uns ihr nicht öffnen und sie nicht für uns erbitten.

An dieser Stelle kann es vielleicht auch weiterhelfen, die oben bereits erwähnte Unterscheidung zwischen Gott in seiner Allbarmherzigkeit (ar-raḥmān) und seiner Barmherzigkeit (ar-raḥīm) aufzunehmen. Nach dem Qur'ānkommentar von *Yusuf Ali* meint ar-raḥmān Gott in seiner Barmherzigkeit als Grundversorgung jedes Menschen, ohne die Leben gar nicht möglich ist. Diese Form der Barmherzigkeit wäre dann zumindest in diesem Leben unverlierbar und unbedingt. Dagegen wäre die Rede von ar-raḥīm Gott in seiner Barmherzigkeit, wie sie konkret für Menschen erfahrbar wird, die sich ihm bewusst zuwenden.[29] Diese Unterscheidung würde es erlauben, doch eine unbedingte und bleibende Barmherzigkeit Gottes für alle Menschen zu behaupten, die sich dann noch einmal von seiner liebend-barmherzigen Antwort auf die sich ihm zuwendenden Menschen unterscheidet.

Jedenfalls darf man die Rede von der Barmherzigkeit Gottes im Qur'ān nicht von der Betonung seiner Gerechtigkeit lösen. Immer wieder werden im Qur'ān Gottes Barmherzigkeit und seine Strenge im Strafen unvermittelt nebeneinander gestellt (vgl. Q 5:98). Gerade dieses spannungsreiche Zusammendenken von Barmherzigkeit und Gerechtigkeit Gottes scheint mir auch charakteristisch für die biblische Tradition zu sein, so dass auch inhaltlich viel dafür spricht, Muḥammad in die Reihe der biblischen Propheten zu integrieren.

2. Argumente gegen eine Anerkennung Muḥammads als Prophet

Trotz der soeben genannten Argumente gibt es eine Reihe von christlichen Theologen, die sich strikt weigern, Muḥammad als Propheten anzuerkennen und die darin sogar einen Ausverkauf des christlichen Glaubens sehen. Sie weisen völlig zu Recht auf die asymmetrische Diskurssituation zwischen Muslimen und Christen an dieser Stelle hin. Während es für Muslime schon aus der eigenen Tradition völlig selbstverständlich ist, Jesus als Propheten anzuerkennen, müssen es sich Christen gut überlegen, ob sie Muḥammad als Propheten anerkennen können, weil zu dieser Frage natürlich nichts in ihren normativen Traditionen gesagt wird. Entsprechend hält etwa *Christian Troll* fest: Jesus als Propheten „anzuerkennen, kostet den Muslim sozusagen nichts. Akzeptiert dagegen ein Christ ernstlich Muḥammads Anspruch, der wahre und letzte Prophet zu sein, dann wendet er sich gegen das Zeugnis der wichtigsten

---

[29] Diesen Hinweis verdanke ich MUNA TATARI.

Glaubensdokumente der Christenheit."[30] Und in der Tat kann man als Christ nicht den Anspruch Muḥammads anerkennen, das Siegel der Propheten zu sein, weil hier ein direkter Widerspruch zur Besiegelung und Aufhebung aller prophetischen Ansprüche in Jesus Christus gegeben ist, der konstitutiv für die christliche Tradition ist. „Einem Christen ist es unmöglich, Muḥammad als das *Siegel der Propheten* und gleichzeitig Christus als das höchste Wort Gottes an die Menschheit anzuerkennen."[31] Damit ist allerdings noch nicht entschieden, ob Muḥammad nicht in die Reihe der biblischen Propheten aufgenommen werden kann. So wie Muslime ja den christlichen Einzigkeitsanspruch im Blick auf Jesus von Nazaret ablehnen und dennoch seine Besonderheit zu würdigen versuchen, könnten Christen überlegen, ob sie nicht den prophetischen Anspruch Muḥammads ähnlich würdigen können wie den der alttestamentlichen Propheten, auch wenn sie sämtliche Exklusivitäts- und Revisionsansprüche, die Muslime mit Muḥammad verbinden, ablehnen.

a) Muḥammad als antichristlicher Prophet?

Doch auch an dieser Stelle wiegelt Troll ab: „Prophet in dem Sinn, der diesem Titel im Qur'ān und folglich im islamischen Glauben zukommt, kann Muḥammad für Christen als Christen nicht sein."[32] Und noch gravierender: „Muhammad steht nicht in der Reihe der Propheten, die für das Bild des biblischen Propheten und den Charakter seiner Botschaft maßgebend geworden sind."[33] Diese Aussage ist einigermaßen überraschend, wenn man sich vor Augen führt, wie deutlich Muḥammad durch Qur'ān und muslimische Tradition in die biblische Tradition gestellt und entsprechend der biblischen Propheten stilisiert wird. Hinter Trolls Einschätzung steckt deswegen in erster Linie der Eindruck, dass Muḥammad in seiner Verkündigung direkt dem Christentum widerspricht und sich somit in seiner Verkündigung in direkte Opposition zum Christentum stellt. Entsprechend hält *Samir Khalil Samir* fest: „Da der Qur'ān es nicht ermöglicht, das wahre Gesicht Christi zu entdecken, und da er die grundlegenden Wahrheiten des christlichen Glaubens ablehnt (Dreifaltigkeit, Göttlichkeit Christi, Inkarnation, Erlösung, Tod und Auferstehung Jesu), kann er nicht als von Gott offenbart angesehen werden."[34] Und in

---

30 CHRISTIAN W. TROLL, Muhammad – Prophet auch für Christen?. In: Stimmen der Zeit 225 (2007) 291-303, hier 291.

31 SAMIR KHALIL SAMIR, Die prophetische Mission Muhammads. In: Cibedo-Beiträge 2 (2006) 4-11, hier 11.

32 TROLL, Muhammad – Prophet auch für Christen?, 294; vgl. auch das in die gleiche Richtung gehende Urteil GEORG LANGENHORSTS im vorliegenden Band.

33 Ebd., 299. Ähnlich hart urteilt SAMIR, Die prophetische Mission Muhammads, 9.

34 SAMIR, Die prophetische Mission Muhammads, 10. Auch Ludwig Hagemann hält es für christlich unmöglich, „Muhammad letztlich als authentischen Propheten anzuerkennen" (LUDWIG HAGEMANN, Propheten – Zeugen des Glaubens. Koranische und biblische Deutun-

der Tat ist es aus muslimischer Sicht klar, dass die Wahrheit des Qur'ān selbst die alles entscheidende Grundlage und Beglaubigung des prophetischen Anspruchs Muḥammads darstellt. Zu Muḥammads Mission gehört es nicht, Zeichen und Wunder zu tun. Die Legitimation seines Handelns und Ausweis seiner prophetischen Sendung ist allein der Qur'ān.

Erkennt man den Qur'ān also nicht als göttlich inspirierte Schrift an, wird man auch Muḥammad nicht als Propheten akzeptieren können. Sieht man also im Qur'ān direkte Widersprüche zum christlichen Glauben, nützen die Feststellungen der vielen biblischen Stilisierungen Muḥammads genauso wenig wie Entdeckungen von zentralen Übereinstimmungen in Gottesbild und Botschaft. Man käme bei einer solchen Diagnose unweigerlich zum Urteil, dass man aus christlicher Sicht aus Treue zum eigenen Wahrheitsanspruch darauf verzichten muss, Muḥammad als Propheten zu bezeichnen und ihm einen göttlichen Auftrag zuzubilligen.[35] Muḥammad wäre ein antichristlicher Prophet, den man vielleicht politisch und menschlich ernst nehmen kann, nicht aber in seinem prophetischen Selbstverständnis.

Nun ist die antichristliche Deutung, die Samir und andere christliche Theologen in ihrer Lesart dem Qur'ān geben, alles andere als alternativenlos. Es ist umstritten, ob man nicht auch aus dem Qur'ān eine Christologie ableiten kann[36] und ob sich der Qur'ān wirklich gegen den recht verstandenen trinitarischen Glauben der Christen wendet.[37] Auch das exklusivistische Selbstverständnis, das Samir Muslimen unterstellt[38], ist längst nicht mehr unumstritten und wird etwa von Mouhanad Khorchide als unqur'ānisch abgelehnt.[39] Von daher wird man an dieser Stelle zwar christlicherseits sehr vorsichtig sein müssen, aber angesichts der Neuentwicklungen in der islamischen Theologie und Qur'ānhermeneutik kann man durchaus abwarten, ob muslimischerseits wirklich die Auffassung leitend bleiben wird, dass der Qur'ān dem richtig verstandenen christlichen Glauben in Trinitätstheologie und Christologie direkt widerspricht. Sollte von muslimischer Seite der Qur'ān so neu gelesen werden, dass er sich nicht in ein kontradiktorisches

---

gen, Graz u.a. 1985, 194) und begründet dies mit Muḥammads unzureichender Christologie (ebd., 194f.).

35 Vgl. SAMIR, Die prophetische Mission Muhammads, 9f.

36 Vgl. MAHMOUD AYOUB, A Muslim view of Christianity. Essays on dialogue by Mahmoud Ayoub. Edited by Irfan A. Omar, Maryknoll/ N.Y. 2007, 111-183, sowie meinen eigenen demnächst erscheinenden Artikel Jesus im Koran. Ansatzpunkte und Stolpersteine einer koranischen Christologie. In: KLAUS VON STOSCH (Hg.), Handeln Gottes – Antwort des Menschen, Paderborn u.a. 2014 (Beiträge zur Komparativen Theologie; 11).

37 Vgl. KLAUS VON STOSCH, Drei Religionen – Ein Gott? Untersuchungen im Umfeld der neueren Debatte um Monotheismus und Trinitätstheologie. In: JOACHIM NEGEL/ MARGARETA GRUBER (Hg.), Figuren der Offenbarung. Biblisch – Religionstheologisch – Politisch, Münster 2012 (JThF 24), 173-203, sowie demnächst MOUHANAD KHORCHIDE/ KLAUS VON STOSCH (Hg.), Trinität – Anstoß für das islamisch-christliche Gespräch, Paderborn u.a. 2013 (Beiträge zur Komparativen Theologie; 7).

38 Vgl. SAMIR, Die prophetische Mission Muhammads, 8f.

39 Vgl. KHORCHIDE, Eine Frage der Lesart, 20.

Verhältnis zum christlichen Glauben setzt, eröffnet sich jedenfalls für die christliche Theologie ein Weg, wie man den Qur'ān als eine vom Christentum unterschiedene Form von Offenbarung anerkennen kann, ohne dadurch den eigenen Wahrheits- und Geltungsansprüchen untreu zu werden.[40] Und im Gefolge dieser Möglichkeit würden auch die bisher genannten Argumente gegen die Möglichkeit einer christlichen Anerkennung von Muḥammad als Propheten hinfällig.

b) Christliche Anfragen an das Theologumenon von der Sündlosigkeit Muḥammads

In der christlichen Tradition verknüpft sich die Ablehnung des prophetischen Anspruchs Muḥammads oft auch mit einer Infragestellung seiner persönlichen Integrität. In der antimuslimischen Polemik spielte und spielt dabei insbesondere Muḥammads Polygamie und die Gewaltanwendung in der Politik eine zentrale Rolle, so dass ich mich wenigstens kurz auch diesen Vorwürfen zuwenden möchte.

Vielen Christen erscheint insbesondere „sein von Leidenschaft gezeichneter Umgang mit den Frauen"[41] als wenig verehrungswürdig. Insgesamt hatte Muḥammad 13 Frauen in seinem Leben, hinzu kommen mindestens zwei Konkubinate mit Sklavinnen. Wenn von muslimischer Seite dann noch erklärend beteuert wird, dass er allerdings in jeder Nacht versucht hat, alle zu bedienen, entsteht in der westlichen Fantasie das Bild eines vor Potenz strotzenden Wüstlings, und es wird ganz schwer, noch religiöse Gefühle mit Muḥammad zu verknüpfen. Wenn man dann noch bedenkt, dass Gott Muḥammad die Sondererlaubnis gibt, so viele Frauen zu heiraten, wie er will (Q 33:50) – eine Sondererlaubnis, die später allerdings wieder zurückgenommen wird (Q 33:52) –, wird Muḥammad und das von ihm verkündete Gottesbild vollends fragwürdig.

Allerdings muss man sich vor Augen halten, dass Muḥammad bis zu seiner Emigration nach Medina, also bis zum Alter von ca. 50 Jahren, monogam mit einer deutlich älteren Frau gelebt hat. Bedenkt man zudem, dass Heiraten in seinem kulturellen Kontext ein völlig normales Mittel war, um Clans zu versöhnen und politische Herrschaften zu stabilisieren, wird klar, dass Muḥammads Polygamie nicht vor dem Hintergrund seiner angeblichen Lüsternheit gesehen werden darf. Seine Heiraten dürften eher politisch moti-

---

40 Vgl. zur genaueren Begründung dieser Möglichkeit KLAUS VON STOSCH, Offenbarung, Paderborn u.a. 2010 (Grundwissen Theologie), 109-122.

41 SAMIR, Die prophetische Mission Muhammads, 8.

viert gewesen seien und auch um der Versorgung der Frauen willen erfolgt sein, deren Ehemänner im Krieg für Muḥammad gefallen waren.[42]

Gegen eine solche Diagnose wird in der antimuslimischen Polemik schon seit Johannes von Damaskus darauf hingewiesen, dass Muḥammad Zainab, die Frau seines Adoptivsohnes Zaid, geheiratet hat.[43] Angeblich hat Muḥammad sie seinem Adoptivsohn weggeheiratet, weil er sie in dessen Haus ohne Untergewand gesehen hatte und daraufhin ihrem Charme verfallen war – ein Gerücht, das sich gut in die antimuslimische Propaganda von Muḥammad als Wüstling einfügt, aber historisch durch nichts belegt ist. Das Hauptproblem seiner Eheschließung mit Zaynab bestand darin, dass nach der Scharia und nach dem Stammesrecht die Heirat mit der Frau des eigenen Sohnes verboten war. Aber – so macht diese Begebenheit deutlich – ein Adoptivsohn ist eben dem Sohn nicht gleichgestellt. Muslime verteidigen Muḥammad in diesem Kontext auch dadurch, dass sie verdeutlichen, dass Muḥammad Zainab zu ermutigen versucht hat, in der Ehe mit Zaid zu bleiben. Erst nach langem Drängen von ihr gibt er schließlich nach und heiratet sie.[44]

Besonders anstößig aus moderner Sicht ist sicher Muḥammads Heirat mit ‘Ā’iša, die zum Zeitpunkt der Eheschließung nur neun oder zehn Jahre alt gewesen zu sein scheint. Interessant ist allerdings, dass Kritik an dieser Handlung erst in der Moderne aufkommt und im Mittelalter selbst die zahlreichen Gegner Muḥammads diese Eheschließung an keiner Stelle kritisieren.[45] Die Heirat mit so einem jungen Mädchen war offensichtlich in vormoderner Zeit ganz normal. Im Imperium Romanum heirateten 8% der Frauen im Alter von 10 oder 11 Jahren. Und auch der Vollzug der Ehe war nach der ersten Menstruation der Frau völlig normal, so dass auch hier im Blick auf Muḥammad nichts für seine Zeit Anstößiges überliefert wird und man davon ausgehen muss, dass er im Blick auf ‘Ā’iša auch bis zu diesem Zeitpunkt abgewartet hat.[46]

Bei näherer Betrachtung erweisen sich also die Vorwürfe im Blick auf Muḥammads Verhältnis zu Frauen als nur begrenzt überzeugend bzw. man muss zumindest zugeben, dass sein Verhalten im Blick auf die Normen seiner Zeit völlig normal war.[47]

Ähnliches kann man im Blick auf seine angebliche „Heimtücke gegenüber manchen Gegnern“ und „sein Verhalten im Krieg und bei den Razzien“ sagen.[48] Denn die ihm oft zur Last gelegten Überfälle auf Karawanen der Mekkaner waren „reine Beutezüge, wie sie unter den arabischen Stämmen an

---

42 RUDI PARET, Mohammed und der Koran. Geschichte und Verkündigung des arabischen Propheten, Stuttgart [10]2008, 157; BROWN, Muhammad, 76.
43 Vgl. BROWN, Muhammad, 77.
44 Vgl. ebd., 50.
45 Vgl. ebd., 77.
46 Vgl. ebd., 78.
47 LEUZE, Christentum und Islam, 22.
48 SAMIR, Die prophetische Mission Muhammads, 8.

der Tagesordnung waren“[49]. Zudem war die Lage der Emigranten in Medina äußerst prekär, „weil sie – in der Landwirtschaft völlig unerfahren, die in Mekka nicht möglich war – in einer Oasensiedlung wie Medina, in der die Ressourcen schon verteilt waren, keine Existenzgrundlage hatten.“[50] Es ist an dieser Stelle nur zu verständlich, dass Muḥammad und seine Anhänger sich das Geld bei ihren ehemaligen Stammesgenossen zu verschaffen suchten, die ja aus ihrer Sicht auch durch ihre Ablehnung und Verfolgung Muḥammads ihre schwierige Lage erst herbeigeführt hatten. Auch die Bestrafungsaktion des jüdischen Clans der Banū Quraiẓa, bei der 700 Mann als Bestrafung für deren Verrat bei der Belagerung von Medina hingerichtet wurden, entsprach offenbar den damaligen ethischen Werten und wird zumindest nicht hinterfragt.[51] Insgesamt ist der historische Hintergrund des Berichts über diese Bestrafungsaktion letztlich unklar[52], so dass man vorsichtig mit Bewertungen der Person Muḥammads aufgrund dieser Handlung sein sollte. Offenbar hielt sich Muḥammad in all seinen Bestrafungsaktionen und Gefechten immer an das geltende Kriegsrecht – nur einmal nicht, als er bei der Belagerung der Banu Nadir Palmen umhauen ließ.[53] Und seinen so oft erwähnten brutalen Aktionen steht seine historisch gut belegte maßvolle Politik gegenüber den Mekkanern nach seinem Sieg gegenüber[54], die einen vor voreiligen negativen Urteilen warnen sollte und die auch verständlich macht, wieso Muḥammad von den Muslimen als Prophet der Barmherzigkeit angesehen wird.

Im Übrigen gibt es auch in der Hebräischen Bibel sehr verschiedene Propheten, die nicht alle in jeder Hinsicht menschliche Vorbilder waren. Überhaupt wird man die muslimische Behauptung der Sündlosigkeit Muḥammads sicher auch als Reaktion auf die maßlose christliche Polemik gegen seine Person ansehen dürfen. Gibt man dieses Theologumenon auf, so kann man Fehler und Verfehlungen Muḥammads zugeben, ohne dass dadurch sein prophetischer Anspruch in Frage gestellt wird. Von der Sache her ist es jedenfalls so, dass die Glaubwürdigkeit eines Propheten an der Glaubwürdigkeit seiner Botschaft hängt und nicht an der Überzeugungskraft seines sittlichen Lebenswandels.

Schaut man auf die qur'ānische Sichtweise auf Muḥammad, so wird recht deutlich, dass der Qur'ān ein recht nüchternes und realistisches Bild des Propheten zeichnet. Muḥammad wird öfters kritisiert, und auch er selbst sieht sich selbst keineswegs als frei von Verführungen und Versuchungen an (vgl. Q 17:73-75), so dass Gott selbst von der früheren und späteren Schuld des Propheten spricht (Q 48:2). Entsprechend bittet Muḥammad auch in einem Ḥadīṯ

[49] MOTZKI, Es gibt keinen Gott außer Gott, 19.
[50] Ebd.
[51] Vgl. PARET, Mohammed und der Koran, 123f.
[52] Vgl. JOACHIM GNILKA, Wer waren Jesus und Muhammad? Ihr Leben im Vergleich, Freiburg 2011, 142 mit Verweis auf Marco Schöller.
[53] Vgl. PARET, Mohammed und der Koran, 154.
[54] Vgl. MOTZKI, Es gibt keinen Gott außer Gott, 20.

um Vergebung und er betont in verschiedenen Ḥadīṯen, dass er sich irren kann und also nicht unfehlbar ist.[55]

Sicher meinen die meisten muslimischen Exegeten bis heute – wie ja auch der Beitrag von *Köylü* in diesem Band verdeutlicht –, dass es sich bei den Vergehen Muḥammads nicht um Sünden, sondern um kleinere Fehler und Unachtsamkeiten handelt, und halten oft auch an seiner Unfehlbarkeit fest.[56] Aus malikitischer Sicht etwa ist es ein todeswürdiges Verbrechen, vom Propheten etwas zu sagen, das einen Mangel ausmacht.[57] Und traditionelle mythische Erzählungen wie die von der Herzwaschung des Propheten sollen seine Sündlosigkeit illustrieren und zeigen, wie stark dieses Theologumenon auch in der Volksfrömmigkeit verankert ist.[58]

Aus christlicher Sicht kann man diese Behauptungen allerdings mit guten qur'ānischen Argumenten in Zweifel ziehen und erhält so Bewegungsspielraum, nicht alle Details der Praxis und des Lebens Muḥammads anerkennen zu müssen, um ihn als Propheten anzusehen. Denn auch wenn man sich mit einem ethischen Urteil über Muḥammads Bestrafungsaktion der Banū Quraiẓa oder seiner Eheschließung mit einer Neunjährigen zurückhält, wird man sie von christlichen Wertmaßstäben her doch nicht billigen können, so dass der prophetische Anspruch Muḥammads erst dann eine ernsthafte Prüfung verdient, wenn er nicht mit einer angeblichen Fehler- und Sündlosigkeit Muḥammads verknüpft wird. Man wird bei dieser Prüfung allerdings präzisieren müssen, was man unter einem Propheten versteht und in welcher Hinsicht Muḥammad auch von Christen als ein solcher anerkannt werden kann.

3. Plädoyer für mehr Offenheit in der christlichen Würdigung Muḥammads

Überlegen wir also zunächst einmal, was aus heutiger Sicht einen Propheten ausmacht und schauen auf die eher historischen Beiträge im vorliegenden Sammelband. *Günter Röhser* plädiert in diesem Band in seiner stark am alttestamentlichen Modell orientierten Begriffsbestimmung, dafür die göttliche Beauftragung als zentrales prophetisches Merkmal anzuerkennen. „Der Prophet oder die Prophetin verkünden den Willen einer Gottheit."[59]

Ähnlich betont auch *Bernhard Lang*, dass in der griechischen Kultur der Prophet jemand ist, „der stellvertretend für einen Gott spricht."[60] Propheten

---

55 Vgl. TILMAN NAGEL, Allahs Liebling – Ursprung und Erscheinungsformen des Mohammedglaubens, München 2008, 172.

56 Vgl. ebd., 172, 177.

57 Vgl. ebd., 184.

58 Vgl. BOBZIN, Mohammed, 69.

59 GÜNTER RÖHSER, Biblische Perspektive: Jesus als Prophet. In diesem Band, 85.

60 BERNHARD LANG, Der Prophet – Die Geschichte eines Intellektuellentyps von der Bibel bis heute. In diesem Band, 35.

sind Mittler und Unruhestifter[61], die sich herrschafts- und kultkritisch in die Religionsausübung einmischen[62]. „Das letztlich entscheidende Merkmal des Prophetischen ist das Leiden und die Bereitschaft dazu im Widerspruch zur Ungerechtigkeit der Welt.“[63] Propheten sind also Personen, die sich mit letzter Leidenschaft und letztem Einsatz für Gerechtigkeit einsetzen, die den Willen Gottes verkünden wollen und die auch Entbehrungen für ihre Botschaft auf sich zu nehmen bereit sind.

Das Neue an den Propheten der Achsenzeit liegt laut Bernhard Langs Beitrag in diesem Buch in der wiederholten Berufung auf universale, nicht nur Israel betreffende Werte und Maßstäbe[64]. Zugleich bleibt es formal bei dem bereits in der archaischen Prophetie gegebenen „Bewusstsein, göttliche Inspiration zu empfangen und zu verkünden“[65]. Im Prophetenverständnis der drei abrahamischen Religionen werden beide Elemente aufgenommen und radikalisiert: Im Zentrum steht jeweils der Glaube und die Beanspruchung durch den einen Gott, die Sozialkritik und das prophetische Grundethos: „die Verpflichtung auf Gerechtigkeit, Wahrhaftigkeit, Treue, Liebe als Forderung Gottes selbst“[66]. Juden, Christen und Muslime vereint der Glaube an den einen Gott, der sich für die Marginalisierten und Unterdrückten einsetzt und vom Menschen letzte Hingabe an seinen guten Willen verlangt. Vermittelt wird dieser Glaube durch die Propheten, die diesen authentisch und glaubwürdig verkünden. „So ist der prophetische Mensch ein von Gott Berufener, der Menschen auf den Willen dieses seines Gottes verpflichten will.“[67]

Heute ist uns ein solcher Anspruch fremd geworden: „Die Berufung auf unmittelbare göttliche Inspiration gehört einer fremden, vergangenen Kultur an.“[68] Umso deutlicher ist, wie lebendig Muḥammad diesen Anspruch vor Augen hat und wie sehr er ihn sich zu Eigen macht. Alles, was wir über ihn wissen, kennzeichnet ihn als typischen Propheten. Auch wenn nicht all seine Handlungen und Lehren aus christlicher bzw. moderner Sicht akzeptabel sind, kann anerkannt werden, dass er als prophetischer Mensch in der biblischen Tradition agiert. Ob Christen ihn nicht nur als solchen prophetischen Menschen, sondern auch als Gesandten akzeptieren können (also qur'ānisch gesprochen nicht nur als *nabī*, sondern auch als *rasūl*), hängt letztlich von der Qur'ānhermeneutik ab, mit der man vorgeht und mit der Frage, ob man den Qur'ān im direkten Widerspruch zum Christentum sieht. Hier ist die innermuslimische Diskussionslage noch zu heterogen, als dass man zu einer klaren Einschätzung kommen kann. Aber wie ich oben zu zeigen versucht habe,

---

61 Ebd., 36.
62 RÖHSER, Biblische Perspektive, 95.
63 Ebd.
64 Vgl. LANG, Der Prophet, 41.
65 Ebd.
66 KUSCHEL, Juden, Christen, Muslime, 443.
67 Ebd.
68 LANG, Der Prophet, 56.

braucht man auch hier eine Anerkennung der Gesandtschaft Muḥammads nicht kategorisch auszuschließen und kann offen und lernbereit in den Dialog mit Muslimen hineingehen.

Auch wenn mit dem Untergang des Judenchristentums die Rede von Propheten im Christentum verschwunden ist, gibt es nach neutestamentlichem Zeugnis auch nach Jesus noch echte Propheten, nämlich die, die seine Botschaft in eine neue Situation hinein aussagen (vgl. nur 1 Kor 12,28). Insofern können Propheten auch nach Christus noch auf ihn hindeuten und auf ihn vorbereiten. Denn auch wenn es aus christlicher Sicht so ist, dass alle Propheten die Ankunft Christi vorbereiten[69], so kann dies ja nicht heißen, dass diese Propheten dies auch explizit tun, weil sonst auch die alttestamentlichen Propheten nicht als solche anerkannt werden könnten.[70] Von daher kann man Muḥammad durchaus in die Reihe derjenigen einreihen, die vom Geist Gottes ergriffen werden und für das von ihm kommende menschenfreundliche Zusagewort Zeugnis ablegen und die so auf die menschliche Zusagegestalt des Logos hindeuten. Muslime können mit diesem Verständnis der prophetischen Mission Muḥammads natürlich nicht einverstanden sein, weil sie die christologische Zentrierung christlicher Theologie nicht mitzumachen bereit sind. Aber christliche Theologie kann in ihren eigenen Kategorien und Verhältnisbestimmungen, Muḥammads Beauftragung durch Gott noch deutlich klarer würdigen als dies bisher geschehen ist. Sie wird dabei genauso den Endgültigkeits- und Überbietungsanspruch Muḥammads zurückweisen wie Muslime sich nicht damit einverstanden erklären können, dass in Christus Gott in definitiver und einmaliger Weise sein Wesen offenbar gemacht hat. Aber genauso wie Muslime Jesus dennoch als Propheten und Wort Gottes anerkennen, sollten sich Christen zumindest für die Möglichkeit öffnen, die Besonderheit Muḥammads und seine prophetische Sendung zu würdigen.

---

69 Vgl. SAMIR, Die prophetische Mission Muhammads, 9.
70 LEUZE, Christentum und Islam, 26.

II. Religionspädagogische Konkretisierungen in Islam und Christentum

TUBA IŞIK

Prophetische Beheimatungsdidaktik

Ein Prophet im deutschen Religionsunterricht

1. Thematische Einführung

In muslimischen Familien sind prophetische Figuren und die qur'ānischen Erzählungen über sie (*qissās an-anbiyā*) bis heute beliebte Geschichten, die Eltern ihren Kindern erzählen. So sei bereits kurz an dieser Stelle ein Hinweis dahingehend gegeben, dass viele Prophetenerzählungen nur deshalb als in sich geschlossene Geschichten erzählt werden können, weil qur'ānisch Offengehaltenes bei Zeiten mit Hilfe der jüdischen und christlichen Bibel ergänzt wurde. Dies lag nahe, da es sich letztendlich um dieselben prophetischen Gestalten handelt; auch wenn in christlicher und/oder jüdischer Perspektive einige prophetisch wirkende Gestalten eine andere Namensbezeichnung erhielten als im Islam. Aufgrund dessen können Muslime seit langem vollständige Geschichten über/von Propheten erzählen.

Zumeist greifen muslimische Eltern aus zwei Hauptmotivationen auf Prophetenerzählungen zurück. Einerseits sollen ihre Kinder mit der religiösen Tradition vertraut gemacht werden, und andererseits möchten die Eltern ihren Kindern die Propheten als vorbildliche Persönlichkeiten vorstellen. Dabei können Prophetenerzählungen in der kindlichen Entwicklung tatsächlich eine wichtige Rolle einnehmen. Existentielle Erfahrungen können durch das Kennenlernen neuer Deutungsmuster mit Hilfe der Prophetenerzählungen besser eingeordnet und gedeutet werden.[1] Mit jedem einzelnen Propheten werden traditionellerweise bestimmte Aufgaben und gewisse Fähigkeiten verbunden. Während beispielsweise Hiob exemplarisch für Geduld oder David für Gerechtigkeit stehen, zeichnen sich in islamischer Perspektive alle Propheten insgesamt in ihrem Kern dadurch aus, dass sie zu Gottvertrauen und -verbundenheit aufrufen – ganz abgesehen von ihrer prophetischen Aufgabe, an Gott und seine Botschaft zu erinnern. Mit dieser Kernaufgabe bzw. Eigenschaft tritt beispielsweise insbesondere der Prophet Abraham in den

[1] Vgl. DIE ZENTRALSTELLE BILDUNG DER DEUTSCHEN BISCHOFSKONFERENZ, Grundlagenplan für den Katholsichen Religionsunterricht in der Grundschule, Krefeld 1998, 27ff.

Vordergrund.[2] Anhand dieses Verständnisses kristallisiert sich eine grundsätzliche Vorstellung heraus, die Muslime von den Propheten haben: Propheten sind mit ihrer Lebensweise Vorbilder für Muslime und ihre Lebensbewältigung. Diese Haltung gewinnt in Bezug auf den Propheten Muḥammad, den letzten Gesandten Gottes (*rasūl allāh*), für Muslime an Intensität.

Die Vorstellung von Muḥammads Verbindlichkeit in seiner Vorbildfunktion ist von jeher qur'ānisch sowie durch die Tradition gefestigt worden.[3] Besonders die Qur'ānstelle Q 33:21 wird als Grundlage der Vorbildlichkeit des Gesandten für das praktische Leben der Muslime betrachtet. *„Ihr habt ja im Gesandten Gottes ein schönes Vorbild für den, der Gott und den Jüngsten Tag erwartet und der Gottes oft gedenkt."* Die muḥammad'sche Interpretation und praktische Ausführung der qur'ānischen Offenbarung wird in ihrer Gesamtheit als „schönes Beispiel" (*uswa ḥasana*) für die individuelle Lebensführung eines Muslims betrachtet. Muḥammad lässt in seinem Handeln die qur'ānische Botschaft exemplarisch konkret werden. Damit wird er für ein gottgewolltes Leben als nachzuahmende Vorbildfigur interpretiert und stellt als Gesandter und Mensch eine sehr klare Orientierung für den Muslim dar. Völlig unbeachtet bleibt hierbei jedoch meist, dass der Prophet *ein Kind seiner Zeit* war und dadurch zu Recht eine bestimmte kulturelle und historische Prägung in seiner Persönlichkeit und in seinem Handeln aufwies. Nimmt man diesen wichtigen Aspekt in die Betrachtung der prophetischen Vorbildlichkeit auf, führt kein Weg daran vorbei, genauestens zu differenzieren, wann (erstens) der prophetischen Sunna qur'ānisch höchste Relevanz zugemessen wird und somit eine unumgängliche Verbindlichkeit besitzt – wie beispielsweise die Ausführung der einzelnen Bewegungen des rituellen Gebetes (*salāḥ*), das Fasten (*sawm*) oder auch die Pflichtabgabe (*zakāt*) – und was (zweitens) die kulturell geprägte Lebensweise des Propheten ist, die auch prophetische Sunna genannt wird.

Neben den Fachdisziplinen der Rechtsmethodologie (*'uṣūl al-fiqh*), der Ḥadīṯ- und Kalāmwissenschaften, die – insgesamt betrachtet – die gesamte *Sunna* als verbindlich für das Leben eines Muslims erachteten, hatten auf der anderen Seite insbesondere mystische Strömungen (*tasawwuf*) mit ihren starken Tendenzen in Bezug auf die Prophetenverehrung einen großen Einfluss auf die Prophetenvorstellungen der Muslime, die die Ausrichtung einer asketischen Frömmigkeit favorisieren. In der islamischen Mystik, in der die Gottesliebe mit, über und durch die Prophetenliebe verläuft, gab es beispielsweise die Auffassung, dass Muḥammad das Ziel und die Ursache der Schöpfung sei[4], sowie die Überzeugung, dass Muḥammad der letzte Aus-

---

[2] Die Sprengkraft abrahamischer Gottverbundenheit ist nachlesbar in der Abhandlung von SÖREN KIERKEGAARD, Furcht und Zittern, Düsseldorf 1962.

[3] Siehe den Aufsatz „Der Prophet Muḥammad im Spannungsfeld der muslimischen und nichtmuslimischen Wahrnehmung" von Ufuk Topkara in diesem Band.

[4] Durch sogenannte nicht-qur'ānische Gottesworte, ḥadīṯ-qudsī, soll die Vorstellung eines von Gott geliebten Gesandten bestärkt werden. In einem ḥadīṯ-qudsī, das auch als laulāk-ḥadīṯ be-

erwählte (*muṣṭafa*) und der Geliebte Gottes (*ḥalilullāh*) ist; dies hatte eine nachhaltige Wirkung auf das Kollektivgedächtnis in der Prophetenverehrung der Muslime. Damit wurde dem Gesandten Gottes ein über die rechtswissenschaftlich relevante Bedeutsamkeit hinausragendes Gewicht zugesprochen.

Die mystischen Prophetenvorstellungen, aber auch das in vielen anderen Teilbereichen der Theologie vorhandene Prophetenbild, hinterließen in der Volksfrömmigkeit ein überhöhtes Prophetenbild.[5] Dieses Bild wurde überwiegend aus *Ḥadīṯ-Werken* (Überlieferungen zum Propheten) gespeist, insbesondere durch die Ḥadīṯ-Gattungen, die sich sowohl auf die Persönlichkeit, den Charakter und das Aussehen des Propheten als auch auf Erzählungen über den Propheten, die die Wahrhaftigkeit seiner Prophetie bezeugen sollen, konzentrieren. Derartige Werke werden als *A'lām*, *Dalā'il*, *Ḫaṣā'is*, *Faḍā'il*, *Šamā'il al-Muṣṭafa* u.ä. kategorisiert, worauf ich im weiteren Textverlauf noch eingehen werde. In diesen Werken wird der Gesandte Gottes nur mit positiven Prädikaten charakterisiert und viele legendenhafte und wundersame Schilderungen schmücken die prophetische Figur Muḥammads, wodurch Muḥammad mehr und mehr das Image einer irrealen Märchenfigur erhält. Diese Werke sind häufig der Bewunderung, die Gläubige dem Propheten entgegenbringen, geschuldet. Dass durch die Bejahung übernatürlicher Darstellungen um den Gesandten die Allmächtigkeit Gottes synchron ebenfalls in den Vordergrund gerückt wird, ist zwar ein Nebeneffekt des Ganzen, markiert m.E. allerdings eher eine unreflektierte Gottesvorstellung als dass es auf einen frommen Glauben an die Allmächtigkeit Gottes verweist.

Gegenwärtig hat man den Eindruck, als ob viele Muslime eine „*imitatio muhammadi*" auf der Grundlage eines invariablen Prophetenbildes praktizieren wollen: Zu allen Zeiten und in Abhängigkeit von bestimmten geschichtlichen und gesellschaftlichen Konstellationen haben Gläubige mehr oder weniger rigide religiöse Vorstellungen vertreten. Das ist auch bei Muslimen nicht anders; entsprechend sind immer wieder größere oder kleinere Gruppen zu finden, die „*imitatio muhammadi*" auf der Grundlage eines invariablen Prophetenbildes praktizieren wollen. Das wiederum erweckt den Anschein, als ob die Prophetenliebe in ihrer Bandbreite auf eine bestimme Art und Weise eingeengt wird und die prophetische Sunna auf bestimmte historisch und traditionell gefärbte Vorstellungen reduziert und festgelegt sei, die es heute lebendig zu halten gilt. Doch kann der traditionell formulierte Anspruch bzw. die Erwartung und auch die Vorstellung von Sunna tatsächlich die sein, dass der Muslim zu einer Kopie des Propheten Muḥammad werden soll? Soll Muḥammad in seinem eigenen Verhalten zu spiegeln heißen, *wie er zu werden*? Steht eigentlich nicht vielmehr das prophetische, schöne Vorbild für

---

kannt ist, soll Gott aus Liebe zur prophetischen Seele gesagt haben: „Wärest Du nicht, so hätte ich die Welt nicht erschaffen." vgl. ANNEMARIE SCHIMMEL, Sufismus – Eine Einführung in die islamische Mystik, München [3]2005, 14.

[5] Vgl. ANNEMARIE SCHIMMEL, Und Muḥammad ist Sein Prophet. Die Verehrung des Propheten in der islamischen Frömmigkeit, München 1989, 70ff.

eine übergeordnete Orientierung, die einen Weg markiert und damit im wahrsten Sinne des Wortes *ein* Beispiel darstellt, das zugleich einen identitätsstiftenden Charakter haben soll? Ich denke beispielsweise an die prophetische Aussage: „Ein Muslim ist derjenige, vor dessen Zunge und Taten Menschen sicher sind.“[6] Anlehnend an diesen Ḥadīṯ müsste die Vertrauenswürdigkeit der Muslime als ein gemeinsames Merkmal weltweit bekannt sein – mal ganz abgesehen von dem durch die Medien suggerierten negativen Bild von den Muslimen. Ist sie das? Steht nicht vielleicht doch vielmehr Motiv und Kerngedanke der prophetischen Lebenspraxis im Vordergrund als die eins zu eins-Adaptation einer Lebens- bzw. Handlungsweise – beispielsweise wie er seinen Bart trug? Und kann eine Identifikation mit dem Propheten als Mensch nicht wirklich dann besser dadurch entstehen, wenn der Gläubige an Muḥammads Menschlichkeit „andocken“ kann, was bei einem stilisierten Muḥammad-Bild wohl eher problematisch erscheint?

Das prophetische (muḥammadsche) Handeln ist doch dann existent, wenn es eine Antwort darauf geben kann, wie Muhammad in diesem oder jenem Moment handeln würde und genau diese Vorstellung davon, wie Muhammad handeln würde, gibt eine illustrative Handlungsorientierung. Die muss nicht unbedingt in eine ganz bestimmte Handlungsform bzw. -weise münden, sondern sie kann auch lediglich eine Orientierung, eine Idee, einen (Handlungs-)Weg markieren.

In diesem Aufsatz möchte ich darstellen, wie die oben aufgeführten Fragen, kurz: das prophetische Vorbild religionspädagogisch verstanden und verarbeitet werden kann. Hierbei geht es keineswegs um die Infragestellung prophetischer Verbindlichkeit im rituellen Bereich (*'ibadāt*), sondern hauptsächlich um die Frage, wie Muḥammad als Prophet und Mensch für das Leben eines Kindes oder Jugendlichen in Deutschland nahbar und zugänglich gemacht werden kann; das bedeutet: wann und wie kann der Prophet im Religionsunterricht identitätsstiftend sein? Ebenso sei angeregt, darüber nachzudenken, ob es tatsächlich förderlich ist – sowohl kalāmwissenschaftlich als auch religionspädagogisch –, Wundererzählungen über und um den Propheten einen großen Spielraum einzuräumen, wie das traditionellerweise bis heute noch der Regelfall ist.

2. Lernen an Vorbildern – Prophetisches Lernen

Während in der Islamischen Religionspädagogik die konzeptionelle Aufarbeitung Muḥammads als vorbildliche Prophetengestalt noch fehlt, lassen sich in der Konzeptlandschaft der christlichen Religionspädagogik einige interessante Ansätze finden, die das Lernen an Vorbildern thematisieren. Der

6 Vgl. Nasā'ī, Kitāb al-Imān, Bāb 8, Hn. 4995, Riyad ²2008; Buḫārī, Kitāb al-Imān, Bāb 4, Hn. 10.

katholische Religionspädagoge *Hans Mendl* mit seinem Ansatz *Lernen an (außer-) gewöhnlichen Biographien* und *Ingo Baldermann* mit seiner *Prophetischen Didaktik* seien hier als zwei bekannte Vertreter genannt.

Mendl setzt sich mit dem Thema des Vorbildlernens u.a. auch lernpsychologisch auseinander und bewertet das Nachahmungslernen in seiner klassischen Bedeutung der *Imitation* als unreflektiert und überholt.[7] Er plädiert für ein beabsichtigtes und reflektiertes Lernen an Biographien von Persönlichkeiten, wobei er die Auffassung vertritt, dass jeder Mensch in seinem Leben etwas aufweist, das des Lernens wert ist.

Baldermann betont stark das Prinzip der Korrelation und sieht die Identifikationsmöglichkeit als Voraussetzung für ein Begegnungslernen.[8] Er konzentriert sich dabei auf die biblischen Propheten, indem er die Aktualität der prophetischen Worte und der daraus folgenden Taten für das Hier und Jetzt betont und fruchtbar machen möchte.[9]

Meine Gedanken, die in diesem beschränkten Rahmen eines Aufsatzes nur kurz und bündig ausfallen können, sind von den Ansätzen Mendls und Baldermanns inspiriert – eine vollständige Begründung und eingehende Ausführungen zum Ansatz sind in meiner Dissertation nachlesbar.[10]

Das *Prophetische Lernen* bezeichnet einen neuen Ansatz in der islamischen-religionspädagogischen Diskussion. Es meint ein Begegnungslernen mit Muḥammad in seinem Mensch- und Prophetendasein. Das Prophetische Lernen frönt keinem überhöhten Prophetenbild, sondern sucht den menschlichen Propheten. Denn genau durch sein Menschsein, das dem quranischen Prophetieverständnis entspricht, ergeben sich multiperspektivische Herangehensweisen, die den Schülerinnen und Schülern unterschiedliche Zugänge zur Person des Propheten eröffnen. Der religionspädagogische Ansatz verneint das Imitationslernen und damit die Vorstellung, dass durch das blinde Nachahmen von Verhaltensweisen eines Menschen, Kinder und Jugendliche neue Verhaltensweisen (beständig) internalisieren könnten. Ebenso wenig bezweckt dieser Ansatz die Übernahme der klassisch theologischen Perspektive auf Muḥammad, die ich oben in groben Zügen versucht habe zu beschreiben. *Rita Burrichter* spricht in diesem Band über das Kennenlernen von Jesus, dass es sich nicht um eine „Erstanbahnung" handeln kann, in der es um ein theologisch „korrektes" Verständnis der Person Jesu Christi gehe.[11] Das Prophetische Lernen fordert die anthropologische Wende zum Kinde hin, d.h.

---

7 Vgl. HANS MENDL, Lernen an (außer-)gewöhnlichen Menschen. Wie funktioniert ein Lernen an fremden Biographien? In: KatBl. 131 (2006) 8-13, hier 10.

8 Vgl. INGO BALDERMANN, Prophetische Didaktik: Erziehung zur Hoffnung. In: KatBl. 129 (2004) 23-28, hier 24.

9 Vgl. ebd.

10 Vgl. TUBA IŞIK, Die Bedeutung des Gesandten Muḥammad für den Islamischen Religionsunterricht. Systematische und historische Reflexionen in religionspädagogischer Absicht, unveröff. Diss., 226ff.

11 Siehe den Aufsatz „Jesus als Prophet – (k)ein Thema des christlichen Religionsunterrichts" von Rita Burrichter in diesem Band.

Lernende werden nicht als leere Gefäße verstanden, die mit Wissen gefüllt werden müssen, sondern die Entstehung von Wissen wird ins erkennende Subjekt gelegt.[12] Ausgangs- und Orientierungspunkt ist nicht mehr das Lernziel, sondern das Kind selbst. Dabei fällt der Lehrkraft eine große Verantwortung zu. Die Schülerinnen und Schüler müssen mit ihren verschiedenen religiösen Einstellungen und Wissensständen, ihren sozialen Lebensumständen sowie ihren kulturellen Prägungen bedacht werden. Der Korrelationsprozess verlangt in diesem Kontext verschiedene Lebens-situationen Muḥammads, die charakteristisch für seine Lebensaufgabe sind und ihn in seinem Prophetensein qualifizieren sowie in seinem Menschsein kennzeichnen, mit der Lebenswirklichkeit des jungen Muslims ins Gespräch zu bringen. Dieses Spezifikum sollte auf jede Schülergruppe hin aufs Neue bedacht werden, da Schülergruppen in ihren Voraussetzungen und Bedürfnisse unterschiedlich ausfallen können. Der Anspruch besteht also darin, ent-sprechende Lebenssituationen des Propheten selektiv auszuwählen, das prophetische Verhalten herauszuarbeiten und in ein Gespräch mit den gegenwärtigen Lebensumständen der Schüler zu bringen.

Das Konzept des Prophetischen Lernens kann insgesamt in eine Beheimatungsdidaktik eingebettet werden, die für die Grundschule konzipiert ist und eine einträgliche Ausgangsbasis für weiterführende Klassen bietet. Der Begriff „Beheimatung" ist nicht zufällig von mir gewählt worden. Beheimatung war eine zentrale Begrifflichkeit in den bischöflichen Gesprächen um den katholischen Religionsunterricht[13] und meint „Heimat in der Kirche"[14]. Deswegen möchte ich erläutern, wie ich Beheimatung im Zusammenhang des islamischen Religionsunterrichts verstehe. Religiöse Beheimatung fasse ich auf als ein Vertrautwerden mit der eigenen religiösen Tradition, sprich der in Kenntnissetzung von grundlegendem Wissen und im weiteren die Verwurzelung in diesem. Der Prophet Muhammad nimmt in diesem Prozess eine entscheidende Rolle ein. Er ist das Medium, mit dem und an dem Schülerinnen und Schüler an ihren Glauben herangeführt und in ihm beheimatet werden. Die Heranführung an islamische Traditionen und ihre Ausdrucksformen sowie ihre Deutungsmuster nenne ich im Ganzen *Prophetische Beheimatungsdidaktik*, da der erste Schritt zur religiösen Beheimatung mit Hilfe des Propheten initiiert wird. Über ausgewählte Lebenssituationen sollen das Heimischwerden und das Vertrautwerden mit dem gelebten und geglaubten

---

[12] Vgl. HANS MENDL, Konstruktivismus, pädagogischer Konstruktivismus, konstruktivistische Religions-pädagogik. Eine Einführung. In: DERS. (Hg.), Konstruktivistische Religionspädagogik. Ein Arbeitsbuch, Münster 2005, 12.

[13] Vgl. SEKRETARIAT DER DEUTSCHEN BISCHOFSKONFERENZ (Hg.), Die deutschen Bischöfe: Die bildende Kraft des Religionsunterrichts. Zur Konfessionalität des katholischen Religionsunterrichts, Bonn [5]2009, 27.

[14] Vgl. CLAUS PETER SAJAK, Der katholische Religionsunterricht in der Schule. Zum aktuellen Stand der Diskussion in Theologie und Kirche. In: MARINA BLASBERG-KUHNE, Religionen in der Schule und die Bedeutung des Islamischen Religionsunterrichts, Göttingen 2010, 105-116, hier 108.

Glauben aktiviert sowie bestärkt werden, womit sukzessive eine Identitätsbildung einhergeht. Zum Heimischwerden jedoch gehören nicht nur Menschen, sondern auch religiös und emotional aufgeladene Orte, die dieses Gefühl von religiöser Heimat wachrufen können. So bringen erfahrungsgemäß – statistisch liegen derzeit keine Angaben vor – muslimische Kinder in den islamischen Religionsunterricht ein bestimmtes Maß an religiöser Vertrautheit mit Ritualen und (konfessionellen) Inhalten mit. Das sind Kinder, die beispielsweise aus ihren Moscheebesuchen – auch wenn nicht unbedingt für die Moscheeunterweisung – bestimmte Rituale ansatzweise erfahren und religiöse Gemeinschaftlichkeit grundsätzlich schon kennengelernt haben. Damit nimmt die religiöse Gemeinschaft (*umma*) eine wesentliche Rolle ein. Der in der Gemeinschaft geschaffene Zugang im gemeinsamen Ritus, Handeln, Mitmachen und Wahrnehmen bewerkstelligt die Aufnahme, die Integration, das Hineinwachsen und die Verwurzelung in eine bestimmte Tradition. Diese Orte und auch Menschen, die an jenen Orten angetroffen werden, können bei Kindern Gefühle wie Vertrautheit wecken.[15] „Kinder lernen Religion nicht zuerst und nicht hauptsächlich als Lehre, sondern als eine Art Heimatgefühl, das sie mit bestimmten Zeiten und Rhythmen, mit Orten und Ritualen verbinden."[16] Ich fasse den Begriff Beheimatung weiter als ein *nur* Kennenlernen. Beheimatung ist mithin eine Rückführung auf etwas Altbekanntes, das ein Gefühl von Halt und Beständigkeit in sich birgt.

Die Beheimatung findet in der Schule auf Deutsch statt, das bedeutet, dass muslimische Kinder in ihre religiösen Traditionen in deutscher Sprache beheimatet werden, wodurch gleichzeitig das kindliche Gefühl bestärkt wird, dass ihre Religion in die Schule und in diese Gesellschaft gehört, ein Teil dessen ist und die gleiche Wertigkeit besitzt wie andere Religionen auch. Ferner fördert der Beheimatungsansatz die Kommunikations- und Ausdrucksfähigkeit der Kinder. Da Sprache der Ausdruck von Wahrnehmen, Denken und Handeln ist, ist die angesteuerte Ausdrucksfähigkeit nicht als Abdruck von eingeübten Sprachbildern zu verstehen, sondern die sprachliche Beheimatung ist der Eintritt in die Dimensionen von Deutungen über Gott, die Welt und die Menschen. Es gibt Kindern die Möglichkeit ihre (religiösen) Vorstellungen zu verbalisieren. Damit stellt der Religionsunterricht ein Stück weit eine Sprachschule dar, der die Sprachfähigkeit der Schülerinnen und Schüler ausbauen hilft.[17]

Reziprok lernen Schülerinnen und Schüler durch die Prophetische Beheimatungsdidaktik ihren Propheten kennen und können eine individuelle Beziehung zu ihm aufbauen. Dem Ansatz des Prophetischen Lernens liegt wie

---

15 Vgl. RUDOLF ENGLERT, Heimat: Warum uns Orte so wichtig sind. In: KatBl. 137 (2012) 163-169, hier 164.

16 FULBERT STEFFENSKY, Religion im Klassenzimmer. Der alltägliche Charme des Glaubens. In: KatBl. 137 (2012) 70-77, hier 70.

17 Näheres dazu ANDREA SCHULTE, Die Bedeutung der Sprache in der religionspädagogischen Theoriebildung, Frankfurt a.M. 2001.

bei Baldermann und Mendl das Prinzip der Korrelation zugrunde, d.h. in der Betrachtung der prophetischen Lebensweise wird der Korrelationsprozess eo ipso eingefordert.[18] Korrelation verlangt in diesem Zusammenhang die Übersetzung der prophetischen Sunna ins 21. Jahrhundert und sie verlangt die Anknüpfung an die Lebenswirklichkeit der Schülerinnen und Schüler. Damit können Schülerinnen und Schüler selbst bestimmen, welche Rolle die prophetische Sunna für sie und ihr Leben einnehmen soll. Dementsprechend bildet Muhammad in dieser Didaktik ein Lernmodell, er ist der gelebte Glaube und damit ein Beispiel für die Lebensgestaltung. Denn die praktische Dimension der Beheimatung bedarf nicht nur Ritualen, die zweifelsohne eine wesentliche Rolle spielen, sondern auch religiöser Ausdruckformen, die sich im Handeln und den Haltungen wiederspiegeln. Muḥammad gibt der Religion eine Gestaltungsform, die ich als „empfohlene Sunna“ verstehe und deren Nachahmung eher der individuellen Entscheidung überlassen werden muss. Diese Einstellung und Haltung zum Propheten unterstützt die Ausbildung der Urteils- und Handlungsfähigkeit von Schülerinnen und Schülern und legt den ersten Grundstein für die weitere Ebene einer kritischen Glaubensreflexion.

a) Nur ein Gesandter und nur ein Mensch

Das *Prophetische Lernen* sieht nicht die gesamte prophetische Biographie als Ganzes, sondern ausgewählte Lebensabschnitte und Überlieferungen zu lebensrelevanten Zusammenhängen vor, die zum Einen die Identifikation mit dem Propheten ermöglichen sollen, und zum Anderen das Nachdenken über Werte, Gesellschaftsstrukturen, andere Glaubenslehren, das Zusammenleben mit Menschen und Umwelt u.ä. anregen und somit auch eine gewisse Vertrautheit mit der eigenen Tradition gewährleisten. Daher sollte die Auswahl der Narrative die Schülerinnen und Schüler inhaltlich dort abholen, wo sie sich befinden bzw. wo sie abgeholt werden müssen und wollen. Die Auswahl muss sich also nach den Schülern richten.

Bei der Auswahl entsprechender Lebensausschnitte steht als entscheidendes Kriterium das Menschsein des Propheten an oberster Stelle. Allerdings ist zu beachten, dass die ausgewählte Erzählung nicht das endgültige Ziel hat, Bewunderung gegenüber dem Propheten zu erzeugen, sondern die eigentliche Bewunderung sollte angesichts der Handlungsmotive und Lebenshaltungen des Propheten entstehen.

Oft singen Kinder und Jugendliche religiöse Lieder (*našīd*) zum und über den Propheten, die im Grunde den Respekt, die Bewunderung und Liebe zum

---

[18] Näheres bei TUBA IŞIK, Konzeptionelle Überlegungen für die Islamische Religionspädagogik in Deutschland. Wie viel religiöser Ritus verträgt der islamische Religionsunterricht in Deutschland? In: MOUHANAD KHORCHIDE/ KLAUS VON STOSCH (Hg.), Herausforderungen an die Islamische Theologie in Europa – Challenges for Islamic Theology in Europe, Freiburg im Breisgau 2012, 180-193.

Propheten ausdrücken sollen. Beispielsweise, wenn der Prophet als der Geliebte Gottes (*ḥabīb allāh*) besungen wird.[19] Fraglich ist, was der geliebte Prophet eigentlich für das singende Kind ausdrückt. Hat das Kind eine genaue Vorstellung von jener Person, die Gott so sehr liebt und gibt der Liedtext Informationen darüber, warum Gott diese Person liebt? Warum besingen Menschen den Propheten, und warum sind sie von ihm so begeistert? Was macht diese Person so besonders und bewundernswert, dass er Gott so nahe steht? Drückt dies eine Exklusivität aus? In welcher Beziehung steht das Ganze zu diesem Kind? Allein schon diese Lieder können tradierte Vorstellungen und eigene Perspektiven ins Gespräch bringen und den Austausch über den Propheten ins Rollen bringen.

Traditionelle Überlieferungen, in denen das Außergewöhnliche am Propheten die Auslöser der Bewunderung sind, eignen sich kaum, jene Fragen zu beantworten und eine echte erste Verbindung mit dem Gesandten Gottes aufzubauen und Identität zu stiften. Aḥadīṯ-Werke, in erster Linie die, die sich im Besonderen auf die körperlichen[20] und charakterlichen Eigenschaften[21] des Propheten beschränken und konzentrieren berichten ebenso von vielen wundersamen Ereignissen über und um den Propheten.[22] Zu den bekannten wundersamen Schilderungen gehören sprechende Steine, die Muḥammad beim Vorbeigehen begrüßten, Bäume, die sich vor ihm verbeugten, oder dass er mit wenig Proviant viele Menschen speiste.[23] Auch Muhammads Geburt wird in den ḥadīṯwissenschaftlichen Werken sowie den Lebensbeschreibungen von Ibn Hišām, Ibn Isḥāq oder auch aṭ-Ṭabarī insbesondere für den Grundschulbereich nicht unerwähnt gelassen. Mit Blick auf die wundersame Errettung des Babys Moses und das sprechende Baby Jesus in der Wiege scheint die Geburt Muhammads sehr unspektakulär und gewöhnlich. Daher sind die Konstellationen um seine Geburt herum wohl vielmehr aus der apologetischen Perspektive heraus entstanden. Überlieferungen beschreiben, dass während und nach der Geburt des Propheten gewisse wundersame Erscheinungen stattgefunden haben sollen.[24] Ferner, reziprok betrachtet hat die Geburt des Propheten keine religiöse Bedeutung für den Muslim, da es sich um die vorprophetische Zeit Muḥammads handelt, die für den Muslim theo-

---

19 Siehe bzw. höre in diesem Zusammenhang Sami Yusuf, Maher Zain oder Mesut Kurtis.

20 Angefangen von seiner stattlichen Statur, dem Glanz seiner Zähne, der breiten Stirn, den vollen Lippen, bis zu seiner Gangart, usw. Vgl. ABŪ NAʿĪM ISFAHĀNĪ, *Dalāʾīl Nubuwwa* (Beweise der Prophetie), Bd. 2, Beirut 1999, 565f.

21 Er war sehr nachdenklich, sprach nur wenn nötig, Vergängliches und Dinge, die er nicht beeinflussen konnte, regten ihn nicht auf, keiner erfuhr davon, wenn er Gutes tat, sprach er mit jemanden, schenkte er diesem seine volle Aufmerksamkeit, usw. Vgl. ebd., 566.

22 Vgl. ERDINC AHATLI, *Peygamberlik ve Hz. Muhammed'in Peygamberliği* (Prophetie und die Prophetie Muḥammads), Ankara 2002, 59.

23 Vgl. BEKIR TOPALOĞU/ MUHAMMED ARUÇI, *Kitabu't Tevhid* (Buch der Einheit), Ankara 2005, 203f.; vgl. FAHREDDIN RAZI, *Kelam'a Giriş. El-Muhassal* (Die Zusammenfassung), übers. Hüseyin Atay, Ankara 2002, 230.

24 Vgl. IBN ISḤĀQ, Leben, 31ff.

logisch betrachtet keine verbindliche Rolle spielt[25] und weniger als Narration in diesem Zusammenhang eingesetzt werden sollte. Auch die Kindheitserzählungen, über den Segen, den er mit seiner Anwesenheit in den Haushalt seiner Milchmutter brachte, indem ihre Tiere wieder zu Kräften kamen und mehr Milch gaben[26] oder auch die Schilderung der Herzwaschung, der der kleine Muḥammad von zwei fremden Männern unterzogen wurde[27] und die die Assoziation weckt, Muḥammad sei reinen Herzens, er sei für Etwas vorbereitet und habe wundersam einen solchen Eingriff mitten in der Wüste und Hitze unversehrt überlebt, scheinen auf ein ganz bestimmtes Ziel hinauszulaufen: Sie sollen beim Leser Bewunderung für und Erstaunen über die Person Muḥammads wecken und zusätzlich seine Prophetie bezeugen, während nichts dagegen sprechen würde von Muḥammads Kinderzeit zu berichten, wohlgemerkt, dass die Überlieferungen in diesem Punkt sehr rar sind. Ferner soll die erzeugte Bewunderung seine Besonderheit und eine bestimmte Nähe Gottes zu ihm verstärkt zum Ausdruck bringen.[28] Eine bescheidene Durchsicht von gegenwärtigen Geschichtsbüchern über den Propheten für Kinder macht deutlich, dass diese und ähnliche Überlieferungen nicht unerwähnt bleiben.[29]

Zweifelsohne ist eine bestimmte Nähe und Verbundenheit Gottes zu seinem erwählten Gesandten zu konstatieren, fraglich bleibt nur, ob es religionspädagogisch – sowie theologisch argumentativ – förderlich ist, Bewunderung für den Propheten über wundersame Berichte und Erzählungen zu schaffen. Ich tendiere dazu, diese Herangehensweise zu negieren und weise darauf hin, dass Muḥammads Menschsein ausreicht, um Bewunderung bei Kindern und Jugendlichen hervorzurufen. Ein gewisses Maß an Bewunderung ist deswegen von Relevanz, weil sie im nächsten Schritt zur Identifikation und Orientierung

---

25 Vgl. ebd.

26 Vgl. MUḤAMMAD ḤAMĪDULLĀH, *Islam Peygamberi* (Der Prophet des Islam), Bd. 1, Istanbul 2001, 40.

27 Vgl. AL-BAIHAQĪ, *Dalā'il an-nubuwwa* (Beweise der Prophetie), Bd. 1, Medina 1969, 150ff.

28 Auch gegenwärtig ist weiterhin bei Kindern und Jugendlichen zu beobachten, dass sie Schauspieler, Sänger, Moderatoren u.ä., die sie für „cool" erachten, bis in das letzte Detail versuchen nachzuahmen. Bernd Gäbler hat in seiner Studie „Hohle Idole", die bei der Otto Brenner Stiftung erschienen ist, aufgezeigt, warum genau diese Menschen hingegen eigentlich als Vorbilder ungeeignet sind. „Weder die TV-Figur Daniela Katzenberger noch die Casting-Shows mit ihren autoritären Protagonisten Dieter Bohlen und Heidi Klum bieten Modelle für das Einüben gesellschaftlich wichtiger Fähigkeiten und Verhaltensweisen". Näheres online: http://www.otto-brenner-shop.de/uploads/tx_mplightshop/AH72_Hohle Idole_web.pdf; Stand 28.10. 2012.

29 Vgl. MANṢŪR AL-RIFĀ'Ī 'ABĪD, *Šağara al-anbiyā* (Die Bäume der Propheten), Muḥammad, Bd. 20., Kairo 2012; MAS'ŪD ṢABRĪ, *As-Sīra an-nabawiyya* (Die Lebensgeschichte des Propheten), Kairo 2001; ORHAN SEZGIN, *Sevgili Peygamberimizin Hayati* (Die Lebensgeschichte unseres geliebten Propheten), Istanbul 2006; SANIYASNAIN KHAN (übers. Ensar Karadeniz), *Çocuklar için Kur'an'dan Kıssalar* (Erzählungen aus dem Qur'ān für Kinder), Istanbul 2010.

an einer Person führen kann[30], was letztendlich der Zweck ist, da Muḥammad als Vorbildfigur fungieren soll.

b) *Ausgewählte Lebenssituationen*

Damit bildet die gezielt getroffene Auswahl an einschlägigen Narrationen, die wohl eher zur Identifikation führen als Wundererzählungen, das erste Kriterium dieses Ansatzes. Einige mögliche, lebensgeschichtliche Auszüge und Gegebenheiten seien hier kurz aufgeführt. Angefangen mit der ersten Information der biographie-ähnlichen Lebensgeschichte zu Muḥammad: der Prophet verlor in sehr frühen Jahren seine Eltern und war Waise. Aus dem wenig gesicherten Wissen über das vorprophetische Leben und seine Verhaltensweisen ist bekannt, dass er in Mekka als ein vertrauenswürdiges Gesellschaftsmitglied Anerkennung genoss. Als ein starkes Indiz für seine Vertrauenswürdigkeit und Rechtschaffenheit kann die Geste seiner ersten Ehefrau Ḫatiğa gewertet werden, die ihm ihre Handelsgeschäfte anvertraut hatte. In dieser Zeit erhielt er von den Mekkanern den Beinamen ‚der Vertrauenswürdige' (*al-amīn*), hierfür werden verschiedene Belege angeführt; eine der bekannten Erzählungen ist die über den Wiederaufbau der Kaaba und die Rolle Muḥammads als Schlichter von Streitigkeiten. Seine Suche nach sich selbst (vgl. Q 93:7), seiner Identität, seiner Berufung und seiner Stellung in der Gesellschaft. Er wuchs unter den paganen Arabern auf, kannte ihre religiöse Tradition sehr gut und konnte sich dazu positionieren. Aus der Tatsache, dass einige Rituale schon in vorislamischer Zeit ähnlich durchgeführt wurden, lässt sich schließen, dass Muḥammad sich nicht grundsätzlich zu diversen vorprophetischen Traditionen negativ positioniert hat.[31] Er fand eine Möglichkeit, dieser Suche nach sich selbst Ausdruck zu verleihen, und zog sich beispielsweise auf den Berg Hira zurück. Er nahm sich eine Auszeit, um sich existentiellen Fragen zu widmen: Wer bin ich? Woher komme ich? Was tue ich auf der Welt? Was ist meine Bestimmung bzw. was soll ich hier?

Kindern und Jugendlichen ergeht es in ihrer Selbstfindungsphase und in der Auseinandersetzung mit Mitschülern und ihrer Umwelt nicht anders. Sie haben existentielle Lebensfragen und Eindrücke, stehen in unterschiedlichen Beziehungsdimensionen, die sie nicht einordnen können und die sie zu begreifen suchen, machen religiöse Erfahrungen, die sie zu deuten oder auch auszudrücken suchen. Sie sind in unserer heterogenen Gesellschaft mit religiöser und kultureller Pluralität konfrontiert. Sie wissen und lernen, dass Menschen in vielfältigen „Bildern" von Gott sprechen oder ihn auch verneinen,

---

[30] Vgl. HANS MENDL, Lernen an (außer-)gewöhnlichen Biographien. Religionspädagogische Anregungen für die Unterrichtspraxis, Donauwörth 2005, 9.

[31] Vgl. AHATLI, Prophetie und die Prophetie Muḥammads, 187ff.; vgl. ASLAN, Kein Gott außer Gott, 36f.

was in Bezug auf ihre Selbstfindung hin weitere Fragen aufwirft. So wird in diesem Zusammenhang ein elementares Fragen nach Gott möglich und das interreligiöse Lernen in der Schule umso wichtiger.

Sei es in Mekka oder in Medina, Muḥammad und die Muslime haben in der Gemeinschaft mit „Andersgläubigen" gelebt, die eine andere Weltanschauung, andere Wertmaßstäbe und religiöse Vorstellungen hatten. Muḥammad fand mit der Berufung zum Propheten und seiner göttlichen Offenbarung die Impulse, seine Identität zu entwickeln und sich gegenüber Anderen zu positionieren und Wege zu finden, ein friedliches Leben mit Andersdenkenden zu gestalten. Hierdurch können Schülerinnen und Schüler erkennen, welche Bedeutung Regeln und gemeinsame Werte für das Zusammenleben von unterschiedlichen Menschen haben und sich mit diesen auseinander setzen.

Muḥammads Berufung bedingte die Verkündigung der monotheistischen Botschaft und forderte ihn auf, gegen die Götzenverehrung der Polytheisten zu protestieren und die Einheit Gottes in seiner Aufgabe als Warner (*naḏīr*) und Verkünder (*bašīr*) bzw. Gesandter (*rasūl*) nachdrücklich zu betonen. Dies erwies sich für ihn nicht als ein Leichtes. „Sprich (Muḥammad): »Siehe, ich bin ein Mensch wie ihr. Mir wurde eingegeben: Euer Gott ist ein Gott; und wer die Begegnung mit seinem Herrn wünscht, der tue frommes Werk und geselle dem Dienst an seinem Herrn niemanden bei!«"[32]

Seine Botschaft war einerseits ein großer Affront gegenüber der gegenwärtigen Glaubensüberzeugung der paganen Araber auf der südarabischen Halbinsel sowie andererseits auch eine sozialgesellschaftliche Kritik der herrschenden Ordnung, insbesondere in Bezug auf die Stellung von Sklaven und Frauen[33]. Die polytheistischen Mekkaner bezichtigten ihn in seinem prophetischen Anspruch der Lüge und des Verrates, verleumdeten ihn als einen von Geistern Besessenen (*maǧnūn*) sowie auch als Wahrsager (*kaḥīn*), boten ihm Ruhm und Macht an, damit er von seiner Botschaft ablässt.[34] „Wir wissen wohl, dass dich fürwahr betrübt, was sie da sagen. Doch nicht dich erklären sie zum Lügner, sondern die Frevler bestreiten die Zeichen Gottes."[35]

Die Verneinung seiner Berufung und die Infragestellung seiner Integrität müssen ihn zutiefst getroffen haben, vor allem, weil er vor seiner Berufung den Beinamen „der Vertrauenswürdige" hatte.

> Auch wenn es schwer für dich ist, dass sie sich abwenden – und wenn du einen Schacht in die Erde finden könntest oder eine Leiter in den Himmel, um ihnen dann ein Zeichen herzubringen – hätte Gott gewollt, hätte er sie allesamt auf den rechten Weg gebracht. Doch du sollst ja keiner von den Toren sein![36]

---

32 Q 18:110.
33 Vgl. Q 81:8-9.
34 Vgl. Q 23:70-72; 25:56f.
35 Q 6:33.
36 Q 6:35.

> Siehe, du kannst nicht leiten, wen du möchtest; aber Gott leitet, wen er will. Er kennt die am besten, die sich leiten lassen.[37]

Muḥammads Beständigkeit, sein Mut und seine konsequente Haltung als berufener Prophet seiner Aufgabe nachzukommen, sind wohl wahrscheinlichere Anknüpfungspunkte für Kinder und Jugendliche als Erzählungen auf welche wundersame Weise er nach Jerusalem gereist sein soll.[38] Denn sie thematisieren natürliche Umstände und Gefühle wie Enttäuschung, Hoffnung, Widerstand, Entschlossenheit, Hass und Liebe. Ebenso ertragreich in Bezug auf die religiöse Beheimatung von Glauben ist die Thematisierung der Vorwürfe und ihn verleumdenden Sichtweisen. Durch sie werden die Schülerinnen und Schüler angeregt über das Phänomen der Prophetie selbst in Verbindung mit Wahrsagerei, Lügenprophetie und auch Wunder, aber insbesondere im Zusammenhang von Berufung nachzudenken und Begrifflichkeiten wie *rasūl* (Gesandter) und *nabī* (Prophet) zu erörtern. Damit kommt an dieser Stelle eine wesentliche Zielperspektive der Prophetischen Beheimatungsdidaktik zum Vorschein: die Grundlegung elementaren Wissens über den Glauben in der Primarstufe. Die normative Vermittlung religiöser Inhalte bedarf der Initiierung von Prozessen, in denen der Glaube wachsen und sich entfalten kann, wofür sich Erzählungen und die Auseinandersetzung mit Ḥadīṯen besonders eignen. Der Ansatz ist folglich zwischen einem erfahrungsorientierten und normativ-kognitiven Anspruch einer islamischen Religionsdidaktik anzusiedeln.

So können oben aufgeführte oder auch weitere andere Situationen und auch Ḥadīṯe des Propheten herangezogen werden, um Aufgeschlossenheit, Akzeptanz und Respekt für unterschiedliche Lebensweisen von religiös und kulturell Anderen zu entwickeln. Damit werden Realitäten aufgezeigt, d.h. dass das Zusammenleben als Chance und Bereicherung, aber auch als Belastung und Gefährdung erlebbar sind. Die Schülerinnen und Schüler entdecken, dass es Gemeinsamkeiten und Unterschiede, Verbindendes und Trennendes gibt. Fragen nach Gott, nach dem, was das Leben trägt und nach Transzendenz bilden zentrale Bezugspunkte. Kinder und Jugendliche können ihre eigenen Erfahrungen, Alltagssituationen und Gefühle zur Sprache bringen und thematisieren sowie religiös interpretieren und zu deuten versuchen. (Religiöse) Begegnung soll als Bereicherung und als (positive) Herausforderung begriffen

---

[37] Q 28:56.

[38] Näheres dazu unter Himmels- (mi‘rāǧ) oder auch Nachtreise (isrā) bei Muḥammad Ibn Sa‘d, aṭ-Ṭabarī, oder auch Ibn Kaṯīr, sowie in den Ḥadīṯquellen von Buḫāri und Muslim. Wird theologisch die Ansicht vertreten, dass die Himmels- und Nachtreise sich im Traum Muḥammads vollzogen habe, sehe ich keine Bedenken, diese Überlieferung im Unterricht zu thematisieren. Da es sich um einen Traum handelt, sind surreale Inhalte möglich. Diese regen die Phantasiewelt und Vorstellungskraft – wie auch bspw. Märchen – von Kindern an und ermöglichen wiederum ein Nachdenken und Nachfragen sowie auch die Verbalisierung von eigenen Wunschvorstellungen und Träumen. Vgl. RAINER OBERTHÜR, "... wer nicht fragt, bleibt dumm!". In: KatBl. 11 (1992) 783-792, hier 787.

werden, die Schülerinnen und Schülern deutlich macht, dass Andersartigkeit respektiert werden muss. Desgleichen setzen sich Schülerinnen und Schüler mit ihrer eigenen religiösen oder nichtreligiösen Biografie auseinander. So können ihnen positive Zugänge, ein Vertrautwerden und häufig sogar eine Erstbegegnung mit zentralen Aussagen, Symbolen, Ausdrucksformen und Phänomenen der Religionen ermöglicht werden. Diese Lernvorgänge sollten durch entsprechende Narrationen bewerkstelligt werden. Denn erst in den Lernprozessen können beim lernenden Kind Veränderungen in Bezug auf Verstehen, Einstellungen, Wissen und Fähigkeiten bewirkt werden.[39] Im weiteren Sinne bedeutet *Glaubenlernen* religiöses Werden und Wachsen durch Erfahrungen, die Einführung in eine bestimmte religiöse Lebenspraxis und ein bestimmtes Weltverständnis.

c) Muḥammad und die Kraft prophetischer Worte

In der Auswahl der narrativen Abschnitte steht als weiteres Kennzeichen die (ethische) Wertevermittlung im Vordergrund. Der Prophet steht vorbildhaft mit seinen Haltungen für bestimmte Werte. Das bedeutet, ein Lebensabschnitt des Propheten sollte von der Lehrperson im Hinblick auf seine Aussagekraft in Bezug auf einen oder mehrere relevante Werte dargestellt werden. Hierbei sollte Muḥammads *Lebenshaltung*, also seine Lebenseinstellung und seine Umgangsart und -weise mit seiner Umwelt insgesamt im Vordergrund stehen. Für den Religionsunterricht birgt die ethische Dimension die Stärkung der Kompetenz der Wahrnehmungs- und Handlungsfähigkeit sowie auch die religiöse Gestaltungs- und Urteilsfähigkeit.

Jeder Mensch lebt ein individuelles Leben, das sich von anderen Leben unterscheidet und jeder begegnet unterschiedlichen Herausausforderungen. Ethische Werte, deren Relevanz in einer ganz bestimmten Situation zum Vorschein kommen und auf deren Bedeutung vom Propheten hingewiesen wurde, eröffnen neue Handlungsmöglichkeiten. Ich möchte diesen Gedanken an zwei Beispiel verdeutlichen.

Muḥammad war 35 Jahre alt und wie bereits schon erwähnt als *al-Amīn* d.h. der Vertrauenswürdige unter den Mekkanern bekannt. Die Kaaba wurde wiederaufgebaut und Muḥammad vermittelte unter den Stämmen der *Quraiš*, als diese sich nicht entscheiden konnten, wer denn nun den für sie heiligen, schwarzen Stein an die erneuerte, aber altbekannte Stelle platzieren sollte. Mit seiner Lösung, den Stein auf ein Tuch zu legen, so dass alle gemeinsam den Stein heben konnten, stellte er jeden zufrieden. Er selbst legte den Stein dann

39 Vgl. ANDREA SCHULTE, Schüler/in – psychologisch. In: MARTIN ROTHANGEL/ GOTTFRIED ADAM/ RAINER LACHMANN, Religionspädagogisches Kompendium, Göttingen 2012, 222-236, hier 224.

an seinen Platz und der Bau konnte fortgeführt werden.[40] Bei dieser Erzählung handelt es sich um ein einmaliges Geschehen, dem kein anderer Muslim nun begegnen wird, d.h. der Gedanke, gerecht zu handeln, offen für Kompromisse zu sein und die Menschen in diesem Sinne zur Empathie einzuladen, ist das zu favorisierende Handeln und die jeweilige Haltung.

Nach der Hiğra besuchte eine Gruppe von Nestorianern die Stadt Medina. Sie wurden vom Propheten willkommen geheißen und in den Häusern der muslimischen Medinenser beherbergt. Auf die Anfrage hin, an welchem Ort die Christen ihre religiöse Andacht abhalten können, gestattete ihnen der Prophet in der Moschee ihre Gebete auszuführen und Gott auf ihre Weise zu gedenken.[41]

In Medina befindet sich der Prophet in unterschiedlichen Beziehungsdimensionen und hat verschiedene Aufgaben inne. Er hat einen Stadtstaat gegründet und ist mittlerweile eine politisch agierende Person, er lebt nicht in einer homogen muslimischen Gemeinschaft, sondern in einer Gemeinschaft, die religiös bunt ist – überwiegend jüdisch. So ist auch in den medinensischen Suren zu beobachten, dass sie sich inhaltlich stärker auf das zwischenmenschliche Miteinander auch mit Andersgläubigen – insbesondere Christen und Juden – (*mu'amalāt*) beziehen als das in den mekkanischen Suren der Fall ist. Diese Überlieferung bietet vielleicht ein fertiges Angebot an Antworten an: Das Kind soll lernen soziale Verantwortung für den Anderen zu tragen, sich für den konfessionell und kulturell Anderen einzusetzen und ein Gefühl für Gemeinschaftlichkeit zu entwickeln. Doch liegen das Spannende und die Herausforderung vielmehr darin, Schülerinnen und Schülern den Raum zu öffnen, eigene Fragen und Eindrücke zu dieser Überlieferung und den Verhaltensweisen des Propheten zu formulieren. Ferner ist auch die Frage an die Schülerschaft zu stellen, warum diese Überlieferung wohl erzählt worden ist.

Wie schon vorangehend erwähnt, können auch ganz konkrete Ḥadīṯe des Propheten herangezogen werden, die zu ethischen Handeln aufrufen, wie folgender Ḥadīṯ: „Derjenige der gegenüber Jüngeren nicht barmherzig ist, und Ältere nicht respektvoll behandelt, ist nicht einer von uns."[42] Sowie auch folgende Überlieferung: „Hilf deinem Bruder, ob er Unrecht begeht oder unter Unrecht leidet!" Sie fragten: „Oh Gesandter Gottes, diesem helfen wir, wenn er unter Unrecht leidet. Aber wie können wir ihm helfen, wenn er selbst Unrecht begeht?" Der Prophet erwiderte: „Indem Du seine Hände vom Unrecht abhältst!"[43] Diese Ḥadīṯe sind in ihrer Wortwahl und ihrem Inhalt sehr

---

40 Vgl. MUHAMMAD IBN ISḤĀQ, Das Leben des Propheten, KANDERN 2004, 41-43.

41 Vgl. ABU'L HASSĀN 'ALI BIN AḤMAD AL WĀḤIDĪ, *Asbāb Nuzūl al-Qur'ān* (Die Offenbarungsgründe des Qur'ān), Beirut 1991, 99f. Die Erzählung wird fortgeführt und sie berichtet über das Gespräch über Gott und die christologische Vorstellung zwischen Muḥammad und den Nestorianern.

42 ABŪ DĀWŪD, *Kitāb al-Adab*, Bāb 66, Hn. 4943, Riyad ²2007 (Ḥadīṯe aus dem Arabischen von der Autorin übersetzt).

43 Buḫārī, Kitāb fī l-maẓālim wa-l-ġaṣb, Bāb 4, Hn. 2444, Beirut 2010.

klar und deutlich, dadurch können sie durchaus kindliche Identifikation erleichtern. In seinen (beiden) Worten formuliert Muḥammad eine Vorstellung über das Zusammenleben der Menschen und weist im ersten auf einen wunden Punkt hin: Er weist den Älteren eine große Bedeutung zu und erinnert den Hörer daran, Ältere in diesem Zusammenleben nicht zu vergessen und sie nicht auszuschließen. „Jugendliche und schon Kinder bringen die notwendigen Voraussetzungen durchaus mit: einen scharfen kritischen Blick für die Schwächen der Erwachsenenwelt, Kinder eine ausgeprägte Sensibilität für die Ungerechtigkeit und Lieblosigkeit, Jugendliche für die abgründige Heuchelei."[44] Aufgrund dessen können Kinder und Jugendliche sehr leicht an die Ḥadīṯe anknüpfen. Ḥadīṯe können eine Übersetzungsarbeit übernehmen bzw. das Sprachrohr für sie und ihre Erfahrungen im Umgang mit alten und jüngeren Menschen, mit Recht und Unrecht sowie Solidarität und Geschwisterlichkeit werden. Insbesondere Ḥadīṯe, die zum ethischen Verhalten aufrufen, sind oft kurz und sehr deutlich in ihrer Sprache, haben nichts an ihrer Aktualität eingebüßt und sind damit für Kinder und Jugendliche sehr leicht zugänglich. Mit Hilfe der Ḥadīṯe können Kinder und Jugendliche sich selbst in den Blick nehmen und eine eigene Sprache entwickeln, ihren Wahrnehmungen Ausdruck verleihen und ihr eigenes Leben mit den Prophetenworten in Verbindung zu bringen. Auch in der Arbeit mit Prophetenworten wird die korrelative Kompetenz der Schülerinnen und Schüler erweitert. In diesem Prozess treten die Schüler in einen regen Erfahrungsaustausch, was ihnen wiederum neue Deutungsmuster für ihr Leben eröffnet.

3. Zusammenfassung

Ausgangslage war der Gedanke, die Vorbildlichkeit Muḥammads fern von einem blinden Imitationslernen religionspädagogisch zu übersetzen und für die Islamische Religionspädagogik fruchtbar zu machen. Das Prophetische Lernen richtet sich dagegen, religiöse Einstellungen blind zu übernehmen, glaubenspraktische Handlungen zu kopieren und ethische Haltungen nachzuahmen. Solch eine Erwartung würde zweifelsohne diametral der Vorstellung gegenüber stehen, dass der Religionsunterricht zur Selbstwerdung bzw. Persönlichkeitswerdung sowie der Grundlegung religiöser Identität beitragen soll. Das Konzept des Prophetischen Lernens weist auf diesen neuralgischen Punkt hin: *Ich werden*, ohne dabei den Anschluss an die Tradition zu verlieren, die ein wichtiger weiterführender Orientierungsgeber für heranwachsende Kinder und Jugendliche sein kann. Selbstwerdung befähigt zur selbstbewussten Teilhabe, Veränderung und Gestaltung der Gesellschaft.

---

[44] INGO BALDERMANN, Prophetische Didaktik: Erziehung zur Hoffnung. In: KatBl. 129 (2004) 23-28, hier 24.

Der Ansatz des Prophetischen Lernens setzt das Kind als Maßstab und legt, wie bei Baldermann und Mendl, das Prinzip der Korrelation als grundlegendes didaktisches Prinzip fest. Korrelation verlangt in diesem Zusammenhang die Übersetzung der prophetischen Sunna ins 21. Jahrhundert und sie verlangt die Anknüpfung an die Lebenswirklichkeit der Schülerinnen und Schüler.[45] Mit Hilfe des Korrelationsprinzips können weitere Deutungsmöglichkeiten hinsichtlich des Lebens des Propheten sowie für das eigene Leben erschlossen werden. Hierfür ist von großer Wichtigkeit, dass von Seiten der Lehrperson keine Deutungshoheit erhoben wird, sondern dass man den Propheten aus der Perspektive der Schülerinnen und Schüler selbst sprechen lässt. Das kann dahingehend wirken, dass Schülerinnen und Schüler eine individuelle Verbindung bzw. Beziehung zum Propheten aufbauen. Schülerinnen und Schüler können dann den Propheten für sich sprechen lassen, indem sie ihn in ihren Lebensumständen lebendig werden lassen. Gleichzeitig initiiert der Korrelationsprozess in diesem Begegnungslernen die Selbstwerdung der Schülerinnen und Schüler und fordert sie zum Nachdenken heraus; ein blindes Imitieren wird damit verhindert. Somit öffnen sich für muslimische Schülerinnen und Schüler Handlungs- und Deutungsmöglichkeiten ihrer Welt und ihrer Lebensumstände, ihnen wird ein individueller und persönlicher Zugang zur Religion über die Person des Propheten ermöglicht. Dadurch wird der Prophet Muḥammad von der traditionellen Überhöhung befreit und für die Schülerinnen und Schüler nahbarer und greifbarer.

---

45 Näheres bei IŞIK, Konzeptionelle Überlegungen für die Islamische Religionspädagogik in Deutschland.

MONIKA TAUTZ

Prophetie und ethisches Lernen

Eine Replik zu Tuba Işık: „Prophetische Beheimatungsdidaktik – Ein Prophet im deutschen Religionsunterricht"

Von der qur'ānischen Bedeutung der Prophetie sowie deren traditioneller Deutung in der islamischen Theologie ausgehend, fragt Tuba Işık nach den für den Religionsunterricht muslimischer Kinder heute bedeutsamen Aspekten der Prophetie, um diese religionspädagogisch verantwortet im Religionsunterricht zum Thema zu machen.[1] Dabei geht es ihr vor allem um das Vorbild der Propheten, insbesondere des Propheten Muḥammad, das „fern von einem blinden Imitationslernen"[2] religionspädagogisch reflektiert und fruchtbar gemacht werden soll. In diesem Zusammenhang stellt die Darstellung der Aufgabe der Propheten nach traditionellem Verständnis innerhalb der islamischen Theologie und Auslegungsgeschichte eine große religionspädagogische Herausforderung dar. Sich dieser zu stellen, bedeutet auch, hinsichtlich der qur'ānischen Hinweise auf Erzählungen von Propheten – und hier ist auch das Leben des Propheten Muḥammad eingeschlossen – das exegetisch anzufragen, was die traditionelle Darstellung der Propheten im Islam erarbeitet hat. Diese Vorgehensweise zeigt dann neben den exegetischen auch systematisch-theologische Konsequenzen, die nun keineswegs einen Bruch mit der vielfältigen islamischen Tradition bedeuten müssen, ermöglichen sie doch eine neue Perspektive auf die Tradition.[3] Hierzu zählt beispielsweise die Frage nach der Bedeutung von Geschichte, nach einer kulturellen und historischen Prägung der Persönlichkeit der Propheten und die damit verbundene Bedeutung für das von Gott gewirkte Heil in seiner Schöpfung.[4] Es geht somit um

---

1 Siehe den Aufsatz „Prophetische Beheimatungsdidaktik – Ein Prophet im deutschen Religionsunterricht" von Tuba Işık in diesem Band.

2 Ebd., 176.

3 Damit erweist sich die islamische Religionspädagogik als eine Kraft, die innerhalb der islamischen Theologie als profunder Gesprächspartner ernst genommen werden will. Vgl. hierzu beispielsweise entsprechende Forderungen des islamischen Religionspädagogen EDNAN ASLAN, Islamischer Religionsunterricht an höheren Schulen in Österreich, in: BÜLENT UCAR/ MARTINA BLASBERG-KUHNKE / ARNULF VON SCHELIHA (Hg.), Religionen in der Schule und die Bedeutung des islamischen Religionsunterrichts, Osnabrück 2010 (Veröffentlichungen des Zentrums für interkulturelle Islamstudien der Universität Osnabrück, 1), 275-282.

4 Wie beispielsweise Mouhanad Khorchide aufzeigt, ist die Botschaft von der Gerechtigkeit Gottes auf jüdisch-christlicher Seite und diejenige von der Barmherzigkeit Gottes aus islamischer Seite vergleichbar. Deutlich wird dies an folgender Aussage zum Propheten

das Verständnis von Zeit als Heilszeit und die damit verbundene Ordnung der Schöpfung. Hier eröffnet sich ein Feld für einen notwendigen islamisch-christlichen Dialog zu einer theologischen Anthropologie, die religionspädagogisch reflektiert und für religiöse Lehr- und Lernprozesse fruchtbar zu machen ist.

Neben diesen theologischen Fragen sollen im Folgenden die von Işık erläuterten religionspädagogischen Aspekte zur Prophetie aus islamischer Perspektive aus dem Kontext christlicher Religionspädagogik aufgegriffen, vertieft und kritisch gewürdigt werden. Dabei geht es auch darum, das für die islamische Religionspädagogik Dargelegte als eine im eigenen, d.h. christlichen Raum zu reflektierende Anfrage zu verstehen. Die Ausführungen von Işık bieten viele Anknüpfungspunkte, von denen vier aufgegriffen werden. Lediglich einige Aspekte aufzeigend, soll die Frage nach der Bedeutung der Intertextualität (1), die sich bei Işıks Überlegungen vor allem auf das Zu- und Miteinander von Qur'ān und Sunna konzentriert, angesprochen werden. Auch die bei ihrer Argumentation zentralen Hinweise auf die Bedeutung des Prinzips der Korrelation werden in gebotener Kürze[5] zum Anlass genommen, das, was Korrelation im Kontext der christlichen und islamischen Religionspädagogik umschreibt, in den Blick zu nehmen (2). Genauer beleuchtet werden dann zwei weitere Aspekte, die bei der von Işık vorgestellten prophetischen Beheimatungsdidaktik anklingen: zum einen das in einer von Pluralität geprägten Welt notwendig zu bedenkende Verhältnis von Religion und Ethik (3), zum anderen die Bedeutung des Vorbildes für Lehr- und Lernprozesse im religiösen und ethischen Kontext (4).

1. Intertextualität als religionspädagogisch hilfreicher Zugang zu Bibel und Qur'ān

Da im Islam die zentrale Aufgabe der Propheten darin gesehen wird, Überbringer der einen Botschaft des einen und einzigen Gottes, verbunden mit einem Aufruf zum Glauben an den einen und einzigen Gott[6], zu sein, besteht für die traditionelle Deutung kein Anlass, die mit dieser Botschaft verbun-

---

Muḥammad: „Muhammad leistet einen großen Beitrag, um eine archaisch-patriachalische Gesellschaft zu befreien. Für ihn standen Prinzipien der Gerechtigkeit und Freiheit an oberster Stelle. Er begann seine Verkündigung mit diesen und weiteren Prinzipien. Religiöse Rituale, wie das Gebet und das Fasten, wurden erst viel später verkündet. Heute erleben wir eine Umkehrung der Prioritäten: Die Äußerlichkeiten stehen heute an oberster Stelle, die eigentliche Botschaft ist vergessen." MOUHANAD KHORCHIDE, Islam ist Barmherzigkeit. Grundzüge einer modernen Religion, Freiburg i.Br. 2012, 212.

5 Zu Chancen und Grenzen eines korrelationsdidaktischen Ansatzes mit Blick auf Propheten vgl. GEORG LANGENHORST, in diesem Band.

6 Vgl. hierzu LUDWIG HAGEMANN, Art. Prophet/ Propheten. In: Islam-Lexikon 3 (1991), 623-625, hier 624; ADEL THEODOR KHOURY, Der Koran. Erschlossen und kommentiert von A. Th. Khoury, Düsseldorf 2005, 118-199.

denen sozialen Dimensionen wie auch biographischen Aspekte in den Blick zu nehmen. Gerade darin aber erkennt Işık einen Zugang für Kinder und Jugendliche heute zur inhaltlich gleichen Botschaft der Propheten, die in unterschiedlichen historischen und kulturellen Kontexten gesprochen je anders aufgenommen wird und damit auch zu unterschiedlichen Reaktionen auf Seiten der Propheten selbst führt. Die von ihr gebotenen Einblicke sowohl in qur'ānische Texte, die jeweils als *Kon-Texte* des einen Willen Gottes zu verstehen sind, als auch in die für die Rechtsmethodologie und die Kalāmwissenschaften bedeutsame und als verbindlich geltende Sunna weisen auf die für die islamische wie christliche Religionspädagogik gleichermaßen anstehende Aufgabe, die jeweiligen Heiligen Schriften nicht selektiv, sondern bewusst als Ganzes wahrnehmend im Sinne einer Intertextualität zu lesen.[7] Dabei ist der Begriff der Intertextualität vielschichtig zu verstehen. Es geht um das Zu- und Miteinander einzelner biblischer bzw. qur'ānischer Texte und um die Erhellung oder auch Widerständigkeit[8] ihrer Aussagen zueinander, es geht aber auch um das Verständnis des biblischen bzw. qur'ānischen Textes als Text einer Glaubensgemeinschaft, die sich über ihre grundlegenden religiösen Erfahrungen verständigt.[9]

Auf diese Weise kann dann auch das biographisch Besondere, das Eigene des jeweiligen Propheten mit seinen spezifischen historischen *Kon-Texten* wahrgenommen werden. Gleichzeitig will religionspädagogisch auch bedacht sein, dass es für eine *kon-textuelle* Deutung, für *inter-textuelle* Zugänge dann ebenso wichtig ist, dass sowohl die qur'ānische als auch biblische Prophetie prägenden Kernthemen nicht aus dem Blick geraten und von den Schülerinnen und Schülern gleichermaßen erarbeitet werden können. Zu den Kontexten der heiligen Schriften einer jeden Religion gehört auch die Auslegung in der Tradition. In diesem Zusammenhang sollte das von *Rudolf Englert* Angemahnte, das für die Entwicklung einer Naivität zweiten Grades Bedeutsame Beachtung finden:

---

7 Vgl. THOMAS MEURER, Die Wiederentdeckung der Bibel als Buch. Zum gegenwärtigen Paradigmenwechsel in der Erforschung des Alten Testaments. In: Jahrbuch der Religionspädagogik 23 (2007) 29-37; MIRJAM SCHAMBECK, Bibeltheologische Didaktik. Biblisches Lernen im Religionsunterricht, Göttingen 2009; GEORG STEINS, Amos und Mose rücken zusammen – oder: was heißt intertextuelles Lesen der Bibel? In: rhs 44 (2001) 20-28. In diesem Kontext können sowohl die islamische als auch die christliche Religionspädagogik von jüdischen Theologen und Religionspädagogen lernen.

8 Zur Bedeutung der Widerständigkeit bei religiösen Lehr- und Lernprozessen auch und gerade im Rahmen interreligiösen Lernens vgl. MONIKA TAUTZ, Interreligiöses Lernen im Religionsunterricht. Menschen und Ethos im Islam und Christentum, Stuttgart 2007 (Praktische Theologie heute; 90).

9 In diesem Zusammenhang ist MEURER, Die Wiederentdeckung der Bibel als Buch, 34, davon überzeugt, dass es „in Zukunft im bibeldidaktischen Arbeitsfeld der Schule eher darum geh[t], die Beziehungen der einzelnen biblischen Texte im Deutungsrahmen der kanonischen Endgestalt der Bibel herauszuarbeiten, damit also dem »literarischen Gesamtkunstwerk« Bibel Rechnung zu tragen, anstatt die Deutung eines auf wenige Verse beschränkte biblischen Textes vorwiegend entstehungsgeschichtlich vornehmen zu wollen."

> Es gibt offensichtlich so etwas wie die interreligiöse Erfahrung, dass die spirituelle Entwicklung eines Menschen stagniert, wenn es ihm nicht an einem bestimmten Punkt gelingt, aus der objektivierenden Außen-Ansicht des Beobachters in die persönliche Innen-Ansicht des Partizipanten hinüberzuwechseln.[10]

Genau dies umschreibt Işık mit dem Begriff der Beheimatungsdidaktik.

2. Korrelation als ein religiöse Lehr- und Lernprozesse prägendes Prinzip

Mit der Forderung Işıks nach einem Lebensweltbezug des theologischen Nachdenkens über die Botschaft der Propheten im Alltag von Kindern und Jugendlichen verbindet sie einen korrelationsdidaktischen Ansatz. Die Frage, ob und inwiefern eine Korrelation[11] qur'ānischer Texte und solcher der Sunna mit der Lebenswelt heutiger Schülerinnen und Schüler möglich ist, bedarf einer theologischen Basis, die Korrelation im islamischen Offenbarungsverständnis selbst grundlegt. Die Überlegungen von *Mouhanad Khorchide* bieten hier einen ersten Zugang, wenn er den Begriff der Offenbarung dahingehend weitet, dass sich Gott nicht nur im Qur'ān offenbart (schriftliche Offenbarung), sondern auch in der den Menschen zugänglichen, erlebbaren und erfahrbaren Barmherzigkeit im alltäglichen Leben.[12] Er setzt damit der Offenbarung in schriftlicher Form, in Form des Qur'ān, ein Verständnis von Offenbarung zur Seite, das er als gelebte Offenbarung umschreibt. Der Barmherzigkeit Gottes entsprechend kann der Mensch selbst barmherzig und gütig handeln. Auf diese Weise kann die Offenbarung der Barmherzigkeit Gottes von Menschen, die Gottes Barmherzigkeit leben, gleichsam hervorgerufen, im zeitlich-leiblichen Vollzug erfahrbar werden.

Wie *Georg Langenhorst* in seinem Artikel in diesem Band deutlich macht,[13] greift der Begriff der Korrelation zu kurz, wird er lediglich als eine Bewegung tradierter Offenbarung in die Köpfe und Herzen der Schülerinnen und Schüler verstanden. Korrelation fragt immer auch die Tradition selbst an, stellt bisher für gültig Erachtetes in Frage und wirkt so in beide Richtungen verändernd. Dass damit gerade nicht einer Beliebigkeit das Wort geredet wird, sondern vielmehr das Proprium der Religion selbst im korrelativen Zu-, Mit- und Gegeneinander immer wieder neu entdeckt und im Prozess der Reflexion *wahr-genommen* werden will, kennzeichnet Korrelation im Religionsunterricht als einen anspruchsvollen religionspädagogischen Weg. Hier muss es darum gehen, nicht nur Vergleichbares zu finden, sondern auch und gerade

---

[10] Vgl. RUDOLF ENGLERT, Religionspädagogische Grundfragen. Anstöße zur Urteilsbildung, Stuttgart 2007 (Praktische Theologie heute; 82), 93.

[11] Zur Diskussion um Korrelation als unterrichtliches Prinzip vgl. ebd., 122-158.

[12] Vgl. hierzu und zum Folgenden: KHORCHIDE, Islam ist Barmherzigkeit, 70-84 und 109-113.

[13] Siehe den Aufsatz „Amos, Jesaja, Jesus … Muḥammad? – Prophetie als interreligiöses Problem aus Sicht der Korrelationsdidaktik" von Georg Langenhorst in diesem Band.

das kritisch Anfragende, das Widerständige in der prophetischen Botschaft aufscheinen zu lassen. So mahnt denn auch *Klaus Koenen*, Religionsbücher und Unterrichtsmaterialien zu Amos untersuchend, dass die Sozial- und Kultkritik des Propheten ins Zentrum rückende Unterrichtsentwürfe häufig eine eher äußerlich anmutende Identifikation mit den Anklagen der Propheten bewirken, ein Bemühen um ein mehr als nur die Oberfläche streifendes Verständnis des Phänomens Prophetie hingegen kaum ermöglichen.[14] Menschen, die sich auch heute für soziale Gerechtigkeit einsetzen, mögen den Schülerinnen und Schülern als *local heroes* eine Identifikation erleichtern.[15] Eine Gleichsetzung dieser *local heroes* mit den biblischen Propheten dagegen ist problematisch, da das berechtigte Anliegen, Kinder und Jugendliche für ungerechte Verhältnisse zu sensibilisieren und zu sozialem Engagement zu motivieren, den großen Abstand und das damit verbundene Widerständige zwischen der biblischen und der heutigen Welt nicht ohne weiteres zu überbrücken vermag. In solcher Art Unterrichtsentwürfe wird dem biblischen Kontext keinerlei Bedeutung beigemessen, Amos beispielsweise tritt kaum als Prophet des 8. Jahrhunderts v. Chr. in Erscheinung, „sondern wird – neben Gestalten wie Martin Luther King und Mutter Theresa – zu einem zeitlosen Gerechtigkeitskämpfer, der sich gegen Atomkraft und für Eine-Welt-Projekte einsetzt."[16] Eine zukünftige Aufgabe für die Religionspädagogik christlicher wie islamischer Provenienz wird es sein, beide Momente so miteinander zu verknüpfen, dass erfahrungsorientierte, biographische Zugänge zu den Propheten die Stimme eben eines jeden dieser Propheten im Kontext der jeweiligen Theologie und Tradition nicht überdecken, sondern sich gegenseitig herausfordern und damit für einen lebendigen Glauben bereichernd wirken können. Wenn Işık betont, dass eine *imitatio muhammadi*, wie sie von vielen Muslimen unter der Prämisse eines invariablen Prophetenbildes praktiziert wird, nicht das Ziel religiöser Lehr- und Lernprozesse im Religionsunterricht sein kann, dass es vielmehr darum gehen muss, das im Alltag des Glaubenden realisierte und lebendig gehaltene Vorbild des Propheten im Sinne einer übergeordneten Orientierung, die einen Weg markiert, ins Zentrum zu rücken, lenkt sie dabei den Blick nicht allein auf eine subjektorientierte Anschlussfähigkeit an Erzählungen des Propheten, sondern fragt auch eine Reduzierung der prophetischen Sunna auf historisch und traditionell gefärbte Vorstellungen kritisch an.[17]

---

14 Vgl. KLAUS KOENEN, Die Schriftprophetie des Alten Testaments in Schulbüchern und Unterrichtsentwürfen der 90er Jahre. In: ZPT 52 (2000) 90-99, hier 93.

15 Vgl. HANS MENDL, Orientierung an fremden Biografien. In: Loccumer Pelikan 2 (2011) 53-57. In diesem Sinne bedenkt Mendl die orientierende Funktion der „local heroes".

16 KOENEN, Die Schriftprophetie des Alten Testaments, 92.

17 Siehe den Aufsatz „Prophetische Beheimatungsdidaktik – Ein Prophet im deutschen Religionsunterricht" von Tuba Işık in diesem Band.

3. Das Zu- und Miteinander von Religion und Ethik

An den Religionsunterricht islamischen wie christlichen Glaubens wird die Intention herangetragen, Kompetenzen ethisch verantwortlichen Handelns in einer pluralen Gesellschaft zu erwerben. So soll der islamische Religionsunterricht die Schüler und Schülerinnen unter anderem zu einem ethisch verantwortungsvollen Handeln führen.[18] Vergleichbare Formulierungen finden sich auch in den Curricula für den christlichen Religionsunterricht.[19] Ein religionspädagogisch verantwortetes ethisches Lernen im Kontext des öffentlichen Raumes der Schule bedarf dabei eines doppelten Fokus: Zum einen ist ethische Kompetenz in einer von Pluralität und Individualität geprägten Welt bildungstheoretisch und entwicklungspsychologisch[20] zu begründen, zum anderen ist ethisches Handeln theologisch zu reflektieren. Die christliche Theologie, hier vor allem die systematische und die Moraltheologie, musste sich seit der Epoche der Aufklärung damit auseinandersetzen, dass die Normativität einer gelebten Ethik nicht auf die Religion, auf ein christliches Welt-Deutungssystem angewiesen ist, sondern die praktische Vernunft vom Menschen nicht nur autonom geleistet werden kann, sondern muss. Andererseits gilt auch, dass das sogenannte Ethische gerade in den Religionen nicht von dem, was zu den Grundstücken der einzelnen Religionen gehört, getrennt werden kann.[21]

Wenn hier davon ausgegangen wird, dass Ethik nicht unbedingt gleichzusetzen ist mit Religion, aber Religion eine Ethik gleichsam nach sich zieht, ja fordert, so gilt es, dies im Kontext einer von Pluralität geprägten Welt im Religionsunterricht – je nach Alter der Schülerinnen und Schüler – aufzugreifen. Wenn weiterhin davon ausgegangen wird, dass die mit der Pluralisierung der Lebenswelten einhergehenden Prozesse der Differenzierung und Indivi-

---

18 Dem Lehrplan für die Islamkunde NRW zufolge sollen die Schüler und Schülerinnen Einstellungen und Haltungen entwickeln, „zu einem verantwortungsbewussten ethisch reflektierten Handeln in der Gemeinschaft und zu einem sensibel bedachten Umgang mit der Schöpfung". MINISTERIUM FÜR SCHULE UND WEITERBILDUNG DES LANDES NORDRHEIN-WESTFALEN (Hg.), Lehrplan für Grundschule in Nordrhein-Westfalen. Islamkunde in deutscher Sprache. Klasse 1 bis 4, Frechen 2006, 12.

19 Einem entsprechenden Hinweis im Lehrplan für den katholischen Religionsunterricht für die Grundschule in NRW zufolge sollen Schüler und Schülerinnen dazu motiviert werden, „ihr eigenes Leben und das Zusammenleben mit anderen unter den Maßstäben der christlichen Ethik zu reflektieren […], sich für Gerechtigkeit, Frieden und die Bewahrung der Schöpfung zu engagieren, […], Verantwortung zu übernehmen". MINISTERIUM FÜR SCHULE UND WEITERBILDUNG DES LANDES NORDRHEIN-WESTFALEN (Hg.), Richtlinien und Lehrpläne für die Grundschule in Nordrhein-Westfalen. Katholische Religionslehre, Frechen 2008, 165-182, hier 171.

20 Vgl. LEO MONTADA, Moralische Entwicklung und moralische Sozialisation. In: OERTER, ROLF OERTER/ LEO MONTADA (Hg.), Entwicklungspsychologie. Ein Lehrbuch, Weinheim ^{4}1998, 862-894.

21 Vgl. WILHELM KORFF, Art. Ethik. III. Systematisch. In: Lexikon für Theologie und Kirche (1995), 923-929, hier 923f.

dualisierung dazu führen, dass der Einzelne seine Handlungsfähigkeit, seine Selbständigkeit und seine Selbstbestimmung nicht mehr aus einer gelebten Tradition allein heraus erlernen und einüben kann – in der beschleunigten Moderne hat der Prozess der Differenzierung längst die einzelnen Teilsysteme durchdrungen, auch Religion wird heute im Plural erfahren –, so muss es Aufgabe der Religionspädagogik sein, den jungen Menschen bei seiner Identitätsfindung auch und gerade in Sachen Religion zu befähigen. So geht es denn um die entscheidende (religions-)pädagogische Frage: Wie können junge Menschen unter den Bedingungen der sich immer mehr pluralisierenden Lebenswelt Identität, eine kognitiv und emotional begründete moralische Handlungsfähigkeit sowie religiöse Urteilsfähigkeit und einen verantworteten Glauben ausbilden?[22]

Dem Individuum obliegt die Aufgabe, die das persönliche Leben tragenden Werte selbst in einem andauernden Akt der Identitätsbalance herzustellen. Für den Religionsunterricht bedeutet dies, die „radikale Verlagerung der Beschlüsse über die persönliche Lebensorientierung auf die Wahl- und Abwägungsmechanismen im Individuum selbst“[23] zu berücksichtigen. Der Glaube und seine Inhalte können nicht einfachhin im Sinne einer Norm, zu der man gehalten ist und auf die man festgelegt werden soll, vermittelt werden. Stattdessen gilt es, deutlich zu machen, dass hier ein Angebot – wenn auch keineswegs ein unverbindliches – gemacht wird, das verheißungsvolle Lebensmöglichkeiten in sich trägt, von der man Gebrauch machen darf. Die Verbindlichkeit des Angebots liegt in der Sache selbst, denn es ist der Glaube, der den Menschen mit letzter Radikalität vor die Grundalternative seines Daseins stellt. Da selbst Jugendliche im Alter von 15 Jahren in der Regel eine solipsistische Autonomie des Menschen vertreten,[24] bedarf ein sich dem Ethos einer konkreten Religion verpflichtetes ethisches Lernen von Anfang an eines erweiterten Blickes auf die Gottesbeziehung des Menschen und die Menschenbeziehung Gottes.[25] So besteht auch im Konzept der autonomen Moral das eigentlich Christliche nicht in einer besonderen Struktur von Rationalität, sondern in dem neuen Sinnhorizont, der durch die christliche Botschaft von Jesu Tod und Auferstehung eröffnet wird, in dem sich der An-spruch Gottes an den Menschen in seiner Weite und Tiefe ja gerade offen-

---

[22] Zur Problematik von Identität in eine pluralen Welt vgl. LESCH, WALTER, Die Ambivalenz von Identitätsdiskursen. Bausteine zu einer kosmopolitischen Ethik in einer Welt von Fremden. In: MICHAELA BECKA (Hg.), Ethik und Migration. Gesellschaftliche Herausforderung und sozialethische Reflexion, Paderborn 2010, 51-66.

[23] HANS-GEORG ZIEBERTZ, Zwischen Uniformität und Pluralismus. Werte im Wandel – Herausforderung für die Pastoral der Kirche. In: Bulletin ET 5 (1995) 147-159, hier 152.

[24] Vgl. hierzu die zwar nicht mehr neuen, aber immer noch aussagekräftigen Untersuchung von FRITZ OSER, Wieviel Religion braucht der Mensch? Erziehung und Entwicklung zur religiösen Autonomie, Gütersloh 1988, 165f., mit fünfzehnjährigen Schülern.

[25] Das ist ein zentrales Anliegen von Mouhanad Khorchide. Vgl. hierzu KHORCHIDE, Islam ist Barmherzigkeit, 70-108.

bart.[26] Die von vielen jungen Menschen geteilten Erfahrungen der menschlichen Begrenztheit, des Leidens und der erlebten Sinnlosigkeit gefährden ethisches Handeln insofern, als ethische Einsichten aus Verzweiflung über Erfolglosigkeit oder allzu große Opfer nicht mehr in die Tat umgesetzt werden. Hier vermag der Blick auf den Anspruch Gottes an den Menschen einen Sinnhorizont zu eröffnen. Gerade im Kontext qur'ānischer und biblischer Prophetie ist dieser Anspruch Gottes ganz im Sinne der von Gott ausgehenden Beziehung zu seinem Geschöpf erfahrbar. Der barmherzige, der liebende Gott überlässt den Menschen bei allem Erleben von Kontingenz, Ohnmacht, Verzweiflung nicht diesen zerstörerischen Kräften, sondern eröffnet einen Sinnhorizont, der der erfahrenen Destruktivität nicht das letzte Wort überlässt.[27]

Dabei ist es evident, dass christlicher Glaube keine privilegierte Erkenntnis von ethischen Normen ermöglicht – Gleiches gilt für den Glauben der Muslime. Glaube bringt aber gegenüber dem autonom entwickelten Ethos spezifische Motivationen ins Spiel, weist die Begrenztheit aller Entwürfe menschlichen Selbstverständnisses auf und ermuntert dazu, diese stets von neuem zu überschreiten.[28] Mit Blick auf das im folgenden Kapitel angesprochene Lernen an und mit Vorbildern sei hier bereits darauf verwiesen, dass moralische Überzeugungen und die als verpflichtend anerkannten moralischen Normen nicht allein aufgrund eines Vorbildlernens aufgebaut werden können. Vielmehr müssen in einer von Pluralität geprägten Lebenswelt Menschen ihre persönlichen Überzeugungen und ethischen Haltungen in Auseinandersetzung mit konfligierenden Positionen entwickeln und ausprägen.[29] Hier können die unterschiedlichen kulturellen und religiösen Kontexte der biblischen Prophetie im Religionsunterricht – durchaus auch im Sinne eines intertextuellen Arbeitens – eine der Sache angemessene Basis bilden.

Wenn im Kontext religiöser Bildungsprozesse die Propheten als Vorbild für Schülerinnen und Schüler dienen – und genau dies ist die Stoßkraft der Überlegungen von Işık, die das (religiöse) Identität stiftende Lernen an Vorbildern als ein prophetisches Lernen umschreibt –, muss die in der Botschaft der Propheten aufscheinende Gottesbeziehung ebenfalls lebendig werden.

Das soziale und ethische Miteinander im Alltag erwächst gleichsam aus einem Raum, der Realisierungsmöglichkeiten, der Handlungsmöglichkeiten für ein solches ethisches Miteinander eröffnet. Diesen Raum auszumachen,

---

26 Vgl. THOMAS SÖDING, Zur Freiheit befreit (Gal 5,1). Paulus und die Kritik der Autonomie. In: Internationale katholische Zeitschrift Communio 37 (2008) 92-112.

27 In diesem Zusammenhang wäre dann aus christlicher Perspektive auch zu fragen, ob und wie es Muslimen möglich sein kann, in den Vitae der Propheten nicht allein den siegreichen Gottesdiener zu erfahren, sondern ebenso den an der Welt und ihren Zumutungen leidenden Gottesknecht.

28 Vgl. JOSEF RÖMELT, Christliche Ethik in moderner Gesellschaft 1: Grundlagen, Freiburg i.Br. 2008, 140-143.

29 Vgl. MONTADA, Moralische Entwicklung und moralische Sozialisation, 872.

ihn zu betreten, sich in ihm zurecht zu finden, ist nun aber in einer vielfältigen, pluralen Welt nicht einfach. Das gläubige Menschen leitende und aus der Mitte ihrer Religion – und damit theologisch begründet – erwachsende Ethos gestaltet den für ethisches Handeln notwendigen Raum. Daher ist die Auseinandersetzung mit dem Ethos des Islam, mit dem Ethos des Christentums hilfreich und kann dann mit einer in die Tiefe gehenden Beschäftigung mit dem Leben und der Botschaft der Propheten gelingen.[30]

4. Die Bedeutung der Propheten als Vorbilder

Eine zentrale von Işık aufgestellte These lautet: Propheten sind mit ihrer Lebensweise Vorbilder für Muslime, und zwar sowohl mit Blick auf deren Gottvertrauen und Gottverbundenheit als auch mit Blick auf ethisches Handeln. Beides klingt im 21. Vers der Sure 33 an: „Im Gesandten Gottes habt ihr doch ein schönes Beispiel – (alle haben in ihm ein schönes Beispiel), die auf Gott hoffen und sich auf den jüngsten Tag gefasst machen und Gottes ohne Unterlass (w. viel) gedenken.“[31] Die Bedeutung der Propheten als Vorbilder soll in der religionspädagogischen Arbeit mit den Schülerinnen und Schülern aufgegriffen, (neu) erfahren und mit Blick auf das eigene Leben reflektiert werden, indem sie beispielsweise dem Propheten Muḥammad in seinem Menschsein und seinem Prophetendasein begegnen.

Die Pädagogik weiß seit langem um die Bedeutung des Vorbildes für die Entwicklung von Kindern und für ethisches Lernen. In seiner sozial-kognitiven Lerntheorie geht *Albert Bandura* vom Lernen am Modell[32] – dem Beobachtungslernen – aus. Er versteht darunter nicht nur das unmittelbare Sehen und Nachahmen, sondern auch das, was von einer anderen Person aufgenommen, was durch Medien wie Filme und Bücher erfahren werden kann.[33]

---

30 Gesellschaftskritik aus dem Geist der Prophetie bedenkend, fordert Heimbach-Steins angesichts einer weltanschaulich pluralen Gesellschaft: „Wer z.B. auf der Grundlage der christlichen Sozialethik bzw. der kirchlichen Sozialverkündigung bestimmte gesellschaftliche Entwicklungen als ungerecht kritisierten will, muss zunächst legitimieren, dass er oder sie diesen Maßstab an eine nicht mehr selbstverständlich christliche Gesellschaft anlegt. Fundament und Maßstab solcher Kritik müssen ausdrücklich erklärt werden. Es reicht nicht, wie Amos an die gemeinsame Geschichte, an den von Gott geschenkten Auszug aus Ägypten zu erinnern." MARIANNE HEIMBACH-STEINS, Einmischung und Anwaltschaft: Gesellschaftskritik aus dem Geist der Prophetie. In: KatBl 129 (2004), 7-12, hier 10.

31 Q 33:21, zitiert nach Der Koran. Übersetzt von RUDI PARET, Stuttgart [10]2007.

32 Vgl. BERNHARD GROM, Religionspädagogische Psychologie des Kleinkind-, Schul- und Jugendalters, Düsseldorf 2000, 81, der das Lernen am Modell den „Schlüssel zur Vielfalt der Lernprozesse und Motive“ nennt. Mendl verweist auf das Modell-Lernen als einen lernpsychologisch verantwortlichen Umgang mit Vorbildern. Vgl. MENDL, Orientierung an fremden Biografien, 54f.

33 Von einem solch weiten Verständnis eines Lernens am Modell geht auch Mendl aus. Vgl. MENDL, Orientierung an fremden Biografien, 53-57.

Das Lernen am Modell kann durch Instruktionen, Fremdverstärkung und soziale Bestätigung in der Familie eine eigene Intensität erreichen.[34] Dabei gewinnt das gelebte Vorbild für den Lernenden in dem Maße an Bedeutung, je selbstverständlicher es in die Strukturen des Alltags eingebunden und mit der auch sonst erfahrbaren Haltung des Vorbildes verbunden ist.[35] Jenseits der frühesten Kindheit ist das elterliche Vorbild gleich in zweifacher Hinsicht wirksam: Einerseits zeigen Kinder sensibler Eltern ein aufmerksames und einfühlsames Verhalten anderen Kindern gegenüber. Andererseits belegen dieselben Studien, dass ein Sich-Sorgen der Eltern um ihr eigenes Wohl in ansonsten vergleichbar zu Mitgefühl herausfordernden Situationen sich dahingehend auswirkt, dass sich ihre Kinder anderen gegenüber deutlich weniger aufgeschlossen zeigen.[36] Gerade im Kontext der Ethik ist also anzufragen, ob und inwieweit der Religionsunterricht Wege bahnen kann, die zu einem ethisch verantwortlichen Handeln führen, das aus dem Ethos der jeweiligen Religion hervorgeht. Dabei spielt mit zunehmendem Alter „die Passung zum Selbstbild eine wachsende Rolle. Widerspricht ein beobachtetes Verhalten oder Urteil dem Selbstbild, wird das zwar registriert, aber nicht übernommen."[37] Hier zeigt sich denn auch, wie ein Lernen am prophetischen Vorbild zur Ausbildung (religiöser) Identität verhelfen kann. Gerade biographische, mehrdimensionale und das Typische menschlichen Lebens in seinen Höhen und Tiefen aufzeigende Aspekte im Leben der Propheten können in der Verknüpfung von narrativer und interaktiver Selbstverortung zur Ausbildung und Weiterentwicklung einer (religiösen) Identität herausfordern. Ein mehrdimensionaler und mehrperspektivischer Zugang spielt in einer von Pluralität durchdrungenen Welt dabei eine besondere Bedeutung.[38] Dies gilt, so mach Işık deutlich, bereits für eine prophetische Beheimatungsdidaktik im Reli-

---

34 Mit Blick auf eine Vermittlung von Normen nennt MONTADA, Moralische Entwicklung und moralische Sozialisation, 866, drei Grundformen: „(1) Normen können argumentativ vermittelt werden, (2) sie können vermittelt werden über die Beobachtung positiver und negativer Beispiele sowie (3) durch Belohnung und Strafe von Handlungsweisen oder Unterlassungen."

35 Vgl. URSULA FROST, Erziehung durch Vorbilder?. In: rhs 40 (1997) 382-393, hier 392: „Wenn Menschen einander etwas von sich zeigen, und zwar nicht das gewollte und kontrollierte Fertigprodukt, sondern etwas von dem, was ihr Leben unmittelbar ausmacht, dann kann aus dieser Darstellung ein Bild gewonnen werden. […] Aus solcher Mitteilung kann sich für andere ein Bild gestalten, das ihnen in und durch diesen besonderen Menschen einen Blick auf menschliches Leben erschließt."

36 Vgl. MONTADA, Moralische Entwicklung und moralische Sozialisation, 867f. Montada verweist auf die auch experimentell gut belegte Beobachtung hin, dass auch moralische Normen am Modell gelernt werden.

37 Ebd., 868.

38 Zur Konzeptualisierung religiöser Identität, verstanden als interaktive und narrative Selbstverortung, am Beispiel des Realitätsbezugs, der Kohärenz, der Kontinuität, der Individualität und der Identifikation vgl. ULRICH RIEGEL, Sich selbst finden im Schnittpunkt von Handeln und Erzählen. Religiöse Identität als interaktive und narrative Selbstverortung. In: Religionspädagogische Beiträge 54 (2005) 69-90.

gionsunterricht der Grundschule, die kritische Glaubensreflexion im Sinne einer Urteils- und Handlungskompetenz grundlegend möchte.

Dies soll und kann, Işık folgend, am Beispiel des für Muslime aus der Reihe der Propheten herausragenden Gesandten Gottes Muḥammad geschehen, so dass Schülerinnen und Schülern der Aufbau einer individuellen Beziehung zu ihm ermöglich wird, um so eine prophetische Beheimatung anzubahnen. Wenn aber die Biographie der Propheten im Religionsunterricht im Sinne einer prophetischen Didaktik *Ingo Baldermanns* aufgegriffen und thematisiert werden soll, müssen auch deren Erfahrung von Widerständen, deren Leiden an der Welt wie auch der eigene Zweifel an Gottes Beistand zum Thema gemacht werden. Dieser für die islamische Religionspädagogik ungewohnte Zugang ist im christlichen Religionsunterricht übliche Praxis, die allerdings auch problematische Züge aufweist, wenn beispielsweise die sozialen und kulturellen Kontexte zur Zeit des jeweiligen Propheten ausgeblendet werden.[39]

Soziale und kulturelle Kontexte spielen auch im Rahmen des Lernens an Vorbildern eine wichtige Rolle. So ist das Lernen am Vorbild in ganz besonderer Weise abhängig vom Lernort. Lernen an einem Vorbild, von einem Vorbild braucht Zeit. Die Beständigkeit, die Wiederholungen, die auf einen „roten Faden“ des Handelns schließen lassenden Variationen sind Voraussetzungen für ein Gelingen solcher Lehr- und Lernprozesse. Mit anderen Worten: Es geht um den gelebten Glauben im Alltag, damit das Vorbild der Propheten auch im Sinne der Religion wahrgenommen und aufgegriffen werden kann. Hier liegt eine wesentliche Stärke des Ansatzes von Işık, die Botschaft der Propheten in den Alltag der Kinder und Jugendlichen hineinzuholen – oder, je nach Perspektive, herauszulocken. Gerade daher gewinnt die Betonung der islamischen Tradition, im Propheten Muḥammad „nur“ einen Gesandten und „nur“ einen Menschen zu sehen, eine doppelte Bedeutung. Einerseits ist hier eine deutliche Abgrenzung gegenüber dem christlichen Bekenntnis zu Jesus Christus als dem Logos zu erkennen, andererseits nutzt Işık diese von der islamischen Tradition begründete Deutung des Lebens des Propheten Muḥammad dazu, menschliche Unzulänglichkeiten, Sorgen und Zweifel nicht in einem moralisierenden Sinne negativ zu bewerten, sondern mit dem Beispiel der Erzählungen vom Leben des Propheten auf Lösungsmöglichkeiten hinzuweisen, die dem Menschen (erneut) Gottes Barmherzigkeit und damit ein gelingendes Leben erfahrbar machen.[40] Solche

---

39 Vgl. hierzu die Kritik bei KOENEN, Die Schriftprophetie des Alten Testaments, 90-99.

40 So ist auch der Prophet Muḥammad angewiesen auf das unmittelbare Handeln Gottes, auf Gottes Barmherzigkeit, die sich in seiner Vergebungsbereitschaft dem sündigen Menschen gegenüber zeigt. Dass im Qur'ān Propheten nicht als Übermenschen gezeichnet werden betont auch KHORCHIDE, Islam ist Barmherzigkeit, 79. Zum Verständnis des Propheten Muḥammad als vollkommener Mensch, als al-insān al-kāmil, vgl. KLAUS HOCK, Freiheit aus dem Geist des Propheten. Die Autonomie des Menschen im islamischen Denken der Neuzeit. In: Interkulturelle Theologie. Zeitschrift für Missionswissenschaft 34 (2008) 400-418, hier ab 409.

Erfahrungen kann der Religionsunterricht alleine nicht bieten. Er ist dabei angewiesen auf ein Einüben in den Glauben innerhalb der Familie und der Gemeinde.

Ganz in diesem Sinne weist auch *Heimbach-Steins* auf den für religiöse Lehr- und Lernprozesse bedeutsamen Zusammenhang, dass der Prophet und seine Hörerschaft demselben kulturellen und religiösen Kontext angehören müssen, da „eine einander verständliche Sprache“[41] notwendige Voraussetzung für die gelingende Kommunikation zwischen beiden ist. Ethisches Lernen und Handeln im Geist der Propheten bedarf einer „Verankerung in einer ‚Wertgemeinschaft‘. (...) In dieser Rückbindung liegt auch eine wichtige Funktion der Selbstvergewisserung gegen die Gefahr, sich zu ‚verrennen‘, ins Sektiererische oder Fanatische abzugleiten.“[42]

Seit der Würzburger Synode wird in der katholischen Religionspädagogik zwischen den Lernorten Schule und Gemeinde, zwischen Religionsunterricht und Katechese unterschieden. Aktuelle Studien[43] und Umfragen[44] belegen, dass die Gottesfrage für säkulare oder christlich orientierte junge Menschen heute nur mehr eine marginale Rolle einnimmt. Bestätigt wird dies auch von der Schell-Jugendstudie von 2010[45]. Gerade im Gegenüber der Antworten von Jugendlichen aus muslimischen und christlichen Lebenswelten wird deutlich, dass der Glaube an Gott für viele Jugendliche unwichtig geworden ist. Lediglich 37% betrachten den Glauben an Gott in ihrem Leben als „wichtig“. Unter katholischen Jugendlichen ist die Zahl mit 44% im Vergleich zu evangelischen Christen (39%) etwas höher. Von muslimischen Jugendlichen dagegen wird mit nahezu 90% der Glaube an Gott als wichtig für ihr Leben bezeichnet.[46] Dies ernsthaft bedenkend, ergeben sich für die christliche, sich mit Prophetie und ethischem Lernen befassende Religionspädagogik drängende Fragen, die ihrerseits zurückweisen auf die oben skizzierten Überlegungen eines Zu- Und Miteinanders von Religion und Ethik. Wenn der Shell-Jugendstudie von 2010 zufolge auch für die sich selbst als christlich bezeichnenden Jugendlichen Gott weniger als ansprechbares Du und kaum noch als ein den Menschen ansprechendes und damit an den Menschen Ansprüche

---

41 HEIMBACH-STEINS, Einmischung und Anwaltschaft, 10.

42 Ebd., 11. So steht denn auch die Botschaft der Propheten im Qur‘ān ganz im Dienste der Einheit der Gemeinschaft. Vgl. hierzu KHOURY, Der Koran, 121.

43 Vgl. MIRJAM SCHAMBECK, Die Sinnfrage als Gewand der Gottesfrage bei Jugendlichen? Eine qualitativ-empirische Untersuchung zur Erforschung der Religiosität Jugendlicher. In: rhs 52 (2009) 362-375. Interessant in diesem Kontext ist auch HENRIK SIMOJOKI, Ist die Theodizeefrage heute noch eine „Einbruchstelle“ für den Verlust des Gottesglaubens im Jugendalter? In: JRP 25 (2009) 63-72.

44 Vgl. MANFRED PIRNER, Zur Religiosität von Jugendlichen heute. Schlaglichter aus der aktuellen empirischen Forschung. In: rhs 52 (2009) 3-10.

45 Vgl. SHELL DEUTSCHLAND HOLDING (Hg.), Jugend 2010. Eine pragmatische Generation behauptet sich, Frankfurt 2010, hier 204–207.

46 Auf die mit den Folgen von Migration einhergehenden Probleme hinsichtlich religiöser Identitätsbildung hat MOUHANAD KHORCHIDE, Zwischen den Stühlen. Identitätskonstruktionen junger Muslime in Deutschland, in: HK 66 (2012) 252-256, hingewiesen.

stellendes Du verstanden und erfahren wird, wie kann dann das, was die Propheten uns zu sagen haben, überhaupt noch Gehör finden? Muss dann die soziale Botschaft, die in der Verkündigung Jesu Christi vom Reich Gottes nicht wegzudenken ist, nicht nichtig werden, da die Mahnungen der Propheten so als moralisierende, ja quengelnde Rede eines Erwachsenen verstanden werden (müssen)?

DUNJA EL MISSIRI

Propheten im islamischen Religionsunterricht

Ein Spannungsfeld zwischen theologischer Wahrheit und religionspädagogischer Wirklichkeit

1. Theologischer Rahmen

Der Glaube an die Propheten (an-nabī, pl. nabiyyūn und anbiyā) und Gesandten (ar-rasūl, pl. rusul oder mursal, pl. mursalūn) ist in der klassischen sunnitischen Theologie der vierte der sechs Glaubensinhalte (al-`aqā'id), neben dem Glauben an Gott (allāh - ta´ ala), der Glaube an die Engel (al-malak, pl. malā'ika) und Geistwesen (al-ğinn, pl. ğinnī), der Glaube an die Offenbarungen (kitāb, al-waḥy, pl. kutub, -), der Glaube an die Vorhersehung (al-qadr) und den Jüngsten Tag (yaum al-qiyāma). Als erster Prophet gilt Adam (Ādam)[1], als letzter und Siegel aller Propheten Muḥammad (ḫātamun al- anbiyā, Q 33:40). Alle Propheten haben eine Offenbarung erhalten, eine Gesandtenbotschaft (ar-risāla, pl. risālāt)[2], ein „göttliches Gesetz" („šarī'a")[3] oder eine „Schrift" („ṣaḥīfa, pl. ṣuḥuf")[4]. Häufig wird zwischen Gesandten (rusul) und Propheten (anbiyā') (wörtlich auch: „Verkünder"[5]) unterschieden: Ein „Verkünder" hat demnach die Aufgabe an bereits vorangegangene Gesandtenbotschaften und/oder an „einen bereits bestehenden Bund mit Gott"[6] zu erinnern, diesen zu erneuern bzw. unter der Anweisung Gottes etwas bekannt zu machen[7]. Folgende sechs Propheten werden als Gesandte bezeichnet:

---

1 Ob Adam (Ādam) zu den Gesandten gezählt werden kann, ist unter den islamischen Gelehrten umstritten.

2 Vgl. HARRY HARUN BEHR, Curriculum Islamunterricht. Analyse von Lehrplanentwürfen für islamischen Religionsunterricht in der Grundschule. Ein Beitrag zur Lehrplantheorie des Islamunterrichts im Kontext der praxeologischen Dimension islamisch-theologischen Denkens, Bayreuth 2005, 428.

3 MOHAMMED GHARAIBEH/ ANJA MIDDELBECK-VARWICK, Die Boten Gottes – Auswertung und Ausblick in dialogischer Perspektive. In: ANJA MIDDELBECK-VARWICK u.a. (Hg.), Die Boten Gottes. Prophetie in Christentum und Islam, Regensburg 2013, 241.

4 Ebd.

5 Gharaibeh/ Middelbeck-Varwick unterscheiden zwischen den beiden Typen „Verkünder (nabī) und Gesandter (rasūl)" (ebd., 241) und fassen sie unter der Bezeichnung „Propheten" zusammen (ebd., 243). Im nachfolgenden Text wird diese Unterscheidung aufgegriffen und die Bezeichnung „Propheten" als Oberbegriff verwendet.

6 Vgl. ebd., 241.

7 Vgl. auch HARRY HARUN BEHR, Ursprung und Wandel des Lehrerbildes im Islam mit besonderem Blick auf die deutsche Situation. In: BERND SCHRÖDER/ HARRY HARUN BEHR/

Adam (Ādam), Abraham (Ibrāhīm), Moses (Mūsā), David (Dāwūd), Jesus (ʿĪsā) und Muḥammad[8].

Die Gesandten (rusul) und Verkünder (anbiyā')[9] sind durch die gemeinsame Botschaft: „den Menschen die Einheit Gottes zu verkünden und ihnen den Weg zu zeigen, dem sie nach göttlichen Willen folgen sollen"[10] in einem Zyklus[11] miteinander verbunden. Diese Auffassung der Verbundenheit steht in der islamischen Theologie im „Verständnis von *islâm* als einer kontinuierlichen prophetischen Botschaft"[12]. Im Kontext dieses Zyklus der Traditionskette durch Propheten müssen auch z. B. die Qur'ānstellen 2:136, 2:285, 3:84 gelesen werden, die nicht die Gleichheit oder „keinen Unterschied" zwischen den Gesandten meinen, sondern eher ihre Gleichwertigkeit betonen bzw. die göttliche Auszeichnung ihrer unterschiedlichen Eigenschaften ohne Wertung dieser.[13] Der Zyklus bzw. die „Kontinuität religiöser Offenbarung" wird auch in Q 10:47 beschrieben, ferner, dass Gott (allāh - ta´ ala) keine Gemeinschaft wegen ihrer Vergehen vernichtend straft, solange diese sich dieser nicht bewusst ist[14] (anlog Q 35:24 vgl. auch Q 13:7 und Q 16:36).

Hauptaufgaben der Gesandten durch Gottes Gnade sind: Empfangen[15], Verkünden[16] und Lehren[17] der göttlichen Offenbarung; „Anleitung der Menschen bei der Läuterung des Egos", „Studium der göttlich offenbarten Bücher und Erlernen der Weisheiten, die die Menschen in die Lage versetzen, dem rechten

DANIEL KROCHMALNIK (Hg.), Was ist ein guter Religionslehrer? Antworten von Juden, Christen und Muslimen. Berlin 2009, 162: „Die oft gehörte Unterscheidung, ein *rasūl* sei mit einer Offenbarungsschrift gekommen, wohingegen ein *nabī* „nur" an die jeweils ihm vorangegangene Offenbarung eines anderen erinnere, ist auf der Grundlage des Korans nur schwer aufrecht zu erhalten. Die Bezeichnung *rasūl* verweist vielmehr auf die Legitimierung des [sic!] Botschafters: Er spricht nicht in eigener Sache, sondern im Auftrag seines Auftraggebers, von dem er geschickt wurde (*arsala rasūlahu* […] Q 9:33, 48:28, 61:9). Die Bezeichnung *nabī* deutet hingegen mehr auf die inhaltliche Dimension: Die Erinnerung an die Endlichkeit des Lebens, an die Auferweckung nach dem Tode und an die Rechenschaft vor Gott".

8 Vgl. z.B. AHMAD A. REIDEGELD, Handbuch Islam. Die Glaubens- und Rechtslehre der Muslime, Kandern im Schwarzwald 2005 67.

9 GHARAIBEH/ MIDDELBECK-VARWICK, Die Boten Gottes, 241.

10 REIDEGELD, Handbuch Islam, 66.

11 Auch „als die „Kette der Propheten (Silsilat al-Anbiyā')"; vgl. ebd., 66.

12 BEHR, Curriculum Islamunterricht, 429, siehe auch SAIYID QUṬB, fī ẓilāl al-qur'ān (Im Schatten des Korans), Kairo 1954.

13 Vgl. BEHR, Curriculum Islamunterricht, 429 (bezogen auf Q 2:136 – Qur'ānübersetzung von Paret (2001)) „Die Übersetzung mit "keinen Unterschied machen" trifft eigentlich nicht zu; es müsste heißen "wir nehmen keinen heraus/schneiden keinen ab", denn Hervorhebungen entstehen durch die Zuschreibung besonderer Qualitäten, durch singuläre Ereignisse oder durch eigene Beinamen."

14 Vgl. MUHAMMAD ASAD, Die Botschaft des Koran. Muhammad Asad, Übersetzung und Kommentar, Düsseldorf 2009, 386. Vgl. auch Q 6:131f.

15 Vgl. u.a. Q 4:163.

16 Vgl. u.a. Q 5:67; 16:125.

17 Vgl. u.a. Q 62:2.

Weg zu folgen.“[18] Als Merkmale von Propheten bzw. göttliche Auszeichnungen oder „prophetische Gabe[n]“[19] lassen sich zusammenfassend nennen: Urteilsfähigkeit (vgl. u.a. Q 25:1), Aufrichtigkeit ihrer Botschaft (vgl. u.a. Q 53:1f.) und Rechtschaffenheit in Verbindung mit Sündlosigkeit (`isma) (vgl. u.a. Q 14:10). Gleichsam werden Propheten selbst am Jüngsten Tag zur Rechenschaft gezogen werden (vgl. Q 7:6 und Q 5:109). Propheten sind frei von Sünde durch Gott und gelten gleichsam als Vorbilder. Um diese beiden Aspekte zusammenzubringen, unterscheidet man zwischen dem Wesen als Mensch und seinem Amt als Prophet bzw. Gesandtem: „Die Gesandten gelten hinsichtlich ihres Amts als unfehlbar, und hinsichtlich ihres Wesens nur insoweit als fehlbar, [als dass] bestimmte Fehler für die Erläuterung der Lehre einfach geschehen müssen.“[20] In der sunnitischen Theologie wird auch das menschliche Wesen des letzten Propheten wiederholt angeführt: handelnd ist er – auch abgrenzend zum heiligen (göttlichen) Qur'ān (al-qur'ān al-karīm) – gleichsam ‚nur‘ „menschlich und göttlich inspiriert“[21]. Als Empfänger des Logos in der kommunikativen Form der Offenbarung und als Übermittler dessen sind Qur'ān und Muḥammad untrennbar miteinander verbunden, in dem der Qur'ān ihm Autorität in der Aufforderung an die Gläubigen, ihm zu folgen und ihn zu achten (u.a. Q 24:56), verleiht. Gemäß Qur'ān gelten die Lebensgewohnheiten und Lebensbräuche Muḥammads (sunna) und seine Biographie (sīra) als zweite Quelle des islamischen Rechts (fiqh) zur Erkenntnisgewinnung. Die Propheten, insbesondere Muḥammad gelten als identitätsstiftende Vorbilder. Hieraus ergibt sich für die islamische Religionspädagogik die Frage, was unter Identität auch im Sinne ihrer Gemeinschaftsbildung verstanden werden kann und ob bzw. wie sich Propheten im schulischen Unterricht zu Vorbildern eignen. Diese Überlegungen, die sich in der religionspädagogischen Auseinandersetzung mit islamischer Prophetie ergeben, sollen nachfolgend dargestellt werden.

---

18 OSMAN N. TOPBAŞ, Der Islam. Innere Wirklichkeit und äußere Form, Istanbul 2004, 93; vgl. auch AMIR ZAIDAN, Al-`Aqida. Einführung in die Iman-Inhalte, Offenbach 1999, 143; BEHR, Curriculum Islamunterricht, 428: „Um die […] beschriebene Kernlehre herum entwickelt der Koran die zentralen Aufgaben des Gesandten hinsichtlich seines "Amts"- hier am Beispiel Abrahams (vgl. Q 2:129 und 2:151): die Zeichen Gottes darlegen (*tilâwatu 'âyatil-lâh*), die Menschen (ihr "Selbst") reinigen (*tazkiyyatun-nafs*), die Schrift lehren (*taclîmul-kitâb*), die Weisheit lehren (*taclîmul-hikma*).“

19 GHARAIBEH/ MIDDELBECK-VARWICK, Die Boten Gottes, 261.

20 BEHR, Curriculum Islamunterricht, 430, mit Verweis auf Q 80:1 ff. und 68:44-48.

21 GHARAIBEH/ MIDDELBECK-VARWICK, Die Boten Gottes, 254.

2. Ein kleiner Problemaufriss in Bezug auf den schulischen Umgang mit Propheten (/innen?)

Inwieweit eignen sich Propheten zu Vorbildern oder „echte[n] vertrauenswürdige[n] Leitbilder[n]“ im schulischen Kontext, wenn ihnen zugesprochen wird, die „vollkommensten menschlichen Geschöpfe ALLAHs“ zu sein „mit einem makellosen Äußeren“ [sic!], die „mit menschlichen Eigenschaften und Fähigkeiten, ohne göttliche Attribute“ die „besten moralisch-ethischen Werte“ verkörperten und „die ihnen anvertrauten Aufgaben auf die beste und vollkommenste Art“ erfüllten[22]? Es scheint schwer vorstellbar, dass diese sprachlichen Beschreibungen und Deutungsmuster als solche Identifikationscharakter haben können, wenn das Maß des Vorbilds an „prophetische Gabe[n]“[23] gelegt wird. Auch in der schulischen Auseinandersetzung mit dem Propheten Muḥammad an und für sich „steckt Konfliktpotenzial“, konstatiert Behr , denn von „der Warte der glaubenden Befürwortung des Islam aus ist nur schwer die These aufrecht zu erhalten, es könnte neben den Einzelheiten aus der Lebensgeschichte Muhammads, die vorbildhaft sind, auch solche geben [...], die *nicht* vorbildhaft und deshalb für den Unterricht nicht geeignet sind“[24]. Weder der Qur'ān noch das Leben des Propheten Muḥammad selbst vermögen ad hoc über alle gegenwärtigen Alltagsfragen Auskunft zu geben; und wie ist es „in Fällen, in denen es aus heutiger Sicht „gerechter“ erscheint, entgegen einigen Lehren Muḥammads zu handeln oder wenn gar einige Lehren des Islams selbst als „ungerecht“ oder „nicht zeitgemäß“ verstanden werden“?[25] Gharaibeh/ Middelbeck-Varwick raten hier zu prüfen, „inwiefern es [„das Vorbild des Propheten“] eher als individuelles *role-model* denn als gemeinschaftsbildend bedeutsam ist.“[26] Die aufgeworfene Frage innerhalb dieser Empfehlung macht das Spannungsverhältnis zwischen einer theologisch-doktrinalen Wahrheit, die sich einem individuellen Zugang dem Prophetenvorbild gegenüber verschließt, und der religionspädagogischen Wirklichkeit deutlich. Denn in dem Verständnis von gemeinschaftsstiftendem Vorbild kommt gleichsam eine daraus resultierende Unsicherheit im Umgang mit islamischer Prophetie zum Ausdruck. Auch werden innerhalb dieser Frage zwei untrennbare Ebenen der Identitätsbildung markiert: auf der einen Seite eine religiöse Identifizierung innerhalb der personalen Ich-Identität auf der anderen Seite eine innerhalb der sozialen Identität. Unter Verweis auf Charles Taylor zeigt u.a. Verhülsdonk auf, dass religiöse Identität innerhalb der Sozialisation in ihrer jeweiligen Sprache und ihrer Deutungsmuster stattfindet.

---

22 Vgl. ZAIDAN, Al-`Aqida, 137-139.
23 GHARAIBEH/ MIDDELBECK-VARWICK, Die Boten Gottes, 261.
24 BEHR, Curriculum Islamunterricht, 286.
25 GHARAIBEH/ MIDDELBECK-VARWICK, Die Boten Gottes, 260.
26 Ebd., 261.

> Die religiöse Identität eines Individuums ist mit der Identität einer Gemeinschaft verbunden, aber sie ist kein Abbild der Gemeinschaftsidentität. Vielmehr lebt der Einzelne seine Identität als katholischer oder evangelischer Christ, als orthodoxer Jude oder sunnitischer Muslim auf eine unverwechselbar persönliche Weise, die ihn aber gleichwohl in den Augen seiner Mitgläubigen als Katholik, Protestant, Jude oder Muslim erkennbar macht. Religiöse Identitäten sind zugleich subjektiv und gemeinschaftlich.[27]

Die Realität zeigt also, dass eine religiöse Identifikation mit prophetischen Vorbildern nicht als solche und ausschließlich über eine muslimische Gemeinschaft gesteuert werden kann. Blochinger verweist ferner darauf, dass nicht „jeder religiös sozialisierte Mensch eine religiöse Identität" im Sinne einer lebensbedeutsamen Religiosität hat[28]. Denn religiöse Identität ereigne sich dort, „wo Bestandteile eines religiösen Symbolsystems in der eigenen Lebenswelt so angeeignet werden, dass sie zur Identitätskonstruktion der betreffenden Person beitragen."[29] Religiöse Identität wird über „sehr unterschiedliche Prozesse der Übernahme, Nachahmung, Reflexion, Distanzierung und Integration"[30] durch Familie, Religionsgemeinde und/oder Religionsunterricht erlangt. Bezogen auf den islamischen Religionsunterricht weist Blochinger nach, dass, unabhängig vom Unterrichtsmodell: „traditionell-katechetisch"[31], lebensweltbezogen oder islam-religionskundlich, lebensbedeutsame Religiosität nur dann angebahnt werden kann, wenn zunächst eine „Identifikation mit religiösen Inhalten und religiös geprägten Lebensregeln"[32] ermöglicht und dann diese „in die eigene Lebenswelt"[33] integriert und dort reflektiert wird. Daran anknüpfend soll im anschließenden Kapitel das didaktische Prinzip der Korrelation innerhalb eines islamischen Religionsunterrichts diskutiert werden.

Ferner schließt sich (hier) die Frage nach der Bedeutsamkeit/Relevanz unterschiedlicher Themen in unterschiedlichen Lebensphasen bzw. Entwicklungsstufen an. Innerhalb der christlich religiösen Erziehung kam dem Stufenmodell der psychoanalytischen Entwicklung von Erich Erikson „für das

---

27 ANDREAS VERHÜLSDONK, Identität und Dialog. Replik auf Thorsten Knauth. In: RUDOLF ENGLERT u.a. (Hg.), Welche Religionspädagogik ist pluralitätsfähig? Strittige Punkte und weiterführende Perspektiven, Freiburg 2012, 49.

28 CHRISTOPH BLOCHINGER, Religiöse Identität bei Migrantengruppen – eine vergleichende Perspektive. In: HARRY HARUN BEHR u.a. (Hg.), Was soll ich hier? Lebensweltorientierung muslimischer Schülerinnen und Schüler als Herausforderung für den Islamischen Religionsunterricht, Berlin 2010, 107; vgl. auch ebd., 108. Unter „Religiösität" versteht Blochinger „die subjektive Aneignung von Religion durch Schülerinnen und Schüler in ihrer Lebenswelt." (ebd., 110).

29 Ebd., 111.

30 Ebd., 114.

31 Ebd., 113.

32 Ebd., 114.

33 Ebd., 115.

Verständnis religiöser Entwicklung und Erziehung“[34] in der Moderne eine große Bedeutung zu. Im Verständnis eines natürlichen Lebenslaufs oder „Grundplans“, in dem „Identitätsentwicklung vor allem durch Krisen angestoßen wird, die sich in den „Lebenszyklen“ ereignen“[35] bieten „der Erfarungs- und Entwicklungsbezug theologischer Aussagen sowie die Ansprechbarkeit für bestimmte theologische Themen auf den einzelnen Entwicklungsstufen“ Korrelationsmöglichkeiten. Wenn auch das Modell Eriksons „niemals einer Wirklichkeit im empirischen Sinne entsprach“[36], „entstellende Ideale hinterfragt“ und einer „kritischen Analyse“ unterzogen und angesichts einer von Individualismus und Pluralität geprägten Postmodernen hin neu reflektiert werden muss[37], so kann m.E. auch eine islamische Theologie oder islamische Religionspädagogik des Lebenszyklus durchaus mit dem Spannungsverhältnis zwischen theologischer Wahrheit und Lebenswirklichkeit begründet werden.[38] Auch Behr (2009) weist der Kenntnis der Lebenswirklichkeit eine hohe Bedeutung im Kontext prophetischen Lehrens und Lernens zu: „Die erste Grundlage für das Lehren und Lernen ist die zwischenmenschliche Kommunikation und somit auch die Beziehung; sie beruht darauf, dass der Lehrende mit der Lebenssituation seiner Zielpersonen vertraut ist.“[39] Aus anthropologischer Sicht könnten gerade Propheten-geschichten (qiṣaṣ al-anbiyā') zu einer teleologischen Sinngebung in dem Glauben an eine übergeordnete Gerechtigkeit im Jenseits beitragen und wegweisend für ein Vertrauen auf Gott in Hoffnung und Trost sein. „Der Nutzen von Prophetengeschichten für den schulischen Religionsunterricht gründet in ihrer Verbindung von theologischen und didaktischen Elementen. Das liegt an ihrem Charakter als erzählte Episoden mit den dafür notwendigen dramatur-gischen Elementen (…). Mit der Personifizier-, der Lokalisier- und der Dramatisierbarkeit stehen die notwendigen Grundelemente der szenisch-künstlerischen Gestaltung von Geschichten im Unterricht zur Verfügung. Unterstützend auf die Prozesse des Nacherlebens wirkt sich aus, wenn es sich um Geschichten aus der Kindheit von Gesandten handelt. Deshalb wären qur'ānische Gestalten wie (der junge) Abraham, David, Joseph oder Johannes gerade für den Islamunterricht in der Grundschule so gut zu

34 FRIEDRICH SCHWEITZER, Lebensgeschichte und Religion. Religiöse Entwicklung und Erziehung im Kindes- und Jugendalter, Gütersloh 1987, 100.

35 GEORG HILGER/ STEPHAN LEIMGRUBER/ HANS-GEORG ZIEBERTZ, Religionsdidaktik. Ein Leitfaden für Studium Ausbildung und Beruf, München 2001, 125.

36 SCHWEITZER, Lebensgeschichte und Religion, 195.

37 Vgl. FRIEDRICH SCHWEITZER, Postmoderner Lebenszyklus und Religion. Eine Herausforderung für Kirche und Theologie, Gütersloh 2003, 178: „Angesichts der geradezu enormen Aufmerksamkeit, den der modernen Lebenszyklus in der zweiten Hälfte des 20. Jahrhunderts auf sich gezogen hat, und angesichts der Herausforderungen, die nun aus der Postmoderne erwachsen, darf wohl behauptet werden, daß die Theologie in dieser Hinsicht ihren Aufgaben nicht gerecht geworden ist. Es reicht nicht mehr zu, sich hier auf theologische Lehren und Prinzipien zu stützen, solange diese nicht auf den Erfahrungen im Umkreis des postmodernen Lebenszyklus bezogen sind.“

38 Vgl. ebd., 179.

39 BEHR, Ursprung und Wandel des Lehrerbildes, 164.

bevorzugen wie etwa Sîrâ-Berichte über die Kindheit und Jugend Muhammads.“[40] Im schulischen Umgang müssen Prophetengeschichten, wenn im Qur'ān nicht zusammenhängend erzählt, teilweise rekonstruiert werden, da sie „nicht als in sich abgeschlossene und chronologisch strukturierte Vorgänge entwickelt werden“[41]. Diese Erzählgestalt schafft eine Ambivalenz zwischen der zu überwindenenden Distanz und der o.g. Nähe, die erst über eine Auseinandersetzung mit dem Qur'ān gelöst werden kann. „Die qur'ānischen Prophetenerzählungen (...) sind nicht Selbstzweck, sondern Instrumente der Vermittlung und Veranschaulichung bestimmter Botschaften. In diesem Sinne ist es folgerichtig, dass über einen Propheten in verschiedenen Suren erzählt wird. Diese Verteilung kann im Unterricht konstruktiv genutzt werden. So kann man mithilfe eines Qur'ānindexes eine Wanderung durch den Qur'ān machen und so verschiedene Erzählungen zu einem bestimmten Propheten gesammelt betrachten. Auf diesem Wege wird es möglich, Erzählungen über einen Propheten aus unterschiedlichen Perspektiven und Kontexten heraus zu entdecken und letztendlich mit dem Qur'ān in eine Kommunikation zu treten.“[42] Das Offenbarungsverständnis des prozesshaften und kommunikativen Charakters des Qur'ān müsste auch mit einer Offenheit zu einem Entwicklungsprozess von Prophetengeschichten und Propheten selbst eingehen, aber auch dynamische Entwicklungsprozesse innerhalb der religiösen Entwicklung des Individuums anerkennen. Auch religiöse Entwicklung kann „aus islamisch-theologischer Sicht als lebenslanges und potenziell sich stetig veränderndes Prozessgefüge verstanden werden; die Vorausannahme eines zu einem bestimmten (biographischen) Zeitpunkt ‚fertigen', ‚vollständigen' oder ‚gefestigten' Identitätsprofils widerspricht dem theologischen Entwicklungsgedanken, der aus dieser Sicht heraus erst zum Zeitpunkt der Begegnung mit Gott zum Abschluss geführt wird – wenn es schließlich um die umfassende und letzte Bewertung des individuell geführten Lebens kommt.“[43]

Behr (2005) klassifiziert die Prophetengeschichten im Qur'ān nach ihren zwei „methodische[n] Zugänge[n]“[44], dem „episch-chronologische[n]“ und dem „thematisch-prototypische[n]“, die „nicht als Ausschließlichkeiten nebeneinander“ stehen; sondern „innerhalb eines erzählten Ereignisrahmens“ zusammenfallen[45]. Behr (2005) verweist hiermit nochmals auf die „Kontinuität der Botschaft von *islâm*“, in der nicht „die Person, die Genealogie und die Biographie eines Gesandten im Vordergrund“ stehen[46]. In ihrer Lernfähigkeit

40 BEHR, Curriculum Islamunterricht, 433.
41 Ebd.
42 MIZRAP POLAT, Prophetenerzählungen im Koran. In: Katechetische Blätter 136 (2011) 197-203, hier 202.
43 BEHR, Curriculum Islamunterricht, 316.
44 Ebd., 434.
45 Ebd.
46 Ebd.

und „Bereitschaft, die eigenen Fehler einzugestehen“[47] können Propheten vielleicht „als idealtypische *Vor*bilder im Repertoire der Offenbarung“[48] verstanden werden. In ihrer Rolle als Verkünder und diesem Sinne Lehrende der Offenbarung nennt Behr (2009) fünf Kategorien prophetischen Lehrens und Lernens, die analog zum schulischen Lehren und Lernen der Gegenwart gelesen werden können: „das ‚Deuten der Zeichen‘“ innerhalb einer islamischen Weltanschauung, „das ‚Läutern‘ der Seele“ im Willen eines lebenslangen Lernens und Sich-Veränderns, „das ‚Unterrichten‘ in der Schrift“ innerhalb der religiösen Lehre, „das ‚Unterweisen‘ in der Weisheit“ vom Lernenden zum Lehrenden und „das ‚Heranführen‘“ und „Vermittlung von Kenntnissen“, die dem Menschen zuvor unbekannt sind.[49] Dabei ist die „erste Grundlage für das Lehren und Lernen“[50], den Lernenden „als ganzen Menschen, sein Anrecht auf ein glückliches Leben sowie sein individuelles religiöses Potenzial im Blick“ zu behalten und zur bestmöglichen Entfaltung seiner Fähigkeiten beizutragen, damit dieser „sein Verhältnis zur Botschaft von Gott selbstverantwortet und frei [...] bestimmen [kann]. Religiöse Erziehung im engeren Sinne beschreibt diejenige Einflussnahme, die diese Prozesse fördert und nicht behindert.“[51] Mit Blick auf den Propheten Muḥammad als einem „Idealfall des Lehrenden“[52], zeigt Behr (2009) auf, dass „‚Lehrer‘ als Erben des Propheten zwischen Beharren [müsste im Sinne von Bewahren gelesen werden] und Aufbruch“[53] stehen und unter Bezugnahme auf Zafar Iqbal (1996) die Lehrer und Lehrerinnen auch die Verantwortung haben, theologische Urteile (’iğtihād) zwischen dem Bewahren des traditionellen Erbes und der Lebenswirklichkeit zu fällen.[54] Auch Schmid verweist auf einen existierenden „Islamischen Religionsunterricht als Idschtihad“[55] mit sehr „offenen Formen“[56], welcher die Kontroverse in Bezug auf die Berechtigung einer islamischen Urteilsbildung mit sich bringt. Gleichsam zeige sich am Beispiel des islamischen Religionsunterrichts „ein Prozess sozialethischer Urteilsbildung von unten“, in der weiterführend lebensrelevante Fragen und Antworten der in

---

47 Ebd.

48 Ebd., 430.

49 BEHR, Ursprung und Wandel des Lehrerbildes, 165.

50 Ebd., 164.

51 Ebd., 171.

52 Ebd., 172.

53 Ebd., 175.

54 Vgl. ebd., 183, 187: „Mit der Konzentration auf das pädagogische Profil von Islamischen Unterricht als gleichrangigem Gut neben seiner theologischen Authentizität ist ein Wandel beschrieben – weg von mäandernden Zuschreibungen hin auf das Wesentliche im viel beschworenen prophetischen Erbe: Die Religion nutzbar machen und die Menschen nicht unglücklich. Wer heute im Wechselspiel zwischen Bewahren und Überwinden der Tradition Islam unterrichtet, ist gleichermaßen berechtigt wie verpflichtet zur Beurteilung (*al mudschatahid bi nafsih* [...]).“

55 HANSJÖRG SCHMID, Islam im europäischen Haus: Wege zu einer interreligiösen Sozialethik, Freiburg 2012, 302.

56 Ebd., 303.

Deutschland verorteten Muslime aufgeworfen werden könnten und „dann weiter theologisch zu reflektieren und auszuarbeiten sind."[57] Islamische Prophetengeschichten stehen für die Bewahrung der göttlichen Offenbarung und die Aufbietung gegen das, was dieser widerspricht. „Ob nun weitergedacht Handeln gegen alle Formen der Ungerechtigkeit im Allgemeinen aus islamischer Sicht als prophetisches Handeln oder daraus abgeleitet als Befreiungstheologie bezeichnet werden kann [sic!], hängt zu einem großen Teil an der immer noch nicht überwundenen und geklärten Frage, ob die Lehren Muhammads in der von ihm praktizierten Form übernommen werden müssen oder sie lediglich in ihrem Grundcharakter „weiterentwickelt" werden können."[58] In Bezug auf den Propheten Muḥammad kann festgestellt werden, dass er als „Überfigur eine wichtige Rolle in heutiger muslimischer Identität"[59] spielt; denn im „Umgang mit der Sîrâ ist die Grenze zwischen Legendenbildung und Entzauberung, zwischen Glorifizierung und Ernüchterung oft nur schwer zu ziehen, zumal sich bereits die unterschiedlichen Textgrundlagen der Sîrâ hinsichtlich dieser Tendenzen voneinander abheben. Um sie in den Islamunterricht integrieren zu können, wird es nötig sein, eine auf diesen Zweck hin ausgerichtete Sira zu gestalten."[60] Die klassische islamische Theologie zeigt auf, wie verwoben Wesen und Amt von Propheten miteinander sind.[61] Der religionspädagogische Versuch der Trennung dessen „als ein ‚didaktisch motivierter Defizitimpuls' [...] der es den Menschen erleichtert, sich mit den Gesandten zu identifizieren – ein Phänomen, welches die Gesandten in doppelter Hinsicht zu positiven Vorbildern machen kann, und zwar hinsichtlich ihrer Nähe zu Gott und hinsichtlich ihrer Nähe zu den Menschen"[62] könnte ggf. auch zu einer Fokussierung des menschlichen Wesens führen, welche gerade wiederum eine „Be-Wunder-ung" für das Amt des Prophetentum dezimiert. Auch wäre in diesem Fall zu fragen, ob es nicht vielmehr „Local Heroes"[63] aus der Lebenswirklichkeit von muslimischen Schülerinnen und Schülern als Vorbilder bräuchte und ob es nicht sinnvoller in Anbetracht eines traditionellen muslimischen Erbes wäre, Propheten zu erden, indem sie weniger idealisiert und ihre Geschichten didaktisch ansprechend inszeniert werden.

Für die islamische Religionspädagogik kann es, nach Engelbrecht, „nicht darum gehen, Kindern und Jugendlichen eine bestimmte ‚Identität' zu vermitteln. Das wäre letztlich nur mittels einer propagandistischen Indoktrination

---

57 Ebd., 304.
58 GHARAIBEH/ MIDDELBECK-VARWICK, Die Boten Gottes, 261.
59 BEHR, Ursprung und Wandel des Lehrerbildes, 172.
60 BEHR, Curriculum Islamunterricht, 397.
61 Vgl. ebd., 430.
62 Ebd.
63 HANS MENDL, Lernen an (außer-)gewöhnlichen Biografien. Religionspädagogische Anregungen für die Unterrichtspraxis, Donauwörth 2005, 100.

möglich."[64] Personelle Ich-Identität und soziale religiöse Identität „kann durch ideologische Indoktrination jederzeit in die engen Staubecken statischer Identitätsideale gelenkt werden. Und in diesem Staubecken können sich, um im Bild der Wasserkraft zu bleiben, verheerende Kräfte ansammeln. Umgekehrt kann jedoch ein pädagogisch reflektierter Religionsunterricht statische Identitätsideale auflösen, den Prozess der Identitätskonstruktionen neu öffnen und so betroffenen Menschen wieder konstruktive Nutzung dieser Energien ermöglichen."[65]

Islamische Prophetenerzählungen können die Gott-Mensch-Beziehung als Reifungsgeschichten erklären[66], mit ihnen ist es möglich, Zeuge (aš-šāhid[67]) ihres Vertrauens (tawakkul) an Gott zu werden. Gerade weil die Diskrepanz zwischen religiöser Wahrheit und gelebter Wirklichkeit i.d.R. vielleicht erst in der späteren eigenen Biographie eines Menschen ausgeglichen werden kann - müssen islamische Propheten als Orientierungsmodelle in ihren Bewältigungsstrategien und ihrem Umgang mit Krisen für muslimische Schülerinnen und Schüler in einem postmodernen islamischen Religionsunterricht altersgerechte, attraktive sprachliche und religiöse Deutungsmuster anbieten und ihnen bereits in ihrer gelebten Wirklichkeit mit ihren existentielle Fragen Lebenshilfe bieten können. Ohne die Prophetengeschichten nur auf eine einheitliche Botschaft hin zu minimieren, muss die Erzählung von Propheten im schulischen Kontext entlang des Qur'ān geführt werden und eine religiöse Wahrheit anbieten, die im Kontext zur Lebenswirklichkeit von muslimischen Schülerinnen und Schülern steht. „Es geht um die Bewahrung der offenbarten Wahrheit in der Zeit und gleichzeitig um die Neuinterpretation der offenbarten Wahrheiten, um modernitätsfähig zu werden."[68] Ein Blick in die aktuellen Schulbücher zum islamischen Religionsunterricht zeigt, dass eine echte Korrelation von religiöser Wahrheit und gelebter Wirklichkeit eher seltener zu finden ist. Häufig fehlt der Lebensweltbezug bzw. es wird eine m.E. nicht vorhandene religiöse Sozialisation vorausgesetzt oder aber es werden Lebensweltbezüge angebahnt, ohne zugleich Bezüge zu religiösen Inhalten herzustellen.

---

64 MARTIN ENGELBRECHT, Islamische Identitätskonstruktion. In: HARRY HARUN BEHR u.a. (Hg.), Was soll ich hier? Lebensweltorientierung muslimischer Schülerinnen und Schüler als Herausforderung für den Islamischen Religionsunterricht, Berlin 2010, 117-131, hier 130.

65 Ebd., 129.

66 Vgl. auch POLAT, Prophetenerzählungen, 202.

67 aš-šāhid hat im Arabischen die gleiche Wortwurzel wie: aš-šahāda, die erste Säule des Islams, das Glaubenszeugnis (oft mit –bekenntnis übersetzt).

68 HERBERT ROMMEL, Thesen zur Rekapitulation und Erörterung des Seminars „Juden, Christen und Muslime – Theologische Perspektiven und interreligiöse Didaktik" (Dunja el Missiri/ Herbert Rommel, WS 12/13) am 07.02.13, (unveröffentlicht).

3. Korrelationsdidaktik – Leitprinzip für eine islamische Religionspädagogik?

In dem vorangegangen Abschnitt als einer kleinen Einführung in das Spannungsfeld zwischen theologischer Wahrheit und lebensweltbezogener Wirklichkeit konnte auf viele weitere religionspädagogisch immanente Fragestellungen nicht weiter eingegangen werden. Zu diesen gehören u.a. die geschichtliche Abgeschlossenheit der Prophetie im Islam[69] an sich und damit einhergehend die Frage nach der gendergerechten Definition von prophetischem Handeln und der interreligiöse Umgang mit Prophetie. Da im islamischen Verständnis Muḥammad der letzte aller Propheten ist, ist nach ihm im weitgehendsten Sinne nur noch „prophetisches Handeln"[70] möglich, zu den Personen „denen Gott rechtes Handeln eingibt und ihnen göttliches Wissen zukommen lässt (...) gehören beispielsweise Ḫiḍr (...), Luqmān (...) oder auch Mayram"[71]. Wenngleich keine Frauen namentlich als Prophetinnen im Qur'ān erwähnt werden, so „finden Frauen im Kontext von Prophetie in einer Intensität Erwähnung, die angesichts der prototypischen und thematischen (und nicht eben genealogischen) Konstruktion prophetischer Topoi nachdenklich machen."[72] In meinen nachfolgenden Überlegungen will ich der Frage nachgehen, ob das in der christlichen Religionspädagogik entwickelte Modell der Korrelationsdidaktik für eine muslimisch-religionspädagogische Auseinandersetzung mit dem Thema *Propheten* fruchtbar gemacht werden kann.

Das didaktische Korrelationsprinzip in der christlichen Religionspädagogik „ist an erster Stelle ein hermeneutisches Grundverständnis bezüglich des Verhältnisses von Glaubensüberlieferung und Erfahrung. Korrelation als theologisches Prinzip meint eine kritische, produktive Wechselbeziehung zwischen Glaubensüberlieferung und der Erfahrung heutiger Menschen. (...) So können im günstigsten Fall die Glaubensüberlieferungen neue Lebenserfahrungen provozieren. Korrelation aus didaktischer Perspektive bezeichnet grundsätzlich den offenen und dynamischen Prozess eines mehrperspektivischen Dialogs, in dem verschiedene theologische und nicht-theologische) Deutungshorizonte präsent sind."[73] Englert zeigt auf, dass dieses für Erfahrung sensibilisierende Prinzip in der gegenwärtigen Schulpraxis nicht mehr als solches durchführbar ist, wenn „Korrelation lediglich als didaktisches Konzept

---

69 Muḥammad als ḫātamun al- anbiyā im Qur'ānvers 33:40, nach ASAD, Die Botschaft des Koran, 805: „D.h.: der letzte der Propheten, geradeso wie ein Siegel (*khatam*) das Ende eines Dokuments kennzeichnet; abgesehen davon ist der Begriff *khatam* auch gleichbedeutend mit *khitam*, das „Ende" oder der Abschluss" einer Sache: woraus folgt, daß die durch Muhammad offenbarte Botschaft – der Qur'an – als Höhepunkt und das Ende aller prophetischen Offenbarung angesehen werden muß".

70 GHARAIBEH/ MIDDELBECK-VARWICK, Die Boten Gottes, 257.

71 Ebd.

72 HARRY HARUN BEHR, Allahs Töchter. In: JOACHIM KÜGLER/ LUKAS BORMANN (Hg.), Töchter (Gottes). Studien zum Verhältnis von Kultur, Religion und Geschlecht, Berlin 2008, 157-167, hier 162.

73 HILGER, Religionsdidaktik, 329.

(…), als eine bestimmte Form der Erschließung bzw. der Plausibilisierung christlicher Glaubensantworten angesehen“[74] wird. Sowohl Lehrerinnen und Lehrer in der Berufsausübung und Ausbildung wie auch Schülerinnen und Schüler schienen „nicht in der Lage, ihre eigenen Erfahrungen (…) auf den Punkt zu bringen und auf ihre weltanschaulichen Implikationen hin zu reflektieren. Erst recht fällt es ihnen schwer, die ihnen „elementarisiert“, in einzelnen thematischen Motiven dargebotene Glaubensüberlieferung aus einem umfassenden Verständnishorizont heraus zu interpretieren. So bleibt die „Erfahrung“ diffus, gewinnt keine rechte Signifikanz; und der „Glaube“ bleibt Fragment, zerfällt in eine Summe einzelner Deutungsvorschläge.“[75] Korrelationsdidaktik in seiner Urform ist keine Hinführung zum Bekenntnis, sondern setzte diese bereits voraus. Auch der „institutionelle Rahmen von Schule“ bringe nicht genug „menschlicher, gedanklicher und kommunikativer Offenheit“ mit sich, um Korrelationsdidaktik zu ermöglichen, die „gewachsene Beziehungen, zwischen Mensch und Gott, zwischen Leser und Buch (Bibel), zwischen Einzelnem und Gruppe (Klasse), (…) Vertrautheit, unaufwändiges Verstehen“[76] voraussetze.

In diesem Sinne kann das Verständnis „die Aufgabe der Korrelationsdidaktik im islamischen Religionsunterricht“ bestünde darin,

> das individuelle Leben mit dem Glauben überhaupt erst in Beziehung zu setzen, [um]den Schülerinnen und Schülern aufzuzeigen, welchen Sinn und welche Orientierung die Maßstäbe und Richtlinien des Glaubens (…) im hiesigen Leben bieten können[77]

irritierend wirken, denn mithilfe der Korrelationsdidaktik lassen sich keine religiöse Erfahrungen als solche erzeugen. Auch könnte eine formale Übersetzung von individuellen Lebenserfahrungen in religiöse Glaubenslehren eher eine Induktion oder „‘Transferleistung‘“ der Schülerinnen und Schüler anbahnen, was außerdem unberücksichtigt ließe, dass nicht jede alltägliche Erfahrung religiös gedeutet werden kann und nicht jede Glaubenslehre sich in Alltagserfahrungen übersetzen lässt. Die Korrelationsdidaktik setzt gerade bei den religiösen Erfahrungen des Subjekts an: „Es geht um die Erschließung von religiöser Bedeutung vor dem “individuellen Erfahrungshintergrund (…) des Schülers und nicht (…)[um]eine allgemeingültige Positionierung des Islam innerhalb einer modernefähigen Theologie.“[78] Für eine Korrelationsdidaktik im islamischen Religionsunterricht zum Thema Prophetie müsste geprüft werden, welche lebensweltlichen Erfahrungen von Schülerinnen und Schüler

---

74 RUDOLF ENGLERT u.a.(Hg.), Welche Religionspädagogik ist pluralitätsfähig? Strittige Punkte und weiterführende Perspektiven, Freiburg 2012, 127.

75 Ebd., 128.

76 Ebd., 128f.

77 TUBA IŞIK, Die Berufungsszenarien der Propheten Mose und Muhammad – ein Streifzug in islamischer Perspektive. In: ANJA MIDDELBECK-VARWICK u.a. (Hg.), Die Boten Gottes. Prophetie in Christentum und Islam. Regensburg 2013, 111-123, hier123.

78 BEHR, Curriculum Islamunterricht, 302.

mit prophetischen Erfahrungen korrelierbar sein könnten, letztlich müsste gleichsam das Ergebnis dieser Korrelation von lebensweltlicher und prophetischer Erfahrung den Schülerinnen und Schülern individuell offen bleiben. Dies wiederum setzt eine generelle Öffnung theologischer Wahrheit voraus.

Englert unterscheidet zwischen Korrelation „als ‚Prinzip'" in dem „Bemühen eines wechselseitigen In-Bezug-Setzens von christlicher Tradition und heutiger Erfahrung" und der „'Korrelations*didaktik*'" als terminus technicus „für ein spezifisches didaktisches Prozedere", das zeigen will, „[w]ie eine Korrelation zwischen Erfahrung und Tradition ‚1. *[unter den Voraussetzungen einer säkularen Schule in Gang gebracht* und 2. *[u]nter den Bedingungen unterrichtlichen Handelns* entwickelt werden kann.'"[79] Korrelation in der christlichen Religionspädagogik „bleibt eine Basiskompetenz für Lehrende dieses Faches und muss in Ausbildungsgängen stärker als bisher eingeübt werden. Dem Status einer umfassenden [und alleinstehenden] schulischen Didaktik kann die Methode der Korrelation jedoch nicht gerecht werden (...). Eine solche würde leicht zu Blickverengungen verleiten, Unkorrelierbares ausblenden, die alltagsweltlichen religiösen Bedürfnisse der Schüler funktionalisieren und [diese] zu bloßen »Aufhängern« für das eigentliche Thema degradieren. 'Fragen einer religiösen Propädeutik würden dadurch zu sehr in den Hintergrund gedrängt und schultheoretische wie bildungstheoretische Probleme marginalisiert."[80] Englert nennt vier Anknüpfungspunkte für eine Weiterentwicklung der Korrelationsdidaktik: erstens „implizite Korrelation" (nach Hans Schmid) durch Einsetzen von Glaubenszeugnissen im schulischen Religionsunterricht, zweitens „abduktive Korrelation" (nach Hans-Georg Ziebertz) in der direkt an den religiösen Erfahrungen der Schülerinnen und Schüler angeknüpft wird, drittens „Elementarisierung" (nach Karl Ernst Nipkow und Friedrich Schweitzer) mit dem Freiraum der Entfaltung eigener Ansichten der Schülerinnen und Schüler und viertens „Konzept der Strukturanalyse" (nach Rainer Oberthür) vielleicht als „Konzept der Strukturanalogie".[81] Nach Rommel könnten diese Ansätze ergänzt werden durch die Alteritätsdidaktik (nach Bernhard Grümme), einer ‚Beziehungs-didaktik' (nach Reinhold Boschki) und der Performativen Religionsdidaktik (nach Hans Mendl).[82]).

Für einen islamischen Religionsunterricht lässt sich abschließend festhalten, dass die christlich-geprägte Korrelationsdidaktik mit den genannten

---

79 Ebd., 150.

80 HILGER, Religionsdidaktik, 328.

81 Ebd., 155f.

82 Eigene Mitschrift des Seminars „Juden, Christen und Muslime - Theologische Perspektiven und interreligiöse Didaktik" (Dunja el Missiri/ Herbert Rommel, WS 12/13). Weiterführende Literaturangaben: BERNHARD GRÜMME, Vom Anderen eröffnete Erfahrung, Gütersloh 2007; REINHOLD BOSCHKI, Beziehung" als Leitbegriff der Religionspädagogik. Grundlegung einer dialogisch-kreativen Religionsdidaktik, Ostfildern 2003; HANS MENDL, Religion erleben. Ein Arbeitsbuch für den Religionsunterricht, München 2008.

Weiterentwicklungsprozessen Chancen als Leitprinzip bietet, wenn der lebensweltbezogene Unterricht in der Wirklichkeit von muslimischen Schülerinnen und Schülern angesiedelt ist und menschliche Erfahrung als Offenbarung denkbar macht und gleichsam über Offenbarung neue menschliche Erfahrungen ermöglicht werden. Korrelationsdidaktik muss innerhalb ihrer offengelegten Grenzen genutzt werden. Erst wenn religiös-theologische Wahrheiten sich den dynamischen Reflexionsprozessen der Wirklichkeit öffnen und in ihrem Ergebnis offen bleiben, kann eine Korrelationsdidaktik mit den verschiedenen o.g. Ansätzen für einen zeitangemessen postmodernen Religionsunterricht gelingen.

RITA BURRICHTER

Jesus als Prophet – (k)ein Thema des christlichen Religionsunterrichts

Eine fundamentaldidaktische Durchsicht ausgewählter Unterrichtswerke

Die etwas neckische Einklammerung in der Überschrift führt mitten hinein in die Problematik: „Jesus als Prophet“ ist unbestritten ein wichtiges und ein seit vielen Jahrzehnten schon selbstverständliches Thema des christlichen Religionsunterrichts. In das religionsdidaktische Blickfeld gerät das Thema zuerst Ende der 60er Jahre mit der konzeptionellen Wendung von der Evangelischen Unterweisung und vom katholischen kerygmatischen Religionsunterricht zu einem hermeneutisch orientierten Religionsunterricht. Mit dieser Wendung vollzieht sich eine Abkehr des Verständnisses von Religionsunterricht als einem Verkündigungsdienst der Kirchen im Raum der Schule hin zu einem Verständnis von Religionsunterricht als genuinem Bestandteil schulischer Bildung, und zwar dem Bestandteil schulischer Bildung, der sich mit der Auslegung und Vermittlung christlichen Glaubens und christlicher Tradition im Horizont von Kultur- und Geistesgeschichte befasst. Durch den derart in den schulischen Religionsunterricht eingeführten dezidiert historisch-kritischen Blick auf die Offenbarungsschriften werden nunmehr einerseits neue Zugänge zur Person Jesu von Nazaret, seinem Wirken und seiner Botschaft möglich. Andererseits wird es im Rahmen einer solchen Konzeption jetzt auch möglich, systematische Zugänge zu religionsgeschichtlichen Fragen zu eröffnen und damit die interreligiösen Dimensionen von Prophetie in den Blick zu nehmen. Diese hermeneutische Linienführung setzt sich weithin durch und bestimmt somit den religionsdidaktischen Zugriff auf die Fragestellung.

Das gilt auch für die religionsdidaktischen Akzentverschiebungen der Folgezeit. Auch für den stärker schüler- und schülerinnenorientierten Religionsunterricht katholischer wie evangelischer Provenienz mit seiner gegenwartsbezogenen, aktualisierenden thematischen Orientierung ist „Jesus als Prophet“ ein wichtiges, ein unverzichtbares Thema – bis heute![1] Der Einsatz Jesu für die Armen und die an den Rand Gedrängten, seine Kritik starrer Gesetzesfrömmigkeit legen den Anschluss seiner Verkündigung an die Sozial-

[1] Durchaus vorhandene konfessionelle Differenzierungen werden im Folgenden nicht weiter thematisiert. Die Untersuchung der Darstellung Jesu als Prophet beschränkt sich exemplarisch auf Unterrichtsmaterialien und –werke für den katholischen Religionsunterricht. Eine gewisse Vereinseitigung ist dadurch unvermeidlich.

und Kultkritik der alttestamentlichen Schriftprophetie nahe. Aber auch Jesu Ausrufung und Ansage des Reiches Gottes, sein drängender Ruf zur (persönlichen wie gesamtgesellschaftlichen) Umkehr weisen in ihrer eschatologischen und in ihrer weisheitlichen Dimensionierung deutliche Bezüge zu prophetischen Traditionen auf.[2] Korrelative religionsdidaktische Ansätze thematisieren mit Bezug auf diese gesellschaftskritischen Dimensionen aktuelle Fragen gesellschaftlicher Kritik und Formen des Widerstands gegen Unterdrückung und Ausbeutung in der Gegenwart, bis hin zu der Frage, wer heute im Anschluss an dieses entschiedene Auftreten von Amos, Jesaja und auch Jesus in diesem Sinne eigentlich „Prophet" und „Prophetin" genannt werden kann, genannt werden darf, genannt werden muss. Vor allem mit Blick auf diese Anschlussfähigkeit an Themen, Texte und Motive des Alten Testaments, aber auch mit Blick auf die neutestamentliche Umwelt, auf den historischen Jesus, sein Selbstverständnis, seine Einschätzung durch Zeitgenossinnen und Zeitgenossen und damit verbundene Funktions- und Rollenzuschreibungen wird in Religionsbüchern und Unterrichtsmaterialien der Gegenwart also regelmäßig und ausdrücklich die „prophetische Dimension" des Wirkens und der Verkündigung Jesu betont.

Umso auffälliger ist dann, dass Jesus in eben diesen Religionsbüchern und Unterrichtsmaterialien genauso regelmäßig und ausdrücklich *nicht* als Prophet *bezeichnet* wird. Selbst dort, wo die mit programmatischem Bezug auf Jesaja formulierte Selbstaussage Jesu in Lk 4, 18f: „Der Geist des Herrn ruht auf mir; denn der Herr hat mich gesalbt. Er hat mich gesandt, damit ich den Armen eine gute Nachricht bringe…" als Text vorgestellt wird, fehlt im Schulbuch an dieser Stelle auffällig und geradezu demonstrativ die Benennung Jesu mit dem Titel „Prophet".[3] Hinweise zu den Bezügen und Querverweisen zwischen Altem und Neuem Testament belassen es in der Regel bei impliziten Verknüpfungsmöglichkeiten. Und in den seltenen Fällen, in denen Jesus tatsächlich explizit als Prophet bezeichnet wird und nicht nur die „prophetische Dimension" seines Programms herausgestellt wird, fehlt an dieser Stelle *niemals* die Aufzählung weiterer Zuschreibungen und Titel wie etwa „Lehrer", „Messias", „Menschensohn".[4] Im Letzten wird aber durch diese Aufzählung die Bezeichnung als Prophet relativiert.

---

[2] Die Erträge, aber auch die Auseinandersetzungen innerhalb der Bibelwissenschaften zu diesen Fragestellungen werden von der Religionsdidaktik – mit der üblichen Verspätung des Transfers von einer Disziplin in die andere – rezipiert. Ein vergleichender Blick in ältere und neuere Unterrichtswerke zeigt sehr rasch, dass die kontroverse Forschungslage, wie sie etwa von MARKUS ÖHLER beschrieben wird, auch religionsdidaktisch ihren Niederschlag findet. MARKUS ÖHLER, Jesus als Prophet, Biblisches Forum 1999: www.bibfor.de (24. Juni 2011).

[3] GEORG HILGER/ ELISABETH REIL (Hg.), Reli 5. Unterrichtswerk für katholische Religionslehre an Hauptschulen in den Klassen 5-9, erarbeitet von MATTHIAS BAHR u.a., München 1998, 63.

[4] GEORG HILGER/ ELISABETH REIL (Hg.), Reli 9. Unterrichtswerk für katholische Religionslehre an Hauptschulen in den Klassen 5-9, erarbeitet von HANS SCHMID u.a., München 2000, 38; RITA BURRICHTER/JOSEF EPPING (Hg.), sensus Religion – vom Glaubenssinn und Sinn

Dass „Jesus als Prophet" in diesem Sinne *kein* Thema des christlichen Religionsunterrichts ist, hat ohne Zweifel dogmatische, näherhin christologische Gründe. Im Kontext des christlichen Religionsunterrichts wird die Differenz Jesu Christi gegenüber den Prophetinnen und Propheten der eigenen jüdisch-christlichen Tradition, aber auch gegenüber anderen religiösen Traditionen in dieser Weise deutlich markiert. Den Prophetinnen und Propheten als „bloßen" Sprecherinnen und Sprechern Gottes, als „bloßen" Mittlerinnen und Mittlern der Wortoffenbarung steht die Selbstoffenbarung Gottes in Jesus Christus, steht die Inkarnation des Wortes, des Logos, steht der „unvermittelte" Mittler gegenüber. Eine Abgrenzung also, die nicht nur gegenüber Amos und Jesaja, sondern *definitiv* – im Wortsinn – auch gegenüber Muḥammad und Buddha wirksam ist. Sie markiert dabei nicht einfach Differenz im Sinne von (autoritativer) Überbietung oder (zeitlicher) Letztgültigkeit, sondern Differenz im Sinne von Alterität. Markiert wird in der Vermeidung der singulären Bezeichnung als Prophet oder in der relativierenden Aufzählung aller Vermittlungsfunktionen und Heilsbringerprädikationen des historischen Jesus nachdrücklich der Christus des Glaubens, was allerdings nicht Relativierung des Menschseins Jesu bedeutet.[5]

Festzuhalten ist also, dass mit Blick auf die Bibelwissenschaften und auf die Erträge religionsgeschichtlicher Forschung die prophetische Dimension der Sendung, des Programms und des Selbstverständnisses Jesu christlich-theologischer Konsens ist und in diesem Sinne von der Religionsdidaktik selbstverständlich, umfassend und breit rezipiert wird. Abschattierungen der jeweiligen Konkretion und Eindeutigkeit der Benennung Jesu als Prophet in diesem Zusammenhang ergeben sich dabei vor allem durch unterschiedliche religionsgeschichtliche Definitionen des Begriffs, des Profils und des „Berufsbildes" des Propheten, aber auch durch unterschiedliche, nämlich konträre Wertungen und Anerkennungen der weisheitlichen und apokalyptischen Strömungen zur Zeit Jesu als genuin prophetisch und durch unterschiedliche Einschätzungen des Verhältnisses Jesu zu diesen Richtungen und Gruppen.[6] Dies gilt unbeschadet der dogmatischen Vorbehalte gegenüber einer singulären und exklusiven Prädikation Jesu als Prophet. An dieser Stelle könnte eine religionsdidaktische Beschäftigung mit dem Thema „Jesus als Prophet" aus christlicher Perspektive folgerichtig bereits enden bzw. sich damit begnügen, nunmehr nur noch Praxisbeispiele für diesen lehramtlich-wissenschaftlichen Spagat vorzustellen und im Blick auf die ihnen zu Grunde liegenden bibel wissenschaftlichen, religionsgeschichtlichen und christo-logischen Positionen

---

des Glaubens. Unterrichtswerk für die Oberstufe, erarbeitet von RITA BURRICHTER u.a., München 2013.

5 Zu den damit verbundenen religionspädagogisch relevanten Verstehens- und Glaubensschwierigkeiten vgl. HANS KESSLER, Christologie. In: THEODOR SCHNEIDER (Hg.), Handbuch der Dogmatik 1, Ostfildern [4]2006, 241-442, hier 242f.

6 Vgl. GOTTFRIED NEBE, Prophetische Züge im Bilde Jesu bei Lukas, Stuttgart u.a. 1989; JÜRGEN BECKER, Jesus von Nazareth, Berlin-New York 1996, 234ff; ÖHLER, Jesus als Prophet.

zu untersuchen. Auffällig ist aber, dass neuere Unterrichtswerke zwar diesem „klassischen“ Zugang nach wie vor in den Grundzügen folgen, aber doch noch einmal ganz eigene didaktische Akzente setzen, insofern in ihnen die Thematisierung der prophetischen Dimensionen der Verkündigung Jesu und die Vorstellung Jesu als Prophet in Kontexte gestellt sind, in denen Schülerinnen und Schülern ermöglicht werden soll, sich ein eigenes Bild von Jesus zu machen und selbständig zu formulieren, was ihnen an Jesus wichtig ist, wie sie ihn verstehen. Diesem schüler- und schülerinnenzentrierten aneignungsorientierten Zugang zum Thema „Jesus als Prophet“ und seinen religionspädagogischen Konsequenzen soll im Folgenden exemplarisch nachgegangen werden.

1. Jesus *als* Prophet – zur religionspädagogischen Wertschätzung einer Modalkonjunktion

Eine bereits oberflächliche Durchsicht von Lehrplänen, Materialien für Lehrerinnen und Lehrer und Unterrichtswerken macht deutlich, dass die Formulierung „Jesus als Prophet“ das Äußerste ist, was christliche Religionsdidaktik an prophetischer Festlegung im Blick auf Jesus Christus zulässt.[7] Mit der Modalkonjunktion „als“ wird bereits sprachlich zum Ausdruck gebracht, dass das nicht alles ist, was es zu Jesus zu sagen gibt. Aber was heißt an dieser Stelle „nicht alles“?

Während im Horizont des oben beschriebenen „klassischen“ christlich-religionsdidaktischen Zugangs damit der christologische Vorbehalt markiert wird, verbindet die gegenwärtige Religionsdidaktik in ihren Lehrwerken mit der Palette der Formulierungen „Jesus als …“ Angebote und Aufforderungen an die Schülerinnen und Schüler, zum Ausdruck zu bringen, wie sie selbst Jesus und seine Botschaft verstehen, gerade auch in der Auseinandersetzung mit den tradierten Verstehenszugängen. Mit Hilfe unterschiedlicher Deutungsvorschläge – aus der Sicht von Jüngern und Jüngerinnen, Geheilten, Gegnerinnen und Gegnern – werden Schülerinnen und Schüler motiviert, die unterschiedlichen, auch: die nicht harmonisierbaren *Sichtweisen* auf die Person Jesu nachzuvollziehen, indem sie die ihnen zu Grunde liegenden *Erfahrungen* benennen und mögliche Konsequenzen für die daraus folgenden *Haltungen* gegenüber Jesus beschreiben und bewerten. Auf einer derartigen „erfahrungsgesättigten“ Folie werden sodann eigene Erfahrungen, Haltungen, Vorstellungen, aber auch Sehnsüchte und Hoffnungen zugänglich. So eröffnen

---

7 Vgl. GOTTFRIED ADAM, Art. Jesus Christus. In: RAINER LACHMANN/ GOTTFRIED ADAM/ WERNER H. RITTER, Theologische Schlüsselbegriffe. Biblisch – systematisch – didaktisch, Göttingen ²2004 (Theologie für Lehrerinnen und Lehrer; 1), 170f. Vgl. auch das religionsdidaktisch gern beigezogene Lehrbuch GERD THEIßEN/ ANETTE MERZ, Der historische Jesus. Ein Lehrbuch, Göttingen ²1997.

zum Beispiel die auf gegenüber liegenden Seiten formulierten Arbeitsaufgaben in einem Unterrichtswerk für die Jahrgangsstufen 5 und 6 den hermeneutischen Zugang zu den biblischen Deutungen, ermöglichen aber auch deren (existenzielle und argumentative) Verknüpfung mit der eigenen Deutung: „Lies die Sprechblasen. Welche der Aussagen interessiert dich am meisten? Suche die dazugehörige Person auf den nächsten Seiten. Mit welcher Person wollt ihr in der Klasse beginnen?" „Und du? Was sagst du über Jesus? Male eine leere Sprechblase in dein Heft und formuliere deine Meinung."[8] Dabei legt der Kontext dieser Angebote und Aufforderungen nahe, dass es hier nicht einfach um „Erstanbahnungen" hin zu einem nachfolgend theologisch „korrekten" Verständnis der Person Jesu Christi geht, sondern dass mit der Eröffnung der fremden und der eigenen Deutungen differenzierte und differenzierende, eigenständige Zugänge zu biblischen und theologiegeschichtlichen Konzepten ermöglicht werden sollen, die insbesondere auch den schwierigen Zusammenhang vom Sprechen über den historischen Jesus von Nazareth mit dem Sprechen über den Christus des Glaubens thematisieren und bearbeiten. Indem die überlieferten „geltenden" Konzepte mit den eigenen Vorstellungen ins Gespräch gebracht, und das heißt: geprüft, erwogen, im Licht der eigenen Erfahrung und im Licht der Vernunft[9] beurteilt werden, sollen gleichfalls „gültige", und das heißt vor allem: „anschlussfähige" Konzepte der Kinder selbst erarbeitet werden. So bringt etwa eine Arbeitshilfe für den Religionsunterricht in der Grundschule mit einem Leitfaden für den Erzählkreis im Anschluss an eine biblische Vergewisserung zu Jesus sehr dezidiert tradierte und eigene Perspektiven ins Gespräch: „Wer hat mir zum ersten Mal von Jesus erzählt? Was habe ich über Jesus erfahren? Warum sind die Menschen wohl von Jesus begeistert? Was denke ich über Jesus?"[10] Mit der Modalkonjunktion „als", die in diesem Zusammenhang immer wieder auftaucht: „Jesus als Freund", „Jesus als Helfer", „Jesus als Wundertäter" und eben auch „Jesus als Prophet" geht dann also nicht mehr so sehr eine dogmatisch motivierte „Zuschreibungsverweigerung" einher, sondern eher eine didaktisch motivierte „mehrperspektivische Wahrnehmung" der Rolle und Funktion Jesu Christi.

---

8 IRIS BOSOLD/ WOLFGANG MICHALKE-LEICHT (Hg.), Mittendrin. Lernlandschaften Religion, München ²2009, 70-71.

9 Zu den kognitiven Aneignungsstrukturen im Blick auf christologische Fragen vgl. GERHARD BÜTTNER, „Jesus hilft!" Untersuchungen zur Christologie von Schülerinnen und Schülern, Stuttgart 2002, 66-90 und TOBIAS ZIEGLER, Jesus als „unnahbarer Übermensch" oder „bester Freund"? Elementare Zugänge Jugendlicher zur Christologie als Herausforderung für Religionspädagogik und Theologie, Neukirchen-Vluyn 2006, 155-166. Zu den allgemeinen Voraussetzungen religiöser Entwicklung im Horizont kognitionspsychologischer Konzepte vgl. FRIEDRICH SCHWEITZER, Lebensgeschichte und Religion. Religiöse Entwicklung und Erziehung im Kindes- und Jugendalter, Gütersloh ⁶2007.

10 BARBARA ORT/ LUDWIG RENDLE (Hg.), fragen – suchen – entdecken 2. Arbeitshilfen für NRW, München 2004, 172.

Dass hier der Begriff der Perspektivität eingeführt wird, ist kein Zufall. Er prägt seit einiger Zeit nachhaltig religionsdidaktische Diskussionen und Publikationen, da er besonders geeignet erscheint, Fragen des religiösen Lernens in einer pluralisierten und individualisierten Gegenwart zu bearbeiten. Insbesondere im Kontext des ökumenischen und des interreligiösen Lernens begegnet der Begriff regelmäßig. Er hat hier eine Doppelfunktion, indem er einerseits notwendige selbstreflexive Prozesse der Theologie und Religionspädagogik in diesem Feld bezeichnet, nämlich die selbstkritische Überprüfung des eigenen Zugangs zu anderen Konfessionen und Religionen. Andererseits dient der Begriff der Perspektivität vor allem auf der inhaltlichen, unterrichts- und vermittlungsbezogenen Ebene dazu, durch den Blick auf das Andere, das Fremde auch den Blick auf den eigenen Standpunkt, auf die eigene Herkunft, auf die eigene Tradition zu klären und zu verändern. Die „Perspektive" wird hier also gleichzeitig in den Dienst einer wissenschaftlich-religionstheologischen Reflexion gestellt und zugleich als konzeptionell bedeutsamer, religionsdidaktischer Begriff eingeführt.[11] Im Sinne der Ermöglichung von Selbst-vergewisserung und Verständigung spielt perspektivisches Denken auch in kirchlichen Dokumenten zum christlichen Religionsunterricht eine wichtige Rolle.[12] Im Wort der katholischen Bischöfe von 1996 avanciert er geradezu zum Schlüsselbegriff des Lehrens und Lernens im Religionsunterricht:

> Die Fähigkeit, seine eigene Perspektive als begrenzte zu erkennen und an den Perspektiven anderer teilzunehmen, ist in einer an Bildung orientierten Didaktik von zentraler Bedeutung ... Perspektiven bekommen durchaus Wahrheit zu Gesicht. Sie müssen sich allerdings durch andere Perspektiven ergänzen lassen. Das Interessante am unterrichtlichen Lernen ist die Möglichkeit, aus der Perspektive anderer sehen zu lernen und neue Perspektiven dazuzugewinnen. ... Wie in keinem anderen Fach ist es gerade hier möglich, Perspektivenübernahmen einzuüben.[13]

Ein religionsdidaktischer Ansatz, der in dieser Weise mit Blick auf die religiösen Konstruktionen von Kindern und Jugendlichen, mit Blick auf die kirchliche Traditionsgemeinschaft, aber auch mit Blick auf nichtchristliche Deutungszugänge auf Perspektivenverschränkung und systematischen Perspektivwechsel setzt, firmiert in der christlichen Religionsdidaktik in Abgrenzung von einer bloßen „Vermittlungsdidaktik" als „Aneignungsdidaktik".[14]

---

[11] GEORG HILGER/ STEPHAN LEIMGRUBER/ HANS-GEORG ZIEBERTZ, Religionsdidaktik. Ein Leitfaden für Studium, Ausbildung und Beruf, München ^{4}2007, 438; FRIEDRICH SCHWEITZER u.a., Entwurf einer pluralitätsfähigen Religionspädagogik, Gütersloh-Freiburg i.Br. 2002, 132ff.

[12] KIRCHENAMT DER EKD (Hg.), Identität und Verständigung. Standort und Perspektiven des Religionsunterrichts in der Pluralität. Eine Denkschrift, Gütersloh 1994, 56; SEKRETARIAT DER DEUTSCHEN BISCHOFSKONFERENZ (Hg.), Die bildende Kraft des Religionsunterrichts. Zur Konfessionalität des katholischen Religionsunterrichts, Bonn 1996, 62f.

[13] Ebd., 62.

[14] Zur Ablösung einer Vermittlungsdidaktik durch eine Aneignungsdidaktik vgl.: KLAUS GOßMANN/ NORBERT METTE, Lebensweltliche Erfahrung und religiöse Deutung. Ein religi-

Entgegen anderslautenden Behauptungen werden damit theologische Inhalte, Fragestellungen und Themen nicht der Beliebigkeit ausgesetzt, sondern im Gegenteil in einen intersubjektiv durchaus überprüfbaren Wahrnehmungs- und Urteilszusammenhang eingebettet. Dazu gehört auch die *Übung* des perspektivischen Sehens im Religionsunterricht – im Wortsinn wie im übertragenen Sinn! – mit Hilfe von Arbeitsmaterialien und Unterrichtswerken.

2. Wer ist dieser? Einübung in perspektivisches Sehen

Christliche Unterrichtswerke entfalten den Aspekt des Prophetischen im Blick auf Jesus oft im Anschluss an die Frage: „Wer ist Jesus?" Das Neue Testament selbst stellt diese Frage bemerkenswert oft, aus unterschiedlichen Perspektiven und beantwortet sie selbst wiederum mehrperspektivisch, als gleichermaßen entschiedenes, Richtung weisendes und doch offenes Deutungs- und Verstehensangebot. Ein solcher Text ist auch Mk 1, 4-11, der in die Schulbibel für den katholischen Religionsunterricht unter der programmatischen Überschrift „Der Prophet in der Wüste tauft Jesus" aufgenommen ist.[15] Der von Renate Günzel-Horatz gestaltete Text folgt der Einheitsübersetzung weitgehend und das tut auf der rein anschaulichen Ebene auch die dem Text gegenübergestellte Illustration von Silke Rehberg (Abb.1).

Sie zeigt Jesus in Gebetshaltung bis zur Hüfte im Wasser, während Johannes der Täufer aus einem Gefäß Wasser über seinen Kopf gießt. Über der Szene schwebt aus einer Wolkenformation heraus eine Taube. Ungewöhnlich ist die Perspektive des Bildes, eine Vogelperspektive, die den Betrachterinnen und Betrachter erlaubt, nahezu auf gleicher Höhe mit der Taube, ihr gegenüber, das Geschehen wahrzunehmen. Trotz der deutlichen Textreferenzen bebildert die Illustration nicht einfach ein vermeintlich eindeutiges Geschehen. Vielmehr lässt sie – wie der Text selbst – manches, eigentlich *alles* in der Schwebe. Das fängt mit den für das biblische Motiv traditionell geläufigen Bildzeichen „Taube" und „Wasser" an. Die metaphorische Offenheit, dass der Geist Gottes *wie* eine Taube herabkam, wird im Bild durch das Aufgehen der Vogelfiguration in der Wolkenformation gewahrt. Wer den unteren Teil der Taube abdeckt, sieht: „Himmel" bzw. eine sich auflösende Farbformation. Leicht hingetupft bildet sich unten im Bild eine irisierende Wasseroberfläche, bei näherem Zusehen aber zeigen sich „nur": graue, blaue und gelbe Farbflecke, die sich ins nahezu Immaterielle hinein verlieren. Vor dem Hintergrund der runden, fast farblosen, „durchsichtigen" Schale, mit der Johannes das Wasser über Jesus gießt, werden diese Wasser-

---

onspädagogisch-hermeneutischer Zugang. In: COMENIUS INSTITUT (Hg.), Religion in der Lebensgeschichte. Interpretative Zugänge am Beispiel der Margret E., Gütersloh 1993, 164.

15 Meine Schulbibel. Ein Buch für Sieben- bis Zwölfjährige, Kevelaer u.a. 2003, 90f.

Licht-Tupfen zu einem Nimbus, der seinen Kopf hinterfängt. Das Zueinander von Oben und Unten im Bild vollzieht sich zudem auf einem zu den Rändern hin offenen, unbegrenzten Bildfeld. Mit dieser formalen bildkünstlerischen Struktur hält die Illustration gleichzeitig offen, in der Schwebe, was inhaltlich im Bild passiert. Die Geisterfahrung, die Erfahrung der *dynamis*, von der der Text erzählt, wird nicht fixiert, nicht verortet, nicht vergegenständlicht, sondern erweist sich – notwendig – als offenes Geschehen zwischen Himmel und Erde, das noch den leeren Zwischenraum füllt, als Erscheinung nicht an den Phänomenen, sondern durch sie hindurch.

Abb. 1: „Der Prophet in der Wüste tauft Jesus." In: Meine Schulbibel. Ein Buch für Sieben- bis Zwölfjährige, Kevelaer u.a. 2003, 91.

Dem entspricht die Darstellung von Täufling und Taufendem. Jesus erscheint konzentriert, sein Blick geht seitlich nach oben, jedoch *nicht* zur Taube. Dass er von etwas ergriffen ist, wird deutlich, mehr aber auch nicht. Und auch die aus der Vogelperspektive „allsehenden" Betrachterinnen und Betrachter können den Grund dessen nicht „erkennen". Was die Zusage: „Du bist mein geliebter Sohn, an dir habe ich Gefallen gefunden" für Jesu Selbstverständnis im Letzten bedeutet, legt das Bild nicht fest, aber die ausdrucksvolle Gestik, Mimik und die auffällige Abkehr vom geläufigen „Jesustyp" der Bildtradition fordern die Schülerinnen und Schüler heraus, Deutungsvorschläge zu machen, zu prüfen, zu vergleichen: Jesus als Berufener, Jesus als Beter, Jesus als … Johannes erscheint in diesem Bild gleichfalls eher ungewohnt; mit kahlem Kopf und langem Bart erinnert er an einen fernöstlichen Guru oder an die Seherfiguren der allgegenwärtigen phantastischen Historienfilme. Mit dieser bildlichen „Überschreitung" des jüdisch-christlichen Kontexts öffnet sich das Bild auch für religionstheologische Fragestellungen: Wo „überall" wirkt die Geisterfahrung, die göttliche *dynamis*? Mit ihrer gewagten Perspektive in einem „allseits" offenen Bildraum ermöglicht die Künstlerin – jenseits der bloßen Illustration eines Erzähltextes – ein Nachdenken über Offenbarung, das auch die Herausforderungen der Moderne durch Pluralität, Individualität und die Diffusion der Grenzen von Heiligem und Profanem aufnimmt.

3. „Normaler Mensch" und „Teil von Gott" – Jesusdeutungen im Grundschulalter

In seinen Untersuchungen zur Gestalt der Christologie in den Glaubensvorstellungen von Schülerinnen und Schülern macht Gerhard Büttner darauf aufmerksam, dass auf der Ebene der fides qua creditur im Grundschulalter die Vorstellung von Jesus als Wundertäter dominiert. Er führt dies zurück auf die altersspezifische Erfahrung von Inferiorität und die daraus resultierenden Wünsche, Sehnsüchte und Hoffnungen nach Überwindung der Begrenzungen.[16] Die Vorstellungen von Jesus bilden zusammen mit Vorstellungen von Helden aus Mythen und Märchen, vor allem aber mit den Vorstellungen von übermenschlichen Kraft- und Intelligenzfigurationen der Medienwelt und der Spielkultur die Matrix eines „Helden-Archetyps", „in der die Kinder und Heranwachsenden ihre Informationen über Jesus einordnen und auch selbständig weiterentwickeln."[17] Die Verknüpfung von unterrichtlichen und katechetischen Inhalten mit diesen Glaubensvorstellungen bringt dann die genuine „Kinderchristologie" hervor, eine induktiv gebildete fides quae creditur, von der sich „erwachsene" Theologie aufgrund ihrer internen Folgerichtigkeit und

[16] BÜTTNER, Untersuchungen, 70.
[17] Ebd., 71.

theologischen Problemlösefähigkeit durchaus herausgefordert sehen kann.[18] Für die Frage nach „Jesus als Prophet“ ist das charakteristische Pendeln der Vorstellungen der Kinder zwischen „Normalität“ und „Anteilhabe an Gott“ von besonderer Bedeutung. Dabei gerät einerseits die Verkündigung Jesu als gegenwartsaktuell und zugleich eschatologisch in den Blick, was in den christlichen Unterrichtswerken gemeinhin als „pro-phetisch“ gekennzeichnet wird. Andererseits beschäftigt Kinder im Grundschulalter die Frage des Zusammenwirkens zwischen Jesus und Gott besonders, die Frage nach Jesu exklusiver Stellung im Verhältnis zu Gott und damit verbunden seine besonderen Eigenschaften und Fähigkeiten. Dies verweist auf die religionsdidaktisch offen zu haltende Frage nach dem eigenen Verständnis von „Jesus als …“.

Das Unterrichtswerk für die Grundschule „fragen – suchen – entdecken“[19] bietet auf einer Doppelseite unter der Überschrift „Menschen sind von Jesus begeistert“ mehrere Deutungsangebote der Person Jesu, die mehrperspektivische Zugangs- und Handlungsformen ermöglichen (Abb. 2). Die gesamte Doppelseite ist als Illustration gestaltet, die Jesus auf einem Feld im Gespräch und in der Begegnung mit unterschiedlichen Menschen zeigt. Durch die deutliche Kennzeichnung einzelner Figuren als „arm“, „krank“, „hilflos“ wird der Anschluss nicht nur an die lukanische Feldrede Lk

Abb. 2: „Menschen sind von Jesus begeistert.“ In: suchen – entdecken. Religion in der Grundschule 2.

[18] Zur „Kindertheologie als religionsdidaktischer Perspektivenwechsel“ vgl. GEORG HILGER/ STEPHAN LEIMGRUBER/ HANS-GEORG ZIEBERTZ, Religionsdidaktik. Ein Leitfaden für Studium, Ausbildung und Beruf, München 2010 (Neuausgabe), 63-65.

[19] BARBARA ORT/ LUDWIG RENDLE (Hg.), fragen – suchen – entdecken. Religion in der Grundschule 2, erarbeitet von KONRAD BÜRGERMEISTER u.a., München 2002, 50f.

6, 20-21, sondern auch an weitere biblische Erzählungen ermöglicht, insbesondere an die lehrplanmäßig vorgesehenen Heilungsgeschichten. Darüber hinaus motivieren zahlreiche Nebenszenen dazu, Erzählungen über die zeitgenössische Lebenswelt anzuschließen. Auffällig und für den methodischen Zugang charakteristisch ist, dass in große Feldsteine am Wegesrand drei Seligpreisungen der Feldrede eingeschrieben sind. Neben die narrative Schilderung der Begegnung von Menschen mit der (historischen) Person Jesu treten also zentrale Elemente seiner Verkündigung, seiner Lehre, die innerbildlich als „Wegmarkierungen“ und „Zwischenstationen“ erscheinen. Die hier getroffenen Ansagen Jesu: „Freuen dürfen sich alle, die arm sind, denn Gott ist ihnen nahe“, „Freuen dürfen sich alle, die weinen, denn sie werden lachen“ und „Freuen dürfen sich alle, die hungern müssen, denn sie werden satt werden“ bilden nicht nur die „wörtliche Rede“ zur Illustration, sondern sprechen durch ihren „Inschriftcharakter“ die Leserinnen und Leser direkt an, also die Grundschulkinder selbst und fordern sie durch ihren thesenartigen Charakter zur Stellungnahme heraus. In die Illustration hineingesetzt und als handlungs- und produktionsorientiertes Element für den konkreten Unterricht, aber im weiteren Sinne auch als liturgisches, konfessorisches Element im schulischen Kontext zu verstehen sind zwei Jesuslieder mit der Aufforderung, weitere Strophen zu dichten und gemeinsam zu singen.

BARBARA ORT/ LUDWIG RENDLE (Hg.), fragen – München 2002, 50f.

Die Doppelseite ermöglicht durch die charakteristische Kompilation der Elemente Vergewisserungen zur historischen Dimension: „Sagt der das, was auf den Steinen steht?“ ebenso wie aktualisierende Anfragen: „Kann das wahr werden? Wie kann das wahr werden?“ und bekenntnisorientierte „Beglaubigungen". Die Vorstellung Jesu wird hier illustrativ und textlich konsequent von den Menschen her aufgebaut, seine Person wird damit ein Stück weit freigezogen als „Andockstelle" für die Vorstellungen und Haltungen der Grundschulkinder.

4. Lehrer und Prophet – eine programmatische Verknüpfung im Jesusbild

Innerhalb der oben beschriebenen „relativierenden Reihungen", innerhalb derer Jesus auch als Prophet bezeichnet wird, fällt eine Verbindung von zwei Prädikationen besonders auf, die sich geradezu zu „stehender Rede" entwickelt haben, nämlich die Prädikationen „Prophet" und „Lehrer". So bietet das Unterrichtswerk „Reli" für den Religionsunterricht in der 5. Klasse der Hauptschule auf der Doppelseite „Jesus und seine Botschaft: Wie Menschen darauf antworten"[20] nicht nur die geläufigen unterschiedlichen biblischen Deutungsangebote mit den entsprechenden Aufforderungen zur persönlichen Stellungnahme, sondern auf der rechten Seite die großformatige Wiedergabe einer Rembrandtzeichnung (Abb. 3), die mit dem biblischen Text aus dem Lukasevangelium kombiniert wird: „Der Geist des Herrn ruht auf mir; denn der Herr hat mich gesalbt. Er hat mich gesandt, damit ich den Armen eine gute Nachricht bringe; damit ich den Gefangenen die Entlassung verkünde und den Blinden das Augenlicht; damit ich die Zerschlagenen in Freiheit setze." (Lk 4, 18)

Die Zeichnung zeigt Jesus mit erhobenen Händen in einem nicht ganz eindeutigen Rede- bzw. Segensgestus. In einem weiten Kreis um ihn herum, dessen Mitte auffallend frei bleibt, stehen und sitzen Menschen unterschiedlichen Alters und unterschiedlicher Herkunft. Viele von ihnen sind in Haltungen des aufmerksamen und nachdenklichen Zuhörens gezeigt, manche in sich gekehrt, manche mit starker Außenkonzentration auf Jesus. Ein kleines Kind im Vordergrund aber dreht sich demonstrativ gelangweilt weg und lenkt sich ab: konventionelle Hinweise auf eine Predigt- oder Lehrsituation. Der biblische Text erscheint in der Gestaltung der Schulbuchseite als „wörtliche Rede" zum Bild, mithin also als Selbstaussage Jesu – eine spannungsvolle Zuordnung, da der biblische Text ja ein Jesajazitat aus dem Alten Testament ist, das Jesus anlässlich einer Toralesung in seiner Heimatstadt vorträgt. Der größere Kontext Lk 4, 16-24 macht aber deutlich, dass es hier in der Tat um das prophetische Selbstverständnis Jesu geht, wenn er ex negativo gegen die reservierte Haltung der Synagogengemeinde für sich die Sendung durch Gott in Anspruch nimmt: „Sicher werdet ihr mir das Sprichwort vorhalten: Arzt, heile dich selbst! Wenn du in Kafarnaum so große Dinge getan hast, wie wir gehört haben, dann tu sie auch hier in deiner Heimat! Und er setzte hinzu: Amen, das sage ich euch: Kein Prophet wird in seiner Heimat anerkannt." (Lk

[20] HILGER/ REIL (Hg.), Reli 5, 62f.

4,23f.) Das Unterrichtswerk vermeidet aus den bekannten Gründen an dieser Stelle jeden expliziten Hinweis auf das Selbstverständnis als Prophet, eröffnet aber in den begleitenden Aufgaben entsprechende Deutungsmöglichkeiten: „Im Text wird beschrieben, wie Jesus sich verstanden hat und wer er für die Menschen sein wollte. Wie könnte seine Botschaft für die Menschen heute klingen? … Schau das Bild genau an! Wohin gehen die Blicke der Menschen? Welche Haltungen nehmen sie ein? Wo möchtest du sitzen? Probiert es aus!“[21] Angestoßen werden damit gerade auch Deutungen, die herausstellen, dass Jesus etwas Wichtiges zu sagen hat, dass, wer Jesus zuhört, etwas von Gott erfährt, dass Jesus den Willen Gottes verkündet und Menschen ermuntert und ermahnt, das ihre zu tun, damit ein gutes Leben für alle möglich wird. Kurz: das Aufgabenprofil eines Propheten – im geläufigen religionsdidaktischen Verständnis – und Lehrers.

Rembrandt van Rijn, um 1652
Der Geist des Herrn ruht auf mir; denn der Herr hat mich gesalbt.
Er hat mich gesandt,
damit ich den Armen eine gute Nachricht bringe;
damit ich den Gefangenen die Entlassung verkünde
und den Blinden das Augenlicht;
damit ich die Zerschlagenen in Freiheit setze.
Lk 4,18

Abb. 3: Rembrandt van Rijn, Der lehrende Christus, Kupferstich, um 1652. In: GEORG HILGER/ ELISABETH REIL, Reli 5, Unterrichtswerk für katholische Religionslehre an Hauptschulen in den Klassen 5 – 9, München 1998, 63.

Für Schülerinnen und Schüler zu Beginn der Sekundarstufe I – einer christologisch (aber nicht nur christologisch!) bedeutsamen Übergangsphase[22] – ist eine solche programmatische Verknüpfung von Botschaft und lehrhafter Vermittlung einsichtig und anschlussfähig, da sie, altersgemäß aktuell und entwicklungspsychologisch nachvollziehbar, gerade beginnen, in ihrem theologischen „Konzept“ Jesus in gewisser Weise von Gott trennen: Jesus muss von Gott selbst ermächtigt werden, ist aber mit Gott über das Gebet, über die direkte Ansprache verbunden und kann diesen (spirituellen) Weg zu Gott auch anderen zeigen. Dieses Konstrukt löst frühere konkrete, artifizialistische Vor-

---

21 HILGER/ REIL (Hg.), Reli 5, 62.
22 Vgl. ZIEGLER, Jesus als „unnahbarer Übermensch“ oder „bester Freund“?, 158ff.

stellungen des Grundschulalters von der wunderbaren Hilfe und dem übernatürlichen Eingreifen Jesu ab. Es integriert fortschreitende Einsichten in die Gesetzmäßigkeiten der natürlichen Welt und betont daher nachdrücklich das Menschsein Jesu, sucht allerdings vermittels der Kategorien „Gebet", „Sendung", „Lehre" konstruktadäquat die spirituell möglichen Beziehungen „darüber hinaus", also den Transzendenzbezug zu klären.[23] Für die christliche Religionsdidaktik ist diese Verknüpfung – über ihre entwicklungspsychologische Folgerichtigkeit hinaus – weiterführend, da sie auch spätere unterschiedliche christologische Vorstellungen im Jugendalter (von kirchlich-dogmatisch bis indifferent-kirchenfern) zu integrieren vermag. Eine fachlich wie persönlich ertragreiche Verständigung über Botschaft und Programm des Propheten und Lehrers Jesus ist auch möglich, wenn bezüglich der Gottessohnschaft keine Einigung möglich ist. Skeptische Schülerinnen und Schüler können mit christusgläubigen Schülerinnen und Schüler im Gespräch bleiben über ein im Lichte der Vernunft nachvollziehbares (Lehr-) Programm.

Darüber hinaus ermöglicht auch die Frage anlässlich des Rembrandtbildes: „Wo möchtest du sitzen?" eine distanzierende Verortung, nämlich am Rande oder außerhalb des bildlich vorgestellten Kreises. Eine für Schülerinnen und Schüler womöglich wichtige ästhetische Vergewisserung, zumal auch das Publikum des 17. Jahrhunderts schon nicht mehr nur aus Gläubigen und hoch Identifizierten besteht – ein genauer Blick auf die Zeichnung klärt das schnell! Derartiges Unterrichtsmaterial ist falsch verstanden, wenn es als „indifferent" oder gar „Zweifel hervorrufend" verstanden wird. Vielmehr gilt, dass der Religionsunterricht Schülerinnen und Schülern einen Zugang zum christlichen Glauben ermöglichen will, mit dem man auch erwachsen werden kann, der nicht in späteren Jahren als „kindisch" erscheint und der die eigenen Fragen und Bedenken zulässt und klären hilft.

Die Aufnahme dieser programmatischen Verknüpfung von „Lehrer und Prophet" in den Unterrichtswerken für den Religionsunterricht der gymnasialen Oberstufe nimmt eben diesen Zugang auf und baut ihn in charakteristischer Weise noch aus. Damit wird der signifikanten Pluralität der christologischen Vorstellungen von Jugendlichen in gewisser Weise Rechnung getragen, indem neben die strikt christologischen Prädikationen und deren theologische Entfaltung in den Unterrichtswerken auch ein Prädikationenpaar gesetzt wird, das nicht sofort und unmittelbar theologisch „hardcoremäßig" daherkommt und doch theologisch weiterführende, nämlich religionsgeschichtliche Anschlussmöglichkeiten bietet. So akzentuiert die Doppelseite „Weisung und Protest. Jesus als jüdischer Lehrer und Prophet" in Text und Bild das Prädikationenpaar im Horizont des weitergehenden Selbstverständnisses des historischen Jesus als Jude und innerjüdischem Kritiker. Arbeitsaufgaben und ein „Vernetzungshinweis" markieren dabei deutlich den

---

[23] BÜTTNER, „Jesus hilft!", 266.

Anschluss des Themenaspekts auch an explizit christlich-theologische Fragestellungen.[24]

5. Jesus als Prophet – (k)ein Resümee

Die Frage nach Jesus als Prophet ist aus christlich-religionsdidaktischer Perspektive im Letzten keine relevante Frage, da sie trotz der Verweise auf den historischen Jesus und die Lesarten der Evangelien mit Verweis auf das christologische „Mehr“ schnell beantwortet ist. Zu anderem kann und wird sie sich auch unter den Anforderungen des islamisch-christlichen Gesprächs nicht bewegen lassen – unbeschadet der Notwendigkeit der Fortführung eines offenbarungstheologischen Dialogs. Aber: Die aufgezeigten absichtsvollen offenen Deutungsstrukturen verweisen darauf, dass Zugänge zu Jesus neben, quer, jenseits und parallel zu kirchlich-lehrhaften Deutungsmustern schlicht existieren. Sie können wertvoll und hilfreich sein, um mit kirchlich-lehrhaften Deutungsmustern umzugehen, ja, sie allererst verstehbar zu machen und mit lebendigen Glaubensvorstellungen zu füllen, um sie so *anzueignen*. Dazu ist es nötig, den religiösen Konstruktionen von Kindern und Jugendlichen nicht nur nachzugehen, sondern ihnen *Raum* zu geben. Denn nur so wird ermöglicht, überhaupt Einsicht in die eigene Konstruktionsleistung zu gewinnen – eine unhintergehbare Voraussetzung für die Möglichkeit von Entwicklung und kritischer Reflexion.

Im Horizont einer auch religiös reflektierten Wirklichkeitsaneignung und Weltdeutung bringt die Einsicht in die eigene Konstruktionsleistung auch eine Auseinandersetzung mit den Deutungszugängen anderer in Gegenwart und Vergangenheit mit sich. Der christliche Religionsunterricht eröffnet mit der Auseinandersetzung zwischen den christologischen Positionen der Tradition und den religionsgeschichtlichen und aktuellen außerchristlichen Zugängen zum Thema „Jesus als Prophet“ nicht einfach nur einen kompetitiven Austausch von Argumenten, sondern ermöglicht Schülerinnen und Schülern einen Zugang zur *Rekonstruktion der Positionen anderer*. Dieser Zugang befähigt sie selber und fordert sie heraus, Stellung zu beziehen, Positionen zu prüfen, auch: Skepsis, Indifferenz und Bekenntnisse im Horizont eines reflektierten *Perspektivwechsels* zu artikulieren. Schließlich und endlich ist integraler Bestandteil des unterrichtlichen Geschehens im Selbstverständnis des christ-

---

[24] Vgl. BURRICHTER/ EPPING (Hg.), Sensus religion, 164f. Die Darstellung Jesu aus Sicht des Islams, des Hinduismus und Buddhismus, wie sie etwa bei Werner Trutwin vorgenommen wird, fällt nicht in diese Kategorie der programmatischen Verknüpfung, da es dort nicht um die Eröffnung von Deutungsmöglichkeiten für die christlichen Schülerinnen und Schüler geht, sondern um eine angemessene Darstellung der außerchristlichen Verstehenszugänge, die überdies einem christlichen religionstheologischen Konzept zugeordnet werden: WERNER TRUTWIN, Neues Forum Religion. Jesus, Arbeitsbuch Christologie – Religionsunterricht Sekundarstufe II, Düsseldorf 2010, 116-125.

lichen Religionsunterrichts im Raum der öffentlichen Schule auch die Irritation und der Abschied vom naiven Bescheidwissen. Die Konfrontation mit der Pluralität der Zugänge zu Jesus Christus erfordert auch die systematische Bearbeitung der Widersprüche, Unklarheiten und Unentschiedenheiten und damit die systematische *Dekonstruktion* eigener und fremder Verstehenszugänge und Deutungen. Das Thema „Jesus als Prophet" eignet sich exemplarisch bestens dazu, eben weil es (k)ein Thema des christlichen Religionsunterrichts ist!

Naciye Kamçili-Yildiz

Jesus/ ʻIsā (a.s.)[1] im islamischen Religionsunterricht

Jesus/ ʻIsā (a.s.) im islamischen Religionsunterricht? Diesem Thema kommt gerade im Kontext eines islamischen Religionsunterrichts in einer christlich geprägten Gesellschaft eine besondere Bedeutung zu. Es erscheint geradezu als eine interreligiöse Notwendigkeit, sich mit dem Religionsstifter des christlichen Glaubens zu beschäftigen, um die Religion der Mehrheitsgesellschaft zu verstehen, auch wenn seine Rolle in beiden Religionen unterschiedlich bemessen wird.

Der folgende Aufsatz beschäftigt sich mit der Frage, ob Jesus – mit dem qur'ānischen Namen ʻIsā (a.s.) – im islamischen Religionsunterricht eine thematische Relevanz spielt und wie viel Raum ihm in den Lehrplänen zugestanden wird. Nach einer kurzen Zusammenstellung an bedeutenden Szenen aus dem Qur'ān zu seiner Biographie erfolgt im Anschluss eine Begutachtung seiner Rolle in den Lehrplänen zwei verschiedener Bundesländer. Den Abschluss bildet eine kritische Betrachtung aus religionspädagogischer Perspektive.

1. Jesus nach islamischer Tradition

Ein Ausspruch des Propheten Muḥammad über Jesus und seine Mutter Maria (*Maryam*) steckt den Rahmen der islamischen, genauer gesagt, der qur'ānischen Vorstellung ab. Der Ausspruch lautet:

> Wer bezeugt, dass kein Gott da ist außer Allah, Der keinen Partner hat, und dass Muḥammad sein Diener und Gesandter ist, und dass Jesus der Diener Gottes und sein Gesandter und sein Wort ist, das er Maria entboten hat von seinem Geist, und (bezeugt), dass das Paradies wahr ist und das Höllenfeuer wahr ist, den lässt Gott ins Paradies eingehen um dessentwillen, was er (im Diesseits) getan hat.[2]

Diese Aussage umfasst zwei verschiedene Dinge: Zum einen enthält sie das islamische Glaubensbekenntnis an den einen und einzigen Gott. Im zweiten Schritt wird Muḥammad als sein Gesandter und Diener bezeichnet. Parallel zu Muḥammad als der Übermittler der letzten göttlichen Botschaft wird im nächsten Schritt Jesus genannt, der genau die gleichen Aufgaben hat, nämlich Gesandter und Diener Gottes zu sein. Der Ausspruch benennt nebenbei noch

---

[1] „a.s." ist die Abkürzung für *ʻalaihi/a-s-salām* und bedeutet soviel wie „Gottes Friede sei auf ihm/ihr". Im Islam ist es üblich, nach dem Namen von Engeln, manchen Frauen, wie z.B. Maria/ Maryam, und Propheten solch einen Segensgruß zu sprechen.

[2] Ṣaḥīḥ al-Buḫārī Nr. 3435.

weitere Eigenschaften Jesu, wie Gottes Wort (*kalīmullah*) zu sein eingehaucht von seinem Geist (*ruḥullah*).

Jesus wird nicht nur in Hadīthen, sondern auch im Qur'ān in etwa 108 Versen erwähnt, sogar Titel dreier Suren stehen mit ihm in direkter Beziehung. Diese sind die dritte Sure al-Imran[3], die fünfte Sure al-Māida[4] und Sure 19, die den Namen seiner Mutter Maryam[5] trägt.

Im qur'ānischen Verständnis ist Jesus ein Prophet und Gesandter *(rasūl)*, der zu den Kindern Israels[6] gesandt wurde und er gehört damit in die Reihe der großen Gestalten der Offenbarungsgeschichte und ist wie sie ein Zeichen Gottes in der Welt:

> Sagt: ‚Wir glauben an das, was uns von droben erteilt worden ist, und das, was Abraham und Ismael und Isaak und Jakob und ihren Nachkommen erteilt worden ist, und das, was Moses und Jesus gewährt worden ist, und das, was allen anderen Propheten von ihrem Erhalter gewährt worden ist: Wir machen keine Unterschied zwischen irgendeinem von ihnen. Und Ihm ergeben wir uns.'[7]

Der Qur'ān erzählt – abgesehen von der Josefsgeschichte – die Begebenheiten um einzelne Propheten nicht kontinuierlich und vollständig. Die Erzählungen sind auf verschiedene Suren verteilt, berühren oft nur einen Ausschnitt und fördern mit dieser Erzählart die Konzentration auf das Geschehen als solches. Der Qur'ān erwähnt bezüglich Jesus unter anderem seine vaterlose Geburt[8], sein Leben und sein Sterben als Bestätiger und Erneuerer der göttlichen Botschaft[9]. Wenn Jesus Wunder tut, Kranke heilt und Tote zum Leben erweckt, geschehen diese im Dienste Gottes an den Menschen:

> …Ich werde für euch aus Ton die Gestalt (eures) Schicksals schaffen und dann ihr einhauchen, auf dass sie mit Gottes Erlaubnis (euer) Schicksal werden möge, und ich werde die Blinden heilen und die Aussätzigen heilen und die Toten zum Leben zurückbringen mit Gottes Erlaubnis…[10]

Jesus definiert sich selbst im Qur'ān als Diener Gottes und fordert seine Gemeinde auf, Gott zu dienen: „Gott ist mein Erhalter wie auch euer Erhalter; so betet ihn (allein) an: dies ist ein gerader Weg."[11] Mit dieser Aussage unterscheidet sich Jesus nicht von den anderen Gesandten Gottes und deren Botschaft, sie alle rufen gleichermaßen zur Verehrung Gottes auf. Denn der Sinn und Zweck des Menschseins ist Gott zu erkennen und nach dieser Erkenntnis zu leben. Jesus setzt lediglich fort, was Abraham, Mose und andere

---

3 Al-Imrān ist „die Sippe/ Familie Imrāns", aus der Jesus stammt.
4 „Der Speisetisch" nimmt Bezug auf eines der Wunder Jesu.
5 Arabische Bezeichnung für Maria.
6 Q 3:48.
7 Q 2:136.
8 Q 19:16-21.
9 Q 61:6.
10 Q 3:49.
11 Q 3:51.

Propheten als Botschaft Gottes den Menschen überbracht haben und Muḥammad als das Siegel der Propheten vollenden wird. Damit zeigt der Qur'ān in beiden Richtungen weit über die Zeit zwischen Krippe und Kreuz hinaus. Jesus wird weder im Hinblick auf eine Erlösung noch als jemand, der stellvertretend für die Menschen leidet und stirbt, gesehen. Von der christlichen Auffassung der Gottessohnschaft, distanziert sich Jesus im Qur'ān sehr deutlich. Er sieht sich als Prophet unter anderen Propheten und sieht in Gott seinen Herrn:

> Und siehe! Gott sagte:,O Jesus, Sohn der Maria! Hast du zu den Menschen gesagt: »Betet mich und meine Mutter als Gottheiten neben Gott an?«' Jesus antwortete: ,Grenzenlos bist Du in Deinem Ruhm! Es wäre für mich nicht möglich gewesen, zu sagen, wozu ich kein Recht hatte (es zu sagen)! Hätte ich dies gesagt, Du hättest es fürwahr gewusst! Du weißt alles, was in mir selbst ist, während ich nicht weiß, was in Deinem selbst ist...'[12]

Auch wenn Jesus im Qur'ān durch die Bezeichnungen Gottes Wort und Gottes Geist[13] zu sein eine gewissen Exklusivität genießt, bleibt er mit den anderen Propheten zusammen ein Überbringer der Botschaft des einen Gottes.

2. Gemeinsamkeiten und Unterschiede im Jesusbild

Zusammenfassend ist zu sagen, dass die qur'ānische Erzählung Jesus in der Rolle des Bestätigers der göttlichen Offenbarung sieht. Seine Wunder, die er mit Gottes Erlaubnis vollbringt, sollen als klare Beweise für seine Gottgesandtheit dienen. Parallelen zum Neuen Testament gibt es in der Schilderung der einzigartigen Empfängnis Marias, deutliche Unterschiede zeigen sich jedoch hinsichtlich der Kreuzigung, die im Qur'ān negiert wird. Stattdessen wird zumindest nach der gängigen Deutung beschrieben, dass eine Person, die Jesus ähnlich sah, gekreuzigt wurde. Zur christlichen Erlösungsvorstellung nimmt der Qur'ān keine Stellung.

Das Kreuz, der Tod und die Auferstehung Jesu Christi als zentrale Ereignisse gehören zu den tragenden Säulen des christlichen Glaubens und stehen in Konflikt mit dem qur'ānischen Jesus-Verständnis.

> Christen bauen vom „historischen Jesus“ zum „Christus des Glaubens“ eine hermeneutische Spannung auf, die den Glauben des Einzelnen nicht an historisch Beweisbares, sondern an die bewusste Annahme der Glaubensinterpretation historischer Fakten durch die neutestamentlichen Schriften bindet. Der „Christus des Glaubens“ ist eine mögliche, für den Christen die einzig mögliche authentische Interpretation des historischen Jesus.[14]

---

[12] Q 5:116-120.

[13] Q 4:171.

[14] FRANK VAN DER VELDEN (Hg.), Die Heiligen Schriften des anderen im Unterricht, Göttingen 2011, 193.

Das christliche Verständnis, in Jesu Tod die Erlösung aller an ihn Glaubenden zu sehen, ist für Muslime schwer nachvollziehbar und nicht annehmbar, da der Mensch nach islamischem Verständnis nur durch Gottes Barmherzigkeit ins Paradies eingehen kann. Der Gedanke des stellvertretenden Leidens Jesu für die Verfehlungen der Menschen wird noch komplizierter durch die Vorstellung, dass mit Jesus am Kreuz Gott in seiner Zugewandtheit für den Menschen selber stirbt, und damit sich selber in seinem Logossein opfert und keine anderen Sühneleistungen verlangt, da er selbst die Sühne erwirkt.[15] Schwierig ist auch das christliche Verständnis von Offenbarung, nach dem Gott sich durch seine Menschwerdung in Jesus Christus der Welt in Wort und Tat mitgeteilt hat, was von den Muslimen als Widerspruch zum qur'ānischen Monotheismus aufgefasst wird.

3. Jesus – Thema im islamischen Religionsunterricht?

In dem für NRW derzeit gültigen Lehrplan für Islamkunde wird Jesus unter dem Thema „ein Gott und viele Religionen, Projekt: Vergleich des religiösen Lebens" aufgeführt. In diesem Rahmen soll im Unterricht darüber gesprochen werden, welche Bedeutung die heiligen Bücher in den verschiedenen Religionen haben (*Qur'ān, Bibel, Neues Testament*)[16] und welche Propheten für sie wichtig sind. Auch hier werden namentlich Muḥammad, Jesus, Moses und Abraham als Beispiele erwähnt[17].

Im Kerncurriculum für den islamischen Religionsunterricht (IRU) des Landes Niedersachsen, das als erstes Bundesland den islamischen Religionsunterricht an den Grundschulen als ordentliches Schulfach ab dem Schuljahr 2012/13 einführen möchte, wird Jesus innerhalb der Thematik „Nach Muḥammad und den Propheten fragen" neben Abraham und Moses im Lehrmaterial des 3./4. Schuljahres erwähnt. Die Schülerinnen und Schüler (SuS) sollen die Propheten in ihrem Lebensumfeld wahrnehmen und Geschichten aus ihrem Leben kennen[18], und sollen befähigt werden „[a]nhand von Geschichten aus dem Leben der Propheten (zu) belegen, dass Propheten **Vorbilder**[19] sind."[20] Damit soll die Kompetenz der SuS dergestalt erweitert werden, dass sie erkennen, dass nach muslimischer Überzeugung

---

15 Vgl. MICHAEL MEYER-BLANCK, Für uns gestorben. Kreuzestheologie im Religionsunterricht. In: Entwurf 2010, Heft 3, 8. An dieser Stelle ist es für das muslimisch-christliche Gespräch hochinteressant, dass in der neueren innerchristlichen Debatte der Gedanke des Opfers und des stellvertetenden Sühneleidens Jesu kritisiert und die Soteriologie neu ausbuchstabiert wird. Vgl. THOMAS PRÖPPER, Erlösungsglaube und Freiheitsgeschichte, München 1985.

16 Im Lehrplan müsste es korrekt „Koran, Altes Testament, Neues Testament" heißen.

17 Vgl. http://www.standardsicherung.schulministerium.nrw.de/cms/upload/svislam/download/lehrplan.islamkunde.pdf, abgerufen am 25.01.2011.

18 Vgl. http://www.db2.nibis.de/1db/cuvo/datei/kc-iru-2010.pdf, 24, abgerufen am 25.01.2011.

19 Hervorhebung durch Verfasserin.

20 Ebd., 24, abgerufen am 25.01.2011.

„...Muḥammad und andere Propheten den Weg zu dem Einen Gott/Allah gezeigt haben."[21]

Bislang gibt es für den Religionsunterricht sowie die Islamkunde in der Grundschule zwei Schulbücher: *Mein Islambuch 1/2* und *Die schöne Quelle*. *Mein Islambuch* orientiert sich stark am Kerncurriculum in Niedersachsen und *Die schöne Quelle* am Lehrplan für Islamkunde in NRW.

Der Ansatz des Arbeitsbuches *Mein Islambuch* impliziert zwei Dimensionen. Einerseits soll religiöses Grundwissen vermittelt und andererseits die Kommunikations- und Dialogfähigkeit mit Andersdenkenden und Andersgläubigen gefördert werden. Mit der Wahrnehmung der Gemeinsamkeiten und Unterschiede werden Parallelen sowie Differenzen zwischen den unterschiedlichen Religionen aufgezeigt, Berührungsängste können abgebaut werden und die SuS werden befähigt, miteinander sprachfähig zu werden. Begrifflichkeiten des „Anderen" werden kennengelernt, was auch zu einem sensiblen Umgang mit dem Anderen führt und hilft, anderen religiösen Orientierungen mit Respekt zu begegnen. Jesus wird in diesem Lehrbuch nicht thematisiert; ob er in Band 3/4 auftaucht, ist abzuwarten.

4. Vorbilder – auch heute werden sie gebraucht?!

Der Begriff des Vorbilds ist noch einmal hervorzuheben, unter dem die Propheten nach den Lehrplänen im Religionsunterricht behandelt werden. Vorbilder spielen in der allgemeinen Entwicklung und auch der religiösen Identitätsfindung eine wichtige Rolle, damit aus Kindern selbständige und reife, kritische und selbstkritische Erwachsene werden. Dass Vorbilder heutzutage immer noch wichtig sind, zeigen die Ergebnisse der Shell-Studie, wonach im Jahre 2000 29% der befragten Jugendlichen angaben, ein Vorbild zu haben.

Die Vorbilder kommen meist aus dem Nahraum und sollen bei Lernprozessen zur Entwicklung der eigenen Identität beitragen. Die Postmoderne mit ihrem schnellen Wandel sowie sozialen und globalen Unsicherheiten, mit verschiedenen Glaubens- und Lebensoptionen erfordert anscheinend immer mehr Orientierungshilfen, zu denen auch positive Vorbilder gehören.[22]

Der Einsatz von fremden Biographien im Religionsunterricht spielt im Konzept des Modell-Lernens in der Lernpsychologie eine Rolle. Dabei ist die reflexive Auseinandersetzung mit Situationen und Entscheidungen fremder Personen ein besonders wichtiger Aspekt. In diesem Zusammenhang sollen nicht das Lebensganze, sondern konflikthaltige Situationen aus dem Leben einer Person auf die Fragen hin untersucht werden, welche Werte zur Disposition stehen und bei welchen Handlungsalternativen welche Werte bevorzugt

21 Ebd., abgerufen am 25.01.2011.
22 HANS MENDL, Religionsdidaktik kompakt, München 2011, 123.

werden. Dahinter steht die Idee, dass mit der Auseinandersetzung mit besonderen Entscheidungssituationen anderer Menschen die Konsequenzen von Verhaltensweisen sichtbar gemacht werden.

Die große Kluft, die zwischen den qur'ānischen Prophetendarstellungen und den Lebensentscheidungen heutiger Kinder und Jugendlicher besteht, ist Resultat der kulturellen und zeitbedingten Unterschiede in den Lebenskontexten. Die Distanz wird weiterhin durch überhöhte und geglättete Vorstellungen vergrößert und die Personen werden in weitere Ferne gerückt. Deshalb schließe ich mich der Forderung des katholischen Religionspädagogen *Hans Mendl* an,

> diese „großen" Vorbilder zu „erden", statt Gesamtbiographien zu präsentieren, die zentralen Entscheidungssituationen herauszuarbeiten, sie im realistischen Kontext und in ihrer Menschlichkeit – auch mit ihren Schwächen! – zu präsentieren und auch die Reaktionen des Umfelds mit einzubeziehen. [23]

Der Heranwachsende braucht Orientierungshilfen, um sich in der Gesellschaft zurechtzufinden und damit er Problemlösungstechniken und Kompetenzen auf unterschiedlichen Gebieten erlernen kann.

Gerade Jesus im islamischen Religionsunterricht als Vorbild darzustellen, halte ich persönlich für äußerst schwierig und problematisch, da der Qur'ān sich auf Ausschnitte beschränkt: auf seine „vaterlose" Geburt und die Botschaft Gottes an sein Volk, die mit verschiedenen Wundern einhergeht, wie z.B. sein Sprechen in der Wiege, oder das Einhauchen von Leben einer Vogelfigur aus Lehm. Die Berichte über Jesus sind daher prototypische Zeugnisse über einen mit göttlichen Wundern ausgestatteten Menschen und somit nur auf Umwegen von identifikatorischem Wert, wobei diese Erfahrungen auf uns nicht übertragbar und wiederholbar, weil sie eben „übernatürlich" sind und bleiben. Aus diesem Grunde könnte man Jesus sogar als die im Qur'ān am stärksten „theologisch belastete Person" bezeichnen. Eine solche Einschätzung kann sich zwar auch wieder ändern, wenn neuere exegetische Forschungen zum Qur'ān die Ausführungen zu Jesus historisch kontextualisieren und neuen muslimischen Deutungen zuführen. Zum gegenwärtigen Zeitpunkt sind entsprechende Forschungen aber noch viel zu sehr in ihren Kinderschuhen als dass man hierauf religionspädagogisch zurückgreifen könnte.

Während nach dem Qur'ān alle Propheten Leitbilder „mit gewissen Vorzügen" sind – u.a. mit ihrem Gottvertrauen wie Abraham, ihrer Geduld wie Hiob, ihrer sittlichen Standhaftigkeit wie Joseph – wird in einem Vers der Prophet Muḥammad hervorgehoben: „Wahrlich, im Gesandten Gottes habt ihr ein gutes Beispiel für jeden, der (mit Hoffnung und Ehrfurcht) dem Letzten Tag entgegensieht und unaufhörlich Gottes gedenkt."[24] „Das gute Beispiel" oder das Vorbild Muḥammads, dem die Muslime nacheifern, spielt im Islam

---

[23] HANS MENDL, Lernen an (außer-)gewöhnlichen Menschen. In: Katechetisches Blätter 131, (2006), 18.

[24] Q 33:21.

eine ganz besondere Rolle. Die Sunna beinhaltet nicht nur Informationen darüber, wie der Prophet sich in bestimmten Situation mit Worten geäußert oder durch Taten verhalten hat, wie sein Umgang mit seinen Mitmenschen war, sondern sie hat als die zweite Rechtsquelle des Islam auch die Fundamente der gottesdienstlichen Handlungen gelegt. In der islamischen Theologie wird die Sunna des Propheten in verschiedenen Disziplinen studiert und erforscht, u.a. werden im Rahmen von *uṣūl al-fiqh* aus ihr die religionsrechtlichen Bestimmungen entnommen.[25] Eine vergleichbare Quelle von anderen, vorangegangenen Gesandten ist nicht überliefert, jedoch könnten die Evangelien in Ansätzen einer „Sunna Jesu" entsprechen, ausgehend vom terminus technicus der islamischen Traditionsgelehrten, unter Sunna alles, was an Äußerungen, Taten, stillschweigenden Billigungen des Propheten zu verstehen.[26] Die vier Evangelien enthalten ähnlich wie die Sunna von seinen Jüngern überlieferte Reden sowie Wundergeschichten, Parabeln und Dialoge zwischen Jesu, seinen Anhängern und seinen Gegnern. Von daher könnte ggf. auch diese Sunna Jesu im islamischen Religionsunterricht benutzt werden, um sich diesem Propheten, ein konkreteres Gesicht zu geben. Hierzu ist aber zunächst einmal viel theologische Klärungsarbeit zu der Frage erforderlich, welche Aspekte des Neuen Testaments durch den Qur'ān korrigiert worden sind und an welchen Stellen es in seinem Eigenwert gewürdigt werden kann.

Da Menschen fehlbar und begrenzt sind, hat Gott im Qur'ān dem Menschen ein Beispiel aus der gleichen Gattung gezeigt, um auch die Grenzen des irdischen Daseins des Menschen aufzuzeigen. So sind in den Ḥadīṯsammlungen konkrete Verhaltensweisen des Propheten in vielen Alltagssituationen übermittelt, in denen er nicht als Gesandter Gottes, sondern als der Mensch Muḥammad agiert. Diese historischen Zeugnisse können auch heute noch helfen, das vorgelebte Verhalten des Propheten und seine Charaktereigenschaften nachzuahmen und im Sinne eines „gottgefälligen Lebens" – nicht nur im Gottesdienst – dem Ideal näherzukommen. Er ist damit in doppelter Hinsicht ein positives Vorbild, sowohl hinsichtlich seiner Nähe zu Gott als auch seiner Nähe zu den Menschen.

Auch wenn die Rolle und Bedeutung Jesu im Christentum und Islam recht unterschiedlich und sehr weit auseinander gehen, ist im islamischen Religionsunterricht die Begegnung mit Jesus neben seiner Übermittlerfunktion der göttlichen Botschaft auch unter interreligiösen Aspekten wichtig. Gerade deshalb wäre zu prüfen, ob er nicht auch als Vorbild gewürdigt werden kann. Auch seine qur'ānische Würdigung als Wort und Geist Gottes könnte hier eine Brücke für die interreligiöse Verständigung sein. Wichtig und notwendig ist in diesem Kontext auch die zu entwickelnde Sicht aus Jesus aus unterschiedlichen Perspektiven.

---

25 Vgl. BIRGIT KRAWIETZ, Hierarchie der Rechtsquellen im tradierten sunnitischen Islam, Berlin 1999, 115.

26 Vgl. ebd., 115.

Während in der Grundschule die Auseinandersetzung mit dem qur'ānischen Jesus-Bild erfolgen kann, ermöglicht die Hinzunahme christlicher Jesus-Bilder aus dem Neuen Testament eine Entwicklung vom historischen Jesus hin zur Christologie. Der inhaltliche Vergleich mit der eigenen Religion führt nicht nur zum Verständnis eines anderen Glaubenssystems, sondern schafft ein Orientierungswissen und beachtet dabei die Rangordnung der Teilwahrheiten.[27]

[27] Vgl. GEORG HILGER/ STEPHAN LEIMGRUBER/ HANS-GEORG ZIEBERTZ, Religionsdidaktik. Ein Leitfaden für Studium, Ausbildung und Beruf, München 2010, 468.

GEORG LANGENHORST

Amos, Jesaja, Jesus … Muḥammad?

Prophetie als interreligiöses Problem aus Sicht der Korrelationsdidaktik

Die drei Geschwisterreligionen Judentum, Christentum und Islam werden immer wieder mit drei Oberbegriffen zusammenfassend charakterisiert: als die monotheistischen Religionen, die abrahamischen (oder abrahamitischen) Religionen, schließlich aber auch als die drei prophetischen Religionen. Sie teilen das zentrale Bewusstsein, dass in ihren heiligen Schriften die Erinnerungen an große und identitätsstiftende Propheten aufbewahrt werden. Zwar gibt es ein allgemeines Phänomen von Prophetie im weitesten Sinnen auch in anderen religiösen Traditionen, in der konkreten Zeichnung aber ist das Verständnis in Judentum, Christentum und Islam einzigartig. Nur in diesen drei Religionen werden Propheten eindeutig als „besonders berufene Künder Gottes" profiliert, als „Gipfelgestalten", die zugleich als „soziale, politische und theologische Kritiker der Gesellschaft" fungieren als auch als „Wächter, Warner, Prüfer und Mahner"[1]. Das Kriterium, eine prophetische Religion zu sein, dient genauso zur Identifizierung und spezifischen Kennzeichnung wie die beiden anderen – das Kriterium des Monotheismus sowie der Bezug auf Abraham[2].

So kann es kaum überraschen, dass das Themenfeld von Prophetie einen zentralen Baustein des Religionsunterrichts und der religiösen Unterweisung dieser Religionen darstellt. Aber wie genau wird Prophetie unterrichtet? Welches Verständnis von Prophetie steht im Zentrum der Lehr- und Lernprozesse? Und vor allem: Welche Rolle kommt dabei der interreligiösen, genauer gesagt: der trialogischen Perspektive[3] zu? Wird die Auseinandersetzung mit Prophetie zum Anlass eines interreligiösen Lernprozesses über die Gemeinsamkeiten und Unterschiede von Judentum, Christentum und Islam? Welche noch wenig genutzten Chancen werden durch diese Perspektive eröffnet? Diese Fragen stehen im Zentrum der folgenden Ausführungen, die aus der Sicht der katholischen Theologie und Religionspädagogik formuliert werden.

1 HANS KÜNG, Das Judentum. Die religiöse Situation der Zeit, München-Zürich 1991, 125.
2 Vgl. KARL-JOSEF KUSCHEL, Streit um Abraham. Was Juden, Christen und Muslime trennt - und was sie eint, München 1994.
3 Vgl. GEORG LANGENHORST, Trialogische Religionspädagogik. Konturen eines Programms. In: Religionsunterricht an höheren Schulen 51 (2008) 289-298.

1. Korrelation als religionsdidaktisches Leitprinzip

Sie wird schon seit 20 Jahren heftig kritisiert, sie wurde vielfach totgesagt, aber auch immer weiter verfeinert, verbessert, modifiziert, und sie ist deshalb nach wie vor *das* „religionsdidaktische Leitprinzip“[4] des katholischen Religionsunterrichts, sei es auch nur deshalb, weil sich schlicht keine überzeugendere Alternative abzeichnet oder durchgesetzt hat: die Korrelationsdidaktik. Ganz kurz sei dieses Prinzip und seine Geschichte in Erinnerung gerufen, um dann die Leistungsfähigkeit des Korrelationsgedankens im Blick auf den konkreten Fall der Prophetie zu überprüfen.

„Korrelation“ – dieser Begriff stammt ursprünglich aus der systematischen Theologie, wurde jedoch religionspädagogisch neu zugespitzt und eigens profiliert. Der evangelische Theologe *Paul Tillich* hatte Korrelation zunächst vor allem als erkenntnisleitendes System von Frage und Antwort konzipiert, in dem die Kultur und die alltägliche Erfahrungswelt die drängenden Fragen liefere, auf welche die Theologie ihre Antworten zu geben habe. Dieses Konzept griff der katholische Systematiker *Edward Schillebeeckx* auf, um seinerseits ein Verständnis von Korrelation als kritische, wechselseitig produktive gegenseitige Selbstüberprüfung von menschlicher Erfahrung und in Tradition geronnenen Glaubensaussagen zu propagieren. Die damit vorliegende modifizierte Form des Konzepts sollte leitmotivisch die künftige religionspädagogische Verwendung des Begriffs bestimmen.

Sinngemäß greift bereits der epochale programmatische Entwurf der Würzburger Synode *Der Religionsunterricht in der Schule* (1974) das Konzept der Korrelation auf. Klar umrissen wurden Begriff und Programm von Korrelation jedoch erst im *Zielfelderplan für die Grundschule* von 1977 sowie im *Grundlagenplan für den katholischen Religionsunterricht im 5. bis 10. Schuljahr*, der 1984 erschien und – bei aller Überarbeitungsnotwendigkeit – bis heute gültig ist. Die Grundidee von Korrelationsdidaktik besteht aus einer gleichberechtigten Orientierung an Theologie *und* Pädagogik, an Tradition *und* Gegenwartserfahrung. Der benannte Grundlagenplan[5] enthält in den begleitenden konzeptionellen Erläuterungen die wohl griffigsten Formulierungen dessen, was mit Korrelation gemeint ist.

Woraus konstituiert sich „Glaube“? Aus der „Verknüpfung von Glaubensüberlieferung und jeweiliger Lebenserfahrung“. Dieses Prinzip ist noch nichts Religionspädagogisches, sondern „im Selbstverständnis des christlichen Glaubens selbst begründet“ und somit ein „theologisches Prinzip“. Es lässt sich jedoch pädagogisch wenden, wenn man es auf Deutungs- und Erschließungsprozesse hin verlängert. Genau das soll im Religionsunterricht geschehen:

---

[4] GEORG HILGER/ STEPHAN LEIMGRUBER/ HANS-GEORG ZIEBERTZ, Religionsdidaktik. Ein Leitfaden für Studium, Ausbildung und Beruf, München [6]2010, 347.

[5] Alle Folgezitate in: ZENTRALSTELLE BILDUNG DER DEUTSCHEN BISCHOFSKONFERENZ (Hg.), Grundlagenplan für den katholischen Religionsunterricht im 5. - 10. Schuljahr, München 1984, 241-243.

„Leben aus dem Glauben deuten und Glauben angesichts des Lebens erschließen" – diese „Wechselbeziehung", dieses gegenseitige Auslegen, Hinterfragen, Anregen „nennen wir Korrelation", so die Erläuterungen im Grundlagenplan.

Wie also lässt sich in Übertragung des theologischen Korrelationsprinzips *Korrelation* als spezifisch *didaktisches Prinzip* bestimmen: Es geht darum, „eine kritische, produktive Wechselbeziehung herzustellen zwischen dem Geschehen, dem sich der überlieferte Glaube verdankt und dem Geschehen, in dem Menschen heute – z. B. diese Schüler und ihre Lehrer – ihre Erfahrungen machen". „Kritisch", weil es um *gegenseitige* Prüfung und Infragestellung geht; „produktiv", weil es auf beiden Seiten um konstruktive Anstöße zu Veränderung und Fortentwicklung geht. Es geht somit um einen doppelpoligen „Interpretationsvorgang", um einen „Prozess wechselseitiger Durchdringung zwischen Glaubensüberzeugungen und Lebenserfahrungen", um Prozesse, die man im Unterricht „entdecken, erproben, herstellen" kann. Bis heute und bis zu einer Entwicklung eines überzeugenderen Prinzips ist dieser „dritte Weg" zwischen einseitiger Stofforientierung auf der einen und einseitiger Schülerorientierung auf der anderen Seite die hermeneutische und didaktische Königsform des katholischen Religionsunterrichts, umgesetzt in ungezählten Lehrplänen, Schulbuchreihen und Handbüchern.

2. Prophetie im Kontext von Korrelationsdidaktik

Wie also kann es gelingen Prophetie im Rahmen der damit knapp skizzierten Didaktik zu thematisieren? Schauen wir zunächst in die so genannten *Grundlagenpläne* für den katholischen Religionsunterricht, herausgegeben und konzeptionell verantwortet von der Deutschen Bischofskonferenz. Sie sind die überarbeiteten Nachfolger der als überholt geltenden Zielfelderpläne der 1970er Jahre. Ihnen kommt keine Rechtsverbindlichkeit zu, vielmehr verstehen sie sich als Orientierungsvorgaben im deutschsprachigen Raum, die angesichts der Kulturhoheit der Bundesländer regional verbindlich umgesetzt und konkretisiert werden müssen.

Der 1998 publizierte Grundlagenplan für die *Grundschule* zählt die „Prophetengeschichten" zu den inhaltlichen Mindestanforderungen an den Religionsunterricht hinzu und konkretisiert dies in Bezug auf „Elija/Elischa" in einer Unterrichtseinheit im dritten oder vierten Schuljahr[6]. Als Erläuterung dazu, wie sich der erzählte Glaube der Bibel konkretisiert, wird später ausgeführt: „Christlicher Glaube kritisiert Lebensformen und soziale Strukturen, die Menschen schädigen. In der Tradition der Propheten Israels und nach dem Modell Jesu erheben Christen Einspruch gegen Unrecht und Gewalt, gegen die

---

[6] Vgl. ZENTRALSTELLE BILDUNG DER DEUTSCHEN BISCHOFSKONFERENZ (Hg.), Grundlagenplan für den katholischen Religionsunterricht in der Grundschule, München 1998, 48.

Verehrung von Mächten, die lebensfeindlich sind."[7] Deutlich wird in diesen Ausführungen, dass es einerseits um das Kennenlernen biblischer Traditionen allgemein geht, hier konkret um das Phänomen der Prophetie anhand der Propheten Elija und Elischa. Andererseits betont bereits der Religionsunterricht in der Grundschule die Notwendigkeit, in „der Tradition der Propheten Israels" Einspruch zu erheben gegen Unrecht und Gewalt heute. Beide Pole der Korrelation sind von vornherein berücksichtigt.

Der schon mehr als 35 Jahre alte Grundlagenplan für die Klassen 5 bis 10 differenziert nicht nach Schultypen. In ihm findet sich das Grundmodell des Einsatzes von Propheten im katholischen Religionsunterricht, anvisiert für Klasse 7. Vorgeschlagen wird eine Unterrichtsreihe zum Thema „Lästige Mahner: Propheten"[8]. Wie folgt wird das Thema didaktisch charakterisiert:

> Menschen, die überkommene Gewohnheiten in Frage stellen, werden oft als lästig empfunden. Andererseits sind sie dort notwendig, wo der Aufbruch gewagt werden muss. Davon fühlen sich Schüler dieses Alters besonders angesprochen. Der Ruf, die Wege Gottes zu gehen, braucht immer wieder neuen Anstoß. Propheten als von Gott berufene Menschen, die schärfer sehen und eine bestimmte Situation als Krisensituation diagnostizieren, können solche Impulsgeber sein. Propheten als lästige Mahner verhindern bequemes Sich-Einrichten in menschlich-politische Sicherungssysteme. Hier treffen sie sich mit der Botschaft und Gestalt Jesu. Jugendliche dieses Alters haben ein waches Gespür für prophetische Provokation; hier gilt es, den Geist Jesu ins Spiel zu bringen.

Korrelation zeigt sich hier gleich auf mehreren Ebenen: Ausgangspunkt und Zielpunkt ist die heutige Situation aus der – vermeintlichen – Sicht von Jugendlichen. In den Bogen eingespannt wird jedoch zunächst ein Blick auf alttestamentliche Propheten (explizit erwähnt werden im Folgetext Jesaja, Jeremia, und Amos), dann auf den Geist Jesu und die „Unterscheidung der Geister" (in Bezug auf 1 Thess 5,21 und 1 Joh 4,1). Von hier aus sollen „Grundzüge des Prophetischen heute" erarbeitet werden, konkretisiert als „gegen den Strom schwimmen, für die Wahrheit sensibilisieren, Leiden an der eigenen Zeit, die Zeichen der Zeit erkennen". Ein spezifisches, exemplarisches Gesicht soll schließlich derartige zeitgenössische Prophetie heute durch „ein Beispiel aus der Neuzeit" erhalten. Vorgeschlagen als Beispielgestalten werden 1984 „z.B. Thomas Morus, Martin Luther King, Oskar Romero".

Auffällig aus heutiger Sicht: In der Angabe des Gesamtthemas ist ausschließlich von männlichen „Propheten" die Rede. Und ganz konsequent werden dann biblisch wie aus der Geschichte der Moderne bis heute auch ausschließlich männliche Beispielfiguren aufgenommen. In der – ganz unterschiedlichen – Rezeption der Vorgaben des Grundlagenplans in den dann

---

7 Ebd., 53.

8 Alle Folgezitate in: ZENTRALSTELLE BILDUNG DER DEUTSCHEN BISCHOFSKONFERENZ (Hg.), Grundlagenplan für den katholischen Religionsunterricht im 5. - 10. Schuljahr, München 1984, 50f.

juristisch bindenden Lehrplänen der einzelnen Bundesländer wird deshalb einerseits die Themenformulierung ‚gegendert', werden außerdem weitere Beispiele aus unserer Zeit benannt – unter ihnen dann auch weibliche Gestalten. Beispiel Bayern: Der gültige Lehrplan für die Hauptschule (1997) widmet der Prophetie nur ein kleines Nebenkapitel in der Unterrichteinheit für Klasse 8 zum Thema „Den eigenen Weg finden – was dem Leben Halt und Richtung gibt". Hier findet sich unter der Überschrift „Frauen und Männer der Bibel – Mut zu unangepasstem Leben" der kurze Hinweis „Propheten erfahren und bezeugen den ‚An-spruch' Gottes (z.B. Elija, Jeremia)". Ein direkt korrelativer Bezug unterbleibt.

Dieser explizit korrelative Bezug wird am deutlichsten ausgestaltet im 2001 eingesetzten Lehrplan für die Realschule, der sich als einziger eng an den Vorgaben des Grundlagenplans orientiert. Nur hier findet sich eine eigene Unterrichtseinheit, konzipiert für Klasse 7 und gegenwartskonform schon in der Überschrift gegendert: „Sprecher im Namen Gottes: Prophetinnen und Propheten". Neben einem Blick auf Amos, Jeremia, Jesaja und Elischa geht es vor allem um das prophetische Handeln heute, konkret um „Menschen, die das Leben aus ihrem Gottesglauben heraus sehen, die Unrecht beim Namen nennen, die vom Reich Gottes träumen, die durch ihr Engagement im Namen Gottes Hoffnung und Mut wecken". Es geht darum „Möglichkeiten prophetischen Wirkens im eigenen Leben" wahrzunehmen, anhand von Gestalten wie „z.B. Martin Luther King, Dom Helder Camara, Rigoberta Menchú".

Der 2009 eingesetzte Lehrplan für das Gymnasium zieht diese Unterrichtseinheit mit anderen zusammen. Hier wird erst in Klasse 9 kompakt präsentiert: „Exodus, Dekalog und Propheten: Gott schenkt Freiheit und fordert Gerechtigkeit". Nur noch als Teileinheit geht es auch hier um Propheten als „Verteidiger von Freiheit und Gerechtigkeit" im Blick auf Amos, Micha, Jeremia oder Jesaja auf der einen, Martin Luther King und Oscar Romero auf der anderen Seite.

Zur Abrundung nur noch ein kurzer Blick auf den *Grundlagenplan zur gymnasialen Oberstufe/ Sekundarstufe II*[9]. Da es hier schwerpunktmäßig darum geht, die „Rationalität und Universalität christlicher Moral" hervorzuheben, wird das spezifisch biblische Profil zwar mit eingespeist, steht jedoch nicht im Zentrum. So nimmt der Hinweis, dass nach „dem biblischen Zeugnis" das „sittliche Verhalten" den „Prüfstein der Gottesbeziehung" darstellt, zwar Hinweise auf Hosea und Micha mit auf, rückt diese Perspektive aber nicht in den Vordergrund.

Was hat der Blick auf die Verankerung von Prophetie als Themenfeld im Rahmen der korrelativen Religionsdidaktik erbracht? Um eine kritische, produktive Wechselbeziehung herzustellen: besser zu entdecken und zu entfalten zwischen dem Geschehen, dem sich der überlieferte Glaube verdankt und dem

---

9 SEKRETARIAT DER DEUTSCHEN BISCHOFSKONFERENZ (Hg.), Grundlagenplan für den katholischen Religionsunterricht in der gymnasialen Oberstufe/ Sekundarstufe II, Bonn 2003, 54f.

Geschehen, in dem die SchülerInnen heute ihre Erfahrungen machen, wird ein Vierschritt vollzogen, denkbar in unterschiedlicher Richtung oder Abfolge, auch mit verschiedenartiger Schwerpunktsetzung und Vertiefung: Es geht

- zum Ersten um exemplarische alttestamentliche Propheten als Grundtyp;
- zum Zweiten um die Weiterführung und Konkretisierung durch Jesus Christus und seinen Geist;
- zum Dritten um Menschen aus der (Kirchen-) Geschichte bis zur Gegenwart, die dieses Erbe auf der anderen Seite des Korrelationsbogens konkretisieren und ihm heutige Gestalt geben;
- schließlich zum Vierten darum, dass die SchülerInnen selbst Spuren prophetischen Handelns in ihrem jeweiligen Lebenskontext benennen und profilieren.

3. Fremdprophetie? – Ein untauglicher Begriff!

Eine Zwischenüberlegung: Müssen alle Beispiele für die dritte der benannten didaktischen Ebenen Gestalten sein, die eindeutig als Christen charakterisiert sind? Kann sich nicht das Prophetische heute (oder in anderen nachbiblischen Zeiten) auch in Menschen anderer religiöser und weltanschaulicher Orientierung zeigen? Gewiss ist es im Rahmen von Korrelationsdidaktik denkbar, dass auch Menschen wie Mahatma Gandhi (also Anders-Religiöse) oder Albert Camus (also Nicht-Religiöse), dass zumindest Texte oder Zeugnisse derartiger Personen in einem korrelativen Lernprozess über Prophetie fruchtbare Impulse setzen können. Aber kommt dann diesen Personen oder ihren Zeugnissen selbst ein prophetischer Charakter zu? Die Pastoraltheologie hat in diesem Kontext den Begriff der „Fremdprophetie“ entwickelt, er soll kurz auf seine religionspädagogische Tauglichkeit überprüft werden – schon deshalb, weil er eine mögliche Kategorie zur Würdigung auch muslimischer Texte und Personen, ja: gegebenenfalls von Muḥammad selbst bereitstellen könnte.

„Fremdprophetie“, dieser Begriff wird „gebraucht im Sinne einer Aufforderung zur praktisch folgenreichen Wahrnehmung (inklusive kritischer Unterscheidung) der prophetischen Kraft, die auch und gerade dem für die Kirche Fremden und fremd Gewordenen innewohnen kann“[10] – so *Norbert Mette*. Diese wohlgemeinte Kategorie zur Würdigung und Integration nichtbiblischer und nichtchristlicher Personen und Zeugnisse erweist sich bei näherer Betrachtung freilich als ungeeignet. Beide einzelnen Begriffsteile passen nicht, folglich auch nicht deren Kombination.

Aus der Kennzeichnung „fremd“ spricht zunächst das durchaus begründete Bedürfnis, nicht vorschnell vereinnahmen zu wollen. Gleichzeitig grenzt man jedoch ungewollt aus: Aber mit welchem Recht und welcher Stringenz kann

---

[10] NORBERT METTE, Art. Fremdprophetie. In: LThK Bd. 4 (^{3}1995), 127f.

man aus christlicher Sicht etwa jüdische, muslimische oder humanistische Positionen ganz eindeutig als „fremd“ stigmatisieren? Die scheinbar klare Trennung in „eigen“ und „fremd“ kann der komplexen jeweiligen Beziehungsstruktur kaum gerecht werden. Was hier historisch, inhaltlich oder formal „fremd“ und was „vertraut“ ist, was „innen“, was „außen“, das kann sich nur im Blick auf jede einzelne Person oder jeden einzelnen Text differenziert diskutieren lassen.

Die zweite Kennzeichnung „Prophetie“ versucht zunächst erneut in positiv-würdigender Absicht die bleibende hermeneutische Herausforderung zu kennzeichnen. Denn tatsächlich: In „Fremdtexten“ und von „Fremdpersonen“ kann Provokatives, Wahrhaftiges, Entscheidendes ausgehen. Doch auch hier gilt die Einschränkung, nun freilich in umgekehrter Argumentation: Der Begriff „Prophetie“ lädt den Zusammenhang unangemessen biblisch-theologisch auf, ist ein Prophet doch in theologischem Verständnis explizit ein *von Gott* Beauftragter, einer der im Auftrag und mit der Vollmacht Gottes Wahres und Maßgebliches sagt. Der Begriff „Fremdprophetie“ ist somit durch seine Kombination von ungebührlicher Ausgrenzung („fremd“) auf der einen und gleichzeitiger Vereinnahmung („Prophetie“) auf der anderen Seite als gut gemeint, aber in diesem Fall als schlecht geeignet abzulehnen. Auch zur Charakterisierung der didaktischen Einordung Muḥammads taugt er nicht.

Kommen wir zum Kernpunkt der Fragestellung: An keiner Stelle war bislang von einer interreligiösen Perspektive die Rede. Jüdische Propheten werden in dem skizzierten korrelativen Programm ausschließlich als Elemente der eigenen, der christlichen Religion aufgenommen, als deren Teil sie als eben „alttestamentliche“ Gestalten automatisch aufgefasst werden. Von jüdischen Propheten – seien sie biblisch oder nachbiblisch – als eigenständigen Repräsentanten des für sich selbst existierenden Judentums war nie die Rede. Geschweige denn von muslimischen Repräsentanten der Prophetie, allen voran Muḥammad.

Zwischenergebnis also: *Der klassische religionsdidaktische Blick auf Prophetie blendet die interreligiöse Dimension aus*. Im Sinne einer Konzentration auf Elementares ist eine solche Ausblendung durchaus zu rechtfertigen und keineswegs automatisch Anlass zu Klage und Lamento. Gleichwohl stellt sich die Frage, ob hier nicht grundlegende Chancen eines Religionsunterrichts im Kontext von Pluralität und im Rahmen einer neuen Sensibilität für spezifisch trialogische Beziehungen verschenkt werden. Blicken wir deshalb auf das religionsdidaktische Themenfeld von Prophetie unter spezifisch trialogischer Perspektive, und zwar innerhalb des bleibend bestimmenden Gesamtrahmens einer korrelativen Religionsdidaktik.

4. Trialog als Programm

„Trialog“ [11] ist zwar ein Kunstwort, das sich über etymologische Sprachlogik hinwegsetzt. Es bezeichnet jedoch einen Sachverhalt, der in anderen Begriffen nicht gleichwertig erfasst wird. Mit ihm lassen sich die auf Begegnung, Austausch und Annäherung abzielenden Kommunikationen zwischen den drei monotheistischen Religionen Judentum, Christentum und Islam präzise benennen. Der Tübinger Judaist *Stefan Schreiner* hat im Sinne einer Plausiblisierung des Begriffs unlängst darauf hingewiesen, dass das Wort „Trialog“ in genau dem beschriebenen Sinn bereits mittellateinischen Ursprungs sei. Historisch betrachtet ließen sich „genügend Beispiele finden, die seine Verwendung zur Bezeichnung eines Gesprächs mit drei Beteiligten nicht nur zu belegen, sondern auch zu rechtfertigen geeignet sind“.[12]

Für den Tübinger Theologen *Karl-Josef Kuschel*[13] wird „Trialog“ zum unverzichtbaren theologischen Programm – einerseits, um durch eine stets voranschreitende Verständigung unter diesen Religionen die Möglichkeiten eines dauerhaften Weltfriedens zu steigern, andererseits, um den eigenen Glauben, die eigene christliche Identität besser und tiefer verstehen zu lernen. Die Unterschiede zwischen den drei Weltreligionen werden weder verschwiegen noch abgewertet. Im Zentrum steht jedoch der Versuch, Spuren für einen gemeinsamen Weg der drei prophetischen Religionen zu bahnen; einen Weg nicht auf Kosten von Identität, vielmehr im Dienste einer Identität, welche die Würde des Anderen stets mitbedenkt.

Das also wäre trialogisches Denken und Handeln: Aus Ehrfurcht vor Gott, aus Achtung vor der anderen religiösen Tradition, in Respekt vor andersgläubigen Menschen, im Wissen um die faktische Pluralität des Nebeneinanderexistierens einen Weg immer besserer gegenseitiger Kenntnis zu beschreiten. In Kuschels Worten: „Bei der Darstellung einer Religion gilt es, immer auch die Perspektive der je Anderen im Blick zu behalten, Kritik an Anderen stets mit Selbstkritik zu verbinden, Lernprozesse ausgewogen einzufordern.“[14] An die Angehörigen von Judentum, Christentum und Islam ergeht so der Auftrag: „Stärkeres Wahrnehmen der Präsenz des je Anderen, Kennen-

---

[11] Vgl. GEORG LANGENHORST, Juden, Christen, Muslime - verbunden als Erben Abrahams? Trialogische Perspektiven des konfessionellen Relkigionsunterrichts, in: DERS./ULRICH KROPAC (Hg), Religionsunterricht und der Bildungsauftrag der öffentlichen Schulen. Begründung und Perspektiven des Schulfaches Religion, babenhausen 2012, 113-130; CLAUß PETER SAJAK (Hg.), Trialogisch lernen. Bausteine für interkulturelle und interreligiöse Projektarbeit, Seelze 2010.

[12] STEFAN SCHREINER, Trialog der Kulturen. Anmerkungen zu einer wegweisenden Idee. In: SAJAK (Hg.), Trialogisch lernen, 18-24, hier 19.

[13] Vgl. KARL-JOSEF KUSCHEL, Juden Christen Muslime. Herkunft und Zukunft, Düsseldorf 2007.

[14] Ebd., 28.

lernen-Wollen von Wurzeln und Wirklichkeiten, Einladen und Teilnehmen, kurz: ein interreligiös vernetztes Denken und Handeln.“[15]

Gegen alle idealistische Überhöhung gilt es dabei, diesen Trialog nüchtern und realistisch einzuschätzen und zu konzipieren. Zu steil formulierte Vorlagen bleiben allzu oft bloße Luftnummern. Zunächst ist es unumgänglich, die *Asymmetrie* der drei beteiligten Religionen klar zu benennen, eine primär chronologische, dann aber vor allem phänomenologische Asymmetrie, die radikale Konsequenzen im Blick auf die systematischen und pädagogischen Perspektiven nach sich zieht. Diese „Asymmetrien im Offenbarungs- und Selbstverständnis“[16] spitzen sich in der Frage nach dem Status der Prophetie Muḥammads zu. Erste zentrale Einsicht, unabhängig von den konkreten historischen Verstrickungen, Berührungen, Anregungen und Abgrenzungen zwischen den drei Religionen: Die heutige Notwendigkeit der einzelnen Religionen, sich mit den je anderen beiden zu beschäftigen, ist durch unterschiedliche Ausgangsbedingungen geprägt.

Das *Judentum* braucht – überspitzt formuliert – in phänomenologischer Perspektive Christentum und Islam nicht für die Bestimmung seines grundlegenden theologischen Selbstverständnisses. Ein Jude konnte und kann ganz und gar Jude sein, ohne sich jemals mit dem Neuen Testament oder dem Qur'ān beschäftigt zu haben. Die Notwendigkeit des Trialogs ergibt sich für das Judentum durchaus, aber einerseits angesichts der tragischen Abgründe der Geschichte von Verfolgung und Vernichtung, andererseits politisch-gesellschaftlich durch das Faktum der gegenwärtigen und künftigen Weggemeinschaft in Krieg oder Frieden. Trialog ist aus jüdischer Sicht ein Erfordernis des praktischen Lebens, nicht zwangsläufig der religiösen Identitätssicherung. Kaum überraschend, dass – so *Jonathan Magonet* – es „eine tiefe Ambivalenz innerhalb der jüdischen Gemeinschaft über die Natur und die Möglichkeiten von Dialog“[17] gibt. Kaum erstaunlich auch, dass *Alexa Brum* sich als Jüdin „erschüttert“ zeigt über den „innerreligiösen Kampf, den die Gläubigen der anderen beiden monotheistischen Religionen durchstehen müssen, um die Pflicht zur ‚Zwangsbeglückung' der Menschheit umzudeuten, ohne ihre Identität zu beschädigen“. Sie ruft so zu mehr „Selbstgenügsamkeit“[18] auf, was keine Absage an den Trialog impliziert, wohl aber eine sehr realistische Einschätzung in Bezug auf dessen potentielle Reichweite und

---

15 Ebd., 29.

16 ANDREAS RENZ/ ABDULLAH TAKIM, Schriftauslegung in Christentum und Islam. Zusammenfassende und weiterführende Reflexionen. In: HANSJÖRG SCHMID/ ANDREAS RENZ/ BÜLENT UCAR (Hg.), „Nahe ist dir das Wort…“ Schriftauslegung in Christentum und Islam, Regensburg 2010, 261-275, hier 262.

17 JONATHAN MAGONET, Jüdische Perspektiven zum interreligiösen Lernen. In: PETER SCHREINER/ URSULA SIEG/ VOLKER ELSENBAST (Hg.), Handbuch Interreligiöses Lernen, Gütersloh 2005, 134-141, hier 135.

18 ALEXA BRUM, Der trialogische Wettbewerb aus jüdischer Perspektive. In: SAJAK (Hg.), Trialogisch lernen, 49-55, hier 53.

Effektivität. Diese eigene Perspektive des Judentums gilt es zu akzeptieren, da sonst falsche Erwartungen geweckt werden könnten.

Aus *christlicher Perspektive* stellt sich die Situation im Blick auf den trialogischen Austausch anders dar. Ohne das Judentum ist das Christentum undenkbar. Der gemeinsame Wurzelgrund setzt von vornherein eine tief verbindende Basis. Diese Beziehungsrichtung innerhalb des Trialogs ist theologisch identitätsnotwendig. Dass auch hier die geschichtlichen sowie gesellschaftlich-politischen Notwendigkeiten hinzukommen, ist einleuchtend. Mit dem Judentum teilt das Christentum aber die Grundbestimmung, das eigene Wesen theologisch grundsätzlich ohne einen Blick auf den Islam bestimmen zu können. Auch hier ganz nüchtern formuliert: Judesein wie Christsein war und ist ganz und gar möglich, ohne jemals von Muḥammad, dem Qur'ān, der islamischen Kultur gehört zu haben. Ein Christ ‚braucht' Muḥammad nicht. Doch auch hier gibt es auf anderer Ebene eine unbedingte, eine absolute Notwendigkeit der trialogischen Ausrichtung: Es ist heute notwendig, von Muḥammad und dem Islam zu wissen und Grundzüge und Selbstverständnis des Qur'āns zu kennen, weil unsere Kultur durch das Nebeneinander und oft genug durch das Gegeneinander dieser Traditionen bestimmt ist.

Aus *islamischer Sicht* lässt sich der Gedanke dieser chronologischen und darin eben auch systematischen Asymmetrie fortsetzen. Der Islam ist ohne seine jüdischen wie christlichen Wurzeln undenkbar. Zur Klärung islamischer Identität gehören die Auseinandersetzungen mit den historischen Einflüssen von Judentum und Christentum, mit Altem und Neuem Testament unverzichtbar hinzu. Nur Juden und Christen werden ja als „Leute der Schrift"[19] anerkannt und so vor allen anderen Religionen hervorgehoben. Gleichwohl darf nicht übersehen werden, dass ihnen ein „beschränktes oder gar verkehrtes Schriftverständnis zur Last gelegt"[20] wird, nachzulesen etwa in Sure 2,91, wo es über Juden und Christen heißt: „Sie glaubten aber nicht an das Spätere, wiewohl es die Wahrheit ist, bestätigend, was sie besitzen". Der Qur'ān lässt keinen Zweifel an der prinzipiellen Überlegenheit des Qur'āns über die Bibel, so dass eine Begegnung auf Augenhöhe theologisch weder notwendig noch letztlich möglich ist. Die Auseinandersetzung mit Altem und Neuem Testament mag der Klärung von historischen Vorstufen dienen oder zur Erhellung von Geschichte; einen eigenständigen, neuartigen Zugang zu Gott werden Muslime dort nicht erwarten oder suchen.

Einen Trialog heute zwischen Gleichberechtigten zu führen, ergibt sich so auch aus der Sicht von Muslimen nicht zwingend aus theologischen

---

19 LAMYA KADDOR/ RABEYA MÜLLER (Hg.), Der Koran für Kinder und Erwachsene, München 2008, 48-50.

20 KARL-JOSEF KUSCHEL, Juden Christen Muslime, 87.

Gründen[21], sondern primär aus gesellschaftlich-politischen Notwendigkeiten. Es gilt zudem, die Beobachtung und Angst von Muslimen ernst zu nehmen, dass sich Juden und Christen eben zur eigenen theologischen Identitätswahrnehmung nicht mit dem Islam beschäftigen *müssen*. Als jüngste der drei Religionen ist der Islam hier in einer besonderen Situation. Daraus erklärt sich einerseits die – laut *Rabeya Müller* – „geradezu panische Angst" in vielen muslimischen Kreisen, „dass durch eine zu starke Betonung des Interreligiösen das Eigene verloren geht", und andererseits die „Beflissenheit im interreligiösen Dialog" im Blick vor allem auf das „Abstecken und stetige Geraderücken von Grenzen, die unter allen Umständen gewahrt werden sollen"[22]. Da aus Sicht des Islam angesichts der „Inklusivität und Universalität des Koran"[23] allenfalls ein inklusivistisches, wahrscheinlich eher ein integralistisches Modell im Verhältnis zu den anderen monotheistischen Religionen denkbar ist, ist das „theologische Fundament" für jegliche Ansätze eines interreligiösen Dialogs „bisher nicht zufrieden stellend"[24], so *Cemal Tosun*. Diese abwägenden Einschätzungen müssen im Blick auf jegliche zu euphorische Dialoghermeneutik aus christlicher Sicht ernst genommen und konzeptionell berücksichtigt werden.

Sowohl die theologische Notwendigkeit als auch die prinzipielle Möglichkeit, sich trialogisch zu öffnen, ist so in Judentum, Christentum und Islam unterschiedlich bestimmt. Ganz verständlich, dass demnach auch die Notwendigkeit, sich dem spezifisch prophetischen Anspruch und Verständnis der jeweils anderen Religionen zu widmen, unterschiedlich ausgeprägt und begründet wird. Was motiviert zu einem trialogischen Miteinander? Drei Faktoren: erstens das Faktum der gemeinsamen Quellen und Bezugsgestalten; zweitens die gemeinsamen Grundzüge des Glaubens; drittens die gemeinsame Geschichte und Gegenwart sowie die nur gemeinsam mögliche Zukunft.

Dass darüber hinaus für alle drei Partner in der Begegnung auch theologisch-systematisch eine tiefere Selbsterkenntnis *möglich* ist, dass insbesondere die christliche Theologie in der Auseinandersetzung mit dem Islam „ganz viel lernen kann"[25], so *Klaus von Stosch*, steht dabei außer Frage. Interessant freilich seine Differenzierung, in welcher die grundlegende

---

21 Vgl. RABEYA MÜLLER, Schulen im Trialog. Eine Betrachtung aus islamischer Perspektive. In: SAJAK, Trialogisch lernen, 56-63, hier 56f: „Die Notwendigkeit eines Trialogs erschließt sich (…) damit also nicht unmittelbar zwingend."

22 RABEYA MÜLLER, Islamische Perspektiven zum interreligiösen Lernen: Wie „inter-" ist der Islam?. In: SCHREINER u.a., Handbuch Interreligiöses Lernen, 142-148, hier 145.

23 CEMAL TOSUN, Interreligiöse Bildung als Herausforderung für die islamische Religionspädagogik. In: JOHANNES LÄHNEMANN (Hg.), Visionen wahr machen. Interreligiöse Bildung auf dem Prüfstand. Referate und Ergebnisse des Nürnberger Forums 2006, Hamburg 2007, 165-178, hier 171.

24 Ebd.

25 KLAUS VON STOSCH, Befruchtendes Denken. Warum sich die christliche Theologie für den Islam interessieren sollte. In: Herder Korrespondenz spezial: Die unbekannte Religion – Muslime in Deutschland (2009) 60-64, hier 64.

Unsicherheit aufscheint – oder der bewusste Entschluss zur Unschärfe: *Was* kann die christliche Theologie lernen? „Über sich und über die Welt, über die eigenen Stärken und Schwächen, über die eigene Identität und die im eigenen Denken verborgenen Plausibilitätsmuster, über den Anderen und seine Denkwege", so buchstabiert von Stosch das Lernspektrum aus, alles unbestritten. Dann aber fügt er in deutlicher Absetzung hinzu: „und vielleicht ja auch über Gott"[26]. Vielleicht ja auch … – der zentrale Aspekt bleibt offen.

Insgesamt ist es ist durchaus nachvollziehbar, dass die Ausformulierung eines trialogischen Begegnungskonzeptes aus dem Christentum stammt. Als chronologisch mittlere Religion weiß sie um die historische Verwurzelung in einer Stammreligion auf der einen, um die historische Ausbildung einer späteren Geschwisterreligion auf der andere Seite. Diese mittlere Position nötigt geradezu zu Austausch, Selbstbesinnung, Kommunikation, Verbindung. Dass die beiden zum Trialog eingeladenen Partner aus je eigener Position, Geschichte und Situation heraus auf anderer Ebene, mit anderen Intentionen, mit anderer Motivation dieses Angebot annehmen (oder nicht), muss von vornherein bewusst sein.

5. Eckpunkte trialogischen Lernens

Wie kann angesichts dieser Ausgangsbedingungen trialogisches Lernen konzipiert werden?[27] Wie können Juden, Christen und Muslime gemeinsam und voneinander lernen?[28] Im Folgenden soll der Versuch unternommen werden, einige allgemeine Eckpunkte trialogischen Lernens zu markieren.

- Religionspädagogisch verantwortbar von *Gott* reden heißt trialogisch, stets zu bedenken, dass es nicht nur um den Gott meiner Konfession, nicht nur um den Gott meiner Religion, sondern um den gemeinsamen Gott aller drei in sich noch vielfach ausdifferenzierten Religionen von Judentum, Christentum und Islam geht.
- Religionspädagogisch von *Konfession* reden heißt trialogisch, den Weg meiner Religion als Heilsweg zu bekennen und zu praktizieren, ohne den anderen monotheistischen Religionen die Möglichkeit eines eigenen, von meinem Weg abweichenden Zugangs zum Heil prinzipiell und kategorisch abzusprechen.
- Religionspädagogisch von *interreligiösem Lernen* in trialogischem Geist reden heißt schließlich, sich im Rahmen einer „Hermeneutik der

[26] Ebd.

[27] Zur möglichen Methodik vgl. ANN-KATHRIN MUTH, Methodencurriculum für das trialogische Lernen. In: SAJAK (Hg.), Trialogisch lernen, 175-255.

[28] Vgl. WINFRIED VERBURG, Juden, Christen und Muslime machen Schule. Ein interreligiös ausgerichtetes Experiment im Bistum Osnabrück. In: Stimmen der Zeit 229 (2011) 3-11.

wechselseitigen Anerkennung in Wahrhaftigkeit“[29] so intensiv wie möglich mit den monotheistischen Geschwisterreligionen in Gemeinsamkeiten und Unterschieden zu befassen, ohne die anderen Weltreligionen auszugrenzen.

Wie können diese allgemeinen, für alle drei Religionen Orientierung gebenden religionspädagogischen Vorgaben konkret didaktisch umgesetzt werden? Didaktische Konkretionen erfolgen nicht standortfrei, das ist unmöglich. Ich formuliere also nun aus spezifisch christlicher Perspektive und im Blick auf die Lehr- und Lernbedingungen in Deutschland. Der konkrete Verwirklichungsrahmen ist in erster Linie der schulische Religionsunterricht im Rahmen der gegenwärtig weitgehend vorgegebenen Organisationsform von Konfessionalität.

a) Nicht ein neues Lernfeld, sondern ein Prinzip

Der Religionsunterricht wird mit (über-) großen Erwartungen konfrontiert. Angesichts der vielfältigen Ausdifferenzierungen der postmodernen Gesellschaft werden von ReligionslehrerInnen Kompetenzen[30] erwartet, die weit über die binnentheologische Fachkompetenz und die didaktische Vermittlungskompetenz hinausgehen. Zu all den vielen Kompetenzanforderungen im Blick auf einzubringende Lebensbereiche – Naturwissenschaften, Soziologie, Psychologie, Empirie, Philosophie, Weltreligionen, Literatur und die anderen Künste – mit dem „trialogischen Feld“ noch einen weiteren hinzuzufügen, wäre deshalb eine Überforderung, die eher kontraproduktiv, abstoßend oder hemmend wirken könnte. Es geht also nicht darum, zu den bereits vorhandenen Lernbereichen noch einen weiteren hinzuzufügen. Vielmehr kann die trialogische Perspektive verstanden werden als ein Grundprinzip christlichen Denkens. Faktisch gibt es die drei Religionen, die sich ausgehend von der hebräischen Bibel auf den einen Gott beziehen. Auf weltpolitischer Ebene wie in unserer Kultur treffen die drei Gruppen aufeinander, leben sie neben- und miteinander. In der Besinnung auf diesen Gott gilt es so stets mitzubedenken, dass es dieses geschwisterliche Miteinander gibt – in Nähe und Distanz, in Verbrüderung und Streit.

---

29 KARL ERNST NIPKOW, Bildung in einer pluralen Welt 2: Religionspädagogik im Pluralismus, Gütersloh 1998, 361.

30 Vgl. RUDOLF ENGLERT, Welche Kompetenzen brauchen (Religions-) lehrer/-innen heute? In: Religionspädagogische Beiträge 55 (2005) 21-36.

b) Nicht primär eine Anleitung zu Begegnung, sondern zur Selbstwahrnehmung

Trialogisch denken lernen ist so primär die Aufforderung, sich selbst anders wahrzunehmen, die eigene Identität in Öffnung und Binnenperspektive klarer zu erkennen und zu profilieren. In zweiter Linie betrifft trialogisches Lernen selbstverständlich auch das konkrete, seit mindestens zwei Jahrzehnten in den schulischen Lehrplänen fest verankerte Lernfeld „Weltreligionen" oder „interreligiöses Lernen". Trialog als akademische und politische Dimension setzt vorrangig auf konkrete und direkte Begegnungen, auf persönlichen Austausch und unmittelbare Erfahrung. Immer wieder wird versucht, diese auf anderen Ebenen möglichen Vorgaben auch auf Prozesse schulischen Lernens zu übertragen. Streng genommen sei ja nur dasjenige Lernen als echtes interreligiöses Lernen benennbar, das ein „Lernen von und mit Angehörigen anderer Religionen"[31] umfasse. Es gehe dabei um einen „dauerhaften Lernprozess", der auf „langfristige Annäherung, auf wirkliche Veränderung"[32] abzielt.

Derartige ideal bestimmte Vorgaben lassen sich im schulischen Kontext bestenfalls ansatzweise, meistens aber nicht einmal so umsetzen. Gerade im Blick auf trialogisches Lernen werden diese Grenzen augenfällig. So sehr es zumindest prinzipiell möglich sein mag, an den meisten Schulen christliche und muslimische SchülerInnen zu Begegnungen und gemeinsamen Lernprozessen zu führen, so deutlich ist ja, dass der dritte Partner, das Judentum, fast immer außen vor bleiben müsste, schon einfach deshalb, weil diese Schülergruppe nicht oder kaum in den Schulen präsent ist. Der Trialog wäre prinzipiell ungleichgewichtig.

Grundsätzlich bestehen zudem erhebliche pädagogische Bedenken dahingehend, ob es sinnvoll ist, SchülerInnen als Fachleute in Sachen Religion zu funktionalisieren, um Begegnung im Kontext Schule zu inszenieren.[33] Sicherlich gibt es dazu positive Erfahrungen. Umgekehrt setzt man SchülerInnen der Gefahr aus, sich als „Experten in Sachen Religion" in einem Kontext vor den MitschülerInnen zu profilieren, der eher negativ besetzt ist. Hier droht eine ungewollte Rollenfestlegung unter negativem Vorzeichen. Außerdem überfordert man SchülerInnen, wenn man ihnen die Rolle des Religionsexperten überstülpt. Welche unserer 8-Klässler würden wir uns als Repräsentanten „des Christentums" in einer muslimischen Gruppe wünschen? Warum also die entsprechende Rollenerwartung an muslimische MitschülerInnen? Wenn schon, dann können Kinder und Jugendliche als Experten für ihren „Alltag" fungieren, der religiöse Aspekte aufweisen kann.

---

31 ANDREAS RENZ/ STEPHAN LEIMGRUBER, Christen und Muslime. Was sie verbindet – was sie unterscheidet, München 2004, 9.

32 FOLKERT RICKERS, Interreligiöses Lernen. In: Jahrbuch der Religionspädagogik, Bd. 18, Neukirchen-Vluyn 2002, 182-192, hier 184.

33 Vgl. KARLO MEYER, Zeugnisse fremder Religionen im Unterricht. „Weltreligionen" im deutschen und englischen Religionsunterricht, Neukirchen-Vluyn 1999, 44-60.

c) Begegnung: Nicht „Königsweg", sondern Ergänzung

Noch ein Vorbehalt: Immer wieder wird die „Begegnung" als vermeintlicher „Königweg"[34] interreligiösen Lernens betrachtet. Gewiss ist es gut und fördernswert, wo immer möglich konkrete Begegnungen von Menschen verschiedener Religionen zu fördern und direkte Erfahrungen in der Begegnung mit Gläubigen anderer Konfessionen oder mit Räumen und Gebräuchen anderer Traditionen zu ermöglichen. Mit *Johannes Lähnemann* kann man als Leitziel die Perspektive formulieren, dass „Schülerinnen und Schüler für eine Situation der Begegnung ausgerüstet werden", in der „ein Hören aufeinander und lernen voneinander möglich wird"[35]. Realistisch betrachtet hilft aber auch hier gerade aus trialogischer Perspektive nur Nüchternheit: Nur an wenigen Schulen ist gerade eine Begegnung mit jüdischen Mitschülern möglich. Und wenn, dann ist das zahlenmäßige Ungleichgewicht so erdrückend, dass man aus christlicher Sicht dem potentiellen Begegnungspartner eine Übersättigung zugestehen muss. Dasselbe gilt im Blick auf Begegnungen mit jüdischen Erwachsenen oder Rabbinern, aber auch bei Synagogenbesichtigungen. Die Möglichkeiten der „Begegnung" auf Schülerebene sind von Vornherein von absoluter Ungleichgewichtigkeit geprägt.

Zwei weitere Gründe treten hinzu, welche die euphorische Rede von der „Begegnung als Königsweg" relativieren. Erstens beteiligen sich an Begegnung immer nur solche Gruppen, die grundsätzlich an Austausch und Kommunikation interessiert sind. Hier legt sich das Missverständnis nahe, eine Religion ließe sich durch besonders aufgeschlossene und dialogoffene Vertreter und Institutionen repräsentativ erschließen. Authentische Begegnungen sind so gewiss möglich, aber ermöglichen sie repräsentative, echte, auf Verallgemeinerbarkeit abzielende Erfahrungen?

Zweitens suggeriert die Hochschätzung von „Begegnung" ja, dass das Ergebnis von „Begegnung" immer positiv sein müsse, mehr Verständnis bringe, näher zueinander führe. Sicherlich gibt es zahllose Beispiele für derartig gelingende Begegnung. Vor allem im interreligiösen Bereich darf aber nicht von einem Automatismus des Begegnung-fördert-Verstehen ausgegangen werden. Im Gegenteil: Begegnungen können kontraproduktiv sein, Gräben vertiefen, Vorerfahrungen negativ bestätigen, Vorurteile bestärken. Wo das Lernen an Medien ein neutrales oder positives Bild einer fremden Religion aufbauen kann, mag konkrete Erfahrung – bei bester didaktischer Vorbereitung und Durchführung – negativ besetzte Fremdheit überhaupt erst aufkommen lassen. Im schulischen Kontext gehört Begegnungslernen eher zu Ausnahmefällen. Diese Begegnungen sind ohne zu hohe Erwartungen und

---

[34] STEPHAN LEIMGRUBER, Interreligiöses Lernen. Neuausgabe, München 2007, 101.

[35] JOHANNES LÄHNEMANN, Interreligiöses Lernen I: Islam. In: GOTTFRIED BITTER u. a. (Hg.), Neues Handbuch religionspädagogischer Grundbegriffe, München 2002, 285.

unter Wahrung mehrerer Vorsichtsregeln zu gestalten. Den „Königsweg" trialogischen Lernens am Lernort Schule bilden sie nicht.

Trialogisches Lernen am Lernort Schule wird so vor allem auf zwei Ebenen konkret. Zum einen als Grundprinzip sämtlicher medial vermittelter Lernprozesse. Abraham ist Stammvater von drei Religionen; Noah kommt in Judentum, Christentum und Islam zentrale Bedeutung zu; Prophetie ist eine das Selbstverständnis dieser Religionen grundsätzlich verbindende Dimension; von Maria und Jesus ist auch außerhalb unserer Religion die Rede. Solche Perspektiven können – altersspezifisch gestuft – einen Gesamtrahmen setzen, innerhalb dessen die eigene konfessionelle Deutung dieser Figuren eher stärker als schwächer ausgeprägt werden kann. In ethischen und sozialen Orientierungen gehen die drei prophetischen Religionen in vielem Hand in Hand, auch das kann ein gemeinsamer Zug religiöser Erziehung und Bildung sein.

Zum anderen prägt trialogisches Lernen die explizit thematischen Felder interreligiösen Lernens. Spezifischer als der Begriff „interreligiöses Lernen" allgemein verweist der Begriff auf die besondere Bedeutung der Auseinandersetzung zwischen Judentum, Christentum und Islam. Während die übrigen Religionen eben doch primär ganz andere, fremde, in ihrer Exotik faszinierende Welten erschließen – von den Lehrkräften nur selten mit adäquater Sachkompetenz darstellbar – verweist trialogisches Lernen auf Grundgegebenheiten unserer Gesellschaft. Dabei ist der Lernprozess im Blick auf das Judentum insofern anders als derjenige im Blick auf den Islam, als dass hier der eher rückwärtsgewandte Anteil von Geschichte und von Gemeinsamkeiten stärker im Zentrum steht. Das Judentum wird als Wurzel der eigenen Tradition erschließbar, dessen Geschichte mit der christlichen Tradition eng, tragisch und für uns schuldbehaftet verbunden ist. Die Begegnung mit dem Judentum der Gegenwart in unserer Kultur und weltweit verblasst dagegen, sollte aber unter trialogischer Perspektive zentral betont werden, um das *Judentum als gelebte Religion* stärker in das Bewusstsein zu rücken. Der Islam ist hingegen die spätere Tradition, die sich nun umgekehrt auf christliche Wurzeln mit beruft. Auch hier geht es um das Kennenlernen von identitätsstiftender Historie, im Zentrum steht jedoch die Auseinandersetzung um das gegenwärtige Neben- und Miteinander.

Im Rahmen des konfessionellen Religionsunterrichts deutscher Prägung wird der Zugang zu derartigen trialogischen Lernprozessen primär ein medial vermittelter sein. Ein durchaus authentisches „Zeugnislernen" anhand von „Kippa, Kelch und Koran"[36] bietet Chancen, die noch nicht genügend in die Praxis umgesetzt werden. Über Folien, Filme, literarische Zugänge[37], DVDs,

36 Vgl. Clauß Peter Sajak, Kippa, Kelch, Koran. Interreligiöses Lernen mit Zeugnissen der Weltreligionen, München 2010.

37 Vgl. jetzt: Christoph Gellner/Georg Langenhorst, Blickwinkel öffnen. Interreligiöses Lernen mit literarischen Texten, Ostfildern 2013.

Texte, Statistiken und Karten lässt sich durchaus fundiertes Wissen und echte Kenntnis über die je andere Religion erwerben. Umso besser, wenn dazu persönliche Begegnungen und unmittelbare Erfahrungen treten …

Genug Fäden sind ausgespannt, um die zentrale Grundfrage zu stellen: Welcher Platz kommt nun Muḥammad im Rahmen eines korrelativ konzeptionierten und trialogisch sensiblen christlichen Religionsunterrichts zu?

6. Muḥammad, aus christlicher Sicht ein Prophet?

Auffällig: *Zwei* Bereiche werden bei all den differenzierten interreligiösen Studien und Dialog- oder Trialogunternehmungen weitgehend ausgeklammert: erstens die grundlegende Frage, welche Bedeutung der Qur'ān[38] für einen Christen hat, und zweitens die Frage, welche Bedeutung Muḥammad aus christlicher Sicht eingeräumt werden kann. Wir wissen heute gut, wie Muslime den Qur'ān und Muḥammad verstehen. Die umgekehrten Fragen werden aber (wenn überhaupt dann nur) sehr zögerlich gestellt: Ist der Qur'ān aus christlicher Sicht ein direktes Zeugnis göttlicher Offenbarung? Ist Muḥammad in christlichem Verständnis ein Prophet in einer Reihe zu den alttestamentlichen Propheten, mit Johannes dem Täufer und Jesus von Nazareth? Kann ein Christ die muslimisch zentrale Rede von Muḥammad als „Siegel der Propheten" mitsprechen?

Sehr verständlich, dass diese Fragekomplexe oft ausgeklammert werden. In vielen anderen interreligiösen Themenfeldern kann man Gemeinsamkeiten betonen, Verbindungen aufzeigen, Annäherungen voranbringen, Brücken bauen, Dialog betreiben. Ganz zu Recht hat man sich in den interreligiösen Begegnungen der ersten Phase ab den 1980er Jahren auf diese Bereiche konzentriert. Heute, in einer zweiten Phase, reicht diese strategische Selbstbeschränkung nicht mehr aus, muss man die heiklen, die schwierigen und unangenehmen Fragen hinzunehmen. Hier geht es um substantielle Fragen des theologischen Selbstverständnisses, die gleichwohl zu *Kernfragen künftiger interreligiöser Lernprozesse* werden.

Nur wenn man diese Fragen in aller Klarheit beantwortet, lassen sich Konsequenzen dahingehend formulieren, welcher Stellenwert Muḥammad im christlichen Religionsunterricht zukommen kann. Denn dass Muḥammad auch im konfessionellen Religionsunterricht deutscher Machart eine wichtige Rolle spielen kann und soll, ist von den Lehr- und Bildungsplänen her völlig klar. Aber welche? Korrelationsspezifisch gefragt:

---

[38] Vgl. GEORG LANGENHORST, Zeugnisse der Bibelrezeption oder Quellen der Offenbarung? Korantexte im katholischen Religionsunterricht. In: FRANK VAN DER VELDEN (Hg.), Die Heiligen Schriften des Anderen im Unterricht. Bibel und Koran im christlichen und islamischen Religionsunterricht einsetzen, Göttingen 2011, 101-120.

Gehört er innerhalb des Versuchs, eine kritische, produktive Wechselbeziehung herzustellen aus christlicher Sicht auf die Seite des Geschehens, dem sich „der überlieferte Glaube verdankt" oder auf die andere Seite des Geschehens, auf der „Menschen heute ihre Erfahrungen machen". Korrelation hilft, die Frage sehr genau zu stellen: Muḥammad, wo steht er (aus christlicher Sicht!): auf der Seite der Gründergestalten des Glaubens wie Amos, Jeremia oder Jesus, oder auf der Seite der verdeutlichenden Rezeptionsgestalten des Glaubens im Blick auf spätere Erfahrungsgeschichten wie Thomas Morus, Oscar Romero oder Mahatma Gandhi?

Der Einsatz im Unterricht hängt zentral von dieser Zuordnung ab, der man nicht ausweichen kann und darf, wenn man verantwortungsvoll im Rahmen des christlich-konfessionellen Religionsunterrichts vom Islam sprechen will. Dass Muslime dabei von Christen erwarten, Muḥammad als Propheten anzuerkennen, ist – gerade in interreligiösen Dialogunternehmungen – nachvollziehbar. Da sie ihrerseits Jesus als Propheten anerkennen legt sich durchaus der Gedanke nahe, die vergleichbare Anerkennung auch umgekehrt einzufordern. Dabei wird freilich übersehen, dass sie aufgrund der oben aufgezeigten grundlegenden Asymmetrie des Trialogs auf einer anderen Ebene liegt. Also was nun: Können Christen im Rahmen ihres Glaubens Muḥammad als Propheten anerkennen?[39] Gibt es überhaupt ein beide Religionen verbindendes Verständnis davon, was ein Prophet ist?

Der oben angeführte Blick auf die Bildungs- und Lehrpläne des katholischen Religionsunterrichtes hat eines deutlich gezeigt: Der Begriff der Prophetie – schon im Alten Testament in breiter „Vielgestaltigkeit"[40] verwendet – wird hier fast ausschließlich auf den Bereich der Sozialprophetie reduziert. Das im Islam vorherrschende Verständnis der Propheten als sündlose Gesandte Gottes, die grundlegend und ohne jede Abweichung und Eigenprägung seinen barmherzigen Willen verkünden oder die Menschen an die ihnen grundlegend bekannte unfehlbare Botschaft erinnern, überschneidet sich mit diesem Verständnis nur in sehr geringem Maße. Konsequenz: Wo der Islam im Blick auf Gestalten des Alten Testamentes primär auf Adam, Abraham oder Mose rekurriert, geraten diese Figuren im christlichen Verständnis (zumindest in der didaktischen Konzentration) gar nicht in den Blick. Die in christlicher Rezeption zentralen Propheten wie Amos, Hosea, Jeremia oder Jesaja hingegen spielen umgekehrt im Islam keine nennenswerte Rolle!

Eine entscheidende interreligiöse Konsequenz: Die gemeinsame Rede von Prophetie weist in Christentum und Islam auf ein *weitgehend unterschiedliches Verständnis*, konkretisiert an völlig anderen Kerngestalten des

---

39 Vgl. ANJA MIDDELBECK-VARWICK, Muhammad, der Prophet nach Jesus? Katholisch-theologische Bewertungen im Ausgang des Zweiten Vatikanischen Konzils. In: Cibedo-Beiträge 5 (2010) 56-63.

40 ERICH ZENGER u.a., Einleitung in das Alte Testament, Stuttgart-Berlin-Köln 1995, 293.

Glaubens.[41] Die vermeintliche Gemeinsamkeit der Konzentration auf Prophetie fördert bei genauem Hinsehen letztlich mehr Trennendes als Verbindendes zu Tage. Alle didaktischen Konzeptionen im Blick auf eine interreligiöse Perspektive von Prophetie müssen diese Grundeinsicht berücksichtigen. Von hier aus wird aber auch noch einmal neu deutlich, wie kompliziert die Frage ist, ob man als Christ Muḥammad als Prophet anerkennen kann. Ist damit eine Fortsetzung der Reihe der Sozialpropheten gemeint? Oder orientiert man sich am so ganz anderen islamischen Verständnis von Prophetie? Diese Frage stellt sich insofern tatsächlich in aller Ernsthaftigkeit, als dass das Zweite Vatikanische Konzil – bei aller strategisch so unendlich wichtigen Aufwertung der Muslime und ihrer Religion in Nostra Aetate 3 – eine konkrete Aussage sowohl zum Qur'ān als auch zu Muḥammad schlicht verweigert. Kein Wort zu Muḥammad! Ob und gegebenenfalls *wie* er als Prophet gelten kann, wird nicht gesagt.

Wohl deshalb geht ein päpstliches Dokument aus dem Jahre 1981 so weit wie nur irgend möglich auf diese Fragestellung ein: Christen können Muḥammad als „ein großes literarisches, politisches und religiöses Genie" anerkennen, dem „nicht die besonderen Gaben gefehlt haben, viele Menschen zur Verehrung des wahren Gottes zu führen", so dass man auch als Christ bei ihm „gewisse ‚prophetische Besonderheiten' entdecken" könne[42], so in der Schrift „Wege zum christlich-islamischen Dialog", herausgeben vom Päpstlichen Sekretariat für die Nichtchristen. Deutlich wird in all den sprachlich gewundenen, begrifflich ringenden Ausführungen das Bemühen einer möglichst positiven Zeichnung Muḥammads, freilich gepaart mit einer gleichzeitigen Vermeidung der Benutzung oder auch nur Diskussion des Propheten-Titels.

Einzelne im Dialog mit dem Islam besonders engagierte christliche Theologen gehen weiter: Der evangelische Theologe *Reinhard Leuze* etwa fordert die christliche Theologie seit 1994 immer wieder direkt dazu auf „Mohammed als Propheten anzuerkennen", weil es schlicht „keine zureichenden theologischen Argumente" gebe, die „den Anspruch Mohammeds, Prophet des einen Gottes zu sein, widerlegen können"[43]. Wie Leuze wagt sich auch der katholische Theologe *Hans Küng* in seiner großen Islam-Studie aus dem Jahre 2004 im Interesse des Vorantreibens der Dialogbemühungen weit vor: Er kommt zu

41 Dazu jetzt: ANJA MIDDELBECK-VARWICK u.a. (Hg.), Die Boten Gottes. Prophetie in Christentum und Islam, Regensburg 2013.

42 SEKRETARIAT FÜR DIE NICHTCHRISTEN/ MAURICE BORRMANS (Hg.), Wege zum christlich-islamischen Dialog, Frankfurt 1985, 79.

43 REINHARD LEUZE, Christentum und Islam, Tübingen 1994, 34; DERS., Der Prophet Muhammad in christlich-theologischer Perspektive. In: ANDREAS RENZ/ STEPHAN LEIMGRUBER (Hg.), Lernprozess Christen Muslime. Gesellschaftliche Kontexte – Theologische Grundlagen – Begegnungsfelder, Münster 2002, 203-213.

dem Schluss, dass „wir" Muḥammad „als nachchristlichen Propheten anerkennen (…) müssen"[44].

Der Küng-Schüler *Christoph Gellner* folgt ihm, indem er als Fazit seiner fundierten Überlegungen festhält: „Die Selbsteinschätzung Muhammads, Prophet des einen Gottes zu sein, ist christlicherseits nicht länger als Einbildung, vielmehr als Ausdruck der Tatsache anzuerkennen, dass Gott sich dieses Menschen bedient hat, um die Wahrheit über sich bekannt zu machen."[45] Der katholische Systematiker *Gerhard Gäde* kommt 2009 in seiner Studie „Islam in christlicher Perspektive" zu einem ähnlichen Ergebnis, freilich aus einer theologisch völlig anders profilierten, hochkomplexen trinitarisch-inklusivistisch-superioristischen Position heraus, die hier nicht problematisiert werden kann.[46] Im Rahmen seiner „interioristischen Theologie" kann er zu der Aussage gelangen: „Insofern auch Muhammad die Barmherzigkeit Gottes bezeugt, wird man ihn als Propheten des einzigen Gottes anerkennen können."[47]

Diese Positionen sind jedoch Extrempositionen, die zwar innerhalb des kirchlichen Diskussionsrahmens erfolgen, sich aber eben auch an deren Rand bewegen. Andere Stimmen selbst innerhalb des christlich-muslimischen Dialogs kommen zu gegenteiligen Einschätzungen. Der Jesuit *Christian W. Troll* etwa verweist auf die grundlegende Asymmetrie der Frage einer gegenseitigen Anerkennung des Prophetenstatus von Jesus beziehungsweise Muḥammad in Christentum und Islam: Jesus als Propheten „anzuerkennen, kostet den Muslim sozusagen nichts. Akzeptiert dagegen ein Christ ernstlich Muhammads Anspruch, der wahre und letzte Prophet zu sein, dann wendet er sich gegen das Zeugnis der wichtigsten Glaubensdokumente der Christenheit"[48]. Doppelte Konsequenz: Bei aller tatsächlichen, nicht nur rhetorischen Wertschätzung: „Prophet in dem Sinn, der diesem Titel in Koran und folglich im islamischen Glauben zukommt, kann Muhammad für Christen als Christen nicht sein."[49] Und zweitens im Blick auf Prophetie im binnenchristlichen Verständnis: „Muhammad steht nicht in der Reihe der Propheten, die für das Bild des biblischen Propheten und den Charakter seiner Botschaft maßgebend geworden sind."[50]

Ganz ähnlich urteilt mit *Samir Khalil Samir* ein weiterer Jesuit, der sich um den islamisch-christlichen Dialog bemüht und Muḥammad höchste Wert-

---

44 HANS KÜNG, Der Islam. Geschichte – Gegenwart – Zukunft, München-Zürich 2004, 112.

45 CHRISTOPH GELLNER, Der Glaube der Anderen. Christsein inmitten der Weltreligionen, Düsseldorf 2008, 77.

46 Vgl. die Rezension von CHRISTIAN W. TROLL. In: Theologische Revue 106 (2010) 164-168.

47 GERHARD GÄDE, Islam in christlicher Perspektive. Den muslimischen Glauben verstehen, Paderborn u.a. 2009, 195.

48 CHRISTIAN W. TROLL, Muhammad - Prophet auch für Christen?. In: Stimmen der Zeit 225 (2007) 291-303, hier 291.

49 Ebd., 294.

50 Ebd., 299.

schätzung entgegenbringt: Könne man abschließend sagen, dass „Muhammad im Sinne der christlichen Theologie ein Prophet ist? Wir glauben es nicht“[51].

Welchen *Ertrag* bringt der Blick auf die Diskussion?

- Erstens: Die Frage, ob und inwiefern Muḥammad auch aus christlicher Sicht als Prophet angesehen werden kann, ist eine offene Frage innerhalb des christlichen akademischen Diskurses angesichts der Herausforderung des Lebens in der pluralen Welt der Gegenwart.
- Zweitens: Trotz einiger Stimmen, die eine Anerkennung von Muḥammad als Propheten auch aus christlicher Sicht zumindest für denkbar und möglich halten, überwiegen bei weitem die Positionen, die eine solche Einschätzung ablehnen.
- Drittens: Aus trialogischer Perspektive ist die muslimische Binnenperspektive wahrzunehmen und wertzuschätzen: Für Muslime ist Muḥammad der letzte Prophet, das alles entscheidende Siegel der Propheten, der die Reihe über Adam, Abraham, Mose, Jesus und andere fortsetzt und abschließt.
- Viertens: Diese Sichtweise hat ein Recht auf Darstellung und Würdigung auch in christlicher Theologie und Religionsdidaktik, bleibt aber perspektivische Fremdposition.
- Fünftens: Aus christlicher Sicht ist es – zumindest nach derzeitigem Diskussionsstand – kaum möglich, Muḥammad als Propheten in einer Reihe mit den altestamentlichen Prototypen oder Jesus darzustellen.
- Sechstens: Interreligiöse Lernprojekte stehen vor der Forderung, ihre eigene Position in dieser Frage vorab transparent offenzulegen, bevor sie konkrete Lernwege und Lernschritte entfalten. Wie im Blick auf alle grundlegenden Studien zum interreligiösen Dialog überhaupt[52] gilt auch hier die Vorgabe: ‚Bevor du einen didaktischen Entwurf zum Umgang mit Muḥammad vorlegst, sag mir erst welche theologische Position du zu ihm einnimmst!‘

7. Muḥammad – ein Prophet im christlichen Religionsunterricht?

Was bedeutet dies für den katholischen Religionsunterricht? Religionsdidaktische Konzeptionen sind auf klare Vorgaben angewiesen. Wo etwa das vor allem von *Klaus von Stosch* vorangetriebene Modell einer „komparativen Theologie“ den Freiraum akademischer Forschungen und die Visionskraft von Begegnungen von dialog- und trialogoffenen SpitzenvertreterInnen der Religionen bewusst nutzen kann und muss, ist der Religionsunterricht auf die

---

[51] SAMIR KHALIL SAMIR, Die prophetische Mission Muhammads. In: Cibedo-Beiträge 1 (2006) 4-11, hier 9.

[52] Vgl. GEORG LANGENHORST, ‚Interreligiöses Lernen‘ auf dem Prüfstand. Religionspädagogische Konsequenzen aus der Verhältnisbestimmung von Christentum und Weltreligionen. In: Religionspädagogische Beiträge 50 (2003) 89-106.

Basis kirchlich konsensfähiger Positionen angewiesen, um seine Plausibilität nicht einzubüßen. „Komparative Theologie", die nicht „für den Dialog" konzipiert wird, sondern „aus dem Dialog heraus"[53] entstehen soll, hat den Lackmustest der Praxistauglichkeit am Lernort Schule noch vor sich. Und ganz gewiss brauchen wir solche Modelle des Vordenkens, Experimentierens und Türen-Öffnens …

Im vierfachen Koordinatensystem (1) der derzeit vorherrschenden theologischen Positionen, (2) des konfessionellen Charakters des Religionsunterrichts, (3) der konzeptionellen Orientierung am Korrelationsprinzip und (4) der Erfordernisse einer trialogischen Sensibilität kann nun die Grundfrage dieser Ausführungen beantwortet werden: Welche Rolle kommt Muḥammad im Rahmen einer Unterrichtseinheit über Prophetie zu? Steht er auf der Seite der Gründergestalten des Glaubens wie Amos, Jesaja, Jeremia, Johannes der Täufer oder Jesus, *oder* auf der Seite der verdeutlichenden Rezeptionsgestalten des Glaubens und der Erfahrung wie Thomas Morus, Oscar Romero oder Mahatma Gandhi?

Die Antwort ist klar: Ja, Muḥammad kann aus christlicher Sicht durchaus als Prophet gelten! Aber nur in dem Sinne, in dem auch andere nachbiblisch-historische Gestalten im *übertragenen Sinne* als Propheten angesehen werden können. Er kann als Mensch mit prophetischem Geist vorgestellt werden wie ein Thomas Morus, wie ein Friedrich Spee, wie ein Dietrich Bonhoeffer oder Martin Luther King, wie eine Edith Stein oder wie eine Rigoberta Menchù, ja, wie außerchristlich ein Mahatma Gandhi.

Tatsächlich, auch von diesen Figuren kann man als „Propheten" reden und sie so im Religionsunterricht vorstellen, aber eben in einem übertragenen Sinne. Sie sind stellvertretende Zeugen für die Erfahrungen des Geschehens, „in dem Menschen heute" – in jedem Fall in nachbiblischer Zeit – „ihre Erfahrungen machen", in jedem Fall also Repräsentanten des zweiten Pols des korrelativen Prozesses. Entscheidend aus christlicher Perspektive: Repräsentanten des ersten Pols, also dem „Geschehen, dem sich der überlieferte Glaube verdankt", sind sie nicht.

Also noch einmal unterstrichen: Ja, Muḥammad kann religionspädagogisch als *Prophet* gesehen werden, aber nur in dem *übertragenen Sinne*, der sich auch auf andere Figuren anwenden lässt. Genau diese Position entspricht allerdings dem muslimischen Selbstanspruch gerade *nicht*! Mehr wird man aber weder von Seiten muslimischer Dialogpartner noch von Seiten der Vorreiter des interreligiösen Dialogs von einem trialogisch sensiblen christlichen Religionsunterricht erwarten oder einfordern können und dürfen.

---

[53] KLAUS VON STOSCH, Komparative Theologie als Hauptaufgabe der Theologie der Zukunft. In: DERS./ REINHOLD BERNHARDT (Hg.), Komparative Theologie. Interreligiöse Vergleiche als Weg der Religionstheologie, Zürich 2009, 15-33, hier 27. Vgl. DERS., Komparative Theologie als Wegweiser in der Welt der Religionen, Paderborn 2012.

Schon diese Position geht freilich weit über den Status Quo hinaus, in dem Muḥammad ja unter der Kategorie der Prophetie überhaupt nicht wahrgenommen wird. Es wäre also bereits ein beträchtlicher Fortschritt, wenn der Begriff der Prophetie im gezeigten Sinne interreligiös geöffnet würde. Von diesem Schritt der Integration Muḥammads in den Katalog der „Propheten im übertragenen Sinne“ aus ließe sich die weiterführende Perspektive aufzeigen, dass Muslime selbst Muḥammads prophetischen Anspruch noch einmal ganz anders verstehen. Und diese bleibend andere Sichtweise könnte ja eine Position sein, die im Sinne der breit etablierten „fünf Schritte interreligiösen Lernens“[54] grundsätzlich am Ende derartiger Lernprozesse stehen kann: „Die bleibende Fremdheit akzeptieren“.

[54] STEPHAN LEIMGRUBER, Interreligiöses Lernen, 108f.

CHRISTINE FREITAG

Propheten in die Schule?

Einige Anmerkungen aus erziehungswissenschaftlicher Perspektive

Als Herausgeber des vorliegenden Bandes betont von Stosch in seiner Replik auf Köylü „das für diesen Band so wichtige Thema religiöser Bildung“[1]. Liest man die einzelnen Beiträge genau, so überwiegt jedoch die theologische und religionswissenschaftliche Auseinandersetzung damit, ob und wie ein gemeinsamer Zugang zu der Frage gefunden werden kann, was Propheten sind und welchen Stellenwert sie in den verschiedenen Religionen, insbesondere in Christentum und Islam haben. Die Kernauseinandersetzung scheint dabei die, ob erstens Muḥammad christlicherseits als Prophet anzuerkennen ist und zweitens, was es bedeutet, dass Jesus im Qur'ān als Prophet bezeugt ist. Dass Propheten anderer Religionen eher am Rande, explizit nur in dem Beitrag von Brumlik über das Judentum, behandelt werden, hat Anlässe, die eher indirekt, dennoch erkennbar genannt sind: Allein der christlich-muslimische Dialog scheint in diesen Fragen eine brisante Zuspitzung zu finden, die, zumindest von einigen Autoren des Bandes, auch mit einer fehlenden Wertschätzung des Propheten Muḥammad von Seiten der Christen in Verbindung gebracht wird.

Als Erziehungswissenschaftlerin kann ich anerkennen, dass es diese theologische Brisanz offenbar gibt, muss aber fragen, ob sie eine erziehungswissenschaftlich erkennbare Bedeutung hat. Das ist nicht einfach, da die in diesem Band der Pädagogik zugeschriebenen Aspekte überwiegend die *Religions*pädagogik betreffen, meist religions*didaktischer* Natur und überwiegend auf Fragen der Vermittlung (Langenhorst) bzw. Aneignung (Burrichter) prophetenbezogener Inhalte im konfessionellen Religionsunterricht fokussiert sind.

Über die Vermittelbarkeit von Religion zu urteilen, ist nicht meine Aufgabe. Es scheint aber angemessen festzustellen, dass Religion als „öffentlich relevante Tatsache“ einen Platz in Gesellschaft und Schule hat und ihn deshalb auch im Unterricht haben sollte.[2] Gerade weil es bei dem Thema ‚Propheten' offenbar um ein besonders brisantes Thema geht, das – so zumindest meine Einschätzung nach der Lektüre der Beiträge – einen möglichen Interventions-

---

1 Siehe die Replik auf Mustafa Köylü von Klaus von Stosch in diesem Band, 138.

2 Vgl. JOHANNES BELLMANN, Begründungsfiguren religiöser Bildung in öffentlichen Schulen. Kontinuitäten und Widersprüche. In: MICHÈLE HOFMANN u. a. (Hg.), Pädagogische Modernisierung, Bern u. a. 2006, 201-224.

punkt im Konflikt um die Anerkennung von Muslimen in einer mehr mit dem Christentum vertrauten und dem Christentum vertrauenden oder sich als säkular verstehenden Gesellschaft darstellt, könnte dieses Thema daraus unterrichtliche Legitimation ziehen. Gewählt wäre damit aber ein eher religions*kundlicher* Zugang, der das Ziel hätte, über die Bedeutung von Propheten in unterschiedlichen Religionen aufzuklären. Da der bestehende theologische Konflikt, wie er in diesem Band präsentiert wird, von Schülerinnen und Schülern im Unterricht nicht zu lösen ist, scheint eine sachliche Auseinandersetzung mit der *Tatsache* des Konflikts der momentan plausibelste Weg. Bedenkt man die Vielschichtigkeit des oft diskriminierenden Umgangs mit dem Islam und den Muslimen in der Schule[3], scheint der vorgeschlagene Weg umso notwendiger.

Selbstverständlich kann auch der bekenntnisorientierte Religionsunterricht ‚aufklären'; angesichts des mit der Thematik verbundenen Konflikts schiene mir jedoch eine Interaktion (Bezug ist der Luhmannsche Interaktionsbegriff) von Personen unterschiedlichster religiöser und nicht-religiöser Perspektiven einer ‚Kommunikation unter Abwesenden' vorzuziehen. Gerade weil es bei der Thematik ganz offensichtlich auch um nicht nur theologisches Diskriminierungserleben geht[4], scheint mir eine *in*klusive Auseinandersetzung unabdingbar. M. E. wird dieses Vorgehen gestützt durch Befunde einschlägiger Studien, die bezüglich der vorhandenen interreligiösen Toleranz – besonders der Toleranz christlicher und areligiöser Jugendlicher gegenüber muslimischen Jugendlichen – erhebliche Zweifel aufkommen lassen.

> Einige der Schüler scheinen es z.B. als Ausdruck von Toleranz zu betrachten, bereit zu sein, besonders ‚extreme', auffällige oder als störend empfundene Aspekte der Religionen und Kulturen, welche in ihrem Kontext zur Minderheit gehören, abzulegen, um die Mehrheit nicht zu irritieren und eine Integration zu erleichtern. Intoleranz wird hier bei denen verortet, die ‚sich nicht integrieren wollen', nicht bei denen, die andere wegen ihrer Glaubenspraxis ablehnen.[5]

Geht man allerdings (dennoch) von einem bekenntnisorientierten Unterricht zum Thema Propheten aus, ist das eine Entscheidung für die jeweilige Theologie als Bezugswissenschaft. Wie bereits angedeutet, scheint das Hauptproblem dieser Entscheidung darin zu liegen, dass Schülerinnen und Schüler mit einem theologisch ungeklärten Sachverhalt konfrontiert würden. Das ist nicht *an sich* ein Problem, denn jede Wissenschaft lebt auch und

---

3 Vgl. YASEMIN KARAKAŞOĞLU, Islam als Störfaktor in der Schule. In: THORSTEN GERALD SCHNEIDERS (Hg.), Islamfeindlichkeit. Wiesbaden 2009, 289-304.

4 Siehe die Aufsätze „Der Prophet Muḥammad im Spannungsfeld der muslimischen und nichtmuslimischen Wahrnehmung" von Ufuk Topkara und „Muḥammad als Prophet? Versuch einer christlichen Annäherung" von Klaus von Stosch in diesem Band.

5 DAN-PAUL JOSZA, Religionsunterricht in Nordrhein-Westfalen – Ansichten und Erfahrungen von Jugendlichen. In: DERS. u. a. (Hg.), Religionsunterricht, Dialog und Konflikt, Münster u. a. 2009, 129f.

gerade von ihrer ungeklärten Fragen. Die in diesem Band präsentierten religionsdidaktischen Zugänge machen jedoch weitere Schwierigkeiten deutlich.

„Bevor du einen didaktischen Entwurf zum Umgang mit Muḥammad vorlegst, sag mir erst, welche theologische Position du zu ihm einnimmst."[6] Angesichts einer solchen Forderung zeigt sich m. E. die darin implizierte *Über*forderung auch der Lehrkräfte. Kann man eine tragfähige theologische Position entwickeln, wenn die theologische Erörterung beispielsweise zum Fazit hat, man solle sich „zumindest für die Möglichkeit öffnen, die Besonderheit Muḥammads und seine prophetische Sendung zu würdigen"[7]?

Schwierig scheint auch, didaktisch damit umzugehen, dass Propheten in ihrer Rolle und Botschaft zunächst jeweils innerreligiös gedeutet werden (müssen); bei Topkara[8] etwa „kritisch", aber keinesfalls als „Kritik an der prophetischen Autorität". Letztlich hängt die Akzeptanz einzelner Propheten und Prophetinnen offenbar doch von der Mitgliedschaft in einer bestimmten Gemeinschaft Gläubiger ab. Wenn man sehr stark aus den inneren Glaubensüberzeugungen der eigenen Religion heraus argumentiert, wie es etwa Köylü[9] in diesem Band tut, führt das unmittelbar zu – zumindest von außen betrachtet – scharfen Abgrenzungen, etwa von nichtreligiösen Menschen und auch von anderen Glaubenslehren. Wie soll sich eine Lehrkraft an einer öffentlichen Schule zu so unterschiedlichen Positionen positionieren? Und was bedeuten *ex*klusive theologische Positionen, wenn sie auf eine plurale Schülerschaft stoßen?

Anschließen an diese Fragen will ich einige letzte Überlegungen zur ‚Rolle' der Propheten im Unterricht: Der ‚Prophet als Pädagoge' ist ein Modell, das, wie etwa Brumlik und Lang[10] zeigen, vor allem religionsgeschichtlich plausibel ist. Propheten wollten Menschen eine Botschaft vermitteln und wurden von vielen als Vermittler akzeptiert. Wenn diese Perspektive als eine ‚überhistorische' in den Unterricht transferiert wird, ergibt sich eine Didaktik, die den religiösen Schriften immanent ist (etwa: die ‚Didaktik der Bibel' statt , Bibeldidaktik'), d. h. ich präsentiere Propheten als die ‚eigentlichen' Pädagogen und lasse sie mit ihrer Botschaft direkt die Schüler und Schülerinnen ansprechen. Die Frage ist dann, ob ich (‚vermittlungsdidaktisch', s. o.) erwarte, dass Schülerinnen und Schüler sich davon ansprechen lassen, oder ob ich (‚aneignungsdidaktisch' und eher ‚ergebnisoffen', s. o.) die Schülerinnen

6 Siehe den Aufsatz „Amos, Jesaja, Jesus … Muḥammad? – Prophetie als interreligiöses Problem aus der Sicht der Korrelationsdidaktik" von Georg Langenhorst in diesem Band, 255.

7 von Stosch in diesem Band, 162.

8 Vgl. Topkara in diesem Band.

9 Siehe den Aufsatz „Prophetie im Islam aus traditionellem Blickwinkel" von Mustafa Köylü in diesem Band.

10 Siehe die Aufsätze „Propheten und Prophetie im Judentum" von Micha Brumlik und „Der Prophet – Die Geschichte eines Intellektuellentyps von der Bibel bis heute" von Bernhard Lang in diesem Band.

und Schüler dazu eine eigene Position finden lasse[11]. Işıks „Beheimatungsdidaktik“[12] liegt m. E. zwischen diesen beiden Positionen.

Zunächst ähnlich gelagert ist die Rolle des „Propheten als Vorbild“. Diesem Aspekt widmet sich vor allem Tautz[13] in diesem Band. Propheten können nach ihrer Argumentation nur dann Vorbilder für Kinder und Jugendliche sein, wenn das, was an ihnen für vorbildhaft gehalten wird, auch im Lebensumfeld der Kinder und Jugendlichen aktuell erfahrbar ist. Jungen Menschen, denen Religion an sich fern ist, wird auch ein prophetisches Vorbild fern sein. Vielleicht liegt hier ein Grund für die vielen religionsdidaktischen Versuche, ‚aktuellere' als die Propheten der Schriften zu finden, obwohl diese einen ganz offensichtlich anderen gesellschaftlich zugeschriebenen Status und damit wohl einen theologisch anderen Stellenwert haben[14]. Auch hier scheinen sich echte Gegenpole abzuzeichnen, die sich beispielsweise in der Auseinandersetzung um die ‚Sündhaftigkeit' Muḥammads zeigen.[15] Während es auf einer ersten Ebene (wohl eher theologisch) darum geht, ob „kleine Fehler“ „Sünden“ sind, steht dahinter die Auseinandersetzung damit, welche Eigenschaften eines prophetischen Vorbilds pädagogisch relevant werden sollen. Geht es um ‚Erziehung zur Sündlosigkeit' oder um einen guten Umgang mit eigenen Fehlern und Schwächen? Will ich das zweite, muss ich mich allerdings fragen, ob ich für dieses Lernziel überhaupt Propheten bemühen muss, bzw. ob hier nicht anerkennungspädagogische Grundsätze und entsprechende Kommunikationsformen in der Lerngruppe näher liegen.

Propheten in die Schule? Religionskundlich scheinen sie höchst relevant, bekenntnisorientiert theologisch und damit religionsdidaktisch offenbar auch. Das theologische Kernproblem der dialogischen oder komparativen Prophetendeutung dagegen erzeugt augenblicklich so viele pädagogisch wirksame Folgeprobleme, dass ich die Frage an dieser entscheidenden Stelle unbeantwortet lasse.

---

11 Vgl. dazu die methodischen Anregungen zur Auseinandersetzung mit der Rembrandtzeichnung im Aufsatz „Jesus als Prophet – (k)ein Thema des christlichen Religionsunterrichts – Eine fundamentaldidaktische Durchsicht aktueller Unterrichtswerke“ von Rita Burrichter in diesem Band.

12 Siehe den Aufsatz „Prophetische Beheimatungsdidaktik – Ein Prophet im deutschen Religionsunterricht“ von Tuba Işık in diesem Band.

13 Siehe den Aufatz „Prophetie und ethisches Lernen – Eine Replik zu Tuba Işık: Prophetische Beheimatungsdidaktik – Ein Prophet im deutschen Religionsunterricht“ von Monika Tautz in diesem Band.

14 Vgl. etwa Lang in diesem Band.

15 Vgl. Köylü und von Stosch in diesem Band.

Verwendete Literatur in Auswahl

ASLAN, REZA, Kein Gott außer Gott: Der Glaube der Muslime von Muhammad bis zur Gegenwart, München 2008.

ASSMANN, JAN, Das kulturelle Gedächtnis. Schrift, Erinnerung und politische Identität in frühen Hochkulturen, München ^{2}1997.

BALDERMANN, INGO u.a. (Hg.), Prophetie und Charisma, Neukirchen-Vluyn 1999.

BEDFORD-STROHM, HEINRICH/ ETIENNE DE VILLIERS (Hg.), Prophetic Witness: An Appropriate Contemporary Mode of Public Discourse?, Berlin 2011.

BERNHARDT, REINHOLD/ KLAUS VON STOSCH (Hg.), Komparative Theologie. Interreligiöse Vergleiche als Weg der Religionstheologie, Zürich 2009.

BLASBERG-KUHNKE, MARINA/ BÜLENT UCAR/ ARNULF VON SCHELIHA (Hg.),Religionen in der Schule und die Bedeutung des Islamischen Religionsunterrichts, Göttingen 2010 (Veröffentlichungen des Zentrums für interkulturelle Islamstudien der Universität Osnabrück, 1).

BOBZIN, HARTMUT, Mohammed, München 2001.

BÖTTRICH, CHRISTFRIED/ BEATE EGO/ FRIEDMANN EISSLER, Mose in Judentum, Christentum und Islam, Göttingen 2010.

BROCKOPP, JONATHAN E. (Hg.), The Cambridge Companion to Muhammad, Cambridge 2010.

BROWN, JONATHAN A.C., Muhammad. A very short introduction, Oxford 2011.

BUḪĀRĪ, aṣ-Ṣaḥiḥ Buḫārī, Beirut 2010.

COHEN, HERMANN, Religion der Vernunft aus den Quellen des Judentums, Wiesbaden 2008.

COLPE, CARSTEN, Das Siegel der Propheten. Historische Beziehungen zwischen Judentum, Judenchristentum, Heidentum und frühem Islam, Berlin 1990 (Abhandlungen zur neutestamentlichen Theologie und Zeitgeschichte; 3).

EL FADL, KHALED ABOU, And God knows the Soldier. The Authoritative and Authoritarian in Islamic Discourse, Oxford 2001.

HAHN, FERDINAND/ HANS KLEIN, Die frühchristliche Prophetie. Ihre Voraussetzungen, ihre Anfänge und ihre Entwicklung bis zum Montanismus, Neukirchen-Vluyn 2011.

IBN ISḤĀQ, MUHAMMAD, Das Leben des Propheten, KANDERN 2004.

DERS., Die großen Philosophen, München 1995.

KHORCHIDE MOUHANAD/ KLAUS VON STOSCH (Hg.), Herausforderungen an die Islamische Theologie in Europa – Challenges for Islamic Theology in Europe, Freiburg im Breisgau 2012.

KÜNG, HANS, Der Islam, München 2006.

KUSCHEL, KARL-JOSEF, Juden, Christen, Muslime, Düsseldorf 2007.

DERS., Streit um Abraham. Was Juden, Christen und Muslime trennt - und was sie eint, München 1994.

LANG, BERNHARD, Wie wird man Prophet in Israel. Aufsätze zum Alten Testament, Düsseldorf 1980.

LEUZE, REINHARD, Christentum und Islam, Tübingen 1994.

MENDL, HANS, Lernen an (außer-)gewöhnlichen Biographien. Religionspädagogische Anregungen für die Unterrichtspraxis, Donauwörth 2005.

DERS., Konstruktivismus, pädagogischer Konstruktivismus, konstruktivistische Religionspädagogik. Eine Einführung. In: DERS. (Hg.), Konstruktivistische Religionspädagogik. Ein Arbeitsbuch, Münster 2005.

MEYER, KARLO, Zeugnisse fremder Religionen im Unterricht. „Weltreligionen“ im deutschen und englischen Religionsunterricht, Neukirchen-Vluyn 1999.

MIDDELBECK-VARWICK, ANJA u.a. (Hg.), Die Boten Gottes: Prophetie in Christentum und Islam, Regensburg 2013 (Theologisches Forum Christentum – Islam).

NAGEL, TILMAN, Mohammed, München 2008.

NEGEL, JOACHIM/ MARGARETA GRUBER (Hg.), Figuren der Offenbarung. Biblisch – Religionstheologisch – Politisch, Münster 2012 (JThF 24).

RAMADAN, TARIQ, In the Footsteps of the Prophet: Lessons from the life of the Prophet, Oxford 2009.

RENZ ANDREAS/ STEPHAN LEIMGRUBER (Hg.), Lernprozess Christen Muslime. Gesellschaftliche Kontexte – Theologische Grundlagen – Begegnungsfelder, Münster 2002.

ROTTER, GERNOT (Hg.), Die Welten des Islam. Neunundzwanzig Vorschläge, das Unvertraute zu verstehen, Frankfurt a.M. 1993.

SAFI, OMID, Memories of Muḥammed, Why the Prophet matters, New York 2009.

SAJAK, CLAUß PETER (Hg.), Trialogisch lernen. Bausteine für interkulturelle und interreligiöse Projektarbeit, Seelze 2010.

DERS., Kippa, Kelch, Koran. Interreligiöses Lernen mit Zeugnissen der Weltreligionen, München 2010.

SCHIMMEL, ANNEMARIE, Muhammad, München 2002.

DIES., And Muhammad is his Messenger. The Veneration of the Prophet in Islamic Piety, Chapel Hill 1985.

DERS./ URSULA SIEG/ VOLKER ELSENBAST (Hg.), Handbuch Interreligiöses Lernen, Gütersloh 2005.

SHOMALI, MOHAMMED ALI, God: Existence and attributes, London 2008 (Islamic Reference Series; 1).

SOLOMON, NORMAN/ RICHARD HARRIES/ TIM WINTER (Hg.), Abraham's Children: Jews, Christians, and Muslims in Conversation, London-New York 2005.

TAUTZ, MONIKA, Interreligiöses Lernen im Religionsunterricht. Menschen und Ethos im Islam und Christentum, Stuttgart 2007 (Praktische Theologie heute; 90).

THA'LABĪ, AḥMAD IBN MUḥAMMAD (übersetz. Heribert Busse), Islamische Erzählungen von Propheten und Gottesmännern, Wiesbaden 2006.

TILLY, MICHAEL, Johannes der Täufer und die Biographie der Propheten. Die synoptische Täuferüberlieferung und das jüdische Prophetenbild zur Zeit des Täufers, Stuttgart u. a. 1994 (BWANT 137).

VAN DER VELDEN, FRANK (Hg.), Die Heiligen Schriften des anderen im Unterricht, Göttingen 2011.

VERHEYDEN JOSEPH/ KORINNA ZAMFIR/ TOBIAS NICKLAS (Hg.), Prophets and Prophecy in Jewish and Early Christian Literature, Tübingen 2010 (WUNT II 286).

WATT, WILLIAM MONTGOMERY, Der Islam. Mohammed und die Frühzeit 1, Stuttgart u.a. 1980.

WERBICK, JÜRGEN/ SVEN KALISCH/ KLAUS VON STOSCH (Hg.), Glaubensgewissheit und Gewalt. Eschatologische Erkundungen in Islam und Christentum, Paderborn u.a. 2011 (Beiträge zur Komparativen Theologie; 3).

Verwendete Übersetzungen von Qur'ān und Bibel

Wenn nicht anders vermerkt wird in diesem Band immer die Qur'ānübersetzung von Hartmut Bobzin (München 2010) sowie die Einheitsübersetzung der Bibel verwendet.

Autorenverzeichnis

MICHA BRUMLIK (*1947), lehrte ab 1981 Erziehungswissenschaft an der Universität Heidelberg und war anschließend von 2000-2005 Leiter des Fritz Bauer Instituts in Frankfurt. Brumlik ist seit 2000 Professor für allgemeine Erziehungswissenschaften an der Johann-Wolfgang-Goethe-Universität in Frankfurt am Main. Zudem ist er Mitherausgeber der politisch-wissenschaftlichen Monatszeitschrift Blätter für deutsche und internationale Politik und des Periodikums Babylon – Beiträge zur jüdischen Gegenwart.
Veröffentlichungen (Auswahl): Wilfried Köpke: „Wenn nicht jetzt, wann dann? Zur Zukunft des deutschen Judentums. Charlotte Knobloch, Micha Brumlik und Gesa S. Ederberg im Gespräch mit Wilfried Köpke, Freiburg 2007; Kurze Geschichte: Judentum, Berlin 2009; Kurze Geschichte: Entstehung des Christentums, Berlin 2010; zusammen mit Y. MICHAL BODEMANN (Hg.), Juden in Deutschland – Deutschland in den Juden: neue Perspektiven, Göttingen 2010; Innerlich beschnittene Juden. Zu Eduard Fuchs' »Die Juden in der Karikatur«, Hamburg 2012.

RITA BURRICHTER (*1961) ist seit 2004 Professorin für Praktische Theologie an der Universität Paderborn. Ihr Forschungsschwerpunkt ist der religionspädagogische Umgang mit bildender Kunst.
Veröffentlichungen (Auswahl): Die Bibel für Kinder und alle im Haus: Erzählt und erschlossen von RAINER OBERTHÜR. Mit Bildern der Kunst ausgewählt und gedeutet von Rita Burrichter, München 2004; zusammen mit CLAUDIA VORST / SABINE GROSSER/ JULIANE ECKHARDT (Hg.), Ästhetisches Lernen. Fachdidaktische Grundfragen und praxisorientierte Konzepte im interdisziplinären Kontext von Lehrerbildung und Schule, Frankfurt a.M. u.a. 2008; zusammen mit BERNHARD GRÜMME u.a., Professionell Religion unterrichten: Ein Arbeitsbuch. Mit einem Beitrag zum Referendariat von Hartmut Lenhard, Stuttgart 2012 (Religionspädagogik Innovativ, Bd. 2); zusammen mit JOSEF EPPING (Hg.), sensus Religion. Vom Glaubenssinn und Sinn des Glaubens. Unterrichtswerk für die gymnasiale Oberstufe, München 2013.

DUNJA EL-MISSIRI (*1976) hat neben dem Lehramt für GHS u.a. Orientalistik in Kiel studiert und ist Lehrabgeordnete im Fach Islamische Theologie/ Religionspädagogik an der Pädagogischen Hochschule Weingarten. Spezialgebiet der Dozentin ist Interkulturelle Pädagogik und der Islamischer Religionsunterricht (IRU). So war sie auch beteiligt am Modellprojekt „Islamischer Religionsunterricht an öffentlichen Schulen in Baden-Württemberg“.
Veröffentlichungen (Auswahl): zusammen mit CLAUDIA ANGELE, Komm, ich zeig dir meine Kirche! – Komm, ich zeig Dir meine Moschee! Erprobte

Unterrichtsbausteine für gemeinsames Lernen von Kindern christlichen und muslimischen Glaubens ab 3./4. Klasse, Augsburg 2012.

CHRISTINE FREITAG (*1964) ist seit 2008 Professorin für historisch-systematische und vergleichende Erziehungswissenschaft an der Universität Paderborn.
Veröffentlichungen (Auswahl): Vermittlung – eine zentrale, aber vernachlässigte Kategorie professionellen Handelns in der internationalen Zusammenarbeit, Frankfurt am Main 2006; Was ist eigentlich ein Kontext? Theoretische Überlegungen und empirische Annäherungen an die Frage der Kontextualisierung von Schule in Lateinamerika. In: Tertium comparationis 16 (2010) 24-49; zusammen mit IMKE VON BARGEN (Hg.), Praxisforschung in der Lehrerbildung, Berlin u.a. 2012.

TUBA ISIK (*1981) arbeitet seit 2010 als Wissenschaftliche Mitarbeiterin am Zentrum für Komparative Theologie und Kulturwissenschaften an der Uni Paderborn. Sie ist Teilnehmerin der deutschen Islamkonferenz, Vorsitzende des „Aktionsbündnisses Muslimischer Frauen" und hat ihre Promotion mit einer Arbeit zum Thema „Die Bedeutung des Gesandten Muḥammad für den Islamischen Religionsunterricht. Systematische und historische Reflexionen in religionspädagogischer Absicht" abgeschlossen.
Veröffentlichungen (Auswahl): Die Berufungsszenarien der Propheten Moses und Muhammad – Streifzug in islamischer Perspektive. In: ANJA MIDDELBECK VARWICK u.a. (Hg.), Die Boten Gottes. Prophetie in Christentum und Islam, Regensburg 2013, 111-124; Wie viel religiösen Ritus verträgt der Islamische Religionsunterricht in Deutschland? In: MOUHANAD KHORCHIDE/ KLAUS VON STOSCH (Hg.), Herausforderungen an die Islamische Theologie in Europa – Challenges for Islamic Theology in Europe, Freiburg i.Br. 2012, 180-193; Befreiungstheologische Aspekte in Gegenwartskonzepten der Religionspädagogik im islamischen Religionsunterricht. In: KLAUS VON STOSCH/ MUNA TATARI (Hg.), Gott und Befreiung: Befreiungstheologische Konzepte in Islam und Christentum, Paderborn 2012 (Beiträge zur Komparativen Theologie; 5), 221-229.

NACIYE KAMÇILI-YILDIZ (*1972) aus Dortmund ist Lehrerin und islamische Religionspädagogin am Ottilie Schoenewald Weiterbildungskolleg in Bochum. Sie wirbt für religiöse Vielfalt und engagiert sich öffentlich für mehr Toleranz und Respekt im interreligiösen Miteinander. Den wissenschaftlichen Schwerpunkt ihrer Arbeit bilden Rollenbild und Kompetenzen von islamischen Religionslehrern.
Veröffentlichungen (Auswahl): Alles Islam, oder was? Eine Analyse der Islamkapitel der beiden evangelischen Religionsbücher Kursbuch und SpurenLesen für die Sekundarstufe I. In: Theo-Web. Zeitschrift für Religionspädagogik 11 (2012) 132-142; Muslimische Jugendliche und

Religiosität. In: Ayasofya. Interkulturelle Zeitschrift für Wissenschaft, Integration und Religion, 32/2010; zusammen mit LIOBA KOLBE u.a., Gemeinsam Feiern – voneinander lernen. Leitfaden für multikulturelle Feiern in der Schule, Paderborn 2012.

MUSTAFA KÖYLÜ (*1962) ist Professor für religiöse Erziehung an der theologischen Fakultät der Ondokuz Mayıs Universität in Samsun (Türkei). Er promovierte zu den Themen „Peace Education in Islam" (1997, United Theological Seminary, Dayton, OH, USA) und „From Psycho-Social Aspect Religious Communication" (2002, Ondokuz Mayıs University). Seine Schwerpunkte sind Friedenspädagogik, interreligiöser Dialog und komparative religiöse Erziehung in der heutigen modernen Türkei.
Veröffentlichungen (Auswahl): Possibilities and Conditions for Christian and Muslim Dialogue: A Muslim Perspective. In: Encounters: Journal of Inter-Cultural Perspectives 5 (1999) 179-197; Islam And Its Quest For Peace: Jihad, Justice And Eduction. In: GEORG F. MCLEAN (Hg.), Cultural Heritage and Contemporary Change IIA: Islam, Bd. 15, 2003 (Publications of the Council for Research in Values and Philosophy); Peace Education: An Islamic Approach. In: Journal of Peace Education 1 (2004) 59-76; zusammen mit J. DUDLEY WOODBERRY/ OSMAN ZÜMRÜT (Hg.), Muslim and Christian Reflections on Peace, Lanham – Maryland 2005.

BERNHARD LANG (*1946) lehrte nach seinem Studium der Katholischen Theologie, Judaistik, Altorientalistik und Ägyptologie sowie Ethnologie in Tübingen, Münster, Paris, London und Jerusalem als Professor für Antikes Judentum in Tübingen und als Professor für Altes Testament in Mainz und St. Andrews. Zuletzt war er von 1985-2011 Professor für Altes Testament im Fach Katholische Theologie an der Universität Paderborn. Zudem ist Lang seit 2008 Ehrendoktor und Honorarprofessor der Universität Aarhus in Dänemark.
Veröffentlichungen (Auswahl): Der Himmel. Eine Kulturgeschichte des ewigen Lebens, Frankfurt 1990 (mit Colleen McDannell); Heiliges Spiel. Eine Geschichte des christlichen Gottesdienstes, München 1998; Jahwe der biblische Gott. Ein Porträt, München 2002; Joseph in Egypt. A Cultural Icon from Grotius to Goethe, London 2009; Jesus der Hund. Leben und Lehre eines jüdischen Kynikers, München 2010; Buch der Kriege – Buch des Himmel. Kleine Schriften zur Exegese und Theologie, Leuven 2011; Die 101 wichtigsten Fragen: Die Bibel, München 2013.

GEORG LANGENHORST (*1962), Dr. theol. habil., ist seit 2006 Professor für Didaktik des Katholischen Religionsunterrichts/ Religionspädagogik an der Katholisch-Theologischen Fakultät der Universität Augsburg. Zuvor war er u.a. Gymnasiallehrer, Akademischer Rat an der Pädagogischen Hochschule Weingarten und hatte nach seiner Habilitation an der Universität Tübingen

im Fach Religionspädagogik den Lehrstuhl für Didaktik des Katholischen Religionsunterrichts an der Universität Erlangen-Nürnberg inne.
Veröffentlichungen (Auswahl): Literarische Texte im Religionsunterricht. Ein Handbuch für die Praxis, Freiburg 2011; zusammen mit ULRICH KROPAC (Hg.), Religionsunterricht und der Bildungsauftrag der öffentlichen Schulen. Begründung und Perspektiven des Schulfaches Religion, Babenhausen 2012; zusammen mit CHRISTOPH GELLNER, Blickwinkel öffnen. Interreligiöses Lernen mit literarischen Texten, Ostfildern 2013.

GÜNTER RÖHSER (*1956) ist seit 2003 Professor für Neues Testament an der Evangelisch-Theologischen Fakultät der Rheinischen Friedrich-Wilhelms-Universität Bonn. Seine Forschungsgebiete sind u.a. religiöse Vorstellungen der (biblischen) Antike und ihre heutige Bedeutung sowie Fragen der Bibelübersetzung und Bibelhermeneutik.
Veröffentlichungen (Auswahl): Stellvertretung im Neuen Testament, Stuttgart 2002 (SBS 195); Von der Welt hinter dem Text zur Welt vor dem Text. Tendenzen der neueren Exegese. In: ThZ 64 (2008) 271-293; Kriterien einer guten Bibelübersetzung – produktions- oder rezeptionsorientiert? In: ZNT 26 (2010) 16-26; Vorstellungen von der Präsenz Christi im Ritual nach 1 Kor 11,17-34. In: MATTHIAS KLINGHARDT/ HAL TAUSSIG (Hg.), Mahl und religiöse Identität im frühen Christentum, Tübingen 2012 (TANZ 56), 131-158.

STEFAN SCHREINER (*1947) ist Professor für Religionswissenschaft (mit Schwerpunkt Islam) und Judaistik an der evangelisch-theologischen Fakultät der Universität Tübingen; Stiftungsrat und Mitglied des Vorstands des *Zürcher Lehrhaus: Judentum Christentum Islam*, sowie Koordinator des *European Abrahamic Forum* (EAF), Zürich.
Veröffentlichungen (Auswahl): Das Hohelied – Lied der Lieder von Schelomo. Mit 32 illuminierten Blättern aus dem Machsor Lipsiae. Aus dem Hebräischen übersetzt, nachgedichtet und hg. von Stefan Schreiner, Frankfurt a. M. - Leipzig 2007; Auferstehung und Unsterblichkeit in jüdischer und islamischer Überlieferung. In: PETER KOSLOWSKI/ FRIEDRICH HERMANNI (Hg.), Endangst und Erlösung 1: Untergang, Ewiges Leben und Vollendung der Geschichte in Philosophie und Theologie, München 2009, 101-119; Trialog der Kulturen. Anmerkungen zu einer wegweisenden Idee. In: CLAUß PETER SAJAK (Hg.), Trialogisch lernen. Bausteine für interkulturelle und interreligiöse Projektarbeit, Seelze-Velber 2010, 18-24; Die jüdische Bibel in islamischer Auslegung (Texts & Studies in Medieval & Early Modern Judaism), Tübingen 2012; Islamische Theologie – eine theologische Islamwissenschaft? Zur konzeptionellen Differenz und institutionellen Abgrenzung zwischen islamischer Theologie und Islamwissenschaft. In: Berliner Theologische Zeitschrift 29 (2012) 32-47.

KLAUS VON STOSCH (*1971), Professor für Katholische Theologie (Systematische Theologie) und ihre Didaktik und Vorsitzender des *Zentrums für Komparative Theologie und Kulturwissenschaften* an der Universität Paderborn.
Veröffentlichungen (Auswahl): Gemeinsam mit Reinhold Bernhard (Hg.), Komparative Theologie. Interreligiöse Vergleiche als Weg der Religionstheologie (Beiträge zu einer Theologie der Religionen; 7), Zürich 2009; Offenbarung, Paderborn u.a. 2010; Komparative Theologie als Wegweiser in der Welt der Religionen, Paderborn u.a. 2012 (Beiträge zur Komparativen Theologie; 6).

MONIKA TAUTZ (*1960) ist Dozentin für Religionspädagogik und -didaktik am Institut für katholische Theologie der Universität Köln. Sie beschäftigt sich mit der Umsetzung interreligiösen Lernens im schulischen Religionsunterricht und versucht Ideen für einen interreligiös ausgerichteten, konfessionell-kooperativen Religionsunterricht (am Beispiel des christlich-islamischen Dialogs) zu entwickeln.
Veröffentlichungen (Auswahl): Interreligiöses Lernen im Religionsunterricht: Menschen und Ethos im Islam und Christentum, Stuttgart 2007; Islamische Religionspädagogik – Würdigung und Anfragen aus christlicher Perspektive. In: MOUHANAD KHORCHIDE und KLAUS VON STOSCH (Hg.), Herausforderungen an die islamische Theologie in Europa – Challenges for Islamic Theology in Europe, Freiburg im Breisgau 2012, 167-179.

UFUK TOPKARA (*1980) ist seit 2011 wissenschaftlicher Mitarbeiter am Zentrum für Komparative Theologie an der Universität Paderborn mit dem Schwerpunkt islamische Theologie. 1997-2003 war er Referent für den Islam in Kooperation mit der Evangelischen Akademie Berlin und studierte von 2003-2009 Geschichtswissenschaften und Philosophie an der Humboldt Universität zu Berlin und der Harvard University. In seiner Dissertation beschäftigt sich Topkara zur Zeit mit dem Verhältnis von Glaube und Vernunft im Islam.
Veröffentlichungen (Auswahl): Islam in Germany Revisited: The Circumcision Debate. In: American Institute for Contemporary German Studies (AICGS), 2012, abrufbar unter: http://www.aicgs.org/issue/islam-in-germany-revisited-the-circumcision-debate/; Challenging Times: Muslims and their Role in Shaping the Future of Germany. In: American Institute for Contemporary German Studies (AICGS), 2012, abrufbar unter: challenging-times-muslims-and-their-role-in-shaping-the-future-of-germany;
zusammen mit MOUHANAD KHORCHIDE, A Contribution to Comparative Theology: Probing the Depth of Islamic Thought, In: Religions 4 (2013) 67-76.

Personenregister

Addison, J. 56
al-Baiḍāwī, N. 29
al-Fajjumi, N. 25
al-Farābi 111
al-Ǧalalī 111
al-Ghazālī, H. 116
Ali, Y. 152
al-Suyūṭī, G. ad-Dīn 116
Anaximander 50
Arc, J.d. 44, 53
Arendt, H. 59
Aristoteles 46
ar-Rāzī, F. ad-Dīn 116
Augustinus 50, 88
aṭ-Ṭabarī 171
Baldermann, I. 167, 170, 179
Bandura, A. 189
Barth, K. 58
Bayle, P. 57
Behr, H. H. 198, 200, 201, 202
Bingen, H.v. 53
Blochinger, C. 199
Blumhardt, C. 65
Bolz, N. 58
Böll, H. 58, 59, 63
Bonhoeffer, D. 66, 254
Borg, M. 90
Boschki, R. 207
Bradbury, R. 60
Brandt, W. 59
Brooks, P. 57
Brecht, B. 58, 60
Brum, A. 241
Callenbach, E. 60
Camara, D.H. 237
Camus, A. 238
Canterbury, A.v. 50
Carlyle, T. 57, 58
Chomsky, N. 58
Cohen, H. 70, 71
Comte, A. 35
Cromwell, O. 57
Crossan, J. D. 90
Dante 57
Degenhardt, F.-J. 60
Diogenes 46, 47
Dittmer, J. 50, 51, 52
Drewermann, E. 63
Dreyfus, A. 59
Durrant, S. 52
Einstein, A. 61
Englert, R. 183, 205, 206, 207
Erikson, E. 199
Feuerbach, L. 50
Fromm, E. 44, 55, 61
Gäde, G. 144, 252
Gandhi, M. 238, 250, 254
Gellner, C. 252
Gharaibeh, M. 198
Goethe, J. W. v. 57
Görres, I. F. 62
Goldammer, K. 36
Grümme, B. 207
Grunebaum, G. E. v. 31
Haag, H. 63
Habermas, J. 59
Harris, W. W. 54
Hasenhüttl, G. 63
Hauerwas, S. 65
Heer, F. 44, 62
Heimbach-Steins, M. 192
Heine, H. 61
Heraklit 50
Herder, J. G. 57
Hochhuth, R. 60
Horsley, R. 90, 94, 95
Huxley, A. 60
Ibn Hišām 171
Ibn Isḥāq 171
Ibn-i Sīnā 111
Jaspers, K. 38, 40, 50, 51, 52, 66
Johannes von Damaskus 155
Jörns, K. P. 64
Jünger, E. 60
Justinus der Märtyrer 26
Kant, I. 50
Khorchide, M. 150, 154, 184
Kierkegaard, S. 61, 66
Kimbangu, S. 54
King, M. L. 59, 65, 138, 185, 236, 237, 254
Knox, J. 54, 57

Konfuzius 50, 51
Koenen, K. 185
Kruijf, G.d. 66
Küng, H. 63, 144, 147, 149, 252, 252
Kuschel, K.-J. 144, 240
Lähnemann, J. 69, 247
Lang, B. 110, 158, 159
Laotse 50, 52
Lenz, S. 59
Leuze, R. 144, 254
Luther, M. 53, 54, 57, 61
Magonet, J. 241
Maimonides (Mose b. Maimon) 18, 21, 22, 23, 71
Malesic, J. 65
Mani 28, 32
Mann, U. 50, 51
Martin-Achard, R. 13
Marx, K. 61
Menchú, R. 237
Mendelsohn, M. 71
Mendl, H. 167, 170, 179, 207, 230
Mette, N. 238
Michel, E. 64
Middelbeck-Varwick, A. 198
Mohagheghi, H. 151
Montanus 55
Morus, T.238, 250, 254
Müller, R. 243
Mutter Theresa 185
Nagarjuna 50
Naumann, F.
Nietzsche, F.
Nigg, W. 61
Nipkow, K. E. 69, 207
Oberthür, R. 207
Orwell, G. 60
Parmenides 50
Pascal, B. 61
Philon von Alexandria 17, 18, 21
Pius XII. 54
Platon 46, 50, 52, 57
Plotin 50
Rade, M. 58
Rahner, K. 62, 66
Robinson, J. A. T. 63
Robbins, T. 60
Romero, O. 236, 237, 250, 254
Rommel, H. 207
Roukema, R. 26
Russell, B. 61
Samir, S. K. 153, 154, 252
Sartre, J.-P. 35, 58, 59, 67
Schillebeeckx, E. 234
Schiller, F. 61
Schmid, H. 202, 207
Schreiner, S. 240
Schweden, B.v. 53
Schweitzer, A. 61
Schweitzer, F. 207
Scott, J. C. 94
Shakespeare, W. 57
Shankman, S. 52
Sokrates 46, 49, 50, 51, 57
Sonntag, S. 58
Spee, F. 254
Spinoza, B. de 50, 71
Stein, E. 17, 254
Stemberger, G. 91
Stosch, K.v. 243, 244, 254, 257
Taylor, C. 198
Theißen, G. 90, 91
Thomas von Aquin 54
Thukydides 52, 76
Tillich, P. 234
Tilly, M. 89, 90, 96
Toit, D.d. 93
Tosun, C. 243
Troll, C. 152, 153, 252
Verhülsdonk, A. 198
Walser, M. 58
Weber, M.74, 75, 94
Zarathustra 40, 51
Ziebertz, H.-G. 207
Zola, E. 59